科学版精品课程立体化教材·管理学系列

管理思想史

刘筱红　主编

科学出版社
北京

内 容 简 介

本书以管理思想演进的历程为线索。第一篇叙述了古典管理思想发生的背景、历程和理论特色，特别对科学管理理论之父泰勒、现代管理理论之父法约尔、行政组织理论之父韦伯等的管理思想进行了介绍和研究。第二篇是行为科学的管理理论，对人际关系学说、个体与团体行为研究及需求与激励理论等研究成果进行了剖析。第三篇对管理理论的丛林进行了梳理和归纳，使原本繁杂的丛林成为条分缕析的胜景。第四篇探讨了 20 世纪 80 年代后管理理论的新发展，包括企业文化理论、企业战略管理理论、企业再造理论和知识型企业管理理论等，都做了较为周详的介绍和分析。

本书适合于高等学校管理学专业本专科学生、研究生，以及从事管理工作的人员和对管理学有兴趣的读者学习、阅读。

图书在版编目(CIP)数据

管理思想史 / 刘筱红主编.—北京：科学出版社，2012
科学版精品课程立体化教材·管理学系列
ISBN 978-7-03-035669-7
Ⅰ.①管… Ⅱ.①刘… Ⅲ.①管理学－思想史－世界－高等学校－教材 Ⅳ.①C93-091

中国版本图书馆 CIP 数据核字(2012)第 230621 号

责任编辑：王京苏 / 责任校对：裴智俐
责任印制：赵 博 / 封面设计：蓝正设计

科学出版社出版
北京东黄城根北街 16 号
邮政编码：100717
http://www.sciencep.com
北京华宇信诺印刷有限公司印刷
科学出版社发行 各地新华书店经销

*

2012 年 10 月第 一 版 开本：787×1092 1/16
2025 年 1 月第十一次印刷 印张：16
字数：364 000

定价：45.00 元

（如有印装质量问题，我社负责调换）

前　言

管理思想史是管理学的主干课，也是管理学的入门课，在管理学专业课程体系中具有很重要的地位。目前，国内高校管理思想史的课程开设存在两种模式：一是沿用原来的做法，将该课与管理学合并，在管理学的课程框架之中，讲授管理思想史的内容；二是将管理思想史从管理学课程中分离出来，成为单独的一门基础课，这是目前发展的一个总体趋势。

1998年，我所在的管理学院开始开设“管理思想史”这门课，至今已十余年。“十年磨一剑，今日把示君”，这本教材是十余年教学的结晶，为了教学的需要，现得以出版，希望在更大的范围内得到指教，使本书内容进一步完善。

本书的编写思想特点有两个：一是创新性。本书立足于研读原著的基础上，得出作者自己的判断，不用剪刀和胶水。二是精品意识。本书经过了长达两年时间的磨书过程，即一年书成之后，又用了一年时间沉淀、研磨、修改。

本书的写作特点有四个：一是特别注意对管理思想及理论产生的原因及其独特的文化背景的分析，追根探源的历史感是本书的突出特点；二是特别注意辨章学术、考镜源流，揭示了管理思想各流派的承前启后的渊源关系；三是特别注重对元典或文本的研读，重视第一手材料，研究第一手材料，从中得出自己的结论；四是知识结构的完整，如本书对战略管理的十个学派的精粹述要，补充了相关介绍的不足。

本书的结构特点有两个：一是删繁就简，对全书内容进行归纳和综合，使全书结构更为简洁明晰，如管理理论的丛林部分，与同类书籍的流派众多相比较，本书将之归纳为四大部分，便于学生从总体上把握。二是作为教材在体例上进行了完善，本书在每章结束都有提要、主要参考文献及思考讨论题，便于学生自主学习。

本书具体负责各章编写的作者是：刘筱红，导言、第1～4章；杨炎轩，第5章和第6章；尤光付，第7～11章；谌虹，第12～15章；最后由刘筱红统稿。科学出版社的王京苏先生为本书的完善和出版做了很重要的工作，在此向王先生致谢。尤光付老师的硕士研究生孔盼盼为本书的校订做了大量的工作，也在此一并致谢。

在本书编写过程中，我们参考了许多有关管理思想和理论方面的著作和论文，恕不在此一一列出，谨向各位作者致谢！

刘筱红

2012年6月15日

目　录

第三篇 雨季丛林：现代管理思想的繁荣

导言

“人啊，认识你自己”，是古希腊神庙前镌刻的一句箴言。这句箴言貌似平常却贯穿古今、震撼人心，值得人们用世世代代的时光去诠释。在本书的开篇，笔者借用这句话的力量，来介绍管理思想史的意义。

正像人需要回过头来反观自己、认识自己一样，管理学不仅要用自己的眼睛去认识所研究的客体，也需要回过头来认识自己，这就是管理学史。正像人认识自己，最重要的是认识自己的思想、灵魂一样，认识管理学的历史，其最重要的认知内容便是管理思想的发生、发展和演变，这就是管理思想史。

无论你是初入管理学殿堂的大门，还是已在管理学殿堂里徜徉很久；无论你是饶有兴味将这本书读下去，还是弃之一边，我都建议你要知道管理思想的历史。管理思想史所讲的故事会告诉你管理思想发展的过去、现在和将来。它描述、分析了管理思想流派的发展和走向、每一流派的前源后浪、各自的特色和相互之间的关系；它研究和介绍了管理思想大家的文化背景，思想因何起、向何处去，在管理思想的大厦中，他们最独特的贡献何在；它的分析、比较向你展示了这些管理思想流派、管理思想大家最有魅力的画面，以及他们在当代管理理论和实践中仍然具有的独特生命力。管理思想史引导你深入堂奥，直取胜景。

1. 管理思想史研究的对象

丹尼尔·A. 雷恩（Daniel A. Wren，1932 年—　）在界定什么是管理思想时说：“管理‘思想’是实际存在的有关管理活动及其职能、目的和范围的知识主体。”① 换言之，管理思想是人类在其管理活动中根据长期的实践经验总结出来的有关有效管理的各种观念、主张和知识。接着雷恩的话说，管理思想史就是有关管理活动及其职能、目的和范围的知识主体发展、演变、继承、扬弃和创新的历史。用更规范的学科语言来表达就是：管理思想史是研究管理思想发生、发展、演变的历史及其规律的科学。

管理思想一方面是在管理实践过程中管理者思维活动的过程，另一方面也是管理思维活动的成果。前者可以理解为人们对管理实践动态的思考，后者可以概括为静态

---

① 丹尼尔·A. 雷恩：《管理思想的演变》，赵睿等译，中国社会科学出版社，2000 年，第 2 页。

的“观点、想法和见解等”。从某种意义上说，管理学是以管理作为研究对象，而管理思想史又是以管理学作为研究对象。换言之，管理思想史所研究的，正是社会发展到一定阶段，人们进行管理实践的思想和理论的总结，集中表现为各种管理思想、观点、理论和学说。值得提及的是，作为管理思想史研究对象的管理思想，并不是全部的管理观点和理论，而是各个历史时期具有代表性的或居支配地位的管理观点、管理思想、管理学说的发生、发展及其相互联系的管理理论，即“去粗取精”后的精华、“古为今用”可资依凭的思想资源。

任何管理实践及以此为基础产生的管理思想都是在特定的社会历史背景下出现的，任何管理思想的提出都有其历史的必然逻辑，而且必然要打上历史的烙印，也由此具有了自己的时代特征。它是历史与某些特定时代的社会条件相适应而产生、形成和发展的。研究管理思想的学者对研究对象的分析与判断，也必须立足于特定历史真实发生的管理问题与现象的基础之上，它们不仅要尽可能真实地描述管理学的过去、尽可能准确地分析评估管理学的现在，而且还要预测管理学的未来，这些描述、分析、判断的标准都必须体现历史的精神。因此，我们可以说，管理学是一门具有历史属性的社会科学。管理思想史是从历史的视角，借助管理学的工具，从人、行为、组织、制度等具体层面来揭示管理的规律，是管理学的重要组成部分，也是历史学的一个分支学科。

管理思想史这一学科的研究对象除了具有历史性外，还具有发展性，即管理思想也必须不断发展创新，是一个具有动态、开放和生态特点的系统。不同背景下的管理思想是需要融合的，并且管理思想要能适应不同时代的管理需要。当代管理学理论创新的历史资源之一就是管理思想史。与其他的思想发展进程一样，管理思想也经历了一个不断继承、批判和前行的演进过程，思想的精华会在历史的选择中扬弃、积累，在人类的不断前行中转换、更新。思想的继承性将人类文化的过去、现在和将来连成一个整体，历史的启示始终贯穿在人类思想创新的资源流脉之中。当然，“历史发展既具延续性又具非延续性，心灵场和历史场之间始终存在有一个‘不重合的圈’。因此，每到一定的历史文化阶段，总有新的学说或新的流派崛兴，变更前人课题，刷新前人风格，开创出别有洞天的新生面”①。

因此，仅仅将管理思想史定位于对过去存在的有关管理活动及其职能、目的和范围的知识主体的认识是不够的，管理需要变革和持续的改进，有关管理的知识更新是永远不变的要求，研究管理思想史中那些精彩而富于变化的思想和观点，是为当下和未来的管理思想和实践的发展“提供准确而有远见的指引”。

2. 管理思想史的学科位置

克雷纳（Stuart Crainer）说：“文明曙光初现时，人类已经开始了管理的实践。但只是在过去的100年里，管理才得到认识、分析、监控和传授，才有了一定的形式。

① 周积明：《纪昀评传》，南京大学出版社，1994年，第219页。

20世纪是管理的世纪。”[①] 管理学是一门年轻的学科，管理思想史则更是一个新的研究课题。一门学科不发展到足够成熟，很难产生认识自己的需要，也就缺乏认识自己的热情，因此，不难理解为何有关管理思想史的著作与管理学的著作相比，实在是少得不成比例。雷恩在几十年前写《管理思想的演变》时，曾谈到“管理史作为一项单独的研究领域，在大多数企业管理学校里是被忽视的。各级别学校都讲授一点肤浅的管理史，但这个领域的教学一般说来是缺少深度、缺少指导和统一安排的”[②]。几十年过去了，这种状况是否得到真正的改变？至少在中国，管理思想史作为一门专业课程进入课堂，只是近两年的事情。

管理学虽然是一门年轻的学科，但它在20世纪得到了迅猛异常的发展，它早已超出工商业领域，在政治、政府部门中得到广泛的应用，也在非政府的组织中发挥作用，可以说它深入到社会生活的每一个角落。因而，有关管理的思考，不仅仅是企业家、专职管理者的事情，各行各业、各个领域里从事管理工作的人都在思考着管理的问题，产生着有关管理的精彩见解。各种管理的实践也在不断催生、孕育、生产着有关管理的思想，管理观念的改变和应用正改变着人们的生活和工作。可以说，在管理的天空，思想的女神引导我们飞升。因此，管理思想的研究要在管理学学科体系中找到自己的位置，并不是困难的事。管理行为是管理思想的外在表现，管理制度是管理思想的凝固形态，管理理论是管理思想的理论升华，管理思想是所有管理活动中带有基础性定位和普遍性特征的部分，管理思想的研究是管理学学科体系中最重要和最基本的内容之一。

当然，作为一个比较新的分支学科门类，人们对管理思想史的研究还不够，只能从那些最具有标志性的人物和思想来识别管理思想演进的进程。如果将这个领域比做待开垦的土地，那么，目前的耕耘还处于刀耕火种的粗糙阶段，很多有价值的思想在这种粗糙的耕作中被掩埋、忽视掉了。并且，目前的管理思想史的写法仍然沿用旧例，以思想精英加上其著作文本的提要来编排，至于思想发展的内在秩序以及思想产生的土壤和环境，则缺乏深入的研究。这是目前还不够“热闹”的领域，也是大有可为、有很大发展空间的领域。

3. 管理思想史的分期

管理实践的历史可以追溯到远古年代，此后各个阶段由于管理活动所形成的管理思想也异常丰富。当社会随时间的变迁而重心转移时，管理思想也就有了相应的变化。其中有些管理思想至今仍不失其光辉，正是受这些思想光辉的吸引，有时人们用“回归”来表达对历史上曾经光芒四射的思想的向往。但“回归”终究是不确切的用法，人们只能从这些已经逝去的思想中吸取营养，仍然要立足于当下的土壤，开出今天的思想之花。当然，“大多数管理现象的寿命都是有限的，它们就像方向错误的飞毛腿导

---

① 斯图尔特·克雷纳：《管理百年》，邱琼、钟秀斌、陈遊芳译，海南出版社，2003年，第1页。

② 丹尼尔·A. 雷恩：《管理思想的演变》，赵睿等译，中国社会科学出版社，2000年，第3页。

弹一样，很快从公司的雷达屏幕上消失”①，克雷纳很生动地描述了管理思想的推陈出新。但用“消失”未必确切，诚然，完全没有价值的思想会消失得无踪无影，但大多数思想的“消失”都会留下痕迹，这种“消失”正是一种积淀，思想正是从这一次次的“消失”中发展起来的。所以科林伍德才会将思想史作为唯一的历史，因为作为物质存在的历史随着时间的流逝终将“灰飞烟灭”，而真正绵延至今而且影响今天生活的是不断增长的知识和技术，以及反复思索的问题及由此形成的观念。当然，管理思想需要不断地增添新的内容，当前的管理环境下所激发出来的对于管理的新思考，又卷起新的思想风暴、激起新的创新激情、迎接新的挑战，又创造出新的管理知识、管理智慧，为管理思想史写下新篇章。

近代以来的管理思想史的演进历程，可以划分为以下三大阶段：

第一，古典的管理思想阶段（18 世纪 60 年代～20 世纪 30 年代）。18 世纪 60 年代以后到 19 世纪末，西方国家相继开始并完成了工业革命，革新了社会生产关系。随之而来的是管理思想的革命，古典经济学家亚当·斯密②（Adam Smith，1723—1790 年）1776 年出版的《国民财富的性质和原因的研究》，强调了劳动分工的重要性，更是对国民经济管理方式起到了重要启示作用。计划、组织、控制等管理职能也相继产生，管理者努力探索提高生产效率的管理方式。

从资本主义生产方式和工业革命后产生的管理思想开始，科学管理理论、古典组织理论逐渐形成并开始发展。20 世纪初，泰勒（Frederick Winslow Taylor，1856—1915 年）的《科学管理原理》问世，标志着管理理论逐步成熟，科学管理理论明确了管理的重要作用，创立了一套具体的科学管理方法来代替单凭个人经验进行作业和管理的旧方法，也宣告了古典管理理论的创立。

在资本主义市场竞争日益加剧的状况下，以泰勒、法约尔（Henri Fayol，1841—1925 年）为代表的管理思想家一方面创造和发展了一系列提高劳动生产率的方法；另一方面努力通过管理教育，传播管理理论，使人们认同管理的规范、技术，使管理真正科学化。

第二，行为科学的管理思想阶段（20 世纪 30～50 年代）。在泰勒的科学管理制度下，工人在管理者的安排和监管下从事规范化、标准化的工作，工人的主动性、积极性受到影响，劳资关系的矛盾恶化反而影响与限制了生产率的提高。而后以梅奥和巴纳德等管理思想家为代表，并通过霍桑（Hawthorne）试验与梅奥人群关系理论对管理科学进行了一场行为主义的革命，在管理的研究中强调人的社会特性的重要作用。这

---

① 斯图尔特·克雷纳：《管理百年》，邱琼、钟秀斌、陈遊芳译，海南出版社，2003 年，第 3 页。

② 亚当·斯密，苏格兰人，著名的经济学家，毕业于英国牛津大学，先后在爱丁堡大学、格勒斯哥大学任教，曾担任格勒斯哥大学副校长，后辞去教职，闭门钻研经济学理论。其代表著作《道德情操论》于 1759 年出版，《国民财富的性质和原因的研究》于 1776 年出版。后者是古典政治经济学的代表，对西方的经济政策产生了巨大影响。亚当·斯密出生于富裕的海关职员家庭，在他出生之前父亲即已去世，他与母亲相依为命，终身未婚。在斯密的一生中，使他快慰的只有三件事：他的母亲、他的书和他的政治见解。他虽精通经济学，却并不关注生活中的经济事务，他的邻居曾说，斯密这个将如何做生意说得头头是道的人，在给自己的马购买饲料时，却要朋友帮忙。

一阶段的管理思想集中表现为运用心理学、社会学、行为科学的知识和原理研究管理实践中出现的问题，扩大了管理思想的研究视野。人际关系学说、个体与团体行为研究、需求与激励理论等研究成果对于丰富这一时期的管理思想也都起到了重要作用。

第三，现当代的管理思想阶段（20 世纪 60 年代以后）。这一时期学术界又进一步划分为两个历史阶段：第二次世界大战后到信息技术革命之前为第一个阶段，划分为现代管理思想阶段；信息技术革命（20 世纪 80 年代）至今为第二个阶段，划分为当代管理思想阶段。

第二次世界大战后，科学技术、其他学科的发展都为管理学科提供了良好的基础与条件，管理科学中进一步借鉴现代科学成果的倾向日益突出，管理思想中包含了大量系统论、控制论、信息论以及耗散结构论、协同论、突变论等多学科领域的理论成果。而且，这一时期管理学者多从不同的旨趣来对管理进行研究，管理思想内容丰富，管理过程学派、经验或案例学派、人类行为学派、社会系统学派、决策理论学派和数学学派等众多流派均有较大建树，也被称为管理理论的丛林时期。

20 世纪 80 年代后，管理面临着更加国际化、信息化的环境，以知识经济为内容的新经济也使得管理理论探索要以新的视野、新的思维来审视和把握面临的新世界。企业文化理论、企业战略管理理论、企业再造理论和知识型企业管理理论都是从各自的角度来研究企业文化环境、竞争环境下的内部组织重构、外部目标制定等管理问题，力图使企业成为顺应时代发展的人本化、学习型、知识型的组织系统。这些理论还只是当代众多理论流派中的一部分，有些自身还处于不断发展的过程之中。

因此，本书以动态发展的历史时间为线索，体现管理思想的历史性，同时也以管理思想的历史演进过程为线索，反映管理思想的发展性。

4. 管理思想史的研究方法

(1) 历史研究的方法。历史的研究要“究天人之际，察古今之变，明存亡之道，晓兴衰之理”，因而尤其重视前人的具有一般规律性的经验。这也意味着管理思想史的学习和研究首先要从宏观上整体把握管理思想发展的来龙去脉，认识其发展的规律，将一个又一个管理思想发展的片断连接成有规律可循的、波澜起伏奔涌不息的发展长河，将一个又一个管理理论的体系构连并契合成相互竞争、相互补充的理论大厦。因而，采用历史的纵向演进、追溯和比较的方法，以及管理思想与管理的历史和现实相互联系和对照的分析方法，这是一条拾级而上、从总体上把握管理思想发展的历史必由之路。除了宏观的把握，还有细部的研究。换言之，宏观的把握来自细部研究得出的结论，因而深入到每一个管理思想家的思想深处、每一个理论体系的堂奥之中，进行仔细的、具体的研究，理解其思想、理论的实质，掌握其思想、理论的特点，区别其特殊的贡献，这也是进行管理思想学习和研究的任务，在这个过程中，归纳、分析、演绎、横向交叉联系与比较研究等方法，将是我们经常用到的工具。

对于管理思想的演变、发展的研究，首先是要“实事求是”。要做到实事求是，有几个问题需要予以重视。其一，用平和、公允的态度来看待中国与西方管理思想的成就，承认西方近代以来在管理思想和理论领域取得的领先地位，认识、学习、分析西方管理思想发展的脉络，理解、分析西方管理思想和理论所取得的成就，将其作为人类社会文明发展的宝贵财富来吸收和利用；同时也要防止“灯下黑”，光辉只照远而不照近，轻视甚至忽视中国管理思想史的丰富历史资源。中西管理思想和理论是一个相互竞争、相互激荡、相互纠错、相互补充的关系。郭咸纲说，“管理文化的最优境界极有可能是东西方文化最和谐的融合”，这是有识之见。其二，要用实事求是的态度认真对待管理思想史上的管理思想和理论。历史研究要想完全排除研究主体个人的价值偏好是不可能的，实际上思想研究的过程往往是研究主体将自己的内在本性和本质力量运用于和渗透于他所创造的客体中，从而实现主体客体化的过程。承认研究主体的价值选择的作用，并不否定研究中的实事求是的可能性和必要性，如果我们将实事求是的价值取向贯穿于研究之中，摈弃个人的成见与偏见，既不能因偏爱研究的对象而不顾及历史事实，对其明显的缺陷视而不见，也不能在成见之下，不进行仔细的研究而对其思想和理论大加鞭挞。其三，用历史的观点来分析管理思想的历史。恩格斯说：“唯物史观是以一定历史时期的物质经济生活条件来说明一切历史事变和观念、一切政治、哲学和宗教。”[①] 思想和理论是特定历史时期的产物，因此研究管理思想史需要一把历史的尺度，不能脱离时代来研究和评价管理思想家的思想。泰勒的科学管理是在物质供需矛盾突出的社会背景下产生的，他所处的时代社会价值取向是物质生产“越多越好”，因而，他的管理思想以物为中心是时代的必然。要求泰勒像当代的管理思想家们那样，将人的精神需求放在很重要的位置，是脱离历史土壤的“非分之想”，而一定要将泰勒说成是具有人本思想的管理思想家，也是脱离历史实际的“揠苗助长”。

要做到实事求是，有一点值得特别提出来，那就是阅读原著。历史研究的方法中一个很重要的工具是文本，管理思想家们往往将自己对管理的认识、研究形成著作文本，向社会展示和推广，经过岁月的筛选、时间的沉淀，成为宝贵的精神文化产品而流传于世。这些文本都有很高的研究价值，是我们认识管理思想发生和发展的很重要的依据。探本求源、继承创新，文本的研究必不可少，它是实事求是的基础，也是思想创新的基础。

在实事求是的基础上，学习研究管理思想史还要“求其所以是”。在这个层次上我们就需要一个理论分析的指导或者介入。

管理思想本身的学科特性也要求我们在学习和研究时采用历史的研究方法。管理学致力于寻找一种解决管理问题的最优化方法，然而在努力追求最优化的同时，我们会发现最优化的标准是不确定的，只能是在与现存经验的比较中趋近最优的管理方法，也就是汲取经验的有益成分。并且管理方法在不同时期、不同条件下的判断标准并不是一成不变的，需要在探索新思想的同时，重视以往管理经验的总结。对此，雷恩颇具哲学意味地点明了：“今天不同于昨天，明天也不会等同于今天，但是，今天是我们昨天的全部情况的结晶，而且明天的情况也将是如此。管理学者从历史上可以吸取许

① 恩格斯：《论住宅问题》，载中共中央马克思恩格斯列宁斯大林著作编译局：《马克思恩格斯选集》第 2 卷（下），人民出版社，1972 年，第 537 页。

多经验教训，其中重要的一条就是把研究过去作为研究管理的入门。”①

（2）实证研究的方法。实证研究是通过系统地收集、分析关于管理问题的研究资料，并用语言文字或数字数量来描述以及探索事件的现象和问题，提出理论假说，最终在管理实践活动中验证假说的合理性的一种研究方法。实证研究的目的是对管理现象进行机理分析，以探索理论上的核心规律。管理的主体是人，同时人也是管理的对象，有了人才有管理。人性假设成为管理学中的一个基本性的问题。在管理思想的发展演进中，许多管理思想都是从对人性的研究出发，来寻求与人性假设相适应的管理模式，然后将其运用于管理活动中加以检验和证明。这也是管理思想研究中的一种最常见的实证研究方法的范例。

管理学并不是一门纯粹的经验科学，其魅力与价值是追求效率的结果。德鲁克（Peter F. Druker，1909—2005 年）在《管理——任务、责任、实践》一书的序言部分做了深入的分析与说明：“管理是一种实践，其本质不在于‘知’而在于‘行’；其验证不在于逻辑，而在于成果；其唯一的权威就是成就。”我国以往对实证研究的运用不够重视，从一定程度上阻碍了管理理论的长足发展，而西方管理思想的研究则相对具有更强的实证主义色彩，从其发展轨迹上看，其管理着力解决的是如何干、如何干得有效率的问题。泰勒首创的“科学管理”，第一次把管理理论和方法建立在科学实验的基础之上，直接用“组织职能制”、“头等工人挑选”、“差别计件工资制”等方法来对“经济人”观念进行证明。此后，法约尔将工业管理上升为一般管理，韦伯（Max Weber，1864—1920 年）提出官僚体制的管理模式，确定了科层制的组织理论等。它们都有着坚实的实证基础，也都强调管理理论在社会实践中的指导作用。随着自然科学的发展，科学技术渗透到社会生活的方方面面，各种管理理论也要求做到更加量化、更精确、更具有操作性。西蒙（Herbert Alexander Simon，1916—2001 年）的著名决策论思想——“管理就是决策”，进一步说明了管理的核心环节在于运用一切资源作用于最终的管理实践。实证研究的方法在现代管理实践中的作用也将会越来越突出。

---

① 丹尼尔·A. 雷恩：《管理思想的演变》，赵睿等译，中国社会科学出版社，2000 年，第 4 页。

第一篇

里程碑：传统管理学范式建立

古典管理理论并不古老，从星星点点的生长到终成气象并作为完整的理论体系的推出，它经历了二百余年的时间。其可以划分为两个阶段：孕育期——工业化过程中的管理思想（18世纪到19世纪末）；理论成熟期——科学管理时代的管理理论（19世纪末至20世纪30年代）。它是人类历史上首次出现的管理理论，因而被称为古典管理理论。

古典管理理论的成长过程也是西方社会从农业社会向工业社会转型的过程，在这个转型时期，困扰社会的两个最主要的问题是：物质财富的需求与供应紧张，劳资矛盾的日益激化。古典管理理论回应现实需求，体现了鲜明的时代特点。提高效率、协调劳资矛盾，是其现实目标；更多、更快、更少成本、更大收益，是其价值取向；理性主义、科学主义，是其思想基础；对管理对象实行精确、量化、有效的控制，是其基点；制度化、科层制化的制度与组织建设，是其实践路线；劳资矛盾的协调，是其最大难点。

古典管理理论的成长经历了很多的风雨，这既是一个娓娓动听的故事，也是一个发人深省并至今仍有生命力的理论。

第1章

序幕：西方工业化过程中的管理思想

从18世纪中叶到19世纪末，西方国家先后完成了工业革命。为适应工业社会的管理变革，思想家们已经进行了多方面的探索。古典管理理论的序幕已徐徐拉开，前奏已经响起。

仔细检索西方工业化过程中的管理思想，古典管理理论的主要元素和精华实际上已经包含其中了。但这一时期的管理思想处于分散、零碎的状态，不成系统；其思想成果往往是其他学科研究的附属产品；为管理思想做出贡献的思想家大多不是以管理作为其专门的研究对象，他们或者是经济学家、政治思想家，或者是企业家、工程师等，分散在各个领域，以客串的身份，对管理的关注往往只是惊鸿一瞥。因此，这一时期管理思想“嘈嘈切切错杂弹，大珠小珠落玉盘”，既精彩纷呈，又散落无序。我们将之确定为古典管理思想的发生期。

1.1 工业化：思想发生的背景

前工业社会与工业社会的区别在于：前工业社会的特点是人均收入低、经济停滞不前、对农业的依赖大、劳动专门化的程度低，以及没有地区一体化的市场；而工业社会的特点是人均收入不断提高、经济增长、对农业依赖小、劳动专业化的程度高，以及建立起广泛的地区一体化的市场①。现代意义上的管理以及管理思想是伴随着工业化大生产的进程成长起来的，换言之，没有工业化大生产，也就没有现代管理及管理思想。

18世纪以前，或者更准确地说，1740年以前，西方国家除了荷兰以外，每个国家的经济都主要是农业，即便是英国，从1715年到1740年间工业每年产量的增加率也

① 丹尼尔·A. 雷恩：《管理思想的演变》，赵睿等译，中国社会科学出版社，2000年，第45页。

不到百分之一。因此，产业革命以前，世界各国的管理思想虽然精彩纷纭，但都孕育、生长于小农社会，反映的是小农社会的管理需求。

从18世纪中叶开始，西方社会开始了产业革命的历程。英国是产业革命的摇篮，从18世纪中叶至19世纪上半期，英国先后经历机器生产、蒸汽动力、用机器生产机器的技术革命，道路、运河、铁路等交通革命，率先完成产业革命，并一跃成为世界头号工业强国。紧跟英国之后的是美国，美国的产业革命开始于19世纪初，在19世纪50年代完成。法国、比利时、瑞士、奥匈帝国等国家的产业革命稍晚一步，但也于19世纪上半叶先后展开，历经约半个世纪基本完成。德国、俄国、日本起步较迟，开始产业革命的时间几乎晚于英国整一个世纪。至19世纪末年，西方资本主义各国都基本上完成了工业化的进程。美国、德国等后起之秀，发展势头强劲，国力超过法国，位居第二、三位。

恩格斯将分工、水力、机器的应用，特别是蒸汽机的利用，看做是从18世纪中叶起工业用来摇撼旧世界的三个伟大的杠杆。产业革命是以机器生产代替手工劳动、工厂取代手工工场、手工作坊式的小生产变成机器大生产的过程，也是农业社会转变为工业社会的过程。“资产阶级要是不把这些有限的生产资料从个人的生产资料变成社会化的，即只能由大批人共同使用的生产资料，就不能把它们变成强大的生产力。纺纱机、机动织布机和蒸汽锤代替了纺车、手工织布机和手工锻锤；需要成百上千的人进行协作的工厂代替了小作坊。和生产资料一样，生产本身也从一系列的个人行动变成了一系列的社会行动，而产品也从个人的产品变成了社会产品。现在工厂所产出的纱、布、金属制品，都是许多工人的共同产品，都必须依次经过他们的手，然后才变成产品。他们当中没有一个人能够说：‘这是我做的，这是我的产品。’”① 原来小农社会的管理思想及管理模式已不适应工业社会的需要，新的管理思想在产业革命的风雨中抽枝发芽。纵观西方工业化过程中管理思想的发展，我们不难看出管理思想的发展与工业革命进程之间的紧密相关，从工业革命开始到19世纪80年代，英国一直处于世界经济发展的中心，与其经济发展地位相适应，英国的管理思想发展一直居于领先地位。至19世纪80年代，美国超过英国，成为世界第一大工业生产国，美国的管理思想家也相继崭露头角，即将推出影响世界的领军人物。

下面我们变换不同的角度，来研究西方工业化过程中影响管理思想发展的主要因素。

1.1.1 科学的力量

“到了十八世纪中期的时候，科学已开始了它的杰出的旅程。”② 这个旅程以加速度的方式突飞猛进，至19世纪下半期，科技进步的速度已经令人目不暇接。科学技术的发展，对管理理论的产生与发展产生了巨大的影响，主要表现在两个方面。

---

① 恩格斯：《社会主义从空想到科学的发展》，载中共中央马克思恩格斯列宁斯大林著作编译局：《马克思恩格斯选集》第3卷（下），人民出版社，1972年，第426页。

② 罗蒙·汉普生：《启蒙运动》，李丰斌译，台湾联经出版事业公司，1984年，第76页。

首先，科技的发展为工业革命插上了翅膀，由于科学技术的发展，新的生产力——大机器生产——才可能出现，而大机器生产是工业化最重要的内容。古典管理理论是与工业化相适应的管理理论形态，没有工业化，也就没有管理理论生长的物质基础。这一点已是众所周知，在此从简。

其次，科学主义对其他学科的强大穿透力。18 世纪以来，科学的传播急骤加速和科学方法的普遍推广，带来了人们观念上的重大转变，接受科学、应用科学、追求科学成为时代潮流。科学以其可以被验证的神奇、效率和价值而成为新时代的新时尚、新伦理、新价值判断标准。“以科学的名义”推进的改革被赋予了前所未有的价值意义，从而获得气势磅礴的力量，科学主义也应运而生并成为这一时代的精神特征。

科学主义是“科学家的或归之于科学家的典型的方法和态度”，科学主义认为：科学是对真知的追求，是对自然（乃至社会）规律的揭示；科学知识是最为客观的、最接近实在的知识；科学的统一在于它的方法而非材料，科学的实证、理性、臻美等方法可供其他学科借鉴；科学具有巨大的精神力量和物质力量（必须以技术为中介），是推动文明进步和造福人类的源泉之一。

在科学主义的旗帜下，科学的方法，特别是实证的方法也被推广到众多学科和领域。人们深深为科学的观察与归纳的方法所感动，于是他们便开始把这些方法应用到对人、对社会、对管理的研究上，希望像牛顿发现万有引力那样，也能发现人性的法则、社会的规律、管理的科学。休谟在他的《人性论概要》中说了一句足以代表那个时代的人们对科学万能所寄托的希望：“人学能不能达到我们在自然哲学有些部门发现很容易得到的同样的精确性，至少我们值得去试一下。我们似乎有各种理由认为，人学也可以达到极其精确的程度。如果我们在考察若干现象时发现，这些现象可以被归结为一个共同原则，而且可以从这个原则推出另一个原则，那么我们将得到少数几个简单的原则，所有其他原则都依赖于它们之上。”① 提出假设，并通过科学的观察与归纳的方法来验证，被越来越多的人所接受和应用。至 20 世纪初，科学主义被推至极端，便是“科学方法万能论”和“科学万能论”，科学方法被认为是可无条件地应用到所有学科，科学能够解决一切社会问题和人生问题。

受科学主义思想潮流的推动，古典管理理论时代的管理思想家们积极采用了自然科学的实验方法，来探索管理的规律，寻求管理中的科学、理性、效率、规则和真理。

1.1.2　工厂制度带来的变化

工业革命过程中，资本主义生产由原来的简单协作经过手工工场阶段，进入到机器大生产的时代。机器大生产是新的生产力，新的生产力改变了生产方式和生产关系，工厂制度应势而生，所带来的变化以及对管理提出的新要求可以从下面几个方面来分析。

第一，管理在生产经营中的地位越来越重要。由于工厂的规模日益扩大，分工和协作的程度日益复杂，生产效率大幅度提高。当大量的被细分成不同工序的工人、机

---

① 周晓亮：《休谟及其人性哲学》，社会科学文献出版社，1996 年，第 344 页。

器、材料集中在同一地点进行较大规模的生产时，如何计划、组织、指挥、协调和控制生产，便成为提高效率、实现利润的关键因素。而当时管理的实际水平滞后于生产水平以及工厂制度的发展，与社会对管理的期望和需求极不适应。

第二，人成为机器的附属物。随着机器在生产中占据的主导作用，自然力取代了人力，其结果是一把双刃剑，一方面降低了工人在生产中的作用和相对独立的地位，另一方面又突出了科学管理的要求，促使生产过程的管理必须从经验管理转变为科学管理。

“在工场手工业和手工业中，是工人利用工具”，而在大机器生产阶段，“在工厂中是工人服侍机器”①，随着分工的复杂和机器在生产中的主导地位突出，工人逐渐沦为机器的附属。在简单协作阶段，由于对劳动资料的要求不高以及每个成熟的工人都能独立生产出完整的产品，因而劳动者与资本的关系相对独立。手工工场阶段，生产的技术和工序被分解，工人失去独立生产产品的能力，工人劳动价值的实现，必须以手工工场为依托，劳动者对资本的依附关系加强。到了工厂阶段，工人的劳动“已经失去任何独立的性质”，“工人变成了机器的单纯的附属品”②。由于机器在生产中的主导地位突出，工人是随机器的运转而发挥作用的，顺应机器生产自身规律性的要求，应用科学进行管理成为必然。如马克思所说：“劳动资料取得机器这种物质存在方式，要求以自然力来代替人力，以自觉应用自然科学来代替从经验中得出的成规。”③

第三，劳资矛盾激烈。工厂制度的出现和发展，体现着生产关系的重大变革，标志着资本主义生产方式的最终确立。新工厂制度确立了现代雇佣制度。占有生产资料的资本家通过向劳动者购买劳动力，从而确立与工人的雇佣关系。资本家的生产资料投资和管理投资以及购买劳动力的目的是实现利润。劳动者出卖劳动，要求获得报酬。雇者希望获得更丰厚的利润，因而，力图加大对工人的剥削，削减工人的报酬；佣者希望得到合理的报酬，如果所付出的与所得到的不相符合，就有可能减少自己的付出。双方的利益诉求发生冲突，形成既对立又依存的两大阶级。如何协调两者之间的冲突，成为管理者的新课题。

在工业化过程中，工厂主用以降低生产成本的主要手段之一，是迫使工人过度劳动，降低其生活费用到最低限度。当时流行的一种说法是“最饥饿的工人是最好的工人”，美国马萨诸塞州一个鞋厂的监工说：“让一个身强力壮体格健全的 18 岁小伙子，在这里的任何一架机器旁边工作，我能够使他在 22 岁时头发变成灰白。”④ 资本家残酷的剥削激起工人各种形式的反抗，到 19 世纪下半期，劳资矛盾尖锐对立，工人阶级在斗争中发展了自己的组织，他们从怠工、破坏机器等个人行为的斗争转为有组织的罢

---

① 中共中央马克思恩格斯列宁斯大林著作编译局：《马克思恩格斯全集》第 23 卷，人民出版社，1980 年，第 463 页。

② 中共中央马克思恩格斯列宁斯大林著作编译局：《马克思恩格斯选集》第 1 卷，人民出版社，1995 年，第 258 页。

③ 中共中央马克思恩格斯列宁斯大林著作编译局：《马克思恩格斯全集》第 23 卷，人民出版社，1980 年，第 423 页。

④ 史亚民：《世界上下五千年·近代卷》，红旗出版社，1995 年，第 302 页。

工，他们的斗争目标也从改善自己物质生活状态的经济要求，转为改变社会制度的政治要求。工人的斗争不仅损及资产阶级的利润追求，而且也直接危及其制度的生存。处在工人与资本家两大阶级中间的管理阶层，面临着如何协调劳资之间矛盾的时代重任。

第四，管理阶层出现。首先是企业管理职能与资本的所有权相分离。生产资料和生产力的所有者，将对生产资料及生产者的劳动进行管理的职能委托给管理专门人才，老板不再身兼所有者与管理者二职，出现了专门的管理阶层，管理也有了不同的分工，不仅有了专门从事管理的专业人才，管理工作也成了有人专门研究的一门学问。其次是管理者与被管理者的职能分离，在简单协作和手工工场阶段，劳动者本人可能就是劳动计划的制订者、控制管理者，但在大机器生产时代，计划和指挥等管理职能被划分为管理者的专业职能，而劳动者被定位为照圈画圆的被管理者。以美国的斯普林菲尔德兵工厂为例，1815 年罗斯韦尔·李（Rowswell Li）上校被任命为该厂最高指挥官，他着手改组了工厂的管理权，建立了明确的管理者与被管理者的责任制，建立了早期的计件统计制度，管理层与被管理层明确区分开来，担负管理责任的各方面的专家人数迅速增多。1815 年斯普林菲尔德兵工厂有专家 36 名，5 年后发展到 86 名，到 1825 年，该厂已经有专家 100 名。由于管理者与被管理者的分工日益明确，担负管理之职的专家作用日益突出，用雷恩的话说："制造武器与其说是些金属木器技术工人，不如说是些专家。"①

第五，文化断裂。大量小农进入工业劳动者的行列，他们原有的小农社会的经验管理、相对散漫的时间概念、分散的个体状态、松散的纪律规范、守旧惧变的心理，都与大机器生产的工业社会所强调的科学、理性、守时、组织、纪律以及变革的文化心理格格不入，造成了文化断裂现象，引起心理的恐慌和不适应。建立适应工业社会的企业文化，树立新的价值观念，成为工厂制度下企业管理的新问题。

1.1.3　思想的资源

从 18 世纪到 19 世纪末，思想理论星空群星灿烂。为管理思想的发展、管理理论的诞生提供了有力的理论支持。

首先要谈到启蒙运动。启蒙运动的宗旨是要启蒙民智，其用以照亮黑暗的火炬是科学、民主、自由、平等的思想。启蒙运动的发展，使科学、民主、自由、平等的理念得以广泛传播，对管理思想的发展有着深刻的影响。"管理人员是在特定的文化价值准则和体制内管理组织和作出决定的"②，科学、民主、自由、平等是处理人与物、人与人关系的价值准则，它的深入普及，不可能不渗透到管理的思想体系中，如果我们沿着这一时期管理思想发展的脉络去探寻，科学管理、自由竞争、劳资协调、对人的发现等，都烙上了启蒙思想的痕迹。

特别值得一提的是经济学理论。18 世纪中叶，法国的重农学派提出了"自然法则"

---

① 丹尼尔·A. 雷恩：《管理思想的演变》，赵睿等译，中国社会科学出版社，2000 年，第 97 页。

② 丹尼尔·A. 雷恩：《管理思想的演变》，赵睿等译，中国社会科学出版社，2000 年，第 4 页。

的思想，主张政府实行无为而治、顺应自然的经济政策。稍后，英国的亚当·斯密出版了《国民财富的性质和原因的研究》一书，厘清了重农学派的偏见，弘扬了其自由竞争的理论主张。亚当·斯密的理论反映了已经完成资本主义原始积累，迫切希望放开手脚快速发展的资产阶级的需求，因而立即引起强烈反响，并逐渐成为西方国家管理中制定经济政策的理论依据。1848 年，英国废除谷物条例，全面推行自由贸易政策，为资本主义发展提供了良好的政策环境。除此之外，这一时期西方众多经济思想家的理论研究，经常延伸到管理特别是工业管理的领域，如经济学家对人性的研究、对分工的研究、对分配理论的研究等，他们关于经济人的假设更是为古典管理理论提供了哲学基础，亚当·斯密、萨伊①（J. B. Say，1767—1832 年）等对管理有相当重要的见解，并且有直接的论述。

政治学理论的发展也是管理思想的宝贵资源。欧文②（Robert Owen，1771—1858 年）等空想社会主义理论及实验，为改革工厂的管理制度和解决劳资矛盾做了极富启发意义的探索。马克思、恩格斯等对资本的分析以及阶级斗争的学说，成为工人阶级联合起来进行斗争的思想武器，增强了工人阶级的社会谈判力量，实际上也推动了管理理论中关于协调劳资矛盾以及分配学说发展的步伐。

1.1.4 政治环境的宽松

在西方国家工业化过程中，资产阶级在政治上也获得节节胜利。英国早在 17 世纪中叶即已完成政治上的变革，为其工业革命打下了良好的政治基础。美国于 18 世纪 70 年代进行了独立战争，从英国殖民地中独立出来，实质上是一场资产阶级革命。法国也于 1789～1794 年爆发了资产阶级革命，革命的结果虽然是拿破仑做了皇帝，但他在国内采取了一系列维护资产阶级统治的措施，对外为维护帝国统治而用兵，客观上打击了欧洲封建主义势力，促进了资本主义的发展。1848 年的欧洲革命，使德国和法国都发生了有利于资本主义发展的巨大社会变革。美国在 19 世纪 60 年代进行的南北战争，废除了南方的奴隶制度，为美国的社会发展扫清了障碍。德国以普鲁士为主导，

---

① 让·巴蒂斯特·萨伊，出生于法国里昂大商人家庭，早年经商，后在英国接受商业教育。在英国认真研读了斯密的著作，以亚当·斯密理论的解释者和传播者自许。回国后仍从事商业活动，并且担任《哲学、文艺和政治旬刊》的主编，从事政治经济学研究。1903 年出版他的代表作《政治经济学概论》，该书因反对拿破仑的经济政策而被禁止重印。拿破仑失败后，他恢复了科学研究工作，并于 1814 年再次出版该书。与亚当·斯密一样，萨伊的政治经济学著作中含有丰富的管理学思想。

② 罗伯特·欧文，英国人，著名的空想社会主义思想家，同时也是一位对管理思想做出过重要贡献的企业管理家。欧文只接受过乡村小学的初等教育，18 岁时成为一家机器制造厂的合伙人。他 21 岁担任一家细纱机制造厂的经理，管理用机器从事生产的五百余名男女工人和童工，因管理取得成功，4 年后成为该企业的股东。1800 年，欧文担任了苏格兰的新拉纳克工厂的经理，在那里实行了一系列社会改良措施，改善工人的劳动条件和生活条件。1818 年，欧文提出改革整个资本主义制度的计划，形成其空想社会主义的思想体系，由此受到迫害，失去其社会地位。此后，欧文离开英国到美国试验他的空想社会主义。恩格斯曾说，欧文“具有孩子一样单纯的高尚的性格，同时又是一个少有的天生的领导者……他由于以全部财产在美洲进行的共产主义试验的失败而变得一贫如洗，于是他就直接转向工人阶级，在工人阶级中又进行了三十年的活动。当时英国的有利于工人的一切社会运动，一切实际成就，都是与欧文的名字联在一起的”。参见中共中央马克思恩格斯列宁斯大林著作编译局：《马克思恩格斯选集》第 3 卷（上），人民出版社，1972 年，第 302～304 页。

于 19 世纪 70 年代成功完成统一大业。

通过革命或战争，资产阶级在政治上取得了统治地位。他们在管理国家中所采取的宏观政策代表了本阶级的利益诉求，并以国家的强制力量来维护工厂制度，以及由此而产生新的管理规范，为古典管理思想的发展提供了良好的政治环境。

1.2　大珠小珠落玉盘：古典管理理论的序曲

由于这一时期的管理思想，既精彩纷呈，又散落无序。为了使叙述的内容简洁明了，本章分专题进行归纳和介绍。

1.2.1　关于人性的分析

对人性的分析是管理思想的基础，不同的人性定位，在此基础上建构起来的管理思想便有所不同。西方对人性的分析，尽管有不同的看法，但“人性恶”的认识是其主流。基督教认为人有“原罪”，为古代社会的人性学说定下了基调。17 世纪，被誉为“现代人之父”的霍布斯（Thomas Hobbes，1588—1679 年），在西方古代人性恶认识的基础上，为适应资本主义社会资本积累和竞争的需要，进一步论证了人性恶的观点。随着产业革命的完成，受资本主义经济和自然科学发展的影响，人们对人性的分析也进一步深入和发展。资本主义的发展改变了人们的财富观，原来基督教将财富与美德相对立的观念受到冲击，将利己视为性恶、将追逐财富视为恶德的传统看法受到质疑，而自然科学的发展也影响了人们对人类社会人与人之间关系的看法，牛顿等自然科学家的研究揭示了自然世界的和谐景观，研究社会的思想家们也试图将这种和谐关系推广到社会中人与人之间的关系上，人们对人性的研究发生了变化。这里以亚当·斯密和欧文作为两种不同人性观的代表作分析介绍。

第一，经济人的先声：亚当·斯密关于自利人的分析。亚当·斯密是一个经济学家，他从经济学的角度来研究人性，用“开明的自利即是共同的利益”来描述人类经济社会的和谐，他承认人有自利的天性，但并不认为自利就是性恶。

与霍布斯一样，亚当·斯密也认为人是自利的。他认为，自利是人的一种原始情感，“像斯多葛学派学者常说的那样，每个人首先和主要关心的是他自己。无论在哪一方面，每个人当然比他人更适宜和更能关心自己”[①]，对个人利益的关心是人的天性，个人利益是人们从事经济活动的起点。亚当·斯密在《国民财富的性质和原因的研究》中有一段话被人们广泛引用：“人类几乎随时随地都需要同胞的协助，要想仅仅依赖他人的恩惠，那是一定不行的。他如果能够刺激他们的利己心，使有利于他，并告诉他们，给他做事，是对他们自己有利的，他要达到目的就容易得多了。”[②] 承认人的自利天性，并通过刺激人的自利天性，来达到互利的目的，很明显，亚当·斯密对人性的

---

① 亚当·斯密：《道德情操论》，蒋自强、钦兆愚、朱钟棣等译，商务印书馆，1998 年，第 282 页。

② 亚当·斯密：《国民财富的性质和原因的研究》上卷，郭大力、王亚南译，商务印书馆，1997 年，第 13 页。

分析，是将人假设为从利己出发来从事经济活动的“经济人”。

与霍布斯不一样的是，亚当·斯密并不认为人性自利就是性恶，相反，他充分肯定了人追逐自利目标所具有的积极意义。首先，亚当·斯密从道德哲学的角度来论证自利的正当性。他认为人类之所以区别于动物，是人类具有“同感”，即人类普遍共有的感受，人们乐人所乐、悲人所悲，这是人类相互沟通、相互感动的最基本的道德情感，而自利也是人类的一种基本“同感”。其次，对个人而言，自利可以产生美德，“对自己幸福的关心，要求我们具有谨慎的美德；对别人幸福的关心，要求我们具有正义和仁慈的美德。前一种美德约束我们以免受到伤害；后一种美德敦促我们促进他人的幸福。”① 自利的目标，可以激发人的勤劳、节俭、坚韧、发奋的良好品质，用斯密的话来说，一个人不去为了这些目标（私人利益）本身而相当认真地追求它们，就显得卑劣。“私人利益的那些重大目标——它们的得或失会极大地改变一个人的地位，成为恰当地被称做抱负的激情的目标；这种激情保持在谨慎和正义的范围之内时，总是受到世人的钦佩。”正因为如此，社会对敬业、勤劳、发奋而获得财富或衣食之源的人保持尊敬，而对游手好闲、无所作为、没有事业心的人表示鄙视。最后，对社会而言，人类对财富和地位追求的天性，不断唤起和保持人类勤劳的动机，成为社会生产力发展进步的永不枯竭的源泉。亚当·斯密对人自利的积极意义给予了充分肯定。

在亚当·斯密那里，自利与自私有明确的界线。亚当·斯密认为抑制自私和践行乐善好施等“尽善尽美”的美德，“远非凡人的菲薄力量所能做到”②。在许多场合，只需具备大部分凡夫俗子所具有的普通程度的情感或自我控制的“合宜”行为。这种普通人的情感或进行自我控制的“合宜”行为，便是一种常人的良好品德。在《道德情操论》中，斯密是用谨慎、正义和仁慈对人的自利动机进行适度的制约，他将之称为“自爱”；在《国民财富的性质和原因的研究》中，斯密是通过竞争机制（包括竞争的游戏规则）制约人们的利己行为，他称之为“自利”。对不加控制的利己主义行为，斯密称为“自私”，在斯密的著作中，“自利”或“自爱”与“自私”的界线分明。自私与贪婪一样，是令人鄙视的劣行。

斯密之前，人们一直在为人性善与人性恶进行争论，不同的人性理论引导不同的管理思想，前者推崇道德在管理中的作用，要求人做天使；后者强调外在的强制，视人为即使不是恶魔，心中也藏有恶魔。斯密超出“性善”、“性恶”的争论，认为人既不是天使也不是恶魔，人有自利的本性，这是社会进步的源泉，但不加控制就会走向自私。基于这样一种人性分析，斯密主张要用道德情操和市场规则来协调资本主义生产关系和社会关系。其管理思想在他的两部传世之作中得到了完整的表述。

亚当·斯密对人性的分析对管理思想的影响巨大。古典管理理论就是建立在经济人的假设之上，泰勒的薪酬管理思想以及他协调劳资矛盾、强调劳资共同得利的观点，都是以经济人假设为起点的。

---

① 亚当·斯密：《道德情操论》，蒋自强、钦兆愚、朱钟棣等译，商务印书馆，1998年，第342页。关于谨慎美德的内涵，亚当·斯密在该书的第277页做了解释。

② 亚当·斯密：《道德情操论》，蒋自强、钦兆愚、朱钟棣等译，商务印书馆，1998年，第25页。

第二，社会人的滥觞：欧文的人性分析。欧文是社会改革思想家，同时又是一个职业管理人，他也不同意性恶的传统人性观，但作为一个社会改革思想家，欧文对人性的分析与亚当·斯密不同。如果说亚当·斯密对人性的分析直接影响了管理思想上经济人概念的提出，那么，欧文对人性的看法实际是行为科学关于社会人分析的滥觞。

欧文对人本性的分析介乎于中国先贤孔子和孟子之间。首先，他认为人的本性善良，如孟子的性善论，他说："人们的天赋品质是善良的，只须他们得到应有的对待。"[①] 但孟子的性善，是要人们通过向内的反思和体认，去挖掘本已存于心的善良，而欧文则强调外在环境对人性的影响，在这一点上他又与孔子的"性相近也，习相远也"的看法类似。当然，孔子所重视的是这个"习"中的主观因素，而欧文所重视的是这个"习"中的客观因素。

欧文有一个著名的命题，即"人是环境的产物"，他说，"一切事实都证明，人过去是，现在是，将来也永远是他从有生之日起终身所处的好的或坏的、有益的、或有害的环境的产物"，"环境对于人性有决定性的影响"。按照欧文的思路，既然人是环境的产物，那么人性改善，是通过改变环境来实现的。他呼吁"各国当政者应为其人民的教育和普遍陶冶性格的问题制订合理的计划"[②]，同时，他自己也身体力行，将对工人所处环境的改良引入到他的管理实践中，通过典型示范来宣传他的人性理论。

欧文的人性理论第二个著名的命题是：人是"活机器"。这个命题在今天看来已经过时，但在产业革命中机器的作用突出，人的因素被淡化了的背景下，其观点特立独行，惊世骇俗。在这个命题中，欧文的与众不同，或者说他特别有价值的思想在于：其一是用系统的观点看待生产要素，他并不片面强调机器的作用，而是将人、机器、环境等因素都纳入管理的视野；其二是突出人在生产要素中的重要作用。

欧文对当时普遍的重物不重人的现象进行了深刻分析，他说，企业主们把获得高额利润的希望寄托在死机器上，他们只注重有效地保养和利用死机器（机器、设备）的作用，而忽视对活机器（人）的保养和维修。他们愿意并继续愿意花费大量的金钱来购置精良的设备，愿意并继续愿意花费时间和精力来了解这些死机器的各部分间的关系，并以数学的精确性来计算它们全部细微的和联合的运动以提高它们的使用效率；工人被当成了次要的和低等的机器，企业主没有也不愿意对他们花时间和资本。

欧文从一个管理者的角度，指出这种做法是错误的。他认为，企业是一个由多种要素的相互关系构成的有机系统，要提高生产效益，就应将生产的所有要素进行有机组合，使企业这个整体能够有效的、良性的运行。作为一个管理者，应"把当地居民、厂内机器以及企业的其他部分看成是一个由许多部分组成的体系"，"要把这些部分加以组合，使每一个人、每一根弹簧、每一根杠杆和每一个轮子都有效地配合起来，为企业主产生最大的金钱利益"[③]，这是管理者的责任和利益所在。

欧文认为，在企业这个体系中，人的因素对于工厂利润的实现很重要，如果企业

① 欧文：《欧文选集》第 2 卷，柯象峰、何光来、秦显果译，商务印书馆，1979 年，第 96 页。
② 欧文：《欧文选集》第 1 卷，柯象峰、何光来、秦显果译，商务印书馆，1979 年，第 18、71、73 页。
③ 欧文：《欧文选集》第 1 卷，柯象峰、何光来、秦显果译，商务印书馆，1979 年，第 5 页。

主能将对机器的关照同等给予人，匀出一些时间、精力和金钱来考虑改善和保养他们的"活机器"，那么，其投资所获得的报酬就不止百分之五、百分之十、百分之十五，而往往是百分之五十，在许多情况下还是百分之百。他说，与死机器比较起来，"更加娇嫩和复杂的活机器如果培养得身强力壮，积极有为，也就可以得到同等的改善；如果保持其整洁，以仁慈的态度相待，使其精神活动不至于经受过多刺激性的摩擦，想尽一切方法使之更加完善，经常供应充分的合乎卫生的食品和其他一些生活必需品，使之躯体保持良好的工作性能，不至失修或过早地损坏，这一切的做法也会证明是真正的理财之道"①。

欧文人性理论中第三个值得注意的观点是：强调管理者对于人性的改善负有主要责任。欧文说："人的性格是由外力'为他'创造的，而不是'由他'自己创造的。"因此，工人中的一些不良品行和情感，其责任不在他们自身，而在于"为他"创造的人。"运用适当的方法可以为任何以至整个世界造成任何一种普遍的性格，从最好的到最坏的、从最愚昧的到最有教养的性格；这种方法在很大程度上是由对世事有影响的人支配和控制着的。"② 欧文在这里虽然没有明确指明"对世事有影响的人"是谁，但从欧文著述的字里行间流露出的意向可以看出，他的"对世事有影响的人"也即对人性改变负有主要责任的是政府和工厂管理者，他特别寄希望于政府和企业主通过改变环境和教育感化来改良人的性格、情感和品行。

以这样一种人性理论为基础，欧文在他的管理实践中所采用的管理方法体现出对人性的尊重。以他在新拉纳克大棉纺厂任经理时进行的管理改革为例：

首先，他致力于对管理环境的改善，让工人生活在"比较合乎人的尊严的良好环境中"。在新拉纳克大棉纺厂，他的具体做法是：禁止雇用 10 岁以下的童工，并劝告父母让儿童在 10 岁以前接受教育，养成健康的身体；为工人的子女办幼儿园；减少工作时间；提高工人工资；修建工人住宅和街道，改善工人的居住环境；设立商店，照本出售给当地工人；设立公共食堂、医院，建立互助储蓄会，发放抚恤金等。通过这一系列工人的福利条件的改善，表达了管理者对工人人格的尊重和生存状态的关注，不仅取得工人的信任和合作，也使工人将对"体面而有尊严"的生活追求内化为对工业社会新生活观念的认同。

其次，通过教育和感化来培育工人良好的品格。欧文认为既然人是环境的产物，政府以及管理者对人性的改善负有主要责任，那么不能将工人的不良表现和不良品格归咎于工人，所以也不能用强制和惩罚的方法来管理工人。欧文采用教育和感化的方法来转变工人的价值观念，试图在工人中树立新社会观、重新塑造工人的新人格，他试验的方法之一是让工人自我教育。为了树立新的风气，欧文让工人之中推理能力最强的人，反复宣讲新生活观念和方式的好处，如对付酗酒、说谎和欺骗行为，欧文就是采用这种方法，使工人"认识到节饮有利于身体健康，酗酒现象渐渐消失了，酒铺和酒馆也开始从住宅附近搬走。对付说谎和欺骗行为，欧文一方面让工人们了解说谎

---

① 欧文：《欧文选集》第 1 卷，柯象峰、何光来、秦显果译，商务印书馆，1979 年，第 7 页。

② 欧文：《欧文选集》第 1 卷，柯象峰、何光来、秦显果译，商务印书馆，1979 年，第 96、11 页。

和欺骗行为的实际害处，同时对诚实和坦率行为尽力加以鼓励”[①]。

欧文注重对工人的激励，他发明了一种极为独特的装置——无声监听器。根据这种制度，欧文对每一个监工设四种涂有不同颜色的小方桩，由浅入深地表示监工的业绩，监工也用同样的方法对工人做出评价，“这种木制信天翁有助于促使落后工人克服他们的缺点，而且也能促使获得白色标记的‘好工人’保持他们的成就。这的确就是现代管理中把销售和生产情况公布于众，以树立部门的自豪感或鼓励竞赛的雏形”[②]。

在欧文的时代，他作为一个管理思想家，是特别令人瞩目的。他不仅是第一个发表关于管理的正式著作的管理思想家，也是率先将理论运用到实践中，进行管理实验并取得成功的职业管理者。更重要的是，他在工业企业管理中首先将视野转向人，关注到管理中人的因素，注重对人力资源的开发，他对人性的分析强调人的社会属性，在当时独树一帜，而且影响深远。因此，他被誉为是现代人事管理之父。

这里特别要提到的是，欧文的思想对人际关系理论和行为科学管理理论影响深远，甚至他的一些不无偏颇的观点也都被后人所接受。例如，欧文过分强调外在因素对人性的影响，而忽视人自身的特质及主观因素，他认为人的性格是外力创造的，运用适当的方法可以塑造成任何一种所需要的性格。在他之后的一些行为科学学者也持同样的观点，如美国行为主义心理学创始人约翰·布鲁德斯·华生有一段著名的论断：“给我一打健康的婴儿，让他们在我规定的环境中成长。我将保证，随机从中挑选一个孩子，不管他的天赋、爱好、倾向、能力以及他的祖先的职业和种族如何，我都能把他培养成任何一种类型的专家，如医生、律师、艺术家、商人等，甚至乞丐和小偷。”[③]

斯密、欧文等对人性的分析沿着两条不同的思路，这两条思路并行不悖，为现代社会管理模式的转换提供了哲学基础。

1.2.2　关于分工理论

主张分工是工业革命时代的特点，管理因为分工而变得重要，分工因管理而更为发展，唯其如此，很多管理思想家都对分工有过论述。这里主要介绍斯密、萨伊、巴贝奇[④]（Charles Babbage，1792—1871 年）的观点。

第一，分工是提高劳动生产率，增加国民财富的主要源泉。分工是提高劳动生产

---

① 欧文：《欧文选集》第 1 卷，柯象峰、何光来、秦显果译，商务印书馆，1979 年，第 31 页。

② 丹尼尔·A. 雷恩：《管理思想的演变》，赵睿等译，中国社会科学出版社，2000 年，第 76 页。

③ 爱德华·霍夫曼：《马斯洛传》，许金声译，华夏出版社，2003 年，第 31 页。

④ 查尔斯·巴贝奇，出生于英国富有的银行家家庭，曾担任剑桥大学的数学教授。他是科学家，1822 年他设计了世界上第一台计算机——差分机；他同时又是管理科学家，为了制造他的差分机，他对企业管理发生兴趣，从而将科学的思维和方法运用到管理中，成为管理运筹学和管理科学的开路先锋。在有关他的传记书里，巴贝奇被描述为性情暴躁的天才，“对那些打扰他思考问题的人来说，他的个性是不会得到他们的喜爱的，为了回敬英国街道上比比皆是的管风琴演奏者，他就在他的住房外面吹起喇叭，造成一片噪声，以便把他们赶跑”。巴贝奇的成就与他的朋友拜伦的女儿奥古斯塔·艾达分不开，“这位伯爵夫人很标致，对数学和工程学都有天赋，而且是真正理解巴贝奇工作的为数不多的几个人中的一个，她撰写论文评述他的著作，对他的思想的阐明比他自己的表述还好”。没有艾达的阐述，巴贝奇的思想为人所了解和接受会更晚。参见丹尼尔·A. 雷恩：《管理思想的演变》，赵睿等译，中国社会科学出版社，2000 年，第 79～81 页。

率，增加国民财富的主要源泉，这个命题是斯密提出的。在斯密的《国民财富的性质和原因的研究》中，对分工的分析是他论述国民财富原因的起点。该书开篇第一句便说："劳动生产力上最大的增进，以及运用劳动时所表现的更大的熟练、技巧和判断力，似乎都是分工的结果。"他认为，在一个政治修明的社会里，造成普及到最下层人民的那种普遍富裕情况的，是各行各业的产量由于分工而大增。换言之，国民的财富增长，最基本的原因是分工。他进一步分析道，一个国家的产业与劳动生产力增进程度如果是极高的，则其各种行业的分工一般也都达到极高的程度。他推测说，农业上劳动力的增进，总跟不上制造业上劳动生产力的增进的主要原因，也许就是农业不能采用完全的分工制度。

斯密分析了分工提高生产率的原因，认为其原因有三：其一，劳动者的技巧因业专而日进；其二，由一种工作转到另一种工作，通常须损失不少时间，有了分工，就可免除这种损失；其三，许多简化劳动和缩减劳动的机械的发明，使一个人能够做许多人的工作。萨伊和巴贝奇也分别阐述了分工提高生产率的原因。

第二，制约分工的因素及分工的利弊。经济学家萨伊在斯密的基础上，对制约分工的因素及分工的利弊进行了分析。斯密认为，分工的程度受交换能力的限制，换言之，要受市场广狭的限制。市场要是过小，那就不能鼓励人们终生专务一业，因为在这种情况下，他们不能用自己消费不了的自己劳动生产物的剩余部分，随意换得自己需要的别人劳动生产物的剩余部分。萨伊发展和丰富了斯密的这一看法。萨伊认为，制约分工的因素主要有三个：一是产品的消费量，只有产品超过一定数量才能享受分工的利益，实际上也就是斯密所说的市场需求量的大小。二是资本的实力，如萨伊所言："如果产品是在工厂制造而且同一厂商经营一切制造阶段，那么该厂商非拥有雄厚资本，便不能对工作实行很精密的分工，因为这种分工需要对工资、原料、工具、器具等等垫付更大的款项。"① 三是行业本身的性质。与斯密一样，萨伊也以农业为例，因为农业不可能把许多人集中在一处，全体都来种植同一种农作物，也不可能一个人长年累月一直犁田或挖土或整年都从事割稻的工作，所以农业这个行业的性质不易于进行分工。

萨伊还进而分析了分工所产生的弊端。首先，分工会带来人的某些能力的退化。一个人如果一生专从事一项工作，虽然他做这一项工作会比别人做得更快更好，但他的其他才能可能逐渐退化，甚至完全消失。以从事高智商工作的律师为例，萨伊说，我们常常碰到这样的人，他们是律师界中的出色人物，可是他们往往不晓得怎样敲铁钉，做起来会使最笨拙的木匠学徒看得发笑。如果他们处在比较紧急的场合，如援救一个快要溺死的朋友或援助一个同事逃难，他们将窘得不知道怎样做才好。其次，分工带来人生的单调和枯燥。最后，分工带来不平等。对于工人而言，分工有可能将使工人陷入更困苦、更不利的境地。工人所掌握的生产技能只是产品生产的一个部分，离开共同工作，他可能一事无成。正因为分工使工人对生产资料和共同劳动产生了强烈的依附性，因而他们将更没有能力要求公平分享产品价值的权利。

---

① 让·巴蒂斯特·萨伊：《政治经济学概论》，陈福生、陈振骅译，商务印书馆，1963年，第100页。

第三，分工与人力资源成本。作为数学家和机械制造技术专家的巴贝奇对于分工理论也有贡献，他除了更全面、更仔细地分析了分工提高劳动生产率之外，他的突出贡献还在于以下两点：

其一，巴贝奇将劳动分工扩大到脑力劳动与体力劳动之间，巴贝奇在旅游欧洲时，参观法国桥梁、道路和学校，发现该学校校长普隆尼把他的工作人员分为技术的、半技术的、非技术的分工。然后把复杂的工作交给有高度能力的数学家去做，而把简单的工作交给只能从事加减运算的人做，这样的分工提高了整个工作效率。作为数学家的巴贝奇十分推崇这种以数学能力为分工标准的管理手段[①]。

其二，关于分工与分配的关系。巴贝奇指出，制造业将生产过程分为不同的工序，每道工序所需要的技术和力量不同，工厂可以按不同工序对技术和力量要求的不同，来雇用最适合做这项工作的工人，并按分工不同支付不同的薪酬。按每一工种的技术水平制定支付工资的界限，这就是巴贝奇提出的“边际熟练原则”。如果整个工作流程由一个工人来完成，这个工人相应需要具有足够的技术和力量，不仅这样的人才资源稀缺，很少有工人有全面的技术和全面的才能，一旦这样的工人流失，工厂就面临停产的危险，而且人力资源成本高，工厂主必须按最难的技术工艺要求和最大的体力要求的标准支付薪酬，这就提高了产品的成本费用。

第四，工场手工业与工厂制分工的区别。斯密和巴贝奇的分工理论都是以工场手工业的分工为基础的。英国的管理思想家安德鲁·尤尔[②]（Andrew Ure，1778—1857年）则进一步区分了工厂制与工场手工业分工的不同。

1835 年，尤尔发表了《工厂哲学：或论大不列颠工厂制度的科学、道德和商业经济》一书，在他的著作中，尤尔第一次明确划分了工场手工业和机器大工业两种不同的分工。他指出，每个工厂都有三个有机系统：机械系统，指生产的技术过程；道德系统，指工厂的人事管理；商业系统，指产品的销售和资金的筹措。在工场手工业中，使工人适应于一种特殊的操作是分工的实质。这种分工是一种按熟练程度分级的制度。而工厂制度的原则是：把劳动过程分成不同的程序，根据程序分工。换言之，工场手工业的分工是手工操作的分工，是按工人的个人才能熟练程度进行的分工。而在大机器生产中，机器生产代替了手工操作的分工，分工的决定因素不是工人个人的条件，而是机器生产的物质条件和程序要求。工厂制的分工降低了对工人手工技术和个人创新性的要求。

尤尔比斯密和巴贝奇更敏锐地抓住了这两种分工的实质。

1.2.3　对分配制度的思考

如前所述，从产业革命到 19 世纪末年，是劳资矛盾激烈冲突的时代。劳资矛盾根源于分配制度，分配制度是解决劳资矛盾的关键所在。工人与资本家的斗争，“反抗的

---

① 桑玉成：《管理思想史》，上海教育出版社，2002 年，第 121 页。

② 安德鲁·尤尔，英国早期管理教育家，曾获得格拉斯哥大学的医学博士，1804 年成为格拉斯哥安德逊学院的教授。

最初目的只是为了维护工资”，他们的斗争方式从捣毁机器—怠工—罢工，经历了一个逐渐演变的过程。在斗争中，“这批人逐渐团结起来，形成一个自为的阶级，他们所维护的利益变成阶级利益”，经济斗争转变为政治斗争[①]。

与一些社会思想家们以解决社会问题为目的、深刻揭示劳资矛盾、尖锐批评工厂制度弊端的批判者立场有所不同，管理思想家们更多地是以提高生产效率为目的的，从管理的角度，通过协调利益的途径来解决劳资矛盾。他们更倾向于将政治斗争还原为经济问题来解决，对分配的认识以及对分配制度的改革是这一时期管理思想家们关心的重大问题。

第一，工资与利润及其制约因素。从管理学的角度来看，亚当·斯密关于工资与利润的理论，至少有两点是非常有意义的。首先，他区分了工资与利润的不同，工人以劳动换取工资；资本家占有资本，用以购买劳动而取得利润。“劳动工资一语，都普遍理解为，在劳动者为一人，而雇用他的资本所有者另为一人的一般情况下，劳动获得的工资。”“利润与工资截然不同，它们受着两个完全不同的原则的支配，……利润完全受所投资本的价值的支配，利润的多少与资本的大小恰成比例。”利润量的大小同资本支配的劳动量成正比，同工资量成反比。同时他也指出，如果在劳动生产率提高、各种产业迅速扩展的情况下，工资和利润可以同时提高。泰勒后来在科学管理思想中，一再强调通过提高生产率，使劳资双方都得利，从斯密这里可以找到其思想的渊源[②]。

其次，斯密在他的著作中分析了影响工资和利润的因素。劳动工资因业务有难易和尊卑、学习有难易和学费多寡、是否安定、劳动者所承担的责任的大小、取得某一职位资格的可能性的大小不同而不相同。影响资本利润的高低的因素有两种，即工作的愉快与否与资本投入的安全性问题。斯密继而分析了影响工资和利润的政策因素：①限制某些职业中的竞争人数，即职业准许制度。如同业组合的排外特权，限定师傅带学徒的人数和长期学徒年限等。②增加另一些职业上的竞争，使其超过自然的限度。这些职业主要是律师、教师、医师、牧师等，为了培养这些职业所需要的人才，“设置了许多奖金、助学金、奖学金、苦学生津贴等。结果，就使这些职业的人数，大大超过自然限度”。致使“那些自费受教育的人，所花的长久时间和巨大费用以及所下苦功，未必都能获得相应的报酬，因为教会中挤满了愿意接受比他们应得报酬低得多的报酬的人”。当然，斯密也肯定了这种不均等，对社会而言，也许是利多害少，因为“公职教师的地位，虽不免因此稍稍降低，但学艺教育费的低廉，的确是一种利益，大大抵消了公职教师地位的降低”。③劳动和资本不能自由转移，从而使不同用途的劳动和资本所获得的回报，“出现令人非常不愉快的不均等”[③]。例如，英国城市的户籍制度和限制工资及物价上限的制度。根据伊丽莎白女王的济贫法，各教区有救济其所属贫

---

① 中共中央马克思恩格斯列宁斯大林著作编译局：《马克思恩格斯选集》第1卷，人民出版社，1995年，第159页。

② 亚当·斯密：《国民财富的性质和原因的研究》上卷，郭大力、王亚南译，商务印书馆，1997年，第59、43页。

③ 亚当·斯密：《国民财富的性质和原因的研究》上卷，郭大力、王亚南译，商务印书馆，1997年，第92～93、123、128页。

民的义务。法律对所属贫民的界定规定，只要在某教区连续住过 40 天，就可取得教区的户籍。但接下来与此相关的一系列关于保证金、证书、书面报告、资格限制等法令，又使贫民很难在某教区连续居住达 40 天，实际上剥夺了劳动的自由流动或者说劳动自由流动非常困难。斯密在这里旨在说明政府政策干预，直接影响了劳动和资本的回报（工资和利润）的不均，有时甚至是不公。

第二，分配制度与劳资关系的协调。在资本原始积累时期，“最饥饿的工人是最好的工人”是资本家们榨取工人血汗的观念。“亚当·斯密是第一位与‘最饥饿的工人是最好的工人’这种重商主义观念决裂的经济学家。他提倡高工资，因为这能够使工人更加‘积极、勤劳和迅速’。”[①]

在分配理论上，巴贝奇在斯密的基础上有所发展。他认为，工人的劳动报酬不仅是工资，而应包括工资、利润、奖金三个部分，工人按其工作性质得到固定工资，按照其劳动效率所做出的贡献分得利润，根据其提出的提高生产效率的建议获得奖金。巴贝奇分析说，工人的劳动报酬由工资、利润、奖金三部分构成，其积极作用在于：可以使每个工人的利益同工厂的发展及其所创造利润的多少直接相关；每个工人都会关心浪费和管理不善等问题；能促进每个部门改进工作；有助于激励工人提高技术和品德；工人和雇主的利益一致，可以消除隔阂，共求企业发展。巴贝奇的报酬制度是试图在工人与资本家之间通过分配的桥梁，建立起共同的利益，协调劳资双方关系，在提高生产率是使劳资双方共同获得利益的问题上达到共识，以激发工人的生产积极性。将巴贝奇的这一思路与斯密的分配理论联系起来看，劳资合作思想的发展轨迹清晰可见。

第三，工资制度的改革。在企业的实践中，工资制度改革的主要驱动力是解决工人的怠工问题。怎样通过分配来激励工人，提高劳动生产率，引起了许多管理者的关注，并促使他们进行了一系列的改革探索。

当时西方企业采用比较多的是日工资制，这种工资制度对工人缺乏激励，因而需要进行改革。小詹姆斯·瓦特（James Watt，1769—1848 年）和马修·鲁宾逊·鲍尔顿[②]（Mattew Robinson Boulton，1769—1848 年）在他们的霍索工厂里采用的是计件工资的分配制度。他们对已经标准化了并且易于分出等级的作业一律采用计件工资的办法，订出工人生产的标准产量，工人完成标准产量，就可以得到日工资，超额完成标准产量，则给予超产奖励。对于按小组进行生产、无法实行计件工资制的工作，则采用周薪制，但对小组的组长实行计件工资，以激励小组组长在生产中做好组织和督促工作，提高小组的生产率。计件工资的制度将劳动报酬与劳动效率联系起来，明显提高了生产效率，得到很多经济学家和管理专家的肯定。

但这个制度在具体推行中，产生了明显的弊端，当工人提高产量以后，雇主就提高标准产量，实际降低了工资率，工人感到上当受骗，从而采取怠工的方式抵制这种

① 丹尼尔·A. 雷恩：《管理思想的演变》，赵睿等译，中国社会科学出版社，2000 年，第 122 页。

② 小詹姆斯·瓦特、马修·鲁宾逊·鲍尔顿，两人分别是蒸汽机发明者瓦特和他的合伙人工程师鲍尔顿的儿子，两人于 1800 年接管了其父亲创立的霍索厂，并实行了一系列科学管理的措施。

工资制度改革。

为了解决劳资纠纷，提高生产率，18世纪法国的经济学家杜尔哥，19世纪英国的管理思想家巴贝奇、经济学家杰文斯[①]（William Jevons，1835—1882年）都提出过利润分红的建议，杰文斯甚至还提出工业合伙制，提出职工拥有企业股份和分享利润的设想。但杰文斯的方案实行的前提是，工人有无资本购买股份和资本家在多大程度上愿意让工人分享利润。由于工人能在某种程度上分享盈利，故利润分红的分配制度能够鼓励工人以最低成本生产更多产品。在一些企业里，逐渐推行了某种形式的利润分红。

美国工程师和管理学家亨利·汤[②]（Henry Towne，1844—1924年）对利润分享制提出了不同的看法，他认为，利润分红存在不公正，不是提高生产率的恰当办法。他的理由是：其一，利润分红是以整个企业的利润总额来计算的，一个部门工人努力节省下来的利润，会被另一些部门中不勤劳的工人所抵消。这种类似于大锅饭的计算方法对工人激励程度有限。其二，影响利润的因素有四种：企业所有者和经理所能控制的因素，如生产资料和管理；采购和销售部门负责人所能控制的因素，如原料供需和销售；企业自身难以控制的外部因素，如原料和产品市场价格变动、利率的变动、呆账等；劳动者所能控制的因素，如节约原材料、机器设备的最大效率的发挥及维护等。在影响利润的四种因素中，最后一项才与劳动者有关。考虑劳动者的利润分配时，应将这一项分离出来考虑。因此，亨利·汤的收益共享方案的主要内容是：利润率按部门计算。用科学方法测定出标准工作量，每一部门超过定额而生产出来的收益，由职工和雇主各得一半。定额保持三五年不变。

亨利·汤的方案虽然区别了部门利益的分配，但在同一部门中，勤、懒不分，共享收益，部门内仍然是平均主义；而且雇主与工人对半分享收益，工人只分享收益不分担损失，雇主对这个方案没有积极性，因而亨利·汤的方案没有得到积极推行。杰文斯和亨利·汤的方案各有其合理的成分，杰文斯的职工参股的思想和亨利·汤的标准工作量的测定，劳动定额在一段时间保持不变，以及超工作量的收益分享的设想，对于工人生产积极性的保护和激励是有积极意义的。

在亨利·汤之后，美国的机械工程师哈尔西于1891年在他的论文《劳动报酬的奖金方案》中提出了新的分配方案。其要点是：以工人目前的产量作为标准产量，以工人目前所花费的生产时间作为标准时间，工人如果提前完成了工作，就把所节省时间的收益按一定比率（约为正常工资率的1/3或1/2）发给工人作为奖金，其余部分归雇主[③]。哈西尔的方案较之于亨利·汤的进步在于，收益分享具体到个人，与小詹姆斯·瓦特等在霍索工厂所实行的计件工资制度在改革思路上是一致的。他的方案简便易行，在美国、英国等国曾经得到广泛的采用。

---

① 杰文斯，英国的经济学家和逻辑学家。他在管理思想上的贡献主要是：他研究了劳动强度和疲劳问题，进行了初步的工时研究和动作研究；研究了劳资关系问题，主张工人与管理者进行合作，提出了工业合伙的建议。

② 亨利·汤，美国工程师和管理学家，他对于管理学的贡献在于：指出管理的重要性；支持并推广科学管理运动；提出了激励职工的收益分享制度。

③ 孙耀君：《管理思想发展史》，山西经济出版社，1996年，第53页。

尽管上述管理思想家们提出了多种工资改革的方案，试图通过劳资双方利益分享来提高工人的生产积极性，但仍有明显的问题未能得到很好的解决，如劳动工作定额问题，虽然亨利·汤的方案是劳动定额稳定几年不变，但几年之后，劳动定额又会提高，工人的劳动力价值实际上呈下降趋势，因此，难以得到工人的认同。

1.2.4　早期科学管理的试验

工业革命之初，科学管理的研究就已经开始。科学管理的种子在英国较早得到企业管理者和工程师的关注并有意加以培育，他们通过对企业管理的观察，试图从中寻找规律和提炼归纳出一般性的原则。正如泰勒所说："有些人教育使他们养成了概括并到处寻找规律的习惯。当这些人碰到在每一行业中都存在极为相似的许多问题以后，他们不可避免地试图对这些问题进行逻辑归类，并找出解决这些问题的某些规律或规则。"巴贝奇是这一群体的杰出代表。

科学管理虽在欧洲特别是英国开花，但在美国结出了最丰硕的果实。自 19 世纪下半期以来，美国企业管理在组织和制度建设上有了突出的成就，在科学管理思想发展的竞赛场上，美国出现了一个特别引人注目的群体。

第一，关于动作、工时和疲劳研究。实事上亚当·斯密特别是詹姆斯·穆勒[①](James Mill，1773—1836 年）都已经从分工的角度研究了动作的问题，穆勒在他的《政治经济学原理》中说：在进行商品生产时必须把由各种作业组成的大综合体分解为一些小作业，"首先要做的事就是进行最完善的科学原理的分析，其次要做的事是进行同样完善的科学原理的综合"，"为了做到这点，就必须从其各个要素来考虑这个综合体，把它分解为各个要素仔细而全面地对这些要素进行考察，这就是分析。这些要素还必须结合起来作为达到我们最终目标的手段……我们剩下来要做的事就是以最有利于达到目标的方式来实现这种结合，这就是综合"[②]。穆勒在这里已经阐明了动作研究的内容，就是用科学原理对作业动作进行分解和综合，使其更科学，更能提高生产效率。

运用科学原理进行动作和工时研究的管理研究者不少，除上面所提到的几位以外，小詹姆斯·瓦特、马修·鲁宾逊·鲍尔顿、巴贝奇、杰文斯等也都各有建树。在这里以巴贝奇的工时研究为例。巴贝奇关于工时的实验有一段生动的记载：

> 如果观测者手拿钟表站在一个做针头的人面前，那个工人肯定会加快他的速度，于是估计出来的产量就会太高了。……当工人完全没有意识到有人在观测他时，他在一定时间内所完成的作业次数常常是可以计算出来的。如织布机……发出的声音使得……在房门外面的观测者可以算出梭子在每分钟内击打的次数[③]。

这是用比较科学的方式来计算平均工时，以确定合理的工作量。

---

① 詹姆士·穆勒，英国经济学家，对动作和工时做过较深入的研究。

② 约翰·穆勒：《政治经济学原理》上卷，赵荣潜、桑炳彦、朱泱等译，商务印书馆，1991 年，第 147～164 页。

③ 克劳德·小乔治：《管理思想史》，孙耀君译，商务印书馆，1985 年，第 91～92 页。

不约而同，与后来的泰勒一样，巴贝奇和杰文斯都以铁铲为例对劳动工具和疲劳进行了研究。巴贝奇指出，一个体力较弱的人，如果对于他的工作方法认真研究，加以改进，如果他所使用的铲子形状、重量、大小都比较适宜，那么他一定能胜过体力比较强的人。半个多世纪以后，杰文斯进一步将巴贝奇的想法具体化，他说：

> 让我们以挖地这一简单工作为例，铲子可以做成各种各样的型号。如果每一小时的铲地次数相同，那么，所用的力近似于铲面长度的立方。如果铲子较小，则人的疲劳程度较小，但所做的工作也较少。另一方面，如果用一把很大铲子，虽然每一铲可以做很多工作，但工人很快就会疲劳得无法继续工作下去。如果用一把中等大小的铲子，既不会使工人过于疲劳，能够较长时间地工作下去，而每一铲还可以做相当数量的工作。总的来看，工人能完成尽可能多的工作。铲子的大小应该部分地决定于所要铲的物质的黏性和重量，部分地决定于工人力气的大小。可以观察到，挖土工在挖硬土时用小铲子，在一般园子中工作时用稍大些的铲子，在铲松土或煤渣时用更大一些的铲子，而在铲棉花、麦芽或其他松散状物质时，用最大铲子①。

杰文斯的铲子实验早于泰勒的类似试验10年左右。

第二，关于作业标准化研究。我们来看这样一个镜头：

1851年，在英国伦敦的水晶宫，世界工业博览会开幕。

所有展品中，最吸引人们注意的是美国艾尔弗雷德·霍布斯的不可拆卸锁头、艾萨克·辛格的缝纫机、塞缪尔·科尔特的连发手枪，还有赛勒斯·麦考密克的机械收割机。这些产品不仅比其他国家的性能优越，而且是按照一种独一无二的方式制造的——其各个部件都有准确标准，以致同一种产品部件可以互换。因此，你随意拿起几个部件，便可以组装成一个产品。

产品的互换原则始于欧洲，例如，汤马斯·杰斐逊于1785年从法国写信回美国，就谈到法国“步枪的每一部件都做得完全一样，能使每一支步枪上的部件都可以用在仓库中的任何一支步枪上”，遗憾的是，欧洲未能率先将这项技术应用到工业生产上。美国最开始采用标准化生产也是兵器制造行业，但不久就将这个“可互换部件”的原则从兵器生产扩大到工业生产。这项以“美国制造系统”闻名的技术问世，是科学管理思想生长发展的结果。正如雷恩所分析的那样：“劳动分工，界定清晰的组织、在支付工资、控制工时及材料成本方面采取的核算技术，统一的标准，用于检查和控制的计量技术，以及先进的金属加工方式，这些对于所谓的‘美国制造系统’都至关重要。”②

第三，关于作业流程及企业控制管理的研究。这里仍以巴贝奇为例。巴贝奇提出了他称之为“观察制造业的方法”，要求管理人员用标准提问表进行调查，所调查的问题是：生产所用的材料、正常耗费、费用、工具价格、市场、工人、工资、工作周期、技术等。这些调查数据将作为管理企业的依据，“实际上这与作业分析人员或咨询顾问

---

① 孙耀君：《管理思想发展史》，山西经济出版社，1996年，第46页。

② 丹尼尔·A. 雷恩：《管理思想的演变》，赵睿等译，中国社会科学出版社，2000年，第96页。

在研究一项任务时所使用的程序是一样的”。他还以“运筹学者的真诚的探索精神，对作业操作、有关的各种技术以及每一道工序的成本等进行了分析，并对当时流行的一些做法提出了指导改进的意见”[①]。特别值得一提的是，为了计算工人的工作量、原材料的利用程度，他设计了“差分机”，这是世界上第一部实用机械计算器，这部机器从概念上来看已具备了更为现代化的计算机的全部基本要素。因而，巴贝奇被称为是计算机的先驱。为了研制“差分机”，巴贝奇耗尽了他父亲给他留下的丰厚家产。

第四，关于制度化管理的研究。关于制度和制度化管理，雷恩曾做过如此界定：“‘制度’这个字就意味着建立规章、建立标准和程序，以掌握生产车间中增长的活动总量。制度化管理还包括这样一些课题，即建立工具标准、工作质量和数量、通过选择工艺和制定时间表来协调工作流程、工资激励、成本核算、确定岗位职责，以及妥善处理诸如怠工之类的劳动力问题等。”[②] 当工业发展进入大规模生产阶段，工厂管理制度的建设便成为当务之急。美国从 19 世纪下半期工业发展速度极为迅速，特别是铁路业已发展成为美国经济生活中的一个重要新领域，铁路的大规模和一体化管理，对组织建设和管理提出了新的要求，因而成为小工业向大规模工业生产转换的过程中制度建设的范例。率先进行制度化管理的是纽约-伊利铁路公司，主持这项建设的就是麦卡勒姆（Daniel Craig Mccallum，1815—1878 年）。

麦卡勒姆于 1854～1857 年担任纽约-伊利铁路公司的总监，他上台伊始立即开始了管理改革。他所提出的管理基本原则可以归纳为以下三点：①组织原则，即组织内部的分工、授权和履行责任；②信息通畅原则，即管理层及时准确并全面掌握情况；③纠错原则，即明确而及时的责任追究和纠错。

根据这些原则，麦卡勒姆制定了一系列的制度来实施：

其一，建立组织内部的等级制度体系和统一指挥系统。按职务将职工分为不同等级，以不同的着装和级别的标记来区别管理层级，要求下级对上级的命令绝对遵从。麦卡勒姆说：执行一项严格的纪律“是取得成功所必不可少的。所有下级只应对他们的顶头上司负责，并接受他们的指导”。通过组织内部的等级结构和命令服从体系，以提高组织管理和运行的效率。

其二，建章立制，明确职工的职责权利范围和行为规范。麦卡勒姆主持编制职务说明书，对每一职务的职、责、权、利做了明确的规定，他还主持绘制了明确各级人员职权的美国第一张铁路管理系统图，并制定了具体而全面的规章制度，来规范和限制工人在执行任务时的随意性。例如，麦卡勒姆所制定的制度中第 6 条规定，如果火车在岔道出轨，即使是扳道工操作不当，火车司机也要对此负责。因此，司机应亲自检查岔道的情况。

其三，建立自下而上的报告和自上而下的检查等系列信息管理制度。他利用电报加强铁路运行的安全性，同时要求每小时都对每一列火车的行驶地点做出汇报，每天对客货运情况作日报，每月为制订计划、运价的控制提供管理统计账目报告。要求对

① 丹尼尔·A. 雷恩：《管理思想的演变》，赵睿等译，中国社会科学出版社，2000 年，第 82 页。
② 丹尼尔·A. 雷恩：《管理思想的演变》，赵睿等译，中国社会科学出版社，2000 年，第 119 页。

玩忽职守的情况要迅速报告，以便及时纠正。通过对这些报告进行比较和检查，就能发现虚假的情报和不诚实的现象。麦卡勒姆的信息管理制度将当时的信息管理推向最高水平。

其四，组织体制建设。麦卡勒姆绘制了一张正式的组织图，以树为基本图式，按组织中不同部门的地位和作用，以树根、树干、枝叶等结构来标示组织中不同权力和责任的层次、各部门的分工以及报告和控制的通信路线。

麦卡勒姆的制度管理遭遇了工人的抵抗，他于1854年5月就任公司总监，次月工人就举行了为期10天的罢工，他们的要求不是缩短工作时间，也不是提高工资，而是反对麦卡勒姆的制度。由于与工人缺乏必要的沟通以及管理制度本身存在的残暴或者说非人性化的问题，至1857年，工人又举行了历时6个月的罢工，麦卡勒姆不得不宣布辞职。麦卡勒姆并没有就此退出历史舞台，1862年，他受命管理美国的铁路，为美国内战中的北方军队提供战争物质的运输，因为功绩卓著，至战争结束时，他已获得少将军衔。

麦卡勒姆的管理思想和具体方法代表了当时管理的最高成就，引起了普遍重视，许多企业家和管理实践者学习并运用他的方法，钢铁大王卡耐基（Andrew Camegie，1835—1919年）是其代表。卡耐基年轻时曾担任过宾夕法尼亚铁路公司西部分局的局长，从中学到了麦卡勒姆的组织、报告、会计和控制等体制和制度。后来他自己创业经营钢铁公司，运用麦氏的制度化管理，取得了巨大的成功。到1870年以后，制度化管理成为美国大企业的共识，在1885年《美国机械师杂志》上便有作者指出：大规模的生产需要“最有效的制度”，“为达到产品的低成本和标准化的每个细节，都需要这种制度”①。

其五，提高效率运动。提高效率是完成工业化后的西方各国企业最为关注的重点，而美国在这场效率竞赛中的表现尤为引人注目。

美国南北战争结束以后，发展生产，提高生产效率的问题又再次被置于企业界人士关注的首要位置，一场提高效率运动悄然兴起。

1877年创刊的《美国机械师》杂志以及在此基础上于1880年成立的美国机械工程师协会（American Society of Mechanical Engineers，ASME）是提高效率运动的开创者，是他们最先将企业管理者们所忽视的管理尤其是车间管理提出来讨论，讨论的话题涉及科学管理的各个层面，如制度化管理、标准化作业、劳资矛盾的协调、工资制度的改进、消除消极怠工现象等问题。其中，詹姆斯·温·西伊于1878年写给该杂志编辑部的一系列信件（《科德尔信件摘编》），1886年亨利·汤和亨利·梅特卡夫上校分别提交的协会会议论文《作为经济学家的工程师》、《车间会计规章制度》等，都有特别建树，影响深远，尤为值得重视。这里以亨利·汤为代表。

在前面关于分配制度部分中已经提到过亨利·汤，他关于收益分享的设想也是效率运动中的一个重要贡献。除此之外，亨利·汤的贡献还在于他将管理纳入到工程师及其组织的视野，强调了管理的重要性，并预见管理将作为一门学科，从其他领域中

① 丹尼尔·A. 雷恩：《管理思想的演变》，赵睿等译，中国社会科学出版社，2000年，第119页。

独立出来，并发挥重要作用。同时，亨利·汤也强调管理中的科学精神，主张用对待工程技术一样的科学精神和态度来对待管理问题。亨利·汤在他的论文里说："有许多优秀的机械工程师；也有许多优秀的'生意人'；但是，这两类人极难得集中在同一个人身上。不过，这种素质的结合……对于工业工作的管理来说是很重要的，并且，如果这些素质集中在同一个人身上，那将产生最高的效益。""车间管理与工程管理同等重要……而工作的管理已经具有长远的重要意义，乃至也许会被当做一门现代艺术而确立其自身的地位。"① 亨利·汤的见解为提高生产效率打开了两个新的突破口，其一是他改变了以往人们只注意从改善工艺技术方面来提高劳动生产率的做法，而注意到了工程技术以外的管理问题；其二是他将工程师们的科学精神带到工厂管理中，主张将过去的经验管理转变为精确、标准的科学管理。

由于《美国机械师》杂志和美国机械工程师协会所具有的传播功能和辐射功能，对于推动提高效率运动的发展起了很好的作用，他们后来亦是泰勒的科学管理思想的维护者和宣传者。实际上，提高效率运动既是科学管理理论出现的背景，也是科学管理的一部分，所以提高效率运动又称为"科学管理运动"，泰勒的科学管理理论已经呼之欲出了。

1.2.5　管理教育的初步尝试

19 世纪下半期，随着管理思想的不断创新和管理人员的需求增大，一些有识之士开始认识到管理教育的重要性。其代表者当推安德鲁·尤尔。雷恩在他的《管理思想的演变中》称安德鲁·尤尔是管理教育的先驱，尤尔在管理教育方面的贡献主要在"对早期工厂制度羽翼未丰的管理人员进行教育培训"，为工厂培养和输送了大批急需的管理人才，他的学生"作为工厂厂主和管理人员遍及联合王国各地"。同时尤尔的管理教育又直接启发了法国的工业教育的先驱夏尔·迪潘，而迪潘又直接影响了亨利·法约尔。从这条思想发展的谱系可以看出尤尔在管理教育上开创者的地位。当然，尤尔的贡献主要在管理教育的培训实践，而对管理教育的理论未作深入探讨。这项工作将留待另一位管理思想的伟人法约尔登场着手进行。

➢本章提要

1. 古典管理理论的基本因素在早期管理思想中都可以找到根芽，有的思想甚至是相当成熟的，但他们发生和成长的状态分散、零碎、不成系统；研究者们的身份复杂，如经济学者、社会思想家、工程师、企业家或管理者等，除企业家和管理者外，其他学者多不是以管理作为专门的研究对象，他们关于管理的论述是其他学科研究的附属产品；而早期的企业家和管理者重点在技术而不在管理本身，"他们几乎没有什么时间去明确地论述管理的普遍性原理"②，他们对管理的论述仍在个别层次而非上升到一般。换言之，在泰勒之前的管理思想是一个个思想的片段，管理学存在的状态是管理实践

① 丹尼尔·A. 雷恩：《管理思想的演变》，赵睿等译，中国社会科学出版社，2000 年，第 118 页。
② 丹尼尔·A. 雷恩：《管理思想的演变》，赵睿等译，中国社会科学出版社，2000 年，第 90 页。

的堆积。因而，早期管理思想被看做是古典管理理论的先驱。

2. 本章不是以人而是以专题为线索论述早期管理思想的发展。尽管所提到的管理思想家们的建树可能是多方面的，但他们的关注点各有不同，在某一方面的贡献尤为杰出，可为代表：

亚当·斯密重视的是管理中的经济利益。他将个人利益看做是人们从事经济活动的出发点，他关于人性自利的论述，为管理思想中“经济人”假设提供了理论根据。

欧文首先关注到工业管理中人的因素。他关于人与社会环境的论说，更是管理思想中有关“社会人”假设的基础，从后来行为科学的人性分析中，能清晰地找到欧文的人性论说的影子。他关于人事管理的论说开人事管理的先河，因而被称为人事管理之父。

巴贝奇是科学管理之祖。他关注的是管理中的理性和科学。他在科学管理方面的创新和贡献广泛而卓越，他是早期运筹学和管理科学的典范，有学者称“巴贝奇确实是科学管理的先行者”，他“在管理理论上的最大贡献也许在于他开创并发展了把科学方法应用于管理研究的做法”。巴贝奇的与众不同，在于他注重从研究中归纳普遍原则，然后应用到管理实践中，他认为科学管理的原理具有普遍的意义，只要人们的协作努力对达到某些共同目标具有重要意义，都可以用科学的方法进行组织和管理。

麦卡勒姆管理的重点在制度建设。他将麦卡勒姆称为是制度化管理的先驱应该是有理由的。

安德鲁·尤尔的贡献主要有两个方面：一是提出关于工场手工业和工厂制中两种不同分工的论述和关于建立工厂纪律法典的主张。马克思称这一著作“不失为工厂精神的典型表现”①。二是在管理教育方面的开创性建树。由于安德鲁·尤尔在管理教育上的开创性地位，因而，他当之无愧是管理教育的先驱。

➤本章主要参考文献

邓肯 J. 1999. 伟大的管理思想 . 赵亚麟，谭智，张江云译 . 贵阳：贵州人民出版社 .
雷恩 D. 2000. 管理思想的演变 . 赵睿等译 . 北京：中国社会科学出版社 .
乔治 Jr K. 1985. 管理思想史 . 孙耀君译 . 北京：商务印书馆 .
萨伊 J B. 1963. 政治经济学概论 . 陈福生，陈振骅译 . 北京：商务印书馆 .
斯密 A. 1997. 国民财富的性质和原因的研究 . 郭大力，王亚南译 . 北京：商务印书馆 .
孙耀君 . 1999. 管理思想发展史 . 太原：山西经济出版社 .
泰勒 . 1984. 科学管理原理 . 胡隆昶，冼子恩，曹丽顺译 . 北京：中国社会科学出版社 .
中共中央马克思恩格斯列宁斯大林著作编译局 . 1995. 共产党宣言 . 北京：人民出版社 .

➤思考讨论题

1. 欧文的管理思想及管理实践的内容是什么？
2. 简述巴贝奇与麦卡勒姆的管理思想各自的特点与贡献。
3. 简述亚当·斯密对管理思想发展的贡献。

---

① 中共中央马克思恩格斯列宁斯大林著作编译局：《马克思恩格斯全集》第 23 卷，人民出版社，1980 年，第 465 页。

第2章

追求更多更快：泰勒的科学管理理论

19世纪至20世纪之交，管理思想的积累已经相当丰富，集大成而形成系统理论的大家终于出场了。以泰勒为代表的科学管理理论是进入管理学体系的起点，也是管理理论的第一个范式。

泰勒的时代，仍是一个物质供需矛盾突出的时代，拥有强大的生产力以满足各阶层人们对物质、对财富的需求是当时经济社会最为迫切的要求。“追求更多——更多产量、更大市场——这是20世纪的管理问题”，泰勒的科学管理理论回应了时代的需求，对工业社会的发展产生了巨大而持久的影响。因此，彼得·杜拉克（Peter F. Drucker）将泰勒的理论贡献与美国的联邦宪法相提并论，认为泰勒的思想是“继联邦宪法之后美国对西方思想所做出的最持久的一项贡献”[①]。

2.1 美国土壤：科学管理理论产生的根基

科学管理理论经过近两个世纪的蕴蓄，最终在美国完成了它从思想到理论的变化。为什么科学管理理论会在美国结果，美国是否有比较适宜它生长的土壤，这是一个值得探讨的有趣的问题。

欧美国家虽然都经历了工业化的历程，但由于各国的文化资源和物质资源以及工业基础、原有的产业结构的不同，在工业化的过程中，呈现出不同的特点。

美国有得天独厚的自然资源，它的辽阔国土和丰富资源是欧洲几个主要资本主义国家所不能比拟的。通过独立革命，美国摧毁了封建土地关系，产生了大量的自由农民，农民逐步分化，形成了资本主义农场，与同时期的一些资本主义国家相比，美国的农业资本主义发展不仅没有拖工业化的后腿，而且为工业化提供了广大的国内市场。

---

① 斯图尔特·克雷纳：《管理百年》，邱琼、钟秀斌、陈遊芳译，海南出版社，2003年，第9、11页。

美国对新技术的应用特别敏感，新技术的应用使美国工业生产跳跃式发展。从19世纪70年代起，欧美国家兴起了新一轮的技术革命，技术领先地位从英国转移到德国、美国。德国后来居上，重大科学成就项目多居于首位。但美国在应用新技术方面独占鳌头。美国对新技术的率先应用，使生产组织也发生了变革，由于使用了电，原来以蒸汽机为基础的机器体系现在连成了一个统一的机构，由此引起了生产组织的变化。电力的应用，突破了动力和传动装置的限制，打破同种机器并列的工艺组织，按产品加工工艺组成的流水线组织管理成为可能。因此，不难理解，美国对新的管理技术的运用也很有兴趣。美国通过管理技术的创新性运用，很早就获得了规模经济的好处。

美国的劳资矛盾也有其特点。19世纪上半期，除美国以外的主要资本主义国家的工人的实际工资都有下降的趋势，美国因劳动力缺乏，工人的工资一般高于欧洲国家水平[①]。一些美国学者在谈到美国的工厂制度时认为："美国的工厂并没有像英国的工厂那样出现缺点。工厂付给雇员高工资，以吸引他们，并使他们长期为工厂工作，而雇用童工的现象并不普遍，对工人的虐待不像英国那样频繁，其方式也没有那么严酷。"[②] 这里虽有自夸之嫌，但总的来说，美国工人的待遇好于同时期几个主要资本主义国家的工人。因此，美国劳资矛盾不及欧洲激化。实际上，美国的资本家从付给工人相对高一些的工资中得到了很大的好处。那就是美国国内市场需求的保持和增长。席卷欧美的一次又一次经济危机中，对美国影响比较大的多是金融危机，而受生产过剩引起的危机的影响相对要小。这与美国工人阶级的景况相对好一点、消费能力强一些不无关系。因此，劳资双方都得利的思想种子，很早就埋在了美国这块土地上。

2.2 效率人生：泰勒其人其书

弗雷德里克·温斯洛·泰勒（Frederick Winslow Taylor，1856—1915年），1856年出生在美国宾夕法尼亚州的杰曼顿，父亲是一个出身于贵格教世家的相当富裕的律师，母亲出身于清教世家。这样一个新教伦理的家庭背景，使泰勒从小就建立了珍视时间、认真对待工作、追求效率的价值取向，具有刻苦钻研的精神和坚韧的毅力。泰勒的父母希望泰勒能子承父业，进入哈佛大学法学院学习，毕业后以律师为职业。泰勒不负父母的期望，以优异成绩考入哈佛大学，但由于健康和视力受损，他放弃上哈佛大学法学院的机会，到费城一家水压厂当学徒工。三年的学徒生涯十分清苦，泰勒与工人的朝夕相处，使他对工人及工厂的管理有了切身的了解，他很敬佩工人的职业自豪感，但同时也感受到了工厂中磨洋工、管理水平低劣以及劳资之间的紧张气氛。

1878年，泰勒三年学徒工期满，他到费城米德维尔钢铁厂当了一名普通工人。在这里，他由工人升为职员、机工班长、车间主任、负责全厂修理和维修的总技师、总工程师，时间是六年。在此后的六年时间里，泰勒作为总工程师，进行了工厂管理改

① 宋则行、樊亢：《世界经济史》下册，经济科学出版社，1998年，第128页。

② 丹尼尔·A.雷恩：《管理思想的演变》，赵睿等译，中国社会科学出版社，2000年，第95页。

革的试验，科学管理的具体措施都是在这段时间里提出并付诸实施的。在米德维尔，泰勒奠定了科学管理的理论基础。在改革中，他遇到工人的激烈抵制，历经周折。

1890 年，泰勒离开了米德维尔钢铁厂，转到一家制造业投资公司任总经理，1893 年辞职，成为从事顾问工作的管理工程师，因此，他通常被认为是第一位管理咨询专家。1901 年，泰勒结束了做管理顾问的工作，离开宾夕法尼亚州。泰勒带着他的妻子以及三个养子回到费城，过起了一种新的生活。他开始以撰写文章和发表演讲来宣传他的管理思想和制度，作为他人生的事业。1906 年，他担任了美国机械协会的主席，他的影响进一步扩大。1908 年哈佛大学工商学院成立，泰勒的科学管理成为工商学院管理学的教学内容，该学院请泰勒前往讲学。从 1909 年起，泰勒每年冬天都到哈佛大学讲课，1910 年，该院在全世界最早设置 MBA 学位。泰勒在全国各地的演讲也引起了越来越大的反响，1914 年，泰勒在纽约的一次演讲吸引了 69 000 名听众。所以，有人将他的管理思想比做“当时的新摇滚乐”。

泰勒的科学管理理论在推广中也遇到来自各方面的阻力。1910 年，东部铁路公司要求提高火车运费，引起托运商的诉讼，托运商聘请了当时“以人民的律师”著名的布兰代斯代理诉讼。布兰代斯促使美国政府为此举行了一系列的听证会。布兰代斯认为，如果铁路公司实行科学管理，提高效率，就不会出现必须提高运费的问题。这次听证会扩大了泰勒科学管理的影响，同时，也引起了工人，特别是工会的反对，强大的铁路兄弟会对泰勒的科学管理更是强烈抵制。当时有些自命为科学管理效率专家的人，为了资方的利益，曲解了泰勒科学管理的本意，任意提高劳动定额，大大增加了工人的劳动强度，引起了工人的强烈反对。

1911 年，沃特敦兵工厂发生了实行科学管理实验后的第一次罢工，有人向国会提出，这次罢工是实行了泰勒科学管理所致，因此，众议院任命了一个特别委员会对此进行了调查。意见听证会是在 1911 年 10 月开始，至 1912 年 2 月结束，泰勒作为证人出庭作证明，他的证词《在美国国会的证词》成为科学管理的一个重要文献。这次听证会的结果是，美国通过了一项法律，禁止文职人员使用秒表，这一限制直到 1949 年才被取消。

1915 年，泰勒在妻子病重、工会组织对科学管理的强烈抵制、他的科学管理理论受人误解、被人歪曲等多重压力之下而苦恼，在一次外出发表演讲的归途中，他在通风的火车卧铺车厢受了风寒，发展为肺炎，在他 59 岁生日刚过的次日，离开人世。他被安葬在费城钢铁厂旁的一座小山上，墓碑上写着：“科学管理之父：弗雷德里克·温·泰勒”。

泰勒的主要著作有《工厂管理》、《科学管理原理》，一般认为，《科学管理原理》的出版标志着管理理论的诞生。

2.3　用科学来管理：泰勒的管理思想

泰勒的管理思想发展为科学管理理论，经历了逐步演进的历程。他从早期的“计件工资制”开始，经过“任务管理”的探索，最后提出了更具普遍意义的“科学管理理论"，其研究逐步深入，认识逐渐深刻，思想逐渐完善，思想发展的轨迹历历可寻。因此，我们对泰勒的研究也循着这个发展轨迹前行。

2.3.1 差别计件工资制度

差别计件工资制度是以工人是经济人的假设为前提的。泰勒认为，人最为关心的是如何提高自己的经济利益。只要能得到经济利益，他就愿意配合管理者挖掘他自身的最大潜力。

这个制度包括三个部分：①管理部门通过工时研究，准确确定了工人的任务，制定出准确的计件工资率，以实行可靠的奖励和惩罚措施。②差别计件工资制，对于完成或超额完成定额的人，按高工资率计算工资（120%），对达不到定额的则按低工资率计算工资（80%）。在规定的时限内完成任务的工人，将获得相对高的工资，而超过规定的时间完成任务的工人将获得一般的工资。③把钱给人而不是职位。泰勒在米德维尔钢铁厂推行了这一制度，并据他所说取得了成功。

在泰勒之前，已有不少人对薪酬制度进行过改革尝试，其中最为成功的是第 1 章提到的亨利·汤的"利益均沾"和哈尔西的"收益分享"工资制。泰勒对他的差别计件工资制与汤-哈尔西制的区别进行了分析。泰勒肯定了汤-哈尔西制"是一项伟大的发明"，采用这项制度的工作，在实行了一两年之后，并没有出现削减工资的情况。但汤-哈尔西制存在明显的缺陷：①缺乏任务管理这一环，"管理部门已经把控制速度问题完全交给工人"，而"工人们受成见和心血来潮的影响"，其生产效率是忽东忽西的"流动"[①]；②获得奖励的时间过于遥远，对工人缺乏激励作用；③亨利·汤的利益均沾，使懒汉分享企业利益，是不公平的；④哈尔西的收益分享，只考虑到劳资双方平等分配利润，没有考虑到亏损和风险的承担问题。

泰勒的差别计件工资制是在力图纠正汤-哈尔西制问题的基础上设计出来的，他对这一制度充满信心，认为通过任务管理，以准确的工时知识作为基础，会比基于磨洋工的任何通用制度"更令人满意，这是毫无问题的"[②]。

2.3.2 任务管理

任务管理的思想是建立在企业最重要的问题——效率问题——的假设基础之上的。作为一个从工厂最基层做起的管理者，泰勒认为，工厂效率问题的症结在于解决工人磨洋工的问题。

泰勒进行管理改革的起点是解决工人磨洋工的问题。泰勒说：在整个文明世界里，20 个工人中就有 19 个人坚定地认为，慢些干比快些干更符合自己的利益。他们坚持认为，他们的利益就是以尽可能少的工作来回报他们实际得到的薪酬。这种在美国被称为"磨洋工"的情况是当时工厂制度下的普遍现象，在英国叫做"闲荡"，在苏格兰称

① 泰勒：《科学管理原理》，胡隆昶、冼子恩、曹丽顺译，中国社会科学出版社，1984 年，第 46～47 页。
② 泰勒：《科学管理原理》，胡隆昶、冼子恩、曹丽顺译，中国社会科学出版社，1984 年，第 49 页。

为“慢行”[①]。

泰勒对工人之所以要磨洋工和之所以能磨洋工进行了分析。他认为工人磨洋工，首先是管理制度上存在问题，在工作任务与薪酬之间缺乏一个科学的衡量，管理者凭经验制定工作任务，当雇员为了多获得薪酬而提高劳动效率后，雇主又随意提高工作任务标准。其结果是，工人的劳动强度加大，实际劳动收入降低。因此，工人认为慢些干比快些干符合自己的利益。其次是认识上的误区，工人及其工人的组织都认为如果工厂普遍提高了生产效率，就会导致大量的工人失业，因此，“慢些干”成为工人的群体意识，如果有人违反，就会受到群体排斥。作为工人组织的工会也在制定各种条例，设法使工人少干活。工人之所以能磨洋工，是因为在以前的管理制度下，完成一项工作的时间由工人自己控制。监工对一项工作应该用多长时间心中没有准确概念。泰勒说：“在旧制度之下，工人和管理部门双方在决定某项工作该干多少时间问题上几乎具有同等的分量。显示完成每件工作所需最快时间的车间记录和大致差不离的臆测，就成为管理部门赖以和工人讨价还价并迫使就范的手段，而工人方面则以故意磨洋工来欺骗管理人员，作为他们自卫的武器。……双方之间分享控制工作速度的权力，以致发生大量争执、口角，还往往造成彼此之间的恶感。”[②]

针对这个问题，经过了大量的研究，泰勒提出的解决方法就是：用科学的方法来确定工人们用他们现有的设备和原料所应能完成的任务。这就是任务管理。泰勒指出：“任务管理的设想，才是这项制度中最重要的内容。”[③]

任务管理即由管理层用科学方法确定工人的任务。泰勒说：“任务管理制的精髓在于管理部门完全控制速度问题”[④]，任务管理改变原来由工人控制工作速度的状况，由管理人员通过科学方法测定完成任务所需的时间，精心制订出计划，每天分配给每一个工人具体的任务，并附有关于这项工作的每一个组成部分的详细的书面指示以及确切的时限规定，限制了工人磨洋工的可能性。

2.3.3　工时研究

泰勒说，管理技术的定义是“确切知道要别人干什么，并注意他们用最好最经济的方法去干”，任务管理是确切知道要别人干什么，工时研究就是用最好最经济的方法去干。工时研究用科学方法来确定工作任务，这是任务管理的基础。用泰勒的话来说，科学管理“整个制度是建立在对单位工时的精确和科学的研究上，这是科学管理中最重要的因素”[⑤]。泰勒将最先进的分析工具用于解决企业问题。他的工时研究最初是动作和时间分析，即把工作解析为简单、基本的要素，进行动作分析，去掉不必要的动作，将最快的动作汇集成标准动作系列，然后进行工时分析，用秒表测出每个标准动作所需的时间，最后为每项工作制定出标准的时间，并在此基础上确定工作定额。这

① 泰勒：《科学管理原理》，胡隆昶、冼子恩、曹丽顺译，中国社会科学出版社，1984 年，第 159 页。
② 泰勒：《科学管理原理》，胡隆昶、冼子恩、曹丽顺译，中国社会科学出版社，1984 年，第 49 页。
③ 泰勒：《科学管理原理》，胡隆昶、冼子恩、曹丽顺译，中国社会科学出版社，1984 年，第 227 页。
④ 泰勒：《科学管理原理》，胡隆昶、冼子恩、曹丽顺译，中国社会科学出版社，1984 年，第 48 页。
⑤ 泰勒：《科学管理原理》，胡隆昶、冼子恩、曹丽顺译，中国社会科学出版社，1984 年，第 33、57 页。

个定额不是凭经验确定的，而是通过科学的计算确定下来的，一旦确定，就不再轻易改变。

随着科学管理的发展，工时研究进而拓展到工具分析、环境分析等一切与缩短工时、提高生产效率有关的物质因素的分析。以工具分析为例，泰勒曾进行过一次铲料的实验。以前铲料工人都是自备一把铲子，不管铲什么都是使用它。泰勒对此进行了观察和研究。他为了确定每铲最合适的重量，对大小不同的铲子逐一进行反复试验，并做好观察记录。用大铲铲料，虽然每铲重量大，但人疲劳得快；用小铲虽然疲劳得慢，但工效不大，而且浪费体力。泰勒发现，每铲的重量在 21 磅（1 磅＝0.45 千克）时效果最好，每天完成的工作量最大。所以他研制了 10 种大小不同的铲子，不论铲什么，都使每铲在 21 磅左右。即通过科学分析和实验，工人的操作方法、操作动作、使用的工具、机器和材料以及作业环境、休息时间等均采用最有利于提高工作效率的标准化方式。

在泰勒之前，巴贝奇等曾进行过工时研究，为什么泰勒被认为是最先提出工时研究的人呢？雷恩对此做了说明："有一些人对泰勒最先提出工时研究的说法表示怀疑。查尔斯·巴贝奇曾经使用秒表记录生产大头针所需要的操作动作和时间……巴贝奇满足于了解实际完成一件工作所需的总的时间，而泰勒的方法则是把一件工作分解成各种组成部分，并进行测试，然后按照正确的方法重新安排工作。"① 泰勒也对他的工时研究不同于以前的区别做了说明，他的工时研究是对完成一件工作应该用的时间进行精心研究，而不是对完成工作的实际时间进行研究。除此之外，前人工时研究领域也不及泰勒这样广泛和全面。

用科学的方法来确定工人用他们现有的设备和原料所应能完成的任务。这便是科学管理的真正开始。

2.3.4 管理职能和组织

在泰勒的时代，企业管理者的职能相当模糊，当时一个管理者部分是工程师，部分是生意领导人，部分是会计师，缺乏专门进行任务测量和工作计划的管理部门；基层的管理者——工段长或班组长也只负责监督工人工作，而不能指导和控制工人如何工作。管理组织是从军队管理中移植而来，显然也不适应日趋复杂的企业。泰勒的科学管理改变了这种状况。

泰勒主张在企业设立专门的计划部门，计划部门负责为工人准备用最佳方法工作的详细书面指示，在计划部门工作的都是各负其责的专家，泰勒说，在计划部门"每人都有他自己的专业或职责。例如，其中之一是应用正确速度和切割工具的专家，他可以借用前述的计算尺来取得正确的速度；另一人的特长是分析工人在机器上干活或调动活计时的最快和最佳动作；第三个人通过所积累的工时分析记录订下一份时间表，为活计的每个环节列出正确的速度"②。泰勒的计划部门实际上是企业进行科学管理的

---

① 丹尼尔·A. 雷恩：《管理思想的演变》，赵睿等译，中国社会科学出版社，2000 年，第 143 页。

② 泰勒：《科学管理原理》，胡隆昶、冼子恩、曹丽顺译，中国社会科学出版社，1984 年，第 214 页。

指挥部。

新的计划部门将原来分散在车间工段长、班组长手中的计划工作转移出来，集中到计划部门。“留给工段长和班组长的只能是纯属执行性质的工作。工段长和班组长们的职责应该是，考查由计划室所计划和指导的作业是否在车间里迅速得到执行。”① 较之原来那种计划职能模糊、分散的管理，设立专门的计划部门，使得企业对生产的指导和控制更为精确、专业和科学。所以，雷恩说：“当时的管理人员并不是能力强的计划者，主要是通过口头布置计划，从没有任何一个人能像泰勒那样大大地发展了任务计划工作。泰勒的新方法首先是把工作的计划和执行加以区分，这在当时是一个明显的进步。”②

在基层，泰勒提倡一种分权式的职能式管理。将原来监督式的管理，转变为计划、指导、控制式的管理。当时工厂组织形式普遍采用的是一种直线式结构。这种结构方式主要用于古代的军队中。这种组织结构有一个重大缺陷，就是权力集中在一个人手中，没有专业化的管理分工，在每一层次上，所有的管理职能都由主管人员一人承担，它在客观上要求主管人员必须具有多方面的管理才能和业务技能，再加上超人的精力。因此，泰勒提出了职能式管理的组织结构，在组织的每一个层次上，都按专业分工，设置职能部门或职能负责人，负责某一方面的工作，下级人员既要服从上级主管的指挥，也要服从上级各职能部门或职能负责人的指挥。

以车间为例，泰勒建构了一个职能工长式的管理模式，“老式制度下的单个领班由 8 个具有不同职能的人所替代，每人都有他们各自的任务；这些人作为计划部门的代理人，是专家性的教师，长期待在车间里，对工人进行帮助指导”③。这 8 个人中除了班组长外，还有分别负责路线调度、工时、检验、修配、计件、纪律等工作的职能工长。上级主管的工作被职能部门分担，就可以分出精力来考虑和处理大事，所以泰勒提出了“例外原则”，即主管领导避免直接处理下级工作中的细小问题和常规工作，而应该把这些工作留给专门人员处理，主要领导应该关心例外问题（不常发生的特殊事件和关系重大的事件）。泰勒的例外原则是非常有见地的管理思想，在今天仍有现实意义。

2.3.5　工人的培训

泰勒认为科学管理是“培养每个人发挥他的最大效能和获得最多的财富”，因此，对工人的培养成为科学管理中至关重要的一环。他很注意对工人进行技术培训。他认为，必须对工人进行选拔和训练，培养出第一流的工人，才能达到第一流的工作效率。所谓头等工人，按泰勒的解释，就是在智力上和体力上适合于所担负的工作，又愿意干这项工作的人。泰勒在伯利恒公司进行的搬运生铁的实验中，挑选了一个身强力壮、爱钱如命的人——施密特——进行工时实验，这个人按泰勒的方法劳动，挣得了高工资。施密特也就成为泰勒的头等工人。泰勒认为，管理部门的一个重要任务，就是为

---

① 泰勒：《科学管理原理》，胡隆昶、冼子恩、曹丽顺译，中国社会科学出版社，1984 年，第 82 页。

② 丹尼尔·A. 雷恩：《管理思想的演变》，赵睿等译，中国社会科学出版社，2000 年，第 151 页。

③ 泰勒：《科学管理原理》，胡隆昶、冼子恩、曹丽顺译，中国社会科学出版社，1984 年，第 241 页。

雇员们寻找合适的工作，通过培训，使他们成为头等工人。泰勒的这个思想，以后发展成为人事管理的一个原则——使人与他的工作相适合。

泰勒也不是完全忽视素质的培养，他在伊利诺伊大学发表演讲时曾谈到他对此的看法，他说："常识、品格、刚毅和坚忍不拔等这些平凡的品质，对于取得成功来说，远比书本学习或学习上的造诣要重要得多。"他认为重要的品质是"如有礼貌，有教育，甚至受过专门训练而具有某种技能，都是从外表容易看出来的；在执行工作的岗位时，却更需要有勇气、有决心、斗志昂扬、坚韧不拔的精神。具备这些精神的人从来不知道什么是失败，尽管一次又一次被打下去，但总是面带笑容地又站起来了"。由于泰勒将工人定位为服从指挥、严格按照规范刻板工作的操作人员，因此，他不太重视工人的智力培养，在某程度上说，他更希望工人不要太用脑子，他曾说"对一个工人来说，如果他要以搬运生铁作为一种经常的职业的话，那么一个首要的前提是他必须是愚蠢和迟钝的，以致从他的智力构成看来，甚至更像是头牛"①。

2.3.6 关于工会的看法

泰勒对工会的认识基于这样一个假设的基础之上：享受个人化待遇有利于激励个人发挥最大效率，而集体的行为反而导致效率的下降，科学管理是使单个人发挥最大效率的有效方法。泰勒认为，若实施他的刺激式的管理方法，成立工会就没有必要。工会为了维护他们集体的团结，必定坚持对所有人都应具有一个共同的法则和有关工资和其他条件的统一标准。享受个人化的待遇对工会是一个威胁。泰勒认为，工会坚持工人保持一致的利益要求，得到同等待遇，妨碍了每一个工人去实现他的个人的愿望，因为他被看成是群众的一分子。应鼓励人们按照新教徒伦理去提高自己的生活，而不应把他们划入同一个级别，并给予与别人一样的对待。

2.3.7 管理哲学

泰勒影响最大、最为深远的贡献是他的管理哲学。泰勒自己也说，他所有的具体改革如工时研究、职能工长制等，"它们都不是科学管理，它们是科学管理的有益的辅助手段"，"科学管理的实质——伟大的心理革命"。科学管理更重要的是一场心理革命，只有经过了这样一场革命，工业文明的时代才能真正到来。这场革命涉及五个方面的观念转变。

第一，管理目的的重新设定：从增加利润到最大限度的富裕。在泰勒之前，除了欧文等少数怀有空想社会主义理想的企业管理者关注到工人的利益之外，绝大多数企业管理者将管理的目标定位在增加利润上。泰勒不同，他在《科学管理原理》一书中开章明义第一句话就指明："管理的主要目的应该是使雇主实现最大限度的富裕，也联系着使每个雇员实现最大限度的富裕。"对于"最大限度的富裕"，泰勒解释说，不仅意味着公司或老板取得巨额红利、雇员取得更高工资，还意味着公司经营的最佳状态和雇员充分发挥他的最佳能力。如何实现"最大限度的富裕"，泰勒所设计的道路就是

① 泰勒：《科学管理原理》，胡隆昶、冼子恩、曹丽顺译，中国社会科学出版社，1984年，第109、183页。

通过科学管理，使每一台机器每一个个人都达到最大效率①。

正因为管理的目的是使劳资双方都实现最大限度的富裕，所以泰勒深信他进行科学管理的改革意义重大，“在国家所讨论的众多问题中，还有什么其他革新措施会比促进富裕、消除贫困和减轻苦痛贡献这样大呢”②，我们也不难理解，在改革中历经了来自雇主和工人双方压力的泰勒，还那么自信和坚毅。

第二，财富观的转变：从分配剩余到增加剩余。泰勒的观点是建立在这样一个基本假设之上的：当时的劳资矛盾的主要原因是社会资源没有得到充分利用，而如果能通过科学管理，将社会资源进行充分利用，使劳资双方都会得到利益，这些矛盾就可以解决。在此基础上，泰勒不遗余力所要阐明的是用资本主义社会的财富观取代小农社会的财富观、用协调合作的劳资关系取代对抗的劳资关系。

在前资本主义阶段，小农生产的农业收成有一定的限度，人们认为资源是有限的，剩余也是有限的。因为资源有限，人们增加财富的方式偏重于节约资源而不是开发资源，因为剩余有限，剩余的配置就存在“你多了，就意味着我少了”的有产者的贪婪剥夺和无产者的仇富心理。泰勒的科学管理哲学则认为，通过科学管理的途径，使资源得以充分利用，剩余可以大大增加。增加财富的方式不是对贫穷的剥夺，而是资源的充分开发。既然财富是可以通过充分利用社会资源而不断增加，所以泰勒主张，将劳资双方的注意力从分配剩余转移到增加剩余上。通过双方的友好合作来代替对抗，使剩余猛增，而使劳资双方不再为剩余的分配而争夺，双方的利益都得到满足。泰勒的追随者甘特在《劳动、工资和利润》中很明确地说：“如果世界上财富的数量是固定的，那么争夺、占有财富的斗争必然会引起对抗；但是，由于财富的数量是不固定的，而且是不断增加的。因此，一个人富起来并不一定意味着另一个人就得穷下去。”③ 科学管理要改变小农社会的狭隘财富观，通过充分开发和利用社会资源来增加财富，树立起更加开放和进取的财富观。

第三，劳资关系的调整：从对抗到合作。泰勒说：“资方和工人的紧密、亲切和个人之间的协作，是现代科学或责任管理的精髓。”④ 他的科学管理最重要的任务之一，就是解决劳资关系的紧张对立。

泰勒的时代，由于劳资双方的紧张关系，劳资双方的组织“绝大多数都相信雇主和雇员的根本利益必然是对立的”，泰勒提出了新的劳资关系，他说：“科学管理则恰恰相反，它真正的基础在于相信两者利益是一致的；除非雇员也一样富裕起来，雇主的富裕是不会长久的，反之亦然。”①实现劳资双方的共同富裕是劳资双方形成的共同利益，在共同利益的基础之上，劳资双方建立起和谐友好、亲密合作的关系，共同致力于大规模地提高劳动生产率，创造出更多的物质财富，并共同分享这些财富。

在劳资关系问题上，不难看出泰勒的卓越见解。首先，泰勒指出了劳资关系变化

---

① 泰勒：《科学管理原理》，胡隆昶、冼子恩、曹丽顺译，中国社会科学出版社，1984 年，第 157 页。
② 泰勒：《科学管理原理》，胡隆昶、冼子恩、曹丽顺译，中国社会科学出版社，1984 年，第 160 页。
③ 丹尼尔 · A. 雷恩：《管理思想的演变》，赵睿等译，中国社会科学出版社，2000 年，第 162 页。
④ 泰勒：《科学管理原理》，胡隆昶、冼子恩、曹丽顺译，中国社会科学出版社，1984 年，第 164 页。

与发展生产力的关系，社会财富增加，所有人共同富裕才有了物质基础，没有这个基础，因社会财富的匮乏引起的资源争夺和斗争就难以解决（另一种解决之道是大家共同贫困），这也是“发展才是硬道理”的另一种诠释。其次，泰勒提出了解决劳资关系的新思路——劳资合作。在劳资矛盾尖锐对立的时代，泰勒与众不同地看到了解决劳资矛盾的另一种可能性——在共同利益的基础上劳资双方的合作，他敏锐地指出，除非雇员也一样富裕起来，否则雇主的富裕是不会长久的。事实证明，如果工人贫困到无力消费他们生产出的产品，那么产品就会没有市场，资本家的利润就无法实现，只有共同富裕社会才可能持续发展。

尽管泰勒在劳资合作的问题上表现出过于单纯甚至是幼稚的乐观，他期望在科学管理的指导之下，工人与雇主成为世界上最好的朋友，劳资双方的对抗被“双方的一种真诚的友谊”所取代，他描绘的这幅图景很迷人，但过于理想化了。诚然劳资双方的确存在共同利益，但劳资双方又各自有着不同的利益诉求，因此，在泰勒的时代，仅从企业发展的角度而言，雇主与雇员双方的斗争和合作都是必要的，这是一把协调劳资关系的双刃剑，双方通过斗争与合作来达到协调发展。

第四，工作与生活观念的转型：从松散的劳作到制度化管理。小农社会的生产活动是一种凭经验进行的，随意性、阶段性很强的松散劳动，并由此形成散漫保守的小生产的劳作方式和思维方式。当大量农民进入大生产的工厂，接受工厂制度的管理，从思想观念到行为方式都极不适应，他们需要接受制度规范的约束、接受科学的生产方式、树立现代社会的时间观念和效率意识，在这里农业文明与工业文明产生了激烈的碰撞。泰勒的科学管理正是对从农业社会走进工业社会的人们进行的一场工业文明的洗礼，其倡导的价值取向是重秩序和规则、守时间、守纪律、重效率的工作精神和敬业态度，以及追求理性、个人本位、合作与宽容、讲究生活质量、乐于接受新事物的生活方式。泰勒自己也说，科学管理这场思想革命，除了劳资关系的重新认识外，“另一个思想转变对科学管理的存在是绝对重要的，那就是无论是工人还是工长，双方都必须承认，对工厂内的一切事情，要用准确的科学研究和知识来代替旧式的个人判断或个人意见，这包括每项工作所采用的方法和完成的每项工作所需要的时间”①。

科学管理不仅改变了管理，也改变了人们的生活，克雷纳在《管理百年》中充满激情地描述泰勒的科学管理怎样改变着人们的时间观念，“带着泰勒的秒表吧。当他以特有的精力在米德维尔使用秒表的时候，时间意识还只是新鲜事物。在美国，1883 年才有了时区标准；此前存在许多当地时间。泰勒的秒表是一个变革的征兆。时间不再由太阳的升起或教学的钟声来宣告；而将由工厂的汽笛或工厂的钟声大声宣布。时间将由管理者来衡量和宣布了”②。

从本质上来讲，泰勒的科学管理思想，是将人从小农意识、小生产的劳作方式和思维方式转变为现代社会化大工业生产方式和思维方式的一场革命，没有这场革命就不可能真正进入现代文明社会。

---

① 泰勒：《科学管理原理》，胡隆昶、冼子恩、曹丽顺译，中国社会科学出版社，1984 年，第 240 页。

② 斯图尔特·克雷纳：《管理百年》，邱琼、钟秀斌、陈遊芳译，海南出版社，2003 年，第 10 页。

第五，态度的转变：从反对变革到接受变革。传统社会日出而作、日落而息、变化缓慢的生活方式，积淀为不愿意变革、害怕改变的心理。泰勒对工人害怕变革的心理进行了分析："作为一个阶级，工人们通过世世代代痛苦经验使他们习惯于把所有的变革都看做是违背其最大利益的。他们不问变革的目的，凡是变革，他们都反对。因此，首先要进行的变革应该是消除工人的怀疑，通过实践的接触使他们相信，变革归根到底是无害的，而且最终将会给各有关方面都带来好处。"① 泰勒的科学管理思想要求人们接受变革，乐于变革，并从中得到好处。科学管理哲学意在向人们灌注的是资本主义精神，其中包括现代精神：积极进取，开拓创新。

2.4　卷起千堆雪：科学管理思想的实践、传播及发展

科学管理理论的建设与发展如果仅有泰勒一枝独秀，是无法发展出令世界瞩目的滚滚春潮的。实际上科学管理理论的建设与发展是一个以泰勒为代表的杰出群体。他们每一个人都有自己特殊的贡献，在科学管理的大厦中，每一个都是不可替代和缺少的栋梁。

郭咸纲描述了科学管理理论建设者的群英图："卡尔·乔治·巴思是一位真诚的信仰者，他忠诚地贯彻了泰勒的正统思想；甘特是在泰勒的指导下进行工作的，也做出了重大贡献，尤其他的甘特图更是为科学管理增添光彩；吉尔布雷思夫妇发展了泰勒的工时研究，在动作研究上有开创性的贡献，并且将研究扩展到疲劳和心理的研究；埃默森则改进了泰勒的职能工长制度，提出了职能参谋制，为企业组织理论诞生开辟了道路，同时他的效率原则也是具有里程碑性质的；库克在泰勒的培养下，把科学管理原理应用到教育和市政管理上并设法使得科学管理和有组织的工会建立了良好的关系。"② 在这个群英图中，还要加上一位亨利·福特（Henry Ford）。福特没有站在群英图中，因为将亨利·福特看做是泰勒的追随者似乎是不合适的，他们在科学管理理论建设道路上，更像是两条平行而互补的直线，泰勒侧重于思想，而福特侧重于实践。前者的贡献在于理论，后者的贡献在于将理论向实践的转化。福特将泰勒的任务管理、动作分析和工作流程演变为装配线，这是大规模生产的基础。他的另一个贡献是工人的高工资和产品的低价格，无论福特的最初动机如何，其结果在一定程度上实践了泰勒的劳资关系理论，只有劳资双方都得利，企业才有可能持续发展。

2.5　优先考虑做大蛋糕：科学管理理论的评价

泰勒的科学管理理论对社会生产的进步、近代思想的转变以及管理理论的发展有着不可低估的作用，是人类社会的宝贵思想遗产。

科学管理理论的出现在管理思想发展史上具有划时代的重要意义，泰勒最重要的

---

① 泰勒：《科学管理原理》，胡隆昶、冼子恩、曹丽顺译，中国社会科学出版社，1984 年，第 106 页。

② 郭咸纲：《西方管理思想史》，经济管理出版社，2002 年，第 134 页。

贡献是创造性地把管理当做一门科学。他不仅使管理成为一门学科，管理思想进入以管理作为专门的研究对象、自成体系的理论时代，而且使这门学科成为科学。泰勒的科学管理理论为研究管理建立了范式，并做出了示范。作为这一理论的主要奠基人，他被誉为“科学管理之父”，受到人们的尊敬，不是没有根据的。

泰勒的科学管理是资本主义大工业生产背景下的企业管理从经验管理方式向科学理性的管理方式转化的标志。正如H. 波拉德在《管理思想的发展》中说：“他是一位伟大的先驱者，在应用详细的科学方法来研究管理方面是他领的路。”将科学引入管理领域，是泰勒最重要的贡献之一。科学思想及方法在实践中的运用，有效地提高了生产效率，推动了物质生产的快速发展，其科学的作业程序、作业标准以及任务管理的方法在今天仍然在企业管理中起着作用。

科学管理在思想上引起的巨大变革，对于小农社会进入现代文明社会起了重要的作用。科学思想所提供的价值观念以及管理哲学，对于管理模式的转变以及社会观念的进步，具有积极意义。正如厄威克所说：“目前所谓现代管理方法，如果不是说绝大多数，至少有许多可以追溯到泰勒及其追随者半个世纪以前提出的思想。这些管理方法虽然已改进和发展得几乎同原来面目全非，但其核心思想通常可以在泰勒的著作和实践中找到。”①

当然，科学管理论作为一个理论形态，也存在着一些明显的缺陷：

首先，科学管理研究的对象相对狭窄。尽管泰勒的科学管理理论在管理哲学上有着突出的意义，试图通过转变观念，达成共识，解决劳资双方的矛盾，提高生产效率，但科学管理研究的切入点是车间现场作业的管理，即如何管理好工人，提高工人的劳动工效，以提高生产率。泰勒的研究视野一直没有离开车间现场，因而，所研究的内容只是管理中的一个场域。

其次，科学管理对人性的分析有片面偏颇之处。泰勒将人性定义为经济人，只受经济利益的驱动。因而在其理论中人的社会性和心理因素被淡化，突出的是物的作用和对物的追求。

最后，科学管理是建筑在缺乏信任，缺乏对价值、才能和个人智力的尊重的基础之上的。在泰勒的理论中人被物化为工具，特别是对一线工人，泰勒更愿意工人是没有思想的接受指挥的劳动者。在泰勒的思想里，管理是一门科学，但它不是一门有关人的科学。

2.6 无所不在的泰勒：科学管理的深远影响

正是科学管理理论，使得泰勒成为20世纪最有影响力的人物之一。即使在今天，科学管理理论仍在实践和理论两个方面有着深远的影响。

从实践层面来看，泰勒的理论传入欧洲后，立即在欧洲得到广泛的运用。1907年，法国的国防部长乔治·克雷蒙梭命令法国所有生产战争物质的工厂都要研究和应用泰

① 厄威克：《管理备要》，孙耀君译，中国社会科学出版社，1994年，第72页。

勒的管理方法。苏联成立后，列宁也主张要借鉴泰勒的理论进行企业管理。列宁认为泰勒制作为一种管理方式，既可以作为资本家榨取高额利润的工具，又可以作为组织社会主义生产，提高生产效率的有效手段。列宁斥责那些拒绝学习泰勒制的人们是“中非洲居民的心理”。在日本，泰勒的著作被译为日文，以《消除无效劳动和提高生产效率的秘密》为名畅销日本。

这里要着重谈一谈科学管理在中国的传播和运用。1909 年，泰勒讲学于哈佛大学工商学院，次年哈佛工商学院设 MBA 学位，1911 年就有一位中国留学生曹云祥到哈佛攻读 MBA 学位，他可能是最早亲自听过泰勒讲课的中国人，也是中国乃至世界最早的 MBA 学位获得者之一。此后不久，杨杏佛也进入该校成为 MBA 研究生，并于 1917 年在中国科学社年会上宣读《科学的管理法在中国之应用》的论文。1914 年，中国留学生穆藕初与泰勒取得联系，着手翻译《科学管理原理》。此后，在短短十几年间，先后有杨杏佛、张廷金、杨东莼、曹云祥等撰写论文、教材等，在中国宣传、推介科学管理思想。1930 年，国际科学管理学会总干事厄威克写信给经济学家刘大钧，燕京大学经济系主任戴乐仁，还通过国际劳工局中国通讯处陈宗城直接与中国官方联系，希望在中国建立管理学会，推行科学管理。当年 6 月，中国工商管理协会在上海成立，孔祥熙任理事长，曹云祥任总干事，一年后，孔祥熙另有高就，由曹云祥继任理事长。该学会在曹云祥等的苦心经营之下，出版科学管理丛刊、定期举行交流管理经验的叙餐会、创办《工商管理月刊》、进行管理人员培训等，为宣传推广科学管理做了大量的工作，因此，曹云祥也被时人称为“中国的泰勒”。

时至今天，中国乃至全球仍有许多企业受到科学管理的影响。《财富》杂志在 1997 年刊载的一篇文章指出：“泰勒的影响是无所不在的：他的思想决定了麦当劳对厨师翻烤汉堡包数量的期望，决定了电话公司接线员能帮助接通多少个电话。”中国在改革开放之初，沿海很多企业都引用了科学管理的方法，取得了很好的效果，即便在今天，管理思想百花齐放，仍有人在呼吁要回到泰勒时代去，虽然泰勒科学管理的某些方法有偏颇、某些做法已过时，但将科学应用到管理中的基本精神并没过时，仍需要强调和推广。

从理论层面来看，泰勒对以后的管理理论的影响巨大。泰勒对管理工作的分析继往开来，在泰勒之前，没有人科学地分析工作的本质。即使在泰勒之后，对管理者实际上是做什么的这个问题的研究，仍然是非常稀少的。最著名的研究是亨利·明茨伯格（Henry Mintzberg）在 20 世纪 70 年代早期做的，他后来写成了开创性的著作《管理工作的本质》；科学管理对企业再造理论的影响也是十分明显的，在企业再造中，科学管理理论得到的最清晰的回应是对流程的关注——企业流程再造是这个运动的标志；20 世纪七八十年代崛起的新公共管理，其强调效率、绩效管理、绩效工资制等内容，都可以看到科学管理理论的价值取向。

➢本章提要

1. 泰勒曾如此说他的科学管理思想：“科学管理并不一定就是什么大发明，也不是发现了什么新鲜或惊人的事，科学管理是过去曾存在的诸种要素的结合，即把老的知识收集起来加以分析、组合并归类成规律和条例，于是构成一种科学。”[①] 诚然，泰勒的科学管理理论是将过去的科学管理思想集大成而系统化，但其中的创新也是明显的。例如，本章将泰勒的理论与巴贝奇、亨利·汤、哈尔西等的思想做了比较，从中可见他与前人的不同。

2. 泰勒的管理哲学影响深远，值得深究。如果结合马克思的剩余价值理论和阶级斗争学说来进行研究，会将我们的思路引向深入。

3. 泰勒的科学管理理论是西方工业化社会的管理范式，对于正在工业化进程中的中国，应该怎样看待和借鉴这个理论范式，值得我们深思。

4. 对于泰勒的理论中是否忽视人的因素，学界尚有不同意见。如果你想得出你自己的判断，建议你研究泰勒的著作原文。

➢本章主要参考文献

郭咸纲．2002. 西方管理思想史．北京：经济管理出版社．

克雷纳 S. 2003. 管理百年．邱琼，钟秀斌，陈遊芳译．海口：海南出版社．

雷恩 D. 2000. 管理思想的演变．赵睿等译．北京：中国社会科学出版社．

李长武．1991. 近代西方管理思想史．长春：吉林大学出版社．

乔治 Jr K. 1985. 管理思想史．孙耀君译．北京：商务印书馆．

桑玉成．2002. 管理思想史．上海：上海教育出版社．

宋则行，樊亢．1998. 世界经济史，北京：经济科学出版社．

孙耀君．1999. 管理思想发展史．太原：山西经济出版社．

泰勒．1984. 科学管理原理．胡隆昶，冼子恩，曹丽顺译．北京：中国社会科学出版社．

➢思考讨论题

1. 科学管理理论有哪些主要内容？
2. 分析泰勒的管理哲学，谈谈你的看法。
3. 泰勒的科学管理理论有何意义？

① 泰勒：《科学管理原理》，胡隆昶、冼子恩、曹丽顺译，中国社会科学出版社，1984年，第221页。

第 3 章

建立学科：法约尔的一般管理理论

几乎与泰勒同时，在欧洲大陆的法国也诞生了一位管理思想的大家——亨利·法约尔（Henri Fayol，1841—1925 年）。对于法约尔的管理理论，有人称之为行政管理理论，有人称之为“经营管理理论”，也有人称之为组织管理理论，同时他也是公认的过程管理学派的创始人。众多不同的称谓说明了法约尔管理理论的丰富。但他最重要的贡献是提出和论证了管理的原则和管理的职能，厘清了组织中一般管理与其他职能的关系，发展了管理教育。在管理理论发展史上，法约尔的理论具有奠基性和普适性的意义，因而，在某种程度上说，法约尔被认为是现代管理学的真正创始人之一。本章基于这个意义，将法约尔的理论称为一般管理理论。

3.1 保守的社会与大企业的发展：法约尔管理思想产生的背景

19 世纪下半期到 20 世纪初年，法国的政治风云动荡不安（政权频繁更迭，第二帝国在普法战争中倾覆，激进的革命派建立社会主义共和国的梦想，随着巴黎公社的失败而破灭，重建的由外省贵族主导的共和国内部派别纷争，君主派、温和派和激进派先后掌权），但社会经济却在稳步发展。第二帝国为法国积累了大量财富，普法战争以及资本主义世界的经济危机给社会生产带来的一定程度的影响，在短期即得到恢复。至 19 世纪末年，法国的经济繁荣，整个社会比较富足，社会相对舒适而安然，与政局的动荡相反，经济领域的生活相对稳定。

法国这一时期的经济发展有自己的特点，与同时代的美国、英国、德国等国不同，法国仍是当时欧洲最大的农业生产国，小农生产仍占社会生产方式的主导地位。法国产业工人少，而农民相对富裕。法国大工业取得了长足的进步，矿山、钢铁、运输、石油、电力都有很大的发展，汽车、飞机制造业更居于世界领先地位。但这种长足的发展中也蕴涵着危机。法国的主要企业，甚至最重要的企业也往往采取家族式的组织结构，大规模的工业生产与家族式的组织结构以及滞后的管理方式矛盾突出，使法国资本主义在世界市场上的竞争难居优势。作为一个曾经辉煌的欧洲大国，法国既面对实力雄厚的英国咄咄逼人之势，也面临德国、美国等后起之秀后来居上的压力，在如此严峻的形势面前，法国的大工业要发展，必须要开辟新的出路。

小农社会决定了法国是一个保守社会，人们希望恢复社会秩序，而不要有大的变动。受这种小农社会保守性的影响，法国的资本主义发展也同样表现出保守倾向。法国的资本主义畏首畏尾，企业几乎没有冒险精神，大多数工业家和农民一样，希望得到国家保护。法国的产业工人人数虽然不多，但具有革命的传统，他们没有忘记巴黎公社，也没有放弃武装起义。1884 年，工会组织成为法国合法的社团组织，此后十年间，不仅各行业相继组织了工会，而且全国总工会也得以成立，罢工成为工人争取权利的武器，19 世纪末 20 世纪初，法国工人的罢工此起彼伏，引起社会震动。保守与激进并存成为法国社会的明显特征。

3.2 办公桌前的总经理：法约尔研究管理理论的经历

法约尔，1841 年出生于法国的一个有产者家庭，1860 年毕业于法国国立采矿学校，同年被任命为科芒特里-富香博公司的矿井工程师。1866 年，年仅 25 岁的法约尔担任了该公司的矿井经理。1888 年，该公司处于破产危机之中，法约尔受命于危难之时，出任公司总经理。他主持整顿改革，历经重重困难，终于带领公司渡过危难，步入良好发展的轨道。至 1918 年退休时，他留给后任的是一个实力雄厚、发展前景可观的大企业。法约尔在总经理任上工作了 30 年，积累了丰富的管理大企业的实践经验，并以此为基础对管理进行了深入的研究，形成了相当系统的管理理论。法约尔的不同寻常之处在于，他不仅在实践中是一位杰出的管理者，而且注意并善于从实践中研究、总结升华为管理理论，并形成文本向社会推介。退休后的法约尔致力于总结和推广其管理理论。他主持成立了法国行政管理研究中心，因为他的管理理论具有普适性，故而不仅在企业得到应用，而且也被应用在陆军、海军、邮电等行政和军事部门的管理中。此时已经年近 80 岁的法约尔，在人们的印象中是“他还那么年轻——昂然微笑，目光直率而炯炯有神。他待人常常一见如故，他那不加修饰的权威和气度，他的仁慈，他那不甘心于寂寞的充满青春活力的心灵，使他成为受人尊敬的实业界元老”①。

法约尔的主要著作有：1908 年的《管理的一般原理》，1916 年的《工业管理与一般管理》。

法约尔的理论问世，社会的反应如一池春水般平静，没有引起强烈的反对，同时也没有引起广泛的注意，在国际上的影响也是缓缓推进。在他逝世四年后（1929 年），他的主要著作才有了英译本，由日内瓦国际管理学会出版，1949 年才在美国出版，从他的《管理的一般理论》面世，到美国开始欣赏法约尔，岁月已经逝去四十余年。

① 法约尔：《工业管理与一般管理》，周安华、林宗锦、展学仲等译，中国社会科学出版社，1982 年，第 5 页。

3.3　管理的归纳抽象：法约尔一般管理思想的主要内容

法约尔的一般管理理论，厘清了管理与其他企业活动的区别，界定了管理的定义，提出了管理的原则和管理的职能，这些都是管理学的基本问题。可以这样说，法约尔提供了管理学的基本概念和术语，确定了管理学的基本框架。

3.3.1　一般管理的概念

在法约尔的管理理论面世之前，管理是什么？有何内容？尚无人做出回答。管理与企业的经营活动被混在一起，未加区别。法约尔在他的著作中，将管理与经营区分为两个不同的概念。为达到目的而组织的全部活动可称为经营。

企业的经营可分为六类基本活动，而管理是其中一种：

(1) 技术活动：生产、制造、加工等。当时法国的职业学校几乎是单一的技术教育，技术活动、技术能力处于突出地位，因而最受到人们重视。

(2) 商业活动：购买原材料和出售产品。

(3) 财务活动：资金的筹集和运用。

(4) 安全活动：财产及人员的保护。

(5) 会计活动：成本核算、财务统计、货物盘存等。

(6) 管理活动：计划、组织、指挥、协调、控制。

法约尔对管理与其他五项活动的关系做了阐述，他说："管理只是这六项职能中的一项"，但是，由于管理在组织中的活动如同动物有机体中的神经组织活动，动物通过神经组织传达指令、反馈信息，社会组织通过管理来指挥、协调，所以，管理关系到企业的全部活动，"它在上层领导人的意识中占有多么重要的位置，以至有时好像这作用就纯粹只是管理了"[①]。其他五种职能主要涉及物的问题，而管理的职能涉及人的问题，它在经营活动中起至关重要的作用。

3.3.2　管理的五项职能

管理的五项职能即计划、组织、指挥、协调、控制，这五项职能环环相扣。管理首先是预测、制订行动计划，其次挑选人员建立组织，组织建立之后，便是指挥组织运转，指挥使计划得以执行，使组织开始工作。在运转的过程中，各部门的工作需要协调，控制则根据实际执行情况对计划和批示进行检查。在法约尔看来，在五项职能中，计划和组织是重点。

(1) 计划。管理应当预见未来，对未来做出判断，并为未来的活动制定规则。因此，计划成为管理活动中首先要考虑的要素。法约尔认为，一个好的计划应该具备统一性、持续性、灵活性与准确性的特征。把组织中的各种局部目标牢牢地结合成一个整体，保证计划的统一性；由于人的判断力有限，既要限制计划的期限，又要保持计

---

① 法约尔：《工业管理与一般管理》，周安华、林宗锦、展学仲等译，中国社会科学出版社，1982 年，第 6 页。

划的持续连接，实现计划的连续性；根据认识的深入，对计划做出适当的调整，发挥计划的灵活性；尽可能认识未知因素，力求近期计划的精确性。能否制订一个好的计划，其关键在于领导的经验与能力。而计划的本质就是为了最有效地利用组织资源，是一切组织活动的基础。

（2）组织。组织要素可分为两个要素：组织结构和人力资源的管理。

首先看组织结构。建立组织的目的是为了达成组织的目标，因此，组织结构不能以自身为目的，而必须同组织的目标、资源和需要相一致。

第一，金字塔形的组织机构。随着管理事物的延伸，管理部门的人员相应增多，管理等级系列增长，形成向上累积的金字塔形管理层级。组织按几何级数发展，而组织管理则应把管理的层次控制在最低的限度。

第二，组织中管理的跨度。法约尔提出了职能与等级系列的发展进程，从最基层的 15 名工人设一名管理人员开始，再往上各级均以 4∶1 的比数为基础建立等级系列。这样管理 2.000 05 亿余人的组织只要求设有 13 个管理层。法约尔主张在整个组织中保持比较小的管理跨度。一名管理人员直接指挥的人通常要少于 6 人，只有第一线的监工直接指挥的人员要多些，因为其工作相对简单。

第三，组织管理的结构。对于组织管理的结构，法约尔的看法与泰勒不同，泰勒的职能工长制强调管理中的分工，工人要接受来自各个职能部门的领导。而法约尔的参谋职能制，将各个职能部门定位为参谋部。他认为，职能工长制违背了统一指挥的原则，有可能导致责权混乱，令工人无所适从。而高级管理人员忙于实际管理工作，且其精力和能力有限，无暇进行学习和研究，有必要成立参谋机构来协助工作，而这种参谋机构应直接听命于总经理，但不能直接给下级发布命令。法约尔提出的组织图与泰勒的区别如图 3.1 所示。

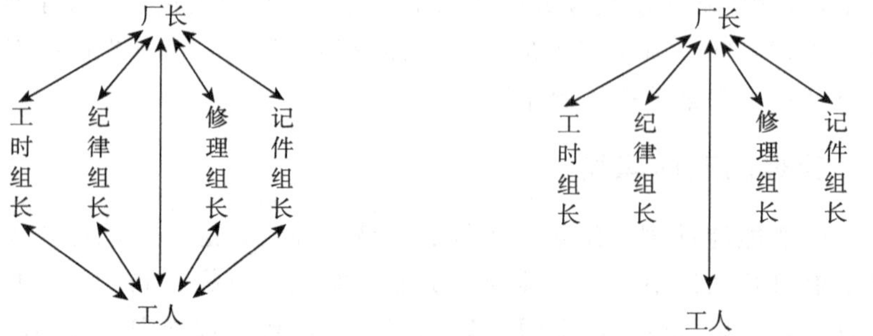

（a）职能工长制（泰勒）　　（b）参谋职能制（法约尔）

图 3.1　职能工长制与参谋职能制对比图

法约尔认为，组织图是每个企业都必备的。有了正式的组织图，组织中的人对组织结构、权力运行路线、职责权限划分、信息联系渠道有全面清晰的了解，有利于组织统一指挥。

其次看人力资源的管理。组织的效率取决于组织中成员的素质和创造性。对组织成员的人力资源进行管理与开发对组织而言是至关重要的。在这方面，法约尔与泰勒都有共同的特点，即比较重视职工的培训，而对人事管理则未予以较多的关注。但法约尔与泰勒在培训的重点上又有所不同，泰勒的培训主要指在技术操作方面的标准化，而法约尔则主张适当减少技术方面的培训，而强调管理知识方面的教育，他告诫青年管理人员和工程师要研究人，研究人的行为、性格、能力、工作甚至个人兴趣爱好。

（3）指挥。社会组织建立起来后，要使它发挥作用，这就是指挥的任务。法约尔认为，要提高指挥艺术，领导者应该做到以下几点：

第一，对自己下属要有深入的了解，不管领导处于哪个级别，他从来只能直接指挥很少的部下。领导应了解每个下属可寄予什么期望，对每个人到底应给予多大的信任。第二，淘汰没有工作能力的人。法约尔认为："为了使领导所在单位的工作处于良好的状态，领导应该完成淘汰或建议淘汰那些不管什么原因造成的没有能力很好完成自己工作的人。这是重要的，常常又是很艰巨的不可推卸的责任。"① 领导是整体利益的代表者和维护者，整体利益迫使他及时地执行这项措施。为了使淘汰工作能够顺利进行，而又不使淘汰者感到痛苦，可以用荣誉、物质利益来补偿其所受损失。第三，深入了解企业与职工之间的协定。协定规定了彼此应承担的责任和义务，领导应关心协定的执行情况，在这项工作中，领导起着双重作用。在职工面前，他起维护企业利益的作用，在雇主面前，他起到维护职工利益的作用，这就需要对协定有一个全面的了解。第四，领导做出好榜样。法约尔说，领导做出榜样是最有效的工作方法之一。每个领导都有权让职工服从，但这种服从只是出自怕受惩罚，那么企业工作可能搞得很不好，有些领导无需明显地努力就能赢得职工的服从，因为他们善于以身示范，做出榜样，从而使职工受到感染，体验到工作的乐趣。第五，对组织进行定期检查以及通过会议与报告收集信息。法约尔建议将定期检查制度化，并制定检查的一览表，记下每次检查的项目和数据，发现其中的变化。领导通过会议下达计划、听取意见和工作汇报。第六，领导不要在工作细节上耗费精力。法约尔主张统一指挥，但同时他又指出，在工作细节上耗费大量时间是一个大企业领导的严重缺点，他的部下同样可以做好这些工作，甚至比他做得更好。所以，"领导应该把所有不一定非要自己去做的工作交给部下和参谋去做"②。第七，在职工中保持团结、积极、创新和效忠的精神。领导应该致力于在企业建立一种鼓励职工创新的文化。法约尔说，在工作中，领导慎重地去引导部下，而不是代替他们，以及时的赞扬来鼓励他们，有时为维护部下的利益而牺牲自己的面子，所以领导能很快把一些有潜在能力的人造就成杰出的工作人员。在部下的条件和能力允许的情况下，领导可以交给他们尽可能多的工作，发挥他们的首创精神。

（4）协调。协调是管理活动中必不可少的活动。法约尔认为，协调即是"企业的一切工作都要和谐地配合，以便企业经营的顺利进行，并且有利于企业取得成功"。协调也是"各职能的社会组织机构和物质设备机构之间保持一定的比例"。换言之，协调就是工作的和谐配合和事物及行动保持合适的比例，它是组织达成目标过程中统一、

---

① 法约尔：《工业管理与一般管理》，周安华、林宗锦、展学仲等译，中国社会科学出版社，1982 年，第 108 页。

② 法约尔：《工业管理与一般管理》，周安华、林宗锦、展学仲等译，中国社会科学出版社，1982 年，第 113 页。

协力的一种保证。其目的在于“让组织成员团结一致，使组织的所有活动和努力得到统一与和谐”。法约尔认为，组织成员的统一与和谐来自于组织内部有效的信息沟通，而会议则为这种信息沟通提供了有效的途径，它是交流情况和保证团结的简便手段。因此法约尔推荐管理人员的每周例会是协调工作的最好方法之一，而在各次会议间隔的时间里，为了促进协调以及照管远离中心领导机构的单位，可以使用联络人员——一般参谋人员承担，但联络人员不能代替首脑人员承担直接责任[①]。

(5) 控制。控制就是要证实一下是否各项工作都与已定计划相符合，是否与下达的指示及已定的原则相符合。控制的目的在于指出工作中的缺点和错误，以便加以纠正并避免重犯。法约尔指出，控制要注意三个问题：其一，控制应在有限的时间内及时进行，并且应该伴随有奖惩；其二，不能忽视控制人员的工作结论；其三，控制人员避免对各部门的领导的工作进行干预，以避免双重领导和越权控制。对于控制人员的素质和能力，法约尔也有论述，他认为，一个好的控制人员应该是有能力的、大公无私的人，他们应该有工作能力、有责任感、独立于被检查人员、有判断力并且机敏。总之，控制这一要素在执行时总是需要持久的专心工作精神和较高的艺术。并且，由于控制适用于各种性质的工作和各级工作人员，所以控制有千百种不同方式。

法约尔提出的这五项管理职能，构成了一个完整的管理过程。因此，他后来被人们称为管理过程学派的创始人。

3.3.3 管理的原则

法约尔根据自己的管理经验总结出了 14 条管理原则：

(1) 劳动分工。劳动分工减少了每个领导、每个工人所需掌握的工作项目，使他们对工作更熟练、自信和准确，故可提高生产效率；劳动专业化使实行大规模的生产和降低成本有了可能；同时，每个工人工作范围的缩小，也可以使工人的培训费用大为减少。

(2) 权力与责任。权力与责任是相互联系的两个概念。法约尔认为，权力与责任之间有一种必然的因果的关系，责任由权力而生，是权力的孪生物。凡是有权力的地方，就有责任。法约尔认为权力有两种不同类型，即正式权力与个人非正式权力。前者是由职位所赋予的法定权力，后者是个人的人格特质、人格魅力所产生的。法约尔说：“作为一个出色的领导人，个人权力是规定权力的必要补充。”[②]

(3) 纪律。企业同企业员工之间有协定，纪律就是对协定的尊重，它要求员工有与协定相一致的服从、勤勉、积极、尊重的表现。法约尔有一句名言：“纪律是领导人造成的。”一个社会组织的纪律状况取决于领导人的道德状况、领导人能否严格维护纪律、能否以身示范并遵守纪律。法约尔说：“制定和维持纪律最有效的办法是：①各级

---

① 法约尔：《工业管理与一般管理》，周安华、林宗锦、展学仲等译，中国社会科学出版社，1982 年，第 114～115 页。

② 法约尔：《工业管理与一般管理》，周安华、林宗锦、展学仲等译，中国社会科学出版社，1982 年，第 24 页。

好的领导；②尽可能明确而又公平的协定；③合理执行惩罚。”[①]

(4) 统一指挥。统一指挥的含义是，在组织管理中，一个下属只应该接受来自一个领导者的命令。法约尔认为这是一项普遍的、永久必要的准则，违背这条准则，就会使权力和纪律、稳定和秩序受到破坏，导致冲突和混乱。

(5) 统一领导。统一指挥和统一领导是两个不同的原则。在法约尔看来，统一领导主要是指一个领导者和一个计划问题，而统一指挥主要是指一个下属只能听一个领导指挥的问题，两者不可混为一谈。

(6) 个人利益服从整体利益。法约尔认为，在企业里，一个人或一些人的利益不能置于企业利益之上。要实现这一原则的有效办法是：领导者维护整体利益的坚定性和率先示范，尽可能签订公平的协定，组织中实施严格的监督。

(7) 公平合理的报酬。有不少的书和文章谈到法约尔这条原则时，说法约尔将职工定位为“经济人”，实际上，法约尔在书中并没有涉及对人性的分析，而主要是谈报酬方式及其作用。经济激励的作用与“经济人”的人性定位应该不是一回事。法约尔认为，报酬是服务价格，要尽量使企业和员工都满意，报酬的目的是发挥员工的作用和改善员工处境，激励员工的热情。他在这里分析了企业不同群体的不同报酬方式，他关于报酬方式的原则是：①它能保证报酬公平；②它能奖励有益的努力和激发热情；③它不应导致超过合理限度的过多的报酬。法约尔还特别提到，激励中的荣誉满足问题以及关心员工的健康、精力、教育和道德。

(8) 集中。集权与分权是管理的两种制度。法约尔比较倾向于集中与统一。他认为，集中是一种必然现象，实行集中的目的是尽可能地使用所有人员的才能。当然，法约尔也谈到集中与分散的问题是一个尺度问题，问题在于找到适合于该企业的最佳尺度。因此集中的程度应根据不同情况而变化。“如果领导人的才能、精力、智慧、经验、理解速度……允许他扩大活动范围，他则可以大大加强集中，把其助手的作用降低到普通执行人的作用。相反，如果他愿意一方面保留全面领导的实权，一方面更多地采用协作者的经验、意见和建议，那么可以实行广泛的权力分散。”[②]

(9) 等级制度。等级制度就是从最高权力机构到低层管理人员的领导系列。根据等级系列，命令自上而下传递，报告自下而上传递，这种等级路线对于保证统一指挥是必要的，但它往往要耗费许多时间，妨碍了执行迅速。因此，法约尔提出了法约尔桥来解决这一矛盾，如图3.2所示。

在等级路线中，处于组织下层的工人与另一工人需要协调某项任务时，按照常规，需要逐级上报，请求总经理的指示，总经理发出指示后，再逐级下达到组织下层的工人。如果工人的上级领导允许下属直接联系，等级原则得到捍卫，同时又提高了效率。经上级同意并予以授权的情况下，下属等级可以直接联系的信息传递方式被称为法约尔桥。

(10) 组织秩序。组织秩序意味着组织中的每一个人都在一个恰当的位置上。首先

---

① 法约尔：《工业管理与一般管理》，周安华、林宗锦、展学仲等译，中国社会科学出版社，1982年，第26页。

② 法约尔：《工业管理与一般管理》，周安华、林宗锦、展学仲等译，中国社会科学出版社，1982年，第36页。

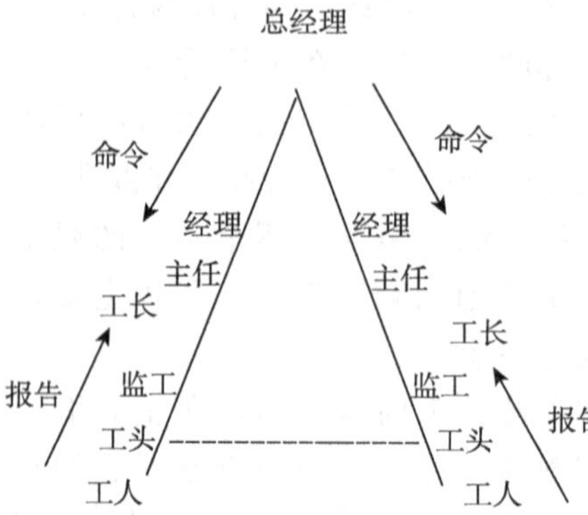

图 3.2 法约尔桥

是“每个人都有一个位置，每个人都在他的位置上”；其次是位置适合于人，人适合于位置。用英国的一句格言来说，就是“合适的人在合适的位置上”。组织秩序最为基本的前提是：其一，良好的组织；其二，良好的选拔制度。聚集英才，不一定能使工作顺利进行，只有英才与位置的完美组合，才会有辉煌成果①。

（11）公平。法约尔所说的公平不仅仅是指报酬上的公平，而主要是一种观念和立场。法约尔说：“为了鼓励其所属的人员能全心全意和无限忠诚地执行他的职责，应该以善意来对待他。公平就是由善意与公道产生的。”所谓善意，就是善意地对待员工；而所谓公道，是指遵守并且实现已经订立的协议。

（12）人员的稳定。即人员不能频繁地变动。因为一个人要适应他的新职位，并做到很好地完成他的工作，这需要时间。人员的不稳定是企业不景气的原因和结果。当然，人员的变动是不可避免的，因此，稳定的原则也是一个尺度问题。

（13）首创精神。在法约尔看来，想出一个计划并且保证计划的实现，就是首创精神。首创精神既指领导在制定政策、计划过程中的创造性，又指员工在执行计划中的主动创造。首创精神的发挥往往伴着人们的热情与积极性增长，所以领导应该尽可能鼓励、激发和支持大家的首创精神。法约尔说：“在由于对权力与纪律的尊重而造成的局限中，需要极有分寸地，并要有某种勇气来激发和支持大家的首创精神。应该使领导者能够牺牲自己的虚荣心去满足其下属的虚荣心。”②

（14）人员的团结。法约尔说：“团结就是力量。”要实现团结，法约尔特别强调要注意一个原则和避免两个危险。一个原则是统一指挥的原则。两个危险，即一是不要使自己的下属分裂。这需要管理者具有才干和协调能力，既要激励起热情，发挥所有人的能力，同时，在奖励每个人的长处时又不引起可能的嫉妒与破坏协调的关系。二是避免滥用书面联系。口头联系更迅速更清楚，并且更易沟通。有了冲突和误会时，交谈有利于澄清和解决问题②。

在法约尔对原则的论述中，他特别注意原则与尺度的关系，原则不是绝对的，原

① 法约尔：《工业管理与一般管理》，周安华、林宗锦、展学仲等译，中国社会科学出版社，1982年，第39页。
② 法约尔：《工业管理与一般管理》，周安华、林宗锦、展学仲等译，中国社会科学出版社，1982年，第43页。

则实行起来，应当考虑各种可变的因素，把握原则的尺度。没有原则，人们就处在黑暗和混乱之中；没有经验与尺度，即使有最好的原则，人们仍将处于困惑不安之中。

3.3.4　人员的素质与能力

法约尔论著了企业领导和人员应具备的素质，它们分别是：①身体素质。身体健康并且体力好。②智力素质。智慧与脑力充沛。智慧包括理解、领会的能力，判断力与记忆力。脑力充沛能使人在紧迫的问题上有效地集中思维，同时处理大量不同的工作。③道德素质。有深思熟虑的、坚定的顽强的决心；积极、有毅力、必要时很勇敢；勇于负责，有责任感并关心集体利益。④全面教育。有丰富的一般文化知识。⑤管理知识。即预测、组织、指挥、协调和控制的能力。⑥关于其他职能的基本常识。⑦企业特有专业技术能力。

对于上述素质相互之间的关系，法约尔做了分析。他认为，健康、智力、道德、管理知识这四个方面最为重要，没有健康的身体和智能就可能失去其他所有能力；重要领导人在道德品质方面哪怕最小的缺陷都有可能导致最严重的后果；领导人缺乏管理才能是无法弥补的缺陷；至于领导人的业务知识和他在企业特有专业方面知识的不足，可以通过各部门领导和参谋部来补充，而且企业的大小及企业组织的分工，对人员能力有不同要求。对小企业而言，领导人的特有专业能力相对大企业的领导人更为重要。各种人员在管理等级中所处的地位不同，必须具备的能力要求相对不同。对于工人来说，技术是最重要的；对于管理人员来说，管理知识就显得越来越重要。

3.4　并肩前行的巨人：法约尔与泰勒及其管理思想的比较

法约尔提出自己的管理思想时，也正是泰勒的思想在法国广泛传播之时，当时法国有两个管理研究组织，一个是研究泰勒的科学管理，一个是法约尔创办的管理研究中心。有人将法约尔的管理思想与泰勒的管理思想对立起来。法约尔不同意这样来看待他与泰勒的管理思想。在 1923 年布鲁塞尔第二届国际管理科学会议上，法约尔声明，把他与泰勒的管理思想对立起来是荒谬的，他们两人的思想是互补的。在法约尔的促进下，这两个管理研究组织合并为一个全国性的团体：法兰西组织委员会。

泰勒与法约尔是并驾齐驱的两位杰出管理思想家，他们的前进方向一致，但各有自己的运行轨道。他们的理论都是在同一个时代背景下产生的、适应工业社会大生产管理需要的管理理论，他们的不同在于以下几点：

（1）研究视角不同。泰勒和法约尔各自从不同的角度和思路来探索管理。如果说，泰勒主要是从机床前的工人出发，然后向上延伸；那么，法约尔则是从“办公桌前的总经理”开始，往下深入。泰勒是以作业现场的科学管理作为研究对象；法约尔则以大企业的整体作为研究的对象。泰勒致力于提高工人的生产效率，法约尔致力于提高组织的管理效率。泰勒把研究重点放在管理技术上，他将管理的职能从其他企业活动中分离出来，把管理的主体与管理的客体区分开来；法约尔则把重点放在管理的职能和组织上，他以更加概括的形式从管理的组织和职能的关系上提示了管理的本质，从管理的主体性角度确立了管理的普遍性。

（2）理论特色不同。泰勒的管理思想更具有管理哲学的意蕴，涉及对人性的定位，对资本、剩余、劳资关系的看法等，是由小农生产向工业社会大生产过渡的思想革命；法约尔的思想作为管理理论更为系统、知识性更强、结构更为完整，后人根据他建立的构架，建立了管理学并把它引入课堂。

（3）具体的结论也有不同。即：①泰勒更重视分权，他的职能工长制改变了统一指挥的直线式领导，法约尔则主张统一指挥，一个下属只应接受一个领导者的命令。②分配制度上，他们的共同目的都是为了调动员工的工作积极性，但着力点有所不同。泰勒更多的是从报酬的激励作用来论述，而法约尔则从报酬的公平方面谈得比较多。泰勒的报酬方式是差别计件工资制和任务工资制，法约尔的报酬方式分得比较细，除了日工资、任务工资、计件工资外，还有奖金、分红、实物补助和精神奖励。③示范主体不同，泰勒提出选择"第一流工人"，是以优秀的工人作为企业员工的榜样；而法约尔更强调领导的示范作用，认为领导作出榜样是最有效的工作方法之一。

对于泰勒与法约尔的管理思想不同的原因，雷恩有过分析，他说："这两种管理思想的渊源在许多方面是十分不同的，虽然他们都出生在相当富有的家庭，并且都受过工程师教育，但是这些类似之处很快就消失了。法约尔是在一个强调以传统为基础的法国文化环境中出生并被培养成为管理的雄才的。社会的等级是比较不同的，这位法国管理者通过遗传和长期、忠实的服务取得成功的，泰勒则是在新教徒的伦理和美国的开放式文化环境中，从最低层，通过他自己的艰苦努力而取得地位的。"这段话里的关键词是文化环境对思想的影响[①]。

在保守与激进纠缠在一起的小农社会法国，农业社会的保守使人们注重秩序而不是变革，较之移民国家的美国，民众接受企业管理改革的心理准备更为不足；而政治的动荡不安，使企业管理改革更容易导致激烈的社会冲突。因此，像泰勒那样的涉及思想观念的变革，很难率先在法国发生。法约尔的关注视野越过了劳资关系、剩余分配这些敏感并且容易引起激烈纷争的问题，而将之放在了管理本身，探讨管理的职能、原则以及管理者的素质等问题。对社会的稳定、秩序、组织的权力集中是有好处的，因而容易被社会所接受。

泰勒的思想引起强烈的社会震荡，拥护与反对的声浪都很大，产生的社会影响也很大；法约尔的思想没有引起大的争议，反响也相对平淡。"泰勒这颗星闪闪发光，而法约尔则暗淡无光，等待着另外的时机和另外的人来对他做出适当评价。"[①]

3.5 现代管理理论之父：法约尔管理思想的评价

正如雷恩所说："人们很容易低估法约尔的工作。他的主张和术语在现代的管理文献中实在太平凡了，因而常被看成是极为一般的东西。然而他的管理理论概念是能够

---

① 丹尼尔·A. 雷恩：《管理思想的演变》，赵睿等译，中国社会科学出版社，2000年，第238页。

被学习、传授和实践的，它是管理史上的一个重要的里程碑。”[①] 今天的管理理论很多都是以法约尔的观点和术语为基础的，因为今天的耳熟能详，因此，我们反而不能看出法约尔深刻见解的独创性，就像我们站在摩天大厦前，往往折服于大厦的宏伟和瑰丽，而忽略了它的坚固基石。

法约尔的贡献在于：

第一，法约尔界定并论述管理理论最基本的概念、原则、要素等，这是法约尔的首创。他回答了管理是一门什么样的学科、管理的普遍特征、管理者的职能以及管理的目的，为以后的管理理论提供了基本的内容和术语。可以说，法约尔的管理思想是管理理论发展的基石。

第二，法约尔的组织理论是现代组织理论的重要理论基础。法约尔提出了许多组织管理的重要原则，至今仍有重要的现实意义。他的组织理论不仅适合于公私企业，也适用于其他组织，具有普适性。

第三，他积极倡导和推进了管理教育。在法约尔之前，管理教育还是一片荒漠，法约尔是最早的开垦者。他关于管理教育的一系列主张对今天进行管理人才教育和人力资源开发具有重要的启发意义。

克雷纳说：“法约尔的管理理论——行政管理理论有着惊人的生命力。随着时间的流逝和学科的发展，许多雄心勃勃的理论都衰亡了；而法约尔的理论仍被认为是基本正确的。”“所有早期的管理思想家的工作成果中，法约尔的思想也许是最经得起时间考验的，也曾经是最被人忽视的。”法约尔提出的管理理论，经过多年的研究和实践证明，总的说来仍然是正确的，这些理论曾经并继续给管理人员巨大帮助[②]。厄威尔称法约尔是欧洲历史上直到 20 世纪上半叶为止，“欧洲贡献给管理运动的最杰出的人物”，在管理学界，大家都公认法约尔为“现代管理理论之父”。

法约尔的管理思想也有一些缺陷：

第一，管理是建立在对人的严格规制之上，缺乏对人性进行深入的分析。

第二，经验的积累和感性的概括比较多，而对理论要素之间的逻辑关系缺乏系统的论证。某些观点有失偏颇。

第三，研究重点在组织管理的内部，而对组织的外部环境及关系缺少关注。所设计的组织缺乏弹性。

➤本章提要

1. 法约尔的管理思想是诞生在法国文化的土壤中，要真正认识法约尔的理论，有必要关注其理论产生的文化土壤。

2. 管理与其他五项活动的关系。法约尔对管理与其他五项活动的关系做了阐述，管理只是企业经营活动的六项职能中的一项，但它贯穿经营活动始终，在经营活动中起至关重要的作用。

---

① 丹尼尔·A. 雷恩：《管理思想的演变》，赵睿等译，中国社会科学出版社，2000 年，第 253 页。

② 斯图尔特·克雷纳：《管理百年》，邱琼、钟秀斌、陈遊芳译，海南出版社，2003 年，第 6 页。

3. 管理的五项职能即计划、组织、指挥、协调、控制，这五项职能环环相扣。其中计划和组织是法约尔的重点。法约尔提出的这五项管理职能，构成了一个完整的管理过程。因此，他后来被人们称为管理过程学派的创始人。

4. 法约尔根据自己的管理经验总结出了14条管理原则。法约尔强调要注意原则与尺度的关系，没有原则，人们就处在黑暗和混乱之中；没有经验与尺度，即使有最好的原则，人们仍将处于困惑不安之中。

5. 法约尔论述了企业领导和管理人员应具备的素质，这些论述至今仍有指导意义。

6. 法约尔积极倡导和推进了管理教育。在法约尔之前，管理教育还是一片荒漠，法约尔是最早的开垦者。他关于管理教育的一系列主张对今天进行管理人才教育和人力资源开发具有重要的启发意义。

7. 泰勒与法约尔是并驾齐驱的两位杰出管理思想家，他们的前进方向一致，但各有自己的运行轨道。比较两位管理思想家，有助于加深对古典管理理论的认识。

➢本章主要参考文献

法约尔. 1982. 工业管理与一般管理. 周安华，林宗锦，展学仲等译. 北京：中国社会科学出版社.
郭咸纲. 2002. 西方管理思想史. 北京：经济管理出版社.
克雷纳 S. 2003. 管理百年. 邱琼，钟秀斌，陈遊芳译. 海口：海南出版社.
雷恩 D. 2000. 管理思想的演变. 赵睿等译. 北京：中国社会科学出版社.
李长武. 1991. 近代西方管理思想史. 长春：吉林大学出版社.
乔治 Jr K. 1985. 管理思想史. 孙耀君译，北京：商务印书馆.
桑玉成. 2002. 管理思想史. 上海：上海教育出版社.
宋则行，樊亢. 1998. 世界经济史. 北京：经济科学出版社.
孙耀君. 1999. 管理思想发展史. 太原：山西经济出版社.
泰勒. 1982. 科学管理原理. 胡隆昶，冼子恩，曹丽顺译. 北京：中国社会科学出版社.

➢思考讨论题

1. 简述法约尔对管理理论的贡献。
2. 简述法约尔管理要素和管理原则。
3. 法约尔的管理理论与泰勒管理理论的比较分析。

第 4 章

法理型的组织机器：韦伯的行政组织理论

传统管理理论的第三根支柱是德国人马克斯·韦伯（Max Weber，1864—1920 年）的行政组织理论。韦伯是现代社会学的奠基人之一，又是对政治学、经济学、历史学、行政管理学有着重大贡献的学者。正如人们研究社会学不能绕过韦伯一样，研究管理学也不能撇开他。韦伯被称为行政组织理论之父，他对权威的类型和行政组织进行了深入研究，提出了行政组织理论（以下简称官僚制理论）。

4.1 向政府要效能：韦伯官僚制理论研究的背景

4.1.1 时代需求

（1）民族统一的大势与行政组织低能的矛盾。韦伯出生及成长的年代正是德国进行统一战争的时代。1871 年，普鲁士在色当大胜法国，进入巴黎，并在凡尔赛宫宣布德意志帝国成立，俾斯麦为首任德意志帝国首相，被称为铁血宰相。由于俾斯麦用武力征服并实现统一，因而德国的统一只是表面上的，内部充满政治危机。在俾斯麦下台以后，德国失去了一位强有力领袖的有力控制，整个国家马上人心涣散，再一次显现出群龙无首的迹象。国家机器运行低效、无能与民族国家思潮形成强烈反差。生于这个时代的韦伯，受这个时代民族主义思想的影响，特别希望民族强大，有一个有效、有力的国家机器维护和发展德国的统一局势。

（2）工业化的完成，对社会管理提出新要求。19 世纪，德国的资本主义经济发展迅速。19 世纪中期，德国 70%的人还是农民，到 19 世纪 90 年代德国已完成了工业革命，农业人口只有 30%左右。德国西部的工业已经超过了英国、法国等强国，社会结构发生了根本的变化。工业社会的突出要求是解决效率问题，与此相应的社会管理突出了理性、法治、秩序、规范、精确、时间等特点。工业化的迅速发展，使行政管理的现代化成为时代迫切要解决的问题。正如韦伯所指出的：“今天，向行政管理提出要求既尽可能快捷地，又精确地、明晰地、持续地完成职务工作，这首先是因现代资本主义的经济交往提出来的。特大的现代资本主义企业本身，一般是一些严肃的官僚体制组织望尘莫及的楷模。而这又是受现代交往手段的特殊性制约的。”[①]

（3）工业化进程中社会结构失调，需要国家力量进行协调。德国处于迅速变化并充满矛盾的时代。其一，在经济快速发展、社会结构发生巨大变化的同时，德国的政治结构和思想文化则相对滞后。以政治结构而言，德意志帝国吸取了代议制政治体制的一些内容，但更多地是大量保留了传统封建专制政治体制特点。其二，德国西部与东部经济的发展不平衡。西部工业发达，而东部仍然是农业经济占主导地位，有的地方仍保留农奴制。在社会急剧变革时代，国家的协调控制作用突出。而德国行政组织未能很好地行使国家的协调职能。

面对国家统一、经济发展而国家行政效能低下的矛盾，韦伯感到焦虑，这是他致力于对理想行政组织研究的外在动因。

4.1.2 人生经历

马克斯·韦伯出生在德国东部图林根的埃尔福特镇，5 岁时，全家迁居柏林。在柏林西郊夏洛腾堡韦伯的家中，经常有一些学术界知名人士聚集、高朋满座，韦伯自幼耳濡目染，使他很早就对文学、历史、哲学、经济、政治等学术问题产生浓厚的兴趣。在韦伯的眼里，父亲就是德意志帝国蛮横专制的政治制度的化身，这是韦伯对政治学中的权力、权威、官僚制度感兴趣的一个原因。韦伯的母亲是一个严肃的基督教新教徒。韦伯自幼在这种浓厚的新教精神氛围中成长，虽然韦伯本人“缺乏宗教上的共鸣”，但对宗教影响人类行为和社会生活的这个问题，怀有浓厚的兴趣。

韦伯先后在海德堡大学、柏林大学、哥廷根大学学习。他选择法律作为自己的专业，同时还学习历史学和经济学。他的博士论文《意大利城市家庭和商业团体公共贸易公司中共责和资金独立原则的发展》，使他获得博士学位。该论文获得通过时，著名的历史学家西奥多·蒙森曾给予高度评价，并将他视为唯一可以传其衣钵的人。1891 年，韦伯以《罗马农业史对公法与私法的意义》一文获得大学任教的资格。

1896 年，韦伯受聘于海德堡大学担任经济学教授，他的学术成就引起了学术界和政治界的广泛关注，他同时还积极参加学术和政界的活动，并在一些社会团体中担任重要角色。1897 年，韦伯得了精神紧张症，这种状态持续了六年，直到 1904 年，韦伯身体康复，回到海德堡大学。经过这段痛苦的时期，韦伯的思想进入一个新阶段，“这以后我的研究经常回到权力、权威、统治、官僚制度、政党这些主题，我的思想转变与这段时间经历无疑有着很大的关系”[②]。此后，韦伯又先后在维也纳大学、慕尼黑大学任教。1920 年 6 月初，韦伯开始发高烧，起初被认为是流感，后来诊断为肺炎，但为时已晚，不幸于 6 月 14 日去世。

1917 年年末至 1919 年年初，他曾多次在公开场合发表演讲，其中最著名的《作为

① 马克斯·韦伯：《经济与社会》下卷，林荣远译，商务印书馆，1997 年，第 297 页。

② 王威海：《韦伯：摆脱现代社会两难困境》，辽海出版社，1999 年，第 5 页。

职业的学术》和《作为职业的政治》两篇演讲，透辟地抒发了他的政治见解和一生追求的方向，以这两次演讲的记录整理而成的两篇文章成为后人研究韦伯的重要材料。韦伯生前重要著作是《新教伦理与资本主义精神》、《经济与社会》等。

4.1.3　欧洲行政组织的历史回顾

官僚制是近代资本主义政治、经济、文化发展的产物。纵观世界历史，在古代埃及，特别是中国，都曾经产生过与近代官僚制极为类似的官僚管理制度，中国古代的官僚制在世界行政管理体制中处于领先，中国皇帝依靠官僚制的庞大机器，对帝国实行有效的统治，所谓“普天之下，莫非王土，率土之滨，莫非王臣”。它带来了政治的稳定，行政的高效。西方古代的封建制，贵族层层分封，世袭领地，附庸只对领主负责，而不听命于国王，所谓“我的附庸的附庸，不是我的附庸”。西方的中央集权君主专制仅是封建社会到资本主义社会的发展过程中的一种过渡形态，英国为 150 年，德国也不过 200 年。西方在进入近代以前，并没有建立起具有固定职权范围的官僚制，其官僚制中的文官管理制度渊源可以追溯到古代的中国，17 世纪中国的文官制度通过东印度公司传入西方，直接影响了西方的文官管理制度的建立。

这就是韦伯研究官僚制的背景。由于德国政治的发展相对落后，韦伯关于官僚制的研究成果在当时并没有引起广泛的注意，直到第二次世界大战结束后，德国从战败中总结教训，对行政组织的低能认识深刻，韦伯的理论引起了人们的重视。德意志联邦共和国对行政组织制度进行了系统的改革，并颁布了一系列法律与法令，一套比较完备的行政组织制度体系才真正形成。

4.2　思考权威与组织：韦伯行政组织理论的主要内容

韦伯非常看重行政组织在现代社会中的作用。他说：“合理和合法的行政管理班子的类型是多才多艺、无所不能的，它在日常生活中是至关重要的。因为在日常生活中，统治首先是行政管理。”[①]（文中的重点号是原文所加）在他的《经济与社会》一书中，他用了相当多的篇幅对权威类型和官僚制进行了分析和论述。

4.2.1　权威及其组织类型

韦伯认为，任何一种组织都是以某种形式的权威为基础的。他将人类社会的权威统治形式分为超人（克里斯玛）型统治形式、传统型统治形式与法理型统治形式三种。韦伯认为，这三种权威统治形式当中只有合理和法定的权威符合理性，是现代行政组织的基础。

与三种不同的权威统治形式相适应的是三种不同的组织形式。与克里斯玛型权威相适应的是神秘主义的组织形式，与传统型权威相适应的是传统的组织形式，而与法理型权威相适的是合理化-法律化的组织形式。这三种组织形式具有不同的外在形式，

---

① 马克斯·韦伯：《经济与社会》上卷，林荣远译，商务印书馆，1997 年，第 245 页。

而且也具有不同的内在意义。

（1）克里斯玛型权威与神秘主义组织。克里斯玛型权威及组织的核心是克里斯玛型的领袖。领袖人物往往具有超凡的克里斯玛型个人魅力，在他的身边聚集着一群追随者，组织成员对命令的服从只是基于领导者的个人感召力，所以这种组织的内在基础并不稳固。因为克里斯玛领袖的个人魅力是建立在其个人无所不在的超凡能力之上的，一旦他的所作所为趋于平庸，甚至于失败的话，就无法满足追随者的高度期望，就会丧失围绕在他身上的克里斯玛光环，丧失追随者们对他无条件的追随和服从，从而最终导致这一统治类型的瓦解。一旦这种非常时期的背景消失（如革命成功），领袖及其追随者都希望将既得利益固定下来，“最终出现的无限制地允许建立家庭和获利，总是意味着先天性魅力的统治的寿终正寝”。对领袖“在从感情上犹如暴风骤雨般的、对经济陌生的生活到在物质利益的疯狂袭击下这种感情缓慢地窒息而死亡道路上，任何一种魅力都无可逃避”[①]。因此，克里斯玛型权威及组织的发展趋势是向传统型或法理型的权威及组织过渡。

（2）传统型统治权威与传统型组织。传统型统治权威的基础是传统和习惯。组织成员之所以会服从传统型权威，乃是因为人们对于传统的不可侵犯性和依据传统进行统治的统治者的地位深信不疑。传统型的组织形式有两种：世袭制和封建制。韦伯对于传统型的统治权威进行了分析，其一，这种类型的组织权威具有惰性，“古已有之”的传统成为统治的合法性依据，其思维方式和行为方式排斥任何事实上可能会有的创新，因此，封闭、僵化、墨守成规是它的第一个本质特征。其二，这种组织权威专断，君与臣、官与民构成了类似于主与奴、父与子的绝对主从关系。统治者发号施令的权利与民众俯首听命的效忠义务都趋于无限扩大，因此，专制、独裁是它的第二个本质特征。

（3）法理权威与合理化-法律化组织。与克里斯玛型、传统型权威对统治者个人效忠不同，法理型权威代之以对法律的忠诚和理性的信仰，法理型的组织以法律为依据进行治理。法理型组织在价值和效率方面都体现了前两者所不具备的优势。体现理性精神的形式主义法律，通过“法律平等”来制约随意专断和独裁，昭示着现代社会平等的价值取向；通过一系列“可以计算”的理性规则、程序，建立组织和组织管理制度，“它的纯技术的优势超过任何其他的形式”，“恰恰如同一台机器”，为实现某种既定目标而运行，机器上的每个零件都可以为机器的运转发挥最大功效。官僚制就是这样的权威及组织形式[②]。

在上述三种纯粹形态的权威中，韦伯认为，法理权威才是官僚制组织的基础，因为：它是正常状态下依靠制度进行管理的组织，它为管理的连续性提供了基础；它是合理的，即担任管理职务的人员是按其完成职能任务的能力来挑选的；领导人具有行使权力的法律手段；所有的权力都有明确的规定，并且按照完成组织任务所必需的职能进行了仔细分工。相比较之下，传统型统治权威及其组织按传统行事，其领导人不

---

① 马克斯·韦伯：《经济与社会》下卷，林荣远译，商务印书馆，1997年，第456页。

② 马克斯·韦伯：《经济与社会》下卷，林荣远译，商务印书馆，1997年，第296页。

是根据能力而是依据传统产生，因而其权威及组织效力受到影响；至于克里斯玛型权威及神秘主义组织因为过于浓厚的情感色彩和个人崇拜特点，无视或回避规章程序，无法为管理连续性和稳定性提供基础，也不符合官僚制组织的宗旨和要求。因此，韦伯将官僚制组织的权威基础确定为法理型权威。

当然，韦伯也清楚，在现实的组织管理中，实际上往往是三种类型交织混合，很难存在完全纯粹的一种类型，在每一个时期，都有一种占主导地位的权力类型，并由此决定社会的基本性质和特质。韦伯肯定了法理型权威及组织对资本主义发展的重大意义，他说：合理的法律结构和合理的行政管理结构肯定对推动资本主义发展具有巨大的重要性，“近代合理的资本主义不仅需要生产的技术手段，还需要一种可靠的法律制度和一种依据于正式规章的行政管理制度。如果没有它们，一种不正常的、阴暗的、投机的和单纯以营利为目的的资本主义以及其他各种为政治所左右的资本主义便可能会产生，但都不会产生在个人首创的、具有固定资本和计算精确性的合理经营里”①。

4.2.2　官僚制的要点与特点

韦伯所谓理想类型的官僚制，是指纯粹类型的官僚体制及制度，或者说是完全官僚制化的组织及管理制度。官僚制是一种分工明确、层次部类明确、职责权限分明，实行集权和统一指挥并强调服从的组织管理制度。它具有以下几个要点：

第一，细致的分工。明确划分每一个组织成员的职责权限，并以法规的形式严格固定这种分工。这不仅有利于组织成员通过训练掌握专门的技能，更有利于提高组织的工作效率。

第二，层序原则。官僚制组织是一个等级实体，具有等级与权力一致的特征。工作人员按等级划分，规定权责，层层节制，协调活动。韦伯在这里特别指出：“等级的服从并非等同于‘上级’机构有权干脆把‘下级’机构的事务，统统兜揽在自己的身上，越俎代庖。”每个层级的权限都有明确的制度规定。这种职务等级和审级原则有利于克服组织管理中的混乱现象，提高组织的工作效率②。

第三，照章办事的运作机制。韦伯认为，官僚制组织的管理是依据一整套规则和程序来规范组织和成员的行为。上级的发号施令“要服从非个人的制度，他的号令是以这个制度为取向的”，下级“仅仅服从于法”，而非统治者个人。照章办事的运作机制保证了行政组织的稳定性和连续性③。

第四，档案制度原则。官僚制组织要求将“预备性讨论、动议和随后的决议以及形形色色的指示和法令，都用文字固定下来”④，一切重要的决定和命令都应形成正式的文件下达，并且要记录在案，用毕归档。其作用在于：不因人事变动而使工作搁置，规范治理，减少人治的成分；有利于下级组织及其成员明确所下达的任务、规范要求

---

① 马克斯·韦伯：《韦伯文集·文明的历史脚步》，黄宪起、张晓琳译，上海三联书店，1997 年，第 9 页。

② 马克斯·韦伯：《经济与社会》下卷，林荣远译，商务印书馆，1997 年，第 297 页。

③ 马克斯·韦伯：《经济与社会》上卷，林荣远译，商务印书馆，1997 年，第 243 页。

④ 马克斯·韦伯：《经济与社会》上卷，林荣远译，商务印书馆，1997 年，第 245 页。

和应履行的权责；便于上级根据文件来进行控制，有利于组织有效地实现其目标。

第五，组织管理非人格化。早期的行政管理以人际关系为基础，个人要忠诚于亲戚、保护人、领导人或政党，而不是对体制负责。韦伯认为，人们的个人情感和好恶等非理性因素常常会影响他们的理性、合法性和客观性，并进而会助长亲情、裙带和偏爱等关系。而这一切都会严重地干扰和妨碍组织管理工作的有效开展。因此，在官僚制组织中，管理工作是以法律、法规、条例和正式文件等来规范人的行为的，公事和私事之间有一种极为明确的界线，公务活动与私人生活的关系范围是截然分开的，不得掺杂个人的情感、偏好等非理性的因素；在组织成员之间的公务关系中，存在的只是对事的关系，而非对人的关系，人们在处理公务时只应考虑合法性、合理性以及有效性，而不应考虑任何私情关系。它摒弃了个人感情和情绪以及社会关系中的个人成分，完全代之以一种制度化的工作关系。在这种工具理性原则的支配下，官僚制"它越是'脱离人性'，发展就更为充分。在这里是指它的被作为美德赞扬的特性：它成功地从解决职位事务中，排除爱、憎和一切纯粹个人的、从根据上说一切非理性的、不可预计的感觉因素"①，因而它具有鲜明的非人格特征。

第六，专家管理与人员培训。官僚制是建立在高度分工和专业化基础之上，为了有效地处理纷繁复杂的事务和解决各种各样的问题，各个部门均有一套稳定且详细的技术规范要求，因此，组织在各个领域都必须配备专家和技术人员，以适应工作的需要。韦伯说："官僚体制化提供着最大的可能性，在行政管理中按照纯粹业务的观点，实行分工原则，对各种具体工作进行分工，最好把干部培养为专家，并在实际中不断进一步深入培训。"① 官僚制发展的一个重要标志就是专业管理人员的增加以及各业务部门中专家人数的增加。为了适应需要，官僚制组织必须为其成员提供各种必需的专业培训，以便增强能力，提高服务数量与质量，从根本上提高组织的工作效率。

第七，合理合法的人事行政制度。韦伯认为，官僚制组织的人事行政具有以下特点：①人员任用的根据不应是信仰、籍贯、关系和性别，而应是工作性质的要求以及人员本身所具备的资格条件，包括学历、专业、经验和能力。②根据专业业务资格任命（不是选举）官员，"在最合理的情况下通过考试获得的、通过证书确认的专业业务资格"②。③职务就是职业，应该投入全部或主要精力。④职务是通过自由契约关系来承担的，除非犯有重大过失并依照法定规则加以免职，否则组织不能单方面地随便结束这种契约关系；相反，本人则有权自由脱离组织。⑤每个职务都有一明确规定的法律意义上的权责范围。⑥组织应有明确固定的货币工资制度，工资标准基本上是根据人员在等级系列中的级别、职位的责任大小以及年资和社会地位来确定的。⑦人员的奖惩应根据其工作的优劣来确定。⑧人员晋升的根据应该是人员工作成绩的大小和资历的深浅，而不应当看这个人是谁以及他有什么关系。⑨任何人员不得将自己的职位私自转让或指定他人非法继承。⑩行政人员在行使职务时受到严格而系统的纪律约束和控制。

---

① 马克斯·韦伯：《经济与社会》下卷，林荣远译，商务印书馆，1997年，第297页。

② 马克斯·韦伯：《经济与社会》上卷，林荣远译，商务印书馆，1997年，第246页。

韦伯认为，官僚制的普遍精神有两点：

第一，形式主义。按"可预计的规则"程序运作，"不看人办事"，"不因人而异"，排除个人的好恶，保持情感上的中立态度，以防止任性和专断，"形式上对人人都一样"，为每一个被管理者提供相同的机会。

韦伯在他的著作里，曾就形式主义的法律与中国实质主义的法律做过比较，他说："形式主义的法律首先是可以计量的。在中国，可能发生这样的事情：一个人把房子卖给另一个人，后来，因为穷困潦倒，这位出卖房子的人又找到买房子的人，想住房子。如果买房子的人拒绝考虑这位老式的中国人要求兄弟般的帮助的愿望，传统的法律精神就会被打乱。于是，已经贫困的卖房子的人作为一个未付租金的房客而住进了房子。资本主义不能根据如此构造的法律来运行。资本主义要求的是像机器那样被依赖的法律。"① 韦伯讲了一个有趣的故事描述传统中国的体现伦理精神而不重视程序、制度，情理大于法理的管理方式，在他看来，可预计的规则，在现代官僚制中具有"决定性意义"，它"同老的世袭统治的个人自由随意专断和恩惠相反，'法律平等'和要求法律保障不得随意专断，就需要有行政管理的形式的理性的'求实性'。但是，'伦理'倘若在个别的问题上控制着群众——我们想完全撇开其他的直觉，伦理连同它的以具体个案和具体人员为取向的对实质的'公正'的要求，就不可避免地同官僚体制的行政管理的形式主义和受规则约束的、冷漠的'求实性'发生冲突，而且基于这个原因，必然在感情方面，摈弃理性所要求的东西"②。而"现代文化的特性，特别是它的技术的——经济的基础，恰恰是要求效果的这种'可预计性'。充分发展的官僚体制在某种特殊意义上，也处于'不急不躁'的原则支配之下。它的特殊的、受资本主义欢迎的特性，使这种可预计性发展得更为充分"③。形式主义的特征，像机器一样按程序、可计算、刻板、排斥情感因素。

第二，功利主义。韦伯说，为了"取悦"被统治者，行政官员倾向于在实质上功利主义地对待他们的行政管理任务。换言之，行政官员在行使行政管理任务时，只注重管理的功能和效率，把组织功能和效率放在管理的第一位，追求效率、利益最大化，期待立竿即能见影的效果④。

除了韦伯所说的上述两点以外，还应加上下面两方面内容：

第一，理性主义。强调理性而排斥情感因素，官僚制有精心制定的升迁结构和部门界限，组织运行起来就像一台机器，系统中的每一个螺丝钉——组织中的每一个成员都有明确界定的责任，整个制度设计体现出秩序井然、求真务实的理性追求。用韦伯的话来说就是："一种充分发展的官僚制机制与其他形式的关系，恰恰如同一台机器与货物生产的非机器方式的关系一样。精确、迅速、明确、精通档案、持续性、保密、统一性、严格服从、减少摩擦、节约物资费用和人力，由训练有素的具体官员进行严

---

① 马克斯·韦伯：《韦伯文集·文明的历史脚步》，黄宪起、张晓琳译，上海三联书店，1997 年，第 143 页。
② 马克斯·韦伯：《经济与社会》下卷，林荣远译，商务印书馆，1997 年，第 302 页。
③ 马克斯·韦伯：《经济与社会》下卷，林荣远译，商务印书馆，1997 年，第 297 页。
④ 马克斯·韦伯：《经济与社会》上卷，林荣远译，商务印书馆，1997 年，第 251 页。

格官僚体制的、特别是集权制的行政管理时，比起所有合议的或者名誉职务的和兼任职务的形式来，能达到最佳的效果。只要是涉及复杂的任务，那么有偿的官僚体制的工作不仅是更加精确，而且往往甚至比形式上无偿的名誉职务的工作更便宜。”①

韦伯在分析中国与印度为什么没有发展起资本主义时指出：“关键的一点是西方文化所具有的特定的而且与众不同的唯理主义。”他说，追求盈利、赚钱、最大限度地赚钱，在那个文明社会都存在，但资本主义追逐利润是通过连续不断的、合理的和具有资本主义特征的经营手段来追逐不断更新的利润。韦伯的这种唯理主义以精确的计算为基础，以效率、效益为目的，在制度规则范围内进行活动，体现的是资本主义社会所要求的工具理性②。

第二，技术主义。韦伯特别看重组织中训练有素的专家，强调组织的技术合理性，要求精确、合理、可靠，推崇管理的职业化和专家化。

4.3 两难困境：韦伯对官僚制的分析

韦伯认为官僚制具有两面性。官僚制的行政管理具有精确、稳定、纪律严明、可靠和效率高的优点，“纯粹从技术上看可以达到最高的完善程度”，适用于国家、政党、军队等所有政治统治形式，是所有统治形式中最具合理性的行政管理制度。官僚制将成为普遍采用的行政管理制度，“人们只能在行政管理的‘官僚制化’和‘外行化’之间进行选择”③。

但官僚制也有其负面的作用。官僚制的工具理性、非人格化的倾向，极大地抑制了人的价值关切、情感需求和自由灵性，将行政官员塑造成无个性特征、无感情色彩、无创新能力的执行性的技术官员。官僚制发展得愈完备，它就愈是“脱离人性”，变成“没有精神的专家，不懂情感的享乐者”。而且，官僚制的技术专家治国倾向也妨碍了民主政治的发展。因此，“对韦伯来说，核心的问题（如果不是他关心的全部问题的话）是官僚制如何才能得到制约”④。

4.4 具有典范意义的理论：对韦伯官僚制理论的评价

当我们越过世纪之门，韦伯离我们已渐渐远去，但他的思想仍如一条富有的矿脉，值得我们去探寻、发掘和研究，恰当地评价韦伯思想，将有助于我们认识其丰富的思想资源。

4.4.1 扫除障碍：韦伯理论的政治意义

与资本主义社会工业化高速发展相适应，社会组织的变革和社会组织管理的变革

① 马克斯·韦伯：《经济与社会》下卷，林荣远译，商务印书馆，1997年，第296页。

② 马克斯·韦伯：《韦伯文集·文明的历史脚步》，黄宪起、张晓琳译，上海三联书店，1997年，第10页。

③ 马克斯·韦伯：《经济与社会》上卷，林荣远译，商务印书馆，1997年，第248页。

④ 戴维·赫尔德：《民主的模式》，燕继荣译，中央编译出版社，1998年，第211页。

势在必行。韦伯意识到了这一点。在韦伯看来，资本主义的发展需要有稳定、严格、精细、可靠的管理，而科层制组织恰恰是可以满足这种需要的组织形式。有人曾将英国的亚当·斯密与韦伯进行对比，两人分别为扫除各自国家资本主义发展道路中的障碍做出了巨大贡献。亚当·斯密的功绩在于摧毁了阻碍英国资本主义发展的重商主义改革，而韦伯的功绩则在于对旧传统以及阻碍经济发展的政治控制展开抨击，强调知识和技能进行管理的必要，因此把韦伯比做是德国的亚当·斯密是很有道理的。

4.4.2　建立范式：韦伯理论的学术意义

在韦伯之前，美国的威尔逊提出了“政治与行政二分”的原则，解决了行政学作为一门学科或一个科学门类是否可能的问题，这是行政学的前提性工作。“但是，对于一个学科来说，仅仅发现了这个学科存在的理论前提并不意味着这个学科就被建立了起来。在这个意义上，韦伯的工作就显得特别重要。因为，韦伯对官僚制的研究，使他的理论归宿集中到建立理想型的、合乎工具理性原则的合理-合法的官僚制组织形式上来，而这种官僚制组织与‘政治-行政二分’的前提结合到一起，就构成了行政学的基本方面，使行政学可以以一门学科的形式出现。所以，威尔逊、韦伯工作的成就在于创立了行政学这门学科。”威尔逊和韦伯关于行政学的理论，提出了对组织进行分析的理论框架，指出了组织研究的一个重要方向，构成了行政学的第一种理论范式①。

4.4.3　发展与完善：韦伯理论的现实意义

韦伯认为，官僚制是现代社会的产物，它的发展趋势是超越意识形态和政治制度的。资本主义在历史上创造了“对持久稳定的、严肃紧张的和可预计性的”官僚制的需要，“而任何合理的社会主义都不得不干脆把这种需要接受下来并使之得到进一步的提高”②。在韦伯看来，社会主义社会不但无法消除官僚制的国家官僚机器，反而由于要对生产进行调节，从而必须强化国家权力，使官僚组织更为庞大。

中国在 20 世纪 80 年代中期正式选择了以官僚制作为政府管理改革的基本模式，包括政府组织结构、组织管理，以及公务员制度等，除了“分设政务官和事务官、事务官实行政治中立”这一点外，中国接受了官僚制中几乎所有的理念和方法。以 1993 年中国政府颁布的《公务员暂行条例》为标志，中国政府官员管理体制进入了相对规范化的时期。

但是，中国政府在进行官僚制化的改革中，实际上面临了多重挑战。其一，现代中国的主流社会尚处在工业化的历史进程之中，因此，事实上不可能按照韦伯式的官僚制理论建立典型的、规范化的与工业文明相匹配的政府官僚体制。其二，中国有着无与伦比的官吏制度的历史传统，传统中的某些理念如组织中人格化关系和上下级的

---

① 张康之：《20 世纪行政学发展回顾》，《广东行政学院学报》，2002 年，第 3 期，第 20～22 页。

② 马克斯·韦伯：《经济与社会》上卷，林荣远译，商务印书馆，1997 年，第 249 页。

人身依附，与现代官僚制是格格不入的。其三，以官僚制理论为基础的公共行政模式在经历了近百年的辉煌之后，于 20 世纪 80 年代开始遭到普遍的质疑和批判。针对官僚制的批判主要包括价值和技术两个层面。价值层面，官僚制导致民主的萎缩和人的异化。技术层面，官僚制是一种缺乏学习能力的行政模式。因此，西方国家开始了一场改革传统官僚制模式的新公共管理运动。20 世纪 90 年代中期以后，新公共管理运动的理念进入中国，引起了人们的普遍关注并被应用。中国政府的改革面临来自传统和后现代的双重挑战。中国政府既需要紧跟国家工业化的进程而建立规范的官僚制度，又需要跟上世界主流社会的发展进步，改革建设中的官僚制度，这对中国政府无疑是一个重大的挑战。

如何应对这项挑战，关键要明确中国政府改革与西方政府改革各自所要解决的主要问题是什么，如果说西方发达国家主要的问题是僵化、缺乏创新和学习能力，我们的主要问题则是腐败、行为不规范和效率低下。前者出现的背景是过度官僚化与迅速变化的环境之间的冲突，以及“后物质社会”与官僚制之间的价值冲突；后者的原因则包括政府权力过大、民主化程度较低、规章制度不健全、缺乏法理型文化、缺乏成就取向等职业精神、激励机制不健全等，是官僚化程度不足引起的。因此，中国目前行政改革的迫切要求不是抛弃官僚制，而是继续完善官僚制，并在官僚内部对官僚制进行完善。

➢本章提要

1. 对科学认知的提倡、对专业技能的推崇、对标准化管理的迷恋以及对功能效率的不懈追求，是古典管理理论时期的时代精神，这种精神在行政管理领域的体现就是官僚制。

2. 韦伯阐述了官僚制，并认为官僚制是现代社会组织管理的必然趋势，但他同时分析了官僚制缺陷，提示了现代西方政治结构的两难处境。

3. 韦伯官僚制理论在政治、学术上的意义，尤其是其现实意义值得我们重视、思考并分析。

➢本章主要参考文献

克雷纳 S. 2003. 管理百年．邱琼，钟秀斌，陈遊芳译．海口：海南出版社．
雷恩 D. 2000. 管理思想的演变．赵睿等译．北京：中国社会科学出版社．
任爽，石庆环．2001. 科举制度与公务员制度：中西官僚政治比较研究．北京：商务印书馆．
桑玉成．2002. 管理思想史．上海：上海教育出版社．
韦伯 M. 1997a. 经济与社会．林荣远译．北京：商务印书馆．
韦伯 M. 1997b. 韦伯文集：文明的历史脚步．黄宪起，张晓琳译．上海：上海三联书店．
韦伯 M. 1999. 学术与政治．冯克利译．北京：生活・读书・新知三联书店．
韦伯 M. 2002. 马克斯・韦伯传．阎克文译．南京：江苏人民出版社．
魏峰．2003. 韦伯传．北京：中国广播电视出版社．

➢思考讨论题

1. 简述韦伯的官僚制理论的主要内容。
2. 分析官僚制与官僚主义的关系。
3. 韦伯的官僚制理论对中国的政府改革有何现实意义？

第二篇 研究人的学说：行为科学理论的形成和发展

古典管理理论，一方面因为顺应了当时的经济、社会发展和管理实践的需要，所以，有力地促进了当时生产力的发展和社会的进步；另一方面，因为它所解决的不仅是特殊时代的管理问题，而且是任何时代都必须面对的管理问题，所以，它对以后管理理论和管理实践的发展也产生了深远的影响，其中的许多原理和做法至今仍被许多国家或地区的各类社会组织所采用。当代西方有些管理学者甚至还提出了“回到泰勒去”的口号，表示要对古典管理理论重新进行深入研究。尽管如此，随着社会的发展，经营和管理实践提出了大量的和人有关的新的实践问题，对这些和人有关的新的实践问题，古典管理理论虽然有所涉及，但是涉及得非常少。面对时代发展所提出的新的管理实践问题，人们开始了新的探索。行为科学的理论就是这种新的探索的综合成果。

行为科学这个名称产生于20世纪50年代的美国。行为科学的原文，有复数和单数两种用法。

复数的行为科学（behavioral sciences）是指一个学科群。按照美国管理百科全书的定义，“行为科学是运用自然科学的实验和观察方法，研究在自然和社会环境中人的行为以及低级动物的行为的科学，已经确认的学科包括心理学、人类学、社会学以及其他相关学科中类似的观点和方法”。这个定义就是把行为科学看做包括心理学、社会学、人类学在内的学科群。这是对行为科学的广义理解。单数的行为科学（behavioral science）是指作为管理科学中的一门学科。通常所说的行为科学多数是指狭义的行为科学。这种对行为科学的狭义理解伴随着一段历史：自1927年至1932年，美国工业心理学家梅奥专门研究企业中的人的因素，并建立了人群关系学派；随着这一学派的产生和发展，行为科学也就产生和发展了。正式采用“行为科学”

这个名词，是在1949年美国芝加哥大学的一次跨学科的科学会议上。在这个会议上，人们讨论了有无可能用现成的科学知识来发展关于行为的一般性规律的理论。会议肯定了这种可能性。但是，当讨论这门综合性学科的名称时，有人主张沿用社会科学的名称。由于担心美国国会中的保守派议员和基金会人士可能将社会科学联想为社会主义，所以最后决定采用行为科学这个名称。后来，福特基金会于1953年邀请了一些大学的著名学者讨论决定后，才把名称定为“行为科学”。1956年，《行为科学月刊》在美国正式发行。从此，企业管理中研究人群关系的心理学家、社会学家等都统称为行为科学家。换言之，这里的行为科学，是指应用心理学、社会学、人类学及其他相关学科的成果，来研究管理过程中人的行为和人与人之间关系规律的一门科学。

第5章

从实验中发现人：行为科学的创立

行为科学理论是伴随资本主义矛盾的加剧应运而生的。泰勒等创立的科学管理理论忽视了人的因素，其有效性受到质疑。一些经济管理学者尝试将社会学和心理学等引进企业管理的领域，提出用调节人际关系、改善劳动条件、注重人的内在因素等办法来提高劳动生产率。

5.1 早期探索：工业心理学的兴起

追根究底，行为科学理论的发展历程同20世纪初科学管理理论和工业心理学密切相关。科学管理理论指导下的管理实践并没有如泰勒所希望的那样有效地缓和劳资矛盾，劳资双方的对立明显地影响了生产效率。面对这样的管理实践问题，20世纪初，一些管理学家运用心理学原理来研究工业领域中人的心理和人的行为的规律，并建立起工业心理学。新兴学科的建立对管理学的发展起了相当大的推动作用。

尽管心理学在泰勒制出现之前，就是一门早已存在的科学，但是，把这门学问直接应用到工业生产领域，研究如何适应和转变工人的心理、激发工人的干劲，以提高生产效率，则开始于20世纪初期，其创始人是胡戈·蒙斯特伯格（Hugo Munsterberg，1863—1916年）。

胡戈·蒙斯特伯格，心理学家和工业心理学家，工业心理学的创始人之一。他出生于德国，后来移居美国，受聘于哈佛大学任心理学教授。在哈佛大学，他建立了心理学实验室，并以之作为工业心理学研究活动的基地。他的研究要点是发现人们的心理素质，在此基础上再考虑把他们安置在最适合于他们的工作岗位上。同时，研究在什么心理条件下，才能从每个工人那里得到最大的、最令人满意的产量。此外，他还考虑如何使人们的情绪能产生有利于工作的最大影响。

从1910年起，他和他的学生开始研究怎样把心理学应用到工业中去，并把研究成果整理成《心理学与经济生活》一书。1913年，这本书被译成《心理学与工业效率》。书中强烈要求加强管理的科学性，特别呼吁应更好地将心理学成果理解和应用于工业效率中。他在书中说，首先我们要问，如何才能找到那些心理品质十分适合去做工作的人；其次我们要问，在什么样的心理条件下，我们才能从每一个人那里获得最大的、最令人满意的产量；最后我们要问的是，怎样才能使人的头脑中十分完满地获得实业利益所希望具有的影响。换句话说，我们要问的是如何去找出最合适的工作，以及如何保证获得最佳的效果①。

概而言之，该书包括三个方面的内容：一是最合适的人。这是要研究工作对人们的要求，识别最适合从事某种工作的人，用心理学的实验方法在人事选择、职业指导和工作安排方面做出贡献。二是最合适的工作。即指有了合适的工人，还必须有合适的工作方法和手段才能有助于提高工作效率，学习和训练是最经济的手段和方法，物理和社会因素对工作有较强的影响。三是最理想的效果。这是要研究工人处于什么心理状态才能生产出最大、最满意的产量，或者说一个企业应当用什么样的方法影响工人，才能从他们那里取得最好的结果。

胡戈·蒙斯特伯格还认为，心理学在工业中的作用应该是：帮助发现最适合于某项工作的工人；决定在什么样的心理状态下，每个人才能达到最高产量；在人的思想中形成有利于管理效率的影响。

胡戈·蒙斯特伯格的呼吁和所做的大量工作，不仅在德国和美国，而且也在其他地方引起了人们对工业心理学的巨大兴趣，许多工业人士来到哈佛大学找他进行咨询。在第一次世界大战时期，几乎每一个交战国都应用他的心理学方法来挑选和训练军队，他的影响因此而变得更大。

心理学在工业中的应用产生了工业应用心理学。在这一时期，相继又有一些心理学家根据人的个性差异，对职工的选拔、使用和培训等问题进行研究，逐步形成了“人事心理学”。还有一些心理学家从事设计适合人的生理与心理实际需要的机器、工具设备和工作环境、工作程序，以减轻人的疲劳程度，防止意外事故的发生，使劳动合理化和生产高效化，从而形成了“工程心理学”。

工业心理学的早期阶段，仅限于工业个体心理学的研究。研究者们所考虑的面比较窄，还缺乏社会心理学与人类学的观点和依据。梅奥和霍桑实验以后，才开始了工业社会心理学的研究，这大大地拓宽了行为科学研究的深度与广度。

5.2 学科创建：行为科学基础理论的形成

工业心理学虽然把心理学引入了工业生产领域，并因此而成为了行为科学的先驱。但是，由于当时的工业心理学仅限于对工业组织中的个体心理进行研究，没有注意到社会环境、人际关系、组织机构等对人的影响，因此，工业心理学也只能算是行为科学的早期探索。直到霍桑实验，才开始了工业社会心理学的研究，并创立了行为科学

① 郭咸纲：《西方管理思想史》，经济管理出版社，2002年，第197页。

的基础理论。霍桑实验进一步把心理学、社会心理学、人类学等多种学科结合起来，对企业中人们的心理和行为进行综合探索、试验和解释。在这个实验的基础上，梅奥等的论著创立了行为科学的基础理论，由此吸引了大量的西方经济管理学者，从而推动了行为科学的发展。在一定程度上，行为科学之所以成为今天根深叶茂的学科，得益于梅奥以及霍桑实验对人性的探索。

5.2.1　推开了另一扇门：霍桑实验

1. 最初的霍桑实验

在相当长的时期，管理的理论工作者与实践工作者认为，物质工作环境和工人的健康状况与生产效率存在着明确的因果关系。物质工作环境包括正常的通风条件、温度、照明等，在这样理想的环境中工作，加上刺激性的工资制度，就能激励职工的生产积极性。工人的健康状况，合理的休息时间，工作日、工作周的长度，也有利于工作效率的提高。沿着这一指导思想，1924 年，美国科学院的全国科学研究委员会决定，在西方电气公司的霍桑工厂进行研究。

20 世纪 20 年代，位于芝加哥市西部的霍桑工厂，主要从事电话、电报设备的制造，厂内有 25 000 名工人。这个厂当时有较完善的娱乐设施、医疗制度和养老金制度等，但是，工人中仍有愤愤不平的情绪，生产业绩也不够理想。

第一，照明度实验。到底是什么原因使得生产效率提不高呢？有人认为是因为照明问题。为此，在 1924 年，美国科学院组织了一个包括各方面的专家在内的研究小组，对该厂的工作条件和生产效率的关系进行了全面的考察和多种试验，其中一个主要的实验叫“照明度实验”（这项工作在 1924 年 11 月到 1927 年 4 月期间进行），这就是霍桑实验的先导。

实验开始时，研究小组设想，增加照明会使产量提高。实验在被挑选的两组绕线工人中间进行，一组是实验组，一组是对照组。在实验的过程中，实验组不断地增加照明的强度，如将实验组的照明从 24 支到 46 支，再到 76 支烛光逐渐增加，而对照组的照明度始终保持不变。

根据预想，增加照明度，产量就会上升，实验组的产量果然上去了。可是出现了意想不到的情况，对照组虽然照明度未变，然而，产量也上去了。后来，他们又采取了相反的措施，逐渐降低实验组的照明强度。按照研究小组的设想，实验组的效率必然会下降。但是，实验结果表明，尽管其照明度一再降低，从 10 支到 3 支，一直降到 0.06 支烛光，但产量并没有显著下降。

据研究人员在这次实验结果的报告中说，这次实验的结果是两组的产量均大大增加了，而且增加量几乎相等，两组的效率也几乎没有多大差异，即使有一些微小的差异也是在许可的误差范围之内。因此，我们无法确定改善照明对于工作的效率有什么积极的影响。

对这次实验结果的分析是：

首先，工作场所的灯光照明只是影响生产的一种因素，而且是一种不太重要的因素。

其次，由于涉及的因素太多，一时难以控制，而且其中任何一种因素的变化都可能影响实验的结果，所以照明对产量的影响是无法测定出来的。

第二，福利实验。研究小组对上述研究结果感到茫然。为此，他们又进行了福利实验。福利实验的目的是确定改善福利条件与工作时间等其他条件对生产的影响。在实验中，逐步增加一些福利措施，如让工人可以提前下班、延长工间休息时间、免费供应点心等措施。研究小组设想这些福利措施会刺激工人生产的积极性。两个月实验证明，实验组工人的产量的确提高了。于是他们又设想随着福利条件的取消，产量将会下降，而实验的结果与研究小组的最初设想正相反，产量不仅没有下降，而且继续上升。这说明，福利条件的变化并不是影响生产的决定性因素。

研究小组对于上述研究结果感到茫然。到 1927 年 4 月，实验已经持续了近三年，仍无结果，为此，参加实验的人都想放弃实验了。

这家公司的一位检查部主任潘诺克对当时的实验结果进行了推测，认为产量的增加有可能是由于工人被实验所鼓动起来的一种工作热情所致。从 1927 年年末到 1928 年年冬，潘诺克参加了美国哈佛大学教授梅奥举办的人事经理报告会，在报告会上，潘诺克把自己的想法告诉了梅奥，并当场邀请梅奥参加霍桑实验。梅奥接受了潘诺克的邀请，并组织了一批哈佛大学的教授会同电器公司的人员成立了一个新的研究小组，于是，霍桑实验第二阶段的研究便开始了。

2. 梅奥在霍桑工厂进行的实验

乔治·埃尔顿·梅奥（George Elton Mayo，1880—1949 年），澳大利亚人，1899 年于阿得雷德大学取得逻辑学和哲学硕士学位。之后，曾在澳大利亚的昆士兰大学讲授逻辑学和哲学。不久，又在苏格兰的爱丁堡研究医学，并任研究精神病理学的副研究员。由于洛克菲勒基金会的一笔资金的资助，梅奥移居美国，并在宾夕法尼亚大学华顿财贸学院从事教学工作。1926 年，他任哈佛大学工商管理研究院工业研究室的副教授，之后一直在哈佛大学工作直到退休。

梅奥在哈佛大学任职期间，发起并领导了一系列科研项目，其中最著名的就是他对芝加哥的西方电气公司霍桑工厂进行的为期五年的调研，亦即霍桑实验。

梅奥来到了霍桑工厂，对全国科学研究委员会实验（那时还没有完成）的初步结果很感兴趣。他敏锐地指出，解释霍桑实验秘密的关键因素是“小组精神状态的一种巨大变化”。他认为，在实验室中的工人成为社会单位，他们对受到实验者愈来愈多的关心感到非常高兴，这样就使得被实验者有一种参与实验的感觉，这是一个重要的影响实验结果的原因。

新的研究小组首先对前期的实验结果重新进行了检讨，并做出新的假设：①在实验中，改进物质条件和工作方法，可以导致产量增加；②安排工间休息和缩短工作日，可以解除或减轻疲劳；③工间休息可以减少工作的单调性；④个人计件工资制可以促进产量的增加；⑤管理方法的改变可以改善人际关系，使得工人的工作态度得到改进，从而促进产量的提高。

然后，实验人员对这五个假设逐个进行检验，其结果是：

第一个假设被否定了。因为，曾经有意识地使生产场所的物质条件恶化（如减弱照明度），而产量仍然在增加。

第二个假设也不成立。因为，即使有意识地取消一切优惠，如缩短休息日、工作日的长度，产量还是继续增长。

第三个假设也被否定了。因为，单调只能看成是一种心理状态，不能作为估算产量的依据。在增加休息的实验中，工人的态度确实改变了，但这可能是因为被挑选参加实验，他们感觉到自己受到了重视和关注。即使如此，也不能因此而得出结论，说它是使产量增加的唯一原因。

第四个假设是要认真对待的。为此，他们选择了继电器和云母片剥离两个小组进行实验。

第一，装配实验。继电器小组由 5 个有经验的女工组成，实验以前实行的集体计件工资制，实验时改为个人计件工资制，工人产量连续上升，最后稳定在原来产量的 112.6%的水平上。9 个月以后，又恢复到先前的集体工资制的水平上。实验进行到第 7 个星期，小组的产量下降到实验前的 96.2%。而云母片剥离小组的工资制度没有改变，唯一变化的是工作场所被安排在一间特别的观察室中。在实验期间（连续的 14 个月），小组产量比实验前平均提高了 15%，超过了继电器装配小组的最高产量。

由此，研究小组得出结论：工资制度的变化与产量的提高并无直接的关系。

究竟是什么原因导致了产量的增加呢？研究人员认为，是管理方式的改变，带来了士气的提高和人际关系的改善所引起的。

在实验的过程中，工人的劳动从生产现场转移到特殊的实验室中去进行，由实验人员（研究人员）担任管理者，为她们创造了一个更为自由的工作环境。这些管理者改变了传统严格的命令和控制方法，就各种项目的实验向工人提出建议，征询意见。工人的意见被予以倾听，工人的身体状况和精神状况成为研究人员极为关心的事。这种可以自由地发表意见、得到关心的工作环境使得工人感觉到自己受到了重视，士气和工作态度也随之改进，从而促进了产量的变化，这个结论正好支持了前面提出的第五个假设。研究人员认为，不是工资，而是改进了的管理、改进了的士气和改进了的人际关系，导致了两个实验小组的产量增加。

第二，访谈实验。既然实验表明管理方式与职工的士气和劳动生产率有密切的关系，那么，就应该了解职工对现有的管理方式有什么意见，为改进管理方式提供依据。于是，梅奥等制订了一个征询职工意见的访谈计划，在 1928 年到 1931 年不到两年的时间内，研究人员与工厂中的两万名左右的职工进行了访谈。

在访谈中研究人员选择了一些特别规定的问题，主要是希望职工对管理当局的一些规划、管理的政策和工作的条件发表自己的意见。然而，在执行计划的过程中，职工对这些问题根本不感兴趣，而对那些提纲以外的问题倒是大发意见。显然，工人认为重要的事与企业或研究人员的想法不一致。于是，研究小组的人员就对访谈的计划做了调整，每次访谈前，谈话的内容和方式不作任何规定，访谈者的任务就是让工人多讲话，即工人可以就任何一个问题自由地发表一番言论。工人们在这种宽松的环境中无所不谈，为可以发泄心中的闷气感到高兴。这次谈话实验收到了意想不到的效果，霍桑工厂的产量大幅上升。虽然工作条件或劳动报酬实际上并没有改变，但是，工人普遍地认为自己的处境比以前好了，感到心情舒畅，从而大幅度地提高了产量。

在访谈计划的执行过程中，研究人员对工人在交谈中的怨言进行分析，发现引起他们不满的事实与他们所埋怨的事实并不是一回事，工人在表述自己的不满与隐藏在心理深层的不满情绪并不一致。例如，有位工人表现出对计件工资率过低不满意，但是，深入地了解以后发现，这位工人是在为支付妻子的医药费而担心。根据这些分析，研究人员认识到，工人因为关心自己的个人问题而会影响到工作的效率，所以，管理人员应该了解工人的这些问题，为此，需要对管理人员，特别是要对基层的管理人员进行训练，使他们成为能够倾听并理解工人的访谈者，能够重视人的因素，在与工人相处时更为热情、更为关心他们，这样才能促进人际关系的改善和职工士气的提高。

第三，群体实验。这是一项关于工人群体的实验，其目的是要证实在以上的实验中研究人员感觉到的工人中所存在的一种非正式的组织，而且这种非正式的组织对工人的态度有着极其重要的影响。

实验者为了系统地观察在实验群体中的工人之间的相互影响，在车间中挑选了 14 名男职工，其中有 9 名是绕线工，3 名是焊接工，2 名是检验工，让他们在一个单独的房间内工作。

实验开始时，研究人员向工人说明，他们可以尽力地工作，因为在这里实行的是计件工资制。研究人员原以为，实行了这一套办法会使得职工更为努力地工作（这个小组一向根据小组集体产量计算工资），然而，结果却是出乎意料的。事实上，工人实际完成的产量只是保持在中等水平上，而且每个工人的日产量都是差不多的。

根据动作和时间分析的理论，每个工人应该完成的标准定额为 7 312 个焊接点，但是，工人每天只完成了 6 000～6 600 个焊接点就不干了，即使离下班还有较为宽裕的时间，他们也自行停工不干了。这是什么原因呢？研究者通过观察，了解到工人们自动限制产量的理由是：如果他们过分努力地工作，就可能造成其他同伴的失业，或者工厂会制定出更高的生产定额来。研究者为了了解他们之间能力的差别，还对实验组的每个人进行了灵敏度和智力测验，发现 3 名生产最慢的绕线工在灵敏度的测验中得分是最高的。其中 1 名最慢的工人在智力测验上排行第一，灵敏度测验排行第三。测验的结果和实际产量之间的这种关系使得研究者联想到群体对这些工人的重要性。1 名工人可以因为提高他的产量而得到小组工资总额中的较大的份额，而且减少失业的可能性，然而这些物质上的报酬却会带来群体非难的惩罚，因此，他们每天只要完成群体认可的工作量就可以相安无事了。

研究者通过观察发现，即使在一些小的事情上也能发现工人之间有着不同的派别。绕线工最近就一个窗户的开关问题常常发生争论，从争论者获得的支持就可以看出他们之间不同的派别。工人之间有时会相互交换自己的工作，或者彼此之间相互帮忙，虽然这是有违工厂规定的，但是，这种行为却大大地增进了他们的友谊，当然，这种行为有时也造成了他们之间的怨恨。谁喜欢谁，都可以因此表现出来。在该项实验中，研究人员发现他们是两个派别，如图 5.1 所示。

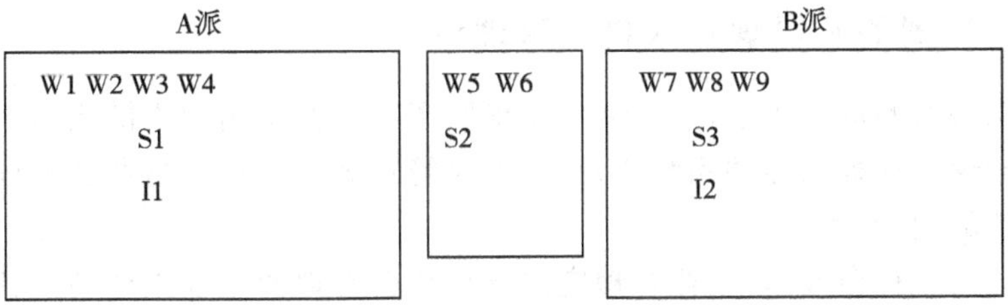

W1～W9 代表 9 名绕线工；S1～S3 代表 3 名焊接工；
I1、I2 代表 2 名检验工

图 5.1　群体实验工人分布图

研究人员通过观察得出了以下几点结论：①他们之间的派系，并非因工作不同而形成的，如 A 派包括 4 名绕线工，同时还有 1 名焊工和 1 名检验工。②派系的形成多少受到工作位置的影响，如 A 派的几位工人均在工作室前端，而 B 派则在后端。③实验组的成员中也有人不属于任何一派，如 W5、W6 和 S2。④每一个派系，都自以为比别的派系好。例如，A 派的工人没有互相交换工作的，也不像 B 派那样常常喜欢比手劲，因为他们自认为优于 B 派；而 B 派的工人很少互相辩论，也很少赌输赢，因为他们也自认为优于 A 派。每个派系均有一套他们自己的行为规范。

在观察他们各自在履行自己所订立的行为规范时，研究人员发现，有的规范与限制产量有关，有的则牵扯到个人的品德。就规范对个人行为的影响来说，主要有以下几点：①谁也不能干得太多或太少，以免影响大家；②谁也不准向管理当局告密，做有害于同伴的事；③任何人都不得远离大家，孤芳自赏，也不得打官腔、找麻烦，即使你是检查员，也不能像一位检查员；④任何人不得在大家中间唠叨或自吹自擂、自以为是，一心想领导大家。

这些规范主要是通过如挖苦、嘲笑以及排斥于社会活动之外等一些社会的制裁方法来维护的。如果有谁违反这些规则，就会受到群体的制裁，轻则侮辱、谩骂，重则拳打脚踢。小组中最受欢迎的人就是那些严格遵守群体规范的人，小组中最令人厌恶的人，就是那些违背群体规范的人。私下告密在群体中是非常严重的罪过。

研究者认为，这种自然形成的非正式组织（群体），对工人起着两种作用：它保护其成员免于遭受内部成员不当行为的伤害，如生产冒尖或生产落后；它保护其成员免受管理阶层的外来干预，如提高产量标准或降低工资率等。这种非正式的组织一般都存在着自然形成的领袖人物。至于它形成的原因，并不完全取决于经济的发展，主要是与更大的社会组织相联系的。

霍桑实验一直进行到 1932 年方告结束。最后得出了如下结论：①物质工作环境的变化与生产效率之间并不存在直接的因果关系；②休息时间、工作日记、工作周的长短以及工资的支付方式等都不是影响生产的第一要素；③改善劳动者的士气（态度）与人际关系，使人们心情愉快地工作并对自己的工作感到满足，这才是增加生产、影响工效的决定性因素；④正式组织内部存在着自发形成的非正式群体，非正式群体有其特殊的行为规范，影响群体成员的行为。

5.2.2 梅奥的新发现：人群关系理论

梅奥在霍桑实验的基础上，于1933年出版了《工业文明中人的问题》一书，提出了人群关系理论（亦称人际关系学说）。与古典管理理论相比，梅奥的人群关系理论提出了以下崭新的观点：

第一，人是“社会人”，企业管理应注意从社会心理的角度来调动人的积极性。传统的科学管理理论把人看做是“经济人”，认为金钱与物质刺激是调动人的积极性的唯一的动力。企业家以“经济人”的身份追求最大利润，工人则以“经济人”的身份追求最高的工资。霍桑实验则证明了人是“社会人”。影响人的生产积极性的因素，除了物质利益之外，还有社会心理的因素。每一个人都有自己的特点，个体的观点和个性都会影响个人对上级命令的反应和工作的表现。因此，企业的管理者应该把职工当做不同的个体来看待，当做“社会人”来对待，而不应将其视作无差别的“机器”或“机器”的一部分。

第二，生产效率主要取决于人的工作态度和企业内部的人际关系。传统的科学管理理论认为，生产效率纯粹受工作方法和工作条件的制约。因而，在管理上，只强调实行工作方法的科学化、劳动组织的专业化、作业程序的标准化。总之，传统管理是以“事”为中心的管理。而霍桑实验证明，生产效率主要取决于职工的积极性。职工积极性的提高又取决于职工的工作情绪、态度与士气，以及企业内部的人际关系。

第三，企业组织内部存在着“非正式组织”，它们对职工的行为产生了不可忽视的影响。非正式组织是与正式组织相对而言的。所谓正式组织是指为了有效地实现企业目标，随企业成员的职位、责任、权力及其相互的关系进行明确划分而形成的组织体系。传统的科学管理理论只注重发挥诸如组织机构、职权划分、规章制度等“正式组织”的作用。霍桑实验发现，工人在企业内部共同劳动的过程中，必然会发生一些工作以外的联系，这种联系会加深他们之间的相互了解，从而能形成某种共识，建立起一定程度的感情，逐渐发展成为一种相对稳定的非正式组织。这种无形的非正规群体，有特殊的感情、规范和态度倾向，对于成员的行为起着十分重要的影响。不管承认与否，梅奥等认为，非正式组织都是存在的。它与正式组织相互依存，而且会通过影响工人的工作态度来影响企业的生产效率和目标的达成。因此，管理人员应该正视这种非正式组织的存在，利用非正式组织为正式组织的活动和目标服务。

第四，新型的领导能力在于提高职工的满足程度。传统的科学管理理论认为，生产效率主要取决于作业方法、工作条件和工资制度。因此，只要采用恰当的工资制度、改善工作条件、制定科学的作业方法，就可以提高工人的劳动生产率。而霍桑实验却发现了不同的结论。梅奥等认为，生产效率的高低主要取决于工人的士气，而工人的士气则取决于他们感受到各种需要的满足程度。在这些需要中，金钱与物质方面的需要只占很少的一部分，更多地是获取友谊、得到尊重或保证安全等方面的社会需要。因此，要提高生产率，就要提高职工的士气，而提高职工士气就要努力提高职工的满足程度。所以，新型的管理人员应该认真地分析职工的需要，不仅解决工人生产技术或物质生活方面的问题，还要掌握他们的心理状态，了解他们的思想情绪，以便采取相应的措施，如工人参与管理、倾听职工的意见、沟通人际关系、改善工人对公司的态度等。只有这样，才能适时、充分地激励工人，达到提高劳动生产率的目的。

5.2.3 初创学科：作为管理理论的行为科学问世

霍桑实验的结论以及由此总结出来的人群关系理论，第一次正式将社会学和心理学引入到企业管理中来，因而有力地冲击了传统的管理理论，使管理者认识到他们的下属是一些有思想、有情感的活生生的人，而所谓的组织、群体，就是由这些具有不同心理特征的人所组成的。因此，作为一个管理者或领导者，不仅必须具有组织、控制整个企业经营事业的能力，还必须具备满足职工社会与心理需求，激发职工积极性和创造性的能力，以及控制或操纵整个群体的能力。显然，人群关系理论的出现，使得企业管理开始注重人的因素的研究。管理者们认识到人和物比较起来，人是企业的主体，只有充分发挥人的主动作用，才能充分发挥现代技术的作用。这种观念使得企业管理的手段由原来只重机器、设备等物的作用逐步转变为更加重视人的作用。

在一定的意义上，我们可以说，霍桑实验和人群关系理论开创了企业管理中研究职工的需要、动机、行为激励、群体心理和领导行为的新方向。随着时间的推移，其影响也逐步扩大。一些大学开始设立相应的课程，人群关系学说及其观点也因此逐步地被引入到了企业。1948 年，美国成立了全国性的工业关系研究会。1949 年，该学科被定名为行为科学以后，福特基金会成立了行为科学部，次年建立了行为科学高级研究中心，并在 1953 年拨款委托哈佛大学、斯坦福大学等高等学府从事行为科学的研究。之后，洛克菲勒基金会、卡耐基基金会也相继拨款支持行为科学的研究，1956 年，美国出版了第一期《行为科学》杂志。

自此以后，许多管理学家、社会学家和心理学家从行为的特点、行为和环境、行为的过程以及行为的原因等多种角度开展了对人的行为的研究，形成了一系列的理论，使行为科学成为现代西方管理理论的一个重要流派。在某种意义上，我们可以说，行为科学是以人群关系理论为基础和开端而形成的一门管理科学。

➢本章提要

1. 行为科学这个名称产生于 20 世纪 50 年代的美国。行为科学的原文，有复数和单数两种用法。复数的行为科学是指一个学科群，包括心理学、社会学、人类学等学科。这是对行为科学的广义理解。单数的行为科学是指作为管理科学中的一门学科，是指应用心理学、社会学、人类学及其他相关学科的成果，来研究管理过程中人的行为和人与人之间关系规律的一门科学。

2. 行为科学的早期发展，除了和当时的科学管理理论相关外，同工业心理学的兴起也是分不开的。

3. 霍桑实验后，才开始了工业社会心理学的研究，为行为科学的诞生奠定了实验和理论基础。

4. 霍桑实验的结论以及由此总结出来的人群关系理论，第一次正式将社会学和心理学引入到企业管理中来，因而有力地冲击了传统的管理理论，并促成了行为科学的诞生。

➢本章主要参考文献

孔茨 H，韦里克 H. 1993. 管理学 . 第 9 版 . 郝国华，金慰祖，葛昌权等译 . 北京：经济科学出版社 .
罗宾斯 S P，库尔特 M. 1997. 管理学 . 第 4 版 . 孙健敏，黄卫伟译 . 北京：中国人民大学出版社 .
乔治 Jr K. 1985. 管理思想史 . 孙耀君译 . 北京：商务印书馆 .
泰森 S，杰克逊 T. 1997. 组织行为学 . 高筱苏译 . 北京：中信出版社 .
吴玉 . 1987. 管理行为的调查与量度——行为科学的研究方法 . 北京：中国经济出版社 .

➢思考讨论题

1. 行为科学与古典科学管理及心理学是什么关系？
2. 试述霍桑实验的基本过程及其启示。
3. 试述人群关系学派的主要观点及其意义。

第6章

激励人工作的学说： 行为科学的发展

从逻辑的角度来说，行为科学是指利用许多学科的知识来研究人类行为的产生、发展、变化的规律，以预测、控制和引导人的行为，达到充分发挥、调动人的积极性的目的的科学知识的总和。由于人的行为都是发生在一定的组织和群体中，在一定主管人员的领导和控制下表现出来的，因此它不仅与个体的心理特征有关，还与群体、组织环境和管理人员的领导方式有关。从历史的角度来说，在西方，对人的行为的研究也就是关于上述各方面（归纳起来可分为个体行为研究、群体与组织行为研究和领导行为研究三个方面）的研究。由于人本身是很复杂的，而且研究的角度也很多，所以，对人性的各个层面、各个角度进行研究自然就会形成不同的观点。行为科学研究事实上也形成了许多流派，各个流派研究的侧重点是不相同的。尽管如此，从其研究的偏向来看，我们仍然可以将其归纳为个体行为研究、群体与组织行为研究和领导行为研究三个部分。当然，这样划分只是为了叙述的方便。下面，我们就按照这个思路对行为科学的管理思想进行介绍。

6.1 动机激励：关于个体行为研究的理论

作为一名管理者，必须了解员工为什么而工作？同样一个员工，为何有时工作积极肯干、干劲冲天；有时心灰意冷，甚至消极怠工？不同的员工，在同样的条件下，为什么有的员工感到满意并积极肯干，有的员工却不满并消极应付？在什么样的条件下，可以保持员工的积极性，又在什么样的条件下，可以转变员工的消极态度？要解释这些现象或回答这些问题，我们就必须撇开行为的具体社会历史性和个人性特征，从人的行为的一般或抽象特征出发去寻找产生这些行为的原因。心理学的研究成果表明，动机是导致人的行为的直接原因，是引起某种行为、维持该行为并将该行为导向一定目标的心理倾向或动力。所以，要思考上述问题，就不得不深入思考人的动机的心理过程。又因为需要是动机产生的基础或内在条件，所以，在管理学领域，自行为科学产生以后，学者们便应用心理学和相关学科的知识去探讨如何满足人的需要，激发人的动机等个体行为的问题。

6.1.1 人性与需求：马斯洛的需要层次理论

研究个体行为的理论，我们不得不首先提到美国著名人本主义心理学家马斯洛的需要层次理论。因为，在他以前，虽然人群关系学派已经对人的需要进行了研究，但是，其成果还远远没有达到系统化和理论化的水平，而正是马斯洛从心理学的角度研究了心理过程中的诸多要素，得出人的需要是引发人的行为的源泉的结论，并将这个结论系统化和理论化。

亚伯拉罕·马斯洛（Abraham H. Maslow，1908—1970 年），1934 年在威斯康星大学取得心理学博士学位，并在该校任教五年，之后迁往纽约，在哥伦比亚大学和布鲁克林学院任教。1951 年任布兰代斯大学心理系教授兼系主任。他是一位著名的心理学家，在心理学方面发表了许多文章，他在管理学上的主要贡献是进一步发展了亨利·默里在 1938 年把人的需要分为 20 种的分析研究，提出了人类的基本需要等级论，即需要层次论。1943 年出版的《人类的动机理论》是他在这方面的代表作，其基本论点如下：

（1）每一个人内部都存在以下五种需要层次。马斯洛对人类纷繁复杂的需要进行了高度的概括和总结，认为每个人都有一套需要系统和层次。按照由低到高的顺序，人的基本需要包括五种需要层次，即生理需要、安全需要、社交需要、尊重需要和自我实现的需要。

第一，生理需要。这是人类最原始的、最基本的维持个体生存的物质性需要，包括饥、渴、性和其他生理机能的需要。这些需要如不能得到满足，人类的生存就成了问题。从这个意义上说，它是推动人们行动的最强大的动力。正如马斯洛本人所解释的，如果一个人所有的需要都不能得到满足，这个人就会被生理需要所支配，而其他需要都要退到隐蔽的地位。对于一个处于极端饥饿状态的人来说，除了食物，没有别的兴趣，在这种极端情况下，写诗的愿望、获得一辆汽车的愿望、对美国历史的兴趣、对一双新鞋的需要，则统统被忘记或被逼到第二位，这个人做梦也会梦见食物，看见的只是食物，渴望的只是食物，充饥成为独一无二的目标。在这一级需要没有得到满足前，下面提到的各级更高的需要就不会发挥作用。只有当生理需要得到相对满足时，人们的注意力才会集中到高一层次的需要上去。

第二，安全需要。这是寻求依赖和保护，避免危险和灾难，维持自我生存的各种需要，包括人生健康与安全、生活稳定、社会秩序与治安、防止工伤事故和有伤害的威胁、资方的无理解雇、生病或养老、储蓄和各种形式的保险等。当一个人的生理需要得到满足后，就想满足安全的需要。要求摆脱失业的威胁，要求在将来年老或生病时有些保障，要求避免职业病的侵袭，希望解除严酷监督的威胁，等等。马斯洛认为，整个有机体是一个追求安全的机制，人的感受器、效应器、智能和其他能量主要是寻求安全的工具，可以把科学和人生观总的看成是安全需要的动机的一部分。

第三，社交需要。社交需要也称爱与归属的需要。所谓爱的需要，即人都希望伙伴之间、同事之间的关系融洽或保持友谊和忠诚，都希望得到爱情，都希望爱别人，也渴望接受别人的爱；所谓归属的需要，即人都有一种要求归属于一个集团或群体的感情，希望成为其中的一员并得到相互关心和照顾。马斯洛认为，当生理与安全需要获得保障之后，人类便会产生更高一层的社会需要，也即社交需要。社交需要比生理需要来得更细致，更难捉摸，它和一个人的生理特性、经历、受教育状况、宗教信仰等都有关系。对大多数人来讲，它是很强烈的一类需要，如果得不到满足，就会导致精神不健康。当社交需要成为人们最重要的需要时，便会促使人们形成和保持和谐的社会交往关系。

第四，尊重需要。这是比社交需要更高一层次的需要，包括自尊心、自信心、能力、知识、成就和名誉地位的需要，能够得到别人的承认和尊重等。这是有关个人荣辱的需要，既指内部尊重方面的需要，即指一个人希望在各种不同的情境中，自己有实力，能胜任，充满信心，能独立自主，有自尊心；又指外部尊重方面的需要，即指一个人希望有地位，有威望，受到别人尊重、信赖以及高度评价。马斯洛认为，尊重需要得到满足，能使人对自己充满信心，对社会满腔热情，体会到自己生活在世界上的用处和价值。但尊重需要一旦受到挫折，就会使人产生自卑感、软弱感、无能感，会使人失去生活的基本信心。这类需要很少能得到完全满足，因为它是无止境的。

第五，自我实现的需要。以上四种需要都获得某种程度的满足之后，个体还会有紧张的心理状态出现，要追求最高一层次的自我实现的需要。所谓自我实现的需要，即指实现个人的理想、抱负，发挥个人的能力于极限的需要，或者说追求发挥自己全部能力的需要。也就是说，人必须干称职的工作，是什么样的角色就应该干什么样的事，音乐家必须演奏音乐，画家必须绘画，诗人必须写诗，这样才会使他们得到最大的满足。当然，自我实现并不是指人人都要成为“第一流”、“伟大人物”，而是只要发挥了自己的禀赋能力（潜能），就可称为自我实现（即自我充分发展）。马斯洛还指出，为满足自我实现的需要，采取的途径是因人而异的，有人希望成为一位理想的母亲，有人可以表现在体育上，还有人可能表现在绘画或发明创造上。

（2）五种层次的需要成阶梯式逐级上升。马斯洛认为，上述五种需要是按次序逐级上升的，当下一级需要获得基本满足以后，追求上一级的需要就成了驱动行为的动力。例如，只有当最基本的生理和安全需要得到满足之后，高层次的需要才能依次出现和满足。换句话说，需要层次从低一级向高一级上升，并不是一种突然的、跳跃的现象，而是以缓慢的速度从无到有，逐步发生。

但是，这种需要层次逐级上升在不同的年龄和条件下可能会有不同的表现形式。因为，他认为，人的五种需要在不同年龄阶段和不同的社会生活条件下，总有某一种需要处于优势地位，这种占优势地位的需要是主导需要，其需要强度亦最大。例如，经济落后地区的人们，其需要多在低层次，而经济越繁荣、教育程度越高地区的人们，其需要越向高层次发展。这种需要层次逐级上升并不意味着任何一种需要会因为下一个高级层次需要的发展而告消失，各层次的需要相互依赖与重叠，高层次的需要发展后，低层次的需要仍然存在，只是对行为的影响力减轻而已。这种需要层次逐级上升也并不是遵照“全”或“无”的规律，即好像一种需要100%的满足后，另一种需要才会出现。事实上，社会中的大多数人在正常的情况下，他们的每种基本需要都是部分得到满足，部分得不到满足。例如，美国的一般市民，生理需要大约满足了85%，安全需要满足了70%，社交需要满足了60%，尊重需要满足了40%，自我实现需要满足了10%。

(3) 五种基本需要满足的渠道和产生的动机强度不一样。马斯洛把五种基本需要分为高、低两级，其中生理需要、安全需要、社交需要属于低级的需要，这些需要通过外部条件使人得到满足，如借助于工资收入满足生理需要，借助于法律制度满足安全需要等。尊重需要、自我实现的需要是高级的需要，它是从内部使人得到满足的，而且一个人对尊重和自我实现的需要，是永远不会感到完全满足的。因此，通过满足职工的高级需要来调动生产积极性，具有更稳定、更持久的力量。

(4) 高层次需要比低层次需要获得满足的可能性更小。据马斯洛估计，在现代文明社会中，各层次需要获得满足的一般比例是：生理需要约为85%，安全需要约为70%，社交需要约为50%，自尊需要约为40%，自我实现需要约为10%。

(5) 需要层次的次序不是完全固定的，可以有变化。马斯洛指出，大多数人的需要层次是一个固定的系列，但因为人与人之间的个别差异，有七种人例外。

第一，有些人把自尊看得比爱更重要。这种人自高自大，想突出自己。

第二，具有天赋创造性的人，其创造性的驱动力似乎比其他相对的决定因素更为重要。这种人尽管缺乏基本需要的满足，但仍有创造性。

第三，有些人的抱负水平可能永远压抑或低下。例如，长期失业的人，只要能在有生之年得到足够的食物，他们就会心满意足。

第四，病态人格的人永远丧失“爱”的需要，这些人在他们生命的最初岁月中就已缺乏爱，因而永远丧失了给予和接受感情的愿望和能力。

第五，有些某种需要长期得到满足的人，他反而会对这种需要的价值估计不足。一个从未经历长期饥饿的人，容易低估饥饿的效应，而把食物看做是很不重要的东西。这种人为了追求较高的需要，会把自己置于许多基本需要被剥夺的境地，但基本需要被长期剥夺后，他又会放弃高级需要转而追求低级需要。

第六，有些人受许多其他因素的影响，不按自己的需要和愿望行事。

第七，有理想、有崇高社会标准的人，为了追求真理、实现理想，可以牺牲个人的一切。

(6) 需要层次论的核心是自我实现。马斯洛强调他的需要层次论的核心是自我实现，把优势需要上升为自我实现的人称为理想的人。他通过对美国著名人士的调查，总结出自我实现的人应具有15种品质，如独立、自主、创造性、孤僻、离群等。

马斯洛的需要层次理论给了我们许多有益的启示。例如，他从需要出发来研究人的行为，抓住了问题的实质；他把人类千差万别的需要归为五大类，比较简单明了、通俗，有利于我们对人类行为的动机结构进行科学的研究，从而揭示人类行为被激励的规律；他把生理需要作为正常需要的基础，是符合马克思把衣食住等看成是人的需要的基础的观点的。当然，需要层次理论也存在着一定的不足。例如，他认为，人的需要是本能的活动，是生而具有的，忽视了后天环境对人的需要的影响；他认为，需要层次机械地由低向高上升运动，难以解释需要越级上升或由高到低下降的现象。尽管需要层次理论有一定的局限性，但是，马斯洛对行为科学所做的贡献是不容置疑的。正如李维特（H. J. Leavitt）所说，马斯洛理论的有效性和科学性经常受到人们的争论，但它的效用对于管理者来说，因为该理论事实上可以成为一种思考的工具，所以似乎优点超过它存在的问题。

6.1.2　从需要的角度思考管理：阿尔得夫的生存、关系及成长理论

生存、关系及成长理论是美国心理学家阿尔得夫（C. Alderfer）继马斯洛提出需要层次论之后提出来的一种需要激励理论。阿尔得夫在 1973 年所提出的这种需要理论，也可算是对马斯洛需要层次理论的一种修正或重组。因生存、关系、成长三个英文单词的字头分别是 existence、relatedness、growth，所以该理论又简称为“ERG 理论”。

（1）人的基本需要有三类，即生存、关系、成长需要。阿尔得夫根据对工人所进行的大量调查研究的结果，认为一个人的基本需要不是五类，而是三类，即生存、关系、成长需要。

第一，生存需要。生存需要是人的最基本需要，这种需要类似于需要层次理论中的生理、安全需要，包括衣、食、住、行及工资、津贴、工作条件等方面的需要。这类需要只有通过金钱的方式才能满足。这相当于马斯洛的第一级和某些第二级的需要。

第二，关系需要。关系需要相当于需要层次理论中的社交和他人尊重需要，包括上下级之间、同级之间、个人与个人、个人与群体和组织之间人际关系的和谐。

第三，成长需要。成长需要相当于自尊与自我实现的需要，是个体对于自尊和自我实现等方面的追求，包括个人在事业、前途等方面的创造、发展与成长的努力。这相当于马斯洛的第四和第五个等级的需要。

（2）生存、关系、成长需要间的关系。概而言之，三类需要间的关系包括以下三点：

第一，各个层次的需要受到的满足越少，则这种需要越为人所渴求。

第二，较低层次的需要越是能够获得较多的满足，人们对较高层次的需要就越是渴望。

第三，较高层次需要越是不能满足或者缺乏，则人对较低层次需要的渴求就越多。

在此，阿尔得夫认为，需要层次不仅有“满足—上升”的趋势，而且有“挫折—倒退”的趋势。他也认为，三类需要之间没有明显的界线，它们是一个连续体。他不认为，低层次需要必须在高层次需要起激励作用之前得到满足。

（3）需要与管理。阿尔得夫认为，作为一个组织管理人员，应该了解职工的真实需要。这是因为，不同的需要所引发的工作行为所导致的工作结果是不同的。

职工不同的需要会导致他们在工作中的不同行为表现，最终也决定了他们不同的工作结果。这些结果可能满足他们的需要，也可能不能满足他们的需要。管理者要控制下属的工作行为或工作表现，首先要了解他们的真实需要，同时，通过控制工作结果（使之成为能满足下属需要的东西和报酬）来达到控制他们的工作行为的目的。如

果管理者不能控制那些对下属人员的需要起作用的工作结果，那么，他也就不能影响下属的工作行为。

同马斯洛需要层次理论相比，阿尔得夫也主张人的三类基本需要具有层次性和发展性。生存需要是最基本，也是最低层次的需要，关系需要次之，追求成长、发展、理想、抱负是人的最高层次的需要。生存、关系、发展需要是逐层发展的，低层次需要得到较好的满足，个体便会增强对较高层次需要的需求。同马斯洛的需要层次理论不同的是，首先，ERG 理论认为，生存、关系、成长三类需要不完全是生来俱有的，有的需要是通过后天学习产生的。其次，ERG 理论也主张人的三个层次需要的发展，虽然一般来说是由低到高逐步发展的，但是，这三个层次的需要并不一定严格地按照由低到高逐级发展的顺序，在一些特定的情况下，是可能越级发展的。例如，有人可能在关系需要没有得到满足的情况下就出现发展需要。最后，与需要层次理论另一个明显的区别是，ERG 理论认为人的三种需要既是由低向高发展的，也存在一旦遇到挫折就下降的可能性。例如，如果某人的成长和关系需要长期不能被满足，就可能把主要精力和热情用于低层需要的满足上。总之，ERG 理论同需要层次理论的这三点不同，更为科学、客观地揭示了人类需要发展变化的复杂性，是对需要层次理论的有益修正和补充，也是对激励理论的重要补充和贡献。

6.1.3 成功的渴望：麦克莱兰的成就需要理论

美国心理学家麦克莱兰（P. C. Mecleand）于 20 世纪 50 年代从另一个角度提出了他的工作激励理论。他认为，人的生存需要基本得到满足的前提下，人的最主要的需要有三种，即成就需要、权力需要和合群需要。其中，成就需要的高低对人的发展和成长起着特别重要的作用。因此，他对成就需要的特点和作用进行了长期研究，形成了成就需要理论。

（1）人的基本需要有三类：成就需要、权力需要、合群需要。与马斯洛和阿尔得夫不同，麦克莱兰不讨论人的基本生理（生存）需要，他主要研究人的基本生存需要得到满足的前提下，还有哪些需要。经过大量的调查研究，他认为在人的基本生存需要得到满足之后，人的行为取决于另外三种需要的满足与否，这三种需要是权力需要、合群需要、成就需要。

第一，权力需要。权力需要是影响和控制他人的欲望。具有较高权力欲的人，常常企求得到更大的权力。他们对影响和控制他人表现出浓厚的兴趣，这类人希望担任领导者，也有一定的才干和水平，他们希望自己能够做出更大的成就，得到更高的职位。个体的权力需要有一个发展的过程，有依赖别人、相信自己、控制别人、自我隐退等不同阶段。

第二，合群需要。合群需要是建立友好和亲密人际关系的欲望。具有较高合群需要的人努力寻求友爱，喜欢合作性的而非竞争性的环境，渴望有高度相互理解的关系。合群需要是保证社会交往和人际关系和谐的重要条件，负有全局责任的管理者把这种需要看得比权力还重要。

第三，成就需要。成就需要是追求卓越、实现目标、争取成功的内驱力。通俗地说，就是指人对挑战性工作及事业成就的追求。有成就需要的人，对胜任和成功有强烈的要求。挑战性的工作和成就会引发快感，振奋人的精神。成就需要对行为起着主导作用和影响。他认为，具有强烈成就需要的人，把个人对成就的追求看得比金钱更重要。这种人在工作中克服困难，解决难题，取得成就，从中所得到的乐趣和受到的激励，超过了物质鼓励的力量。报酬对他来说，只是衡量工作进步和成就大小的标志。这种人事业心强，有进取心，敢冒一定的风险，比较实际，大多是进取的现实主义者。

(2) 三种基本需要排列的层次和重要性具有个别差异性。麦克莱兰认为，三种基本需要排列的层次和重要性对不同的人来说是不同的。不同的人对权力需要、合群需要、成就需要的需求程度不同，层次排序不同。麦克莱兰对美国电话电报公司经理人员需要结构情况所进行的测定表明，成功的经理都强调成就需要和权力需要，并且强烈希望能够独立自主，但对合群需要的强调则较低。而新经理对于权力、合群和成就需要的强调却差异不大。他还认为，具有强烈成就需要的人，把个人对成就的追求看得比金钱更重要。因为他们从工作中得到的乐趣和受到的激励，超过了物质激励的力量。

(3) 拥有高成就需要的人才是事业成功的主要原因之一。麦克莱兰认为，高成就需要的人才的拥有，对于组织、国家的进步和发展意义重大；他甚至认为，一个企业和国家能否拥有这种高成就需要的人才，是企业能否快速发展、国家能否兴旺发达的主要原因之一。据调查，英国 1925 年国民经济状况很好，主要与当时拥有大量高成就需要的人才有关。当时在 25 个国家的统计中，英国名列第 5 位。第二次世界大战后，1950 年再作调查时，英国高成就需要的人数在 39 个国家中名列第 27 位，这时英国经济走了下坡路。因此，麦克莱兰特别强调成就需要对个体行为的作用和影响。

(4) 高成就需要的人才所具有的基本特点可以测量。成就需要是麦克莱兰理论的核心，他认为，成就需要强烈的人一般具有以下几个基本特点：①从行动的环境来说，他们喜欢能发挥其独立解决问题能力的工作环境，只要为他们提供合适的工作环境，使他们发挥自己的能力，他们就会感到莫大的幸福；②从行动的目标来说，他们不满足于随波逐流和随遇而安，总希望有所作为，所以，他们喜欢设置既具有一定的挑战性（难度）又不是高不可攀的目标，精心选择自己所要达到的目标，并相应承担起达到目标的责任；③他们对所从事的工作希望得到明确、迅速的反馈；④他们把成就看得比金钱更重要，从成就中所得到的鼓励超过物质鼓励的作用，把报酬看成是衡量成就大小的工具。

怎样才能判断一个人是否是高成就需要者？麦克莱兰认为，成就需要可以运用调查和测量的方法来了解和发现。有三种基本方法可以测定人的成就需要的高低。第一种是投射技术。即向被测者出示一些非结构性刺激物，也就是可以引起许多不同类型反应的刺激物，诱发被测者的想象，从想象的内容上可以推知其成就需要的程度。第二种是“主题统觉测验（TAT)”。其做法是：让被测者看一系列的图片，并要求他们很短时间内为每一张图片编造一个故事；对同一张图片，不同的被测者往往会有不同的反应，他们的回答在很大程度上反映了各自内心的需要，以此判定其内在成就倾向的高低。第三是问卷调查。即可以通过问卷调查的方式，检测其三种需要需求程度的高低分布。

(5) 关于高成就需要人才的培养方法。麦克莱兰认为，高成就需要的人才可以通过教育培训的方法加以培养。他提出了四种提高人的成就需要的方法：

第一，要经常安排一些成就的反馈，使被激励者了解自己的成功之所在，进一步激励他们对成就的愿望。在高成就需要的人取得显著成绩时，要给他们合理的薪酬，以使他们安心在组织中工作。

第二，提供取得成就的榜样，刺激人们取得成功的愿望和行为。

第三，要把高成就需要的人放在具有挑战性的工作岗位上，肯定他们的成就，鼓励他们多出成果。

第四，不要限制员工的创新精神和行为，应以成就激励他们脚踏实地干事业。

成就需要理论给了我们一个重要的启示，管理者固然要尊重职工目前的需要，并设法予以满足，但更重要的是应该按照组织目标重塑职工的需要。注重成就教育，强化成就动机，培养更多的具有更高成就需要的职工，是管理者的一项重要任务。

6.1.4 两种人性：麦格雷戈的 X 理论和 Y 理论

心理学家道格拉斯·麦格雷戈（Douglas McGregor）在进行了大量的研究以后，于 1957 年提出两种完全不同的人性假设：一种基本上是消极的，称为 X 理论；另一种基本上是积极的，称为 Y 理论。他认为，每项管理的决策与措施，都要依据有关人性与其行为的假设，这些成果集中体现在《企业中的人性方面》一书中。

(1) X 理论。麦格雷戈在《企业中的人性方面》一书中将传统管理思想和管理方式中蕴涵的关于人性的看法称之为 X 理论。

X 理论对人性的基本看法是：人类多数趋于天生懒惰，不愿多做工作；人类多数缺乏雄心，希望依赖他人，而不喜欢担负责任；人类多数喜欢以自我为中心而忽视组织目标；人们易于受欺骗，常有盲从举动；人类多数安于现状，习惯于抵抗变革。基于这样的人性定位，X 理论的管理思想与措施是：管理者从经济利益出发来使用生产中的人力、物力、财力；管理者的任务在于指导与激发职工的工作表现，并时常控制与修正职工的行为，以符合组织之需要；管理者必须管制其下属，并需要利用说明、奖赏、处罚与控制等手段。

(2) Y 理论。与以上关于人性的消极假设相反，麦格雷戈还提出了几个积极的假设，他称之为 Y 理论。

Y 理论对人性的认识与 X 理论截然不同，它更多的是对人性的积极肯定：一般人并非天生厌恶工作，因为工作毕竟是满足需要的基本方式，而且人在工作中消耗体力与智力，乃是极其自然的事，如同游戏和休息一样的自然；人为了达成自己已承诺的目标，能够“自我督导”和“自我控制”，并促使自己朝向组织的目标而努力，外力的控制及惩罚的威胁并非唯一可行的方法；人对于目标的承诺，是由于达成目标可以给个人带来某种报酬，对人最有意义的报酬是自我需要及自我实现需要的满足，这种报酬是使人朝向组织目标而努力的动力；只要情况适当，一般人不仅能学会承担责任，而且能学会争取责任，常见的规避责任、缺乏志向等现象是后天习得的结果，而非人的本性使然；大多数人均拥有以高度的想象力、智力和创造力来解决组织中各种问题的能力，而非只有管理者才具有这种能力；在现代产业活动中，常人的智慧和潜能仅有一部分得到了利用。可见，人都具有成长和发展的潜在可能，组织管理的方式将直接影响这种潜能能否被发掘。

麦格雷戈认为，Y 理论的各项人性假设，是对传统的、根深蒂固的管理思想与习惯的挑战。与 Y 理论相应的管理思想与管理方式，核心就是将传统的个人目标与组织目标的背离，转向为使个人目标与组织目标达成融合。任何一个组织绩效低落的原因都应归之于管理。根据 Y 理论关于人性的观点，在组织运作过程中，如果人与人之间缺乏很好的协调与合作，绝非人类本性使然，而是由于管理阶层的能力不足，未能充分利用人力资源潜力；人是依靠自己的主动性、天资禀赋与自我督导去工作的，因而在管理上要求由集权化管理转化到参与管理；组织管理的基本原则是"融合原则"，即创设一种环境，以使组织中的成员在该环境下，既能达到各成员本身的个人目标，又要努力促成组织的成功；组织管理必须同时兼顾组织需要与个人需要。一方面，职工要按照管理阶层的看法来调节他们本身，适应组织的需要，而不是脱离组织目标，单纯追求个人目标；另一方面，职工努力工作的结果，使组织获得了成功，从而分享这份成功的果实。

总之，根据 Y 理论，组织管理者应采取诸如目标管理、参与管理、绩效考核、薪资与升迁管理等措施，来创设一种环境，使组织中的每一个成员都深切地了解到，唯有努力促成组织的成功才是他们达成个人目标的最佳方法。

麦格雷戈认为，X 理论和 Y 理论在管理实践中会导致两种不同的管理取向。根据 X 理论，管理者在管理中强调的是各种控制技术、步骤与方法；而根据 Y 理论，管理人员在管理实践中，要建立一种环境，以鼓励职工对组织目标的承诺，同时也提供一种机会，使职工得以发挥自己最大的聪明才智，达到自我实现的目标。

如果我们接受麦格雷戈的分析，激励的含义是什么呢？答案在马斯洛的框架中得到了最好的表述。X 理论假设低级需要主导个体的行为，Y 理论假设高级需要决定个体的行为，麦格雷戈自己认为 Y 理论比 X 理论更符合实际。也就是说，麦格雷戈倾向于赞同 Y 理论相应的管理方式，但他又指出，X 理论广泛地存在于管理实践的现实表明，它"绝不是已经衰亡的哲学"。

6.1.5　保健与激励：赫茨伯格的双因素理论

从影响个体行为的直接原因——动机的产生来看，它不仅源于内在的需要，而且离不开外在的诱因。如果说，前面所谈到的需要理论是从内在的需要的角度来探讨个体行为的直接原因的话，那么双因素理论则是从外在诱因的角度来研究个体行为的动力的。双因素理论也叫激励因素-保健因素理论。该理论是由美国心理学家赫茨伯格（F. Herzberg）于 20 世纪 50 年代后期最先提出的。他认为，要从人的内心、工作本身来调动人的积极性，工作对人的吸引力才是最主要的激励因素。这个结论来自他对 9 个工业企业中 203 名工程师、会计师的调查，成果主要体现在《工作的激励》、《工作与人性》、《再一次，你如何激励职工》等著作中。其主要论点如下：

（1）影响职工积极性的因素包括激励因素和保健因素两类。赫茨伯格和他的同事首先在匹兹堡地区对二百多名工程师和会计师进行了调查。在调查中，他向被试验者提出："什么时候你对工作特别满意"、"什么时候你对工作特别不满意"、"引起这些特别感受的条件和原因是什么"，借此考察他们对工作的满意感与生产效率之间的关系。经过大量的资料分析，赫茨伯格发现，导致职工满意和不满意的因素是截然不同的，而且这两种因素对职工工作行为的影响作用不同。据此，他把影响职工积极性的因素划分为两类，即激励因素和保健因素。

第一，激励因素。通过调查，赫茨伯格发现，使职工感到非常满意的因素主要有：工作富有成就感；工作成绩能得到承认；工作本身富有挑战性；职务上的责任感；个人发展（成长、晋升）的可能性。他认为这些工作本身因素的改善，能激发和调动职工的积极性和热情，从而会经常性地提高人的工作效率。如果这些因素没有处理好，也能引起职工的不满，但影响并不很大。赫茨伯格把这些影响职工工作积极性的工作本身的因素称为激励因素。

第二，保健因素。通过调查，赫茨伯格发现，导致职工非常不满意的因素主要有：公司的政策与行政管理；技术监督系统；与主管的关系，与同级的关系，与下级的关系；工资；工作环境、工作安全；个人生活地位等。他认为这些工作环境和工作条件不具备时，会使职工感到不满意，从而降低职工工作的积极性和热情。如果具备这些条件，就不会降低其工作热情，换句话说，就能够维持职工已有的现状，但也不会因此而提高其积极性。赫茨伯格把这些影响职工积极性的工作环境条件方面的因素叫保健因素，或称为维持因素。

（2）赫茨伯格对于传统的满意与不满意的关系的修正。传统的观点一般认为：提高职工积极性的因素，也是导致其积极性下降的因素；当某因素得到很好的处理，就能调动其积极性，处理不当则可能降低其积极性。与传统的观点不同，赫茨伯格统计资料后发现，满意的对立面不是不满意，消除工作中的不满意因素并不必然带来工作满意。具体地说，那些处理好了能让职工满意，并激励其工作热情的因素，同那些处理不好使职工感到不满，而降低其工作热情的因素是不同的。前者一旦处理不好，不大会降低其积极性；后者处理好了，一般也只可维持现有的水平，而不会提高其工作热情。赫茨伯格对这一发现的进一步解释是：传统观点认为满意的对立面是不满意，这一看法是不确切的。实际上满意的对立面应该是没有满意，而不满意的对立面是没有不满意。没有满意不等于不满意，没有不满意也不等于满意。

赫茨伯格对于传统的满意与不满意的关系的修正，目的是借此说明激励因素和保健因素对于个体心理或行为具有不同的影响，前者比后者具有更强的推动力。实际上，激励因素属于工作本身的因素，而保健因素则属于工作的环境条件因素。前者容易激发起个体的内部动机，而后者则容易激发起个体的外部动机。显然，这两种动机对个体行为的作用是不相同的。另外，保健因素往往与个体低层次需要的满足与否有关，而激励因素则与个体的成长、发展、自我实现等高层次需要的满足与否有关。这就是说，不同层次需要的满足与否，对个体心理的影响力不同，动机的指向不同，因而对行为的推动力也就不同。

双因素理论的提出，对于传统的激励观提出了挑战。以泰勒等为代表的管理学家，大多主张依靠外部环境的影响，激励职工工作的热情和积极性。赫茨伯格的双因素理论则认为，如工资、奖金、福利、监督、控制等这些外在影响，只能对工作的积极性起到维持作用，而真正能够极大调动工作积极性和热情的因素则与工作本身能否满足职工的成就感、责任感，能否使之通过工作本身得到成长和发展存在直接关系。虽然双因素理论也招致了一些批评，例如，调查对象是工程师和会计师等中级以上专业人员，不能代表广大职工，其结论缺乏普遍性；又如，以满意、没有满意作为研究生产效率的指标过于简单等。但是，赫茨伯格的这一发现不仅使管理者致力于工作内容之研究，导致国外许多企业进行工作再设计，更重要的是启发人们认识到从员工心理上培养产生内激励（发自于员工内心的激励）的意义，从而，使管理工作发生了很大的变化。

6.1.6　香蕉就在鼻子前：弗鲁姆的期望理论

虽然需要类型理论与双因素理论比较实用，对管理实践产生了很大的影响，也深受管理者们欢迎，但是，它们对个体行为的解释相对简单、静止，因而难以完全适应管理实践的需要。深层的原因在于，个体行为是一个动态变化的过程，而需要类型理论与双因素理论对个体行为的分析停留在了平面、静止的水平上，所以，它们也就不可能从根本上揭示出影响个体行为因素的复杂关系。

为了从复杂、动态的角度探讨影响个体行为的因素，美国心理学家弗鲁姆（V. H. Vroom）在马斯洛和赫茨伯格等学者研究的基础上，在《工作与激励》一书中，提出了期望理论。弗鲁姆认为，一种行为倾向的强度取决于个体对于这种行为可能带来的结果的期望强度以及这种结果对行为者的吸引力，这就是他在《工作与激励》一书中所提出的期望理论的主要观点。

（1）人的积极性或努力程度是效价和期望值的乘积。弗鲁姆认为，激励就是掌握行为的选择过程。如果某个人有了特殊的目标，为了达到这个有意义、有价值的目标，他必然会做出行动选择，也就是说，他必然要对能达到所期望目标的各种不同行为的可能性予以权衡；如果某种行为被认为比其他行动更具有成功的可能性，而且有重要的价值与意义，人们就受到激励，很可能选择并采取这种行动。由此出发，期望理论认为，要分析一个人的行为，应该从行为所追求的目标的价值或吸引力与其实现的可能性来考虑。概而言之，人们从事某一工作的动机强度，或被激发出的力量（积极性）大小，取决于目标价值（效价）的大小和预计能够达到该目标的可能性（期望值）的高低。其基本模式是

$$\text{激励力量(M)} = \sum \text{效价(V)} \times \text{期望值(E)}$$

其中，M 是 motivation（激励力量）的缩写；V 和 E 分别是 valence（效价）和 expectancy（期望值）的缩写。

激励力量是指动机的强度，即特定活动或目标对个体积极性和热情的激发程度。效价是指个体对其所从事的工作或所要达到的目标的价值估计；期望值是指个体对某项目标能够实现的可能性大小的估计。

效价与特定目标能否满足个体需要有关。在实践活动中，不同的人所处的环境不同，需要的取向不同，对于同一个目标的价值判断也就会不同。越能满足其需要或越能满足其主导需要，则该目标的效价就越高。期望值是个体对其行为能否导致所想得到的工作绩效和目标（奖酬）的主观概率，即主观上估计达到目标、得到奖酬的可能性。这种主观概率受每个人的个性、情感、动机的影响，因而人们对这种可能性的估计也不一样。个体认为可能性越大，吸引力就越大；反之，则越小。

期望理论认为，工作或目标对个体激励力量的大小，不单取决于效价或期望值大小，而取决于二者的合力的大小。例如，“高薪”对于某人的效价很高，而期望值很低，那么，“高薪”对其激励作用并不大；反之亦然。只有效价和期望值都很高，其激励作用才会最高。总之，效价和期望值的不同结合，会产生不同的激励力量。

（2）综合的期望模式。基本模式只是就影响职工积极性或努力程度的期望值和效价两个因素做了分析，其实影响激励水平的因素还有关联性（instrumentality，I）。为此，弗鲁姆在以上期望理论基本模式的基础上，提出了使人的激发力量达到最佳的期望模式。弗鲁姆根据人的行为目标的层次性，将期望分为两类：一类是通过努力达到一定工作成绩（第一层目标）的可能性，称做第一类期望；另一类是达到一定工作成绩后获取适当报偿（第二层目标）的可能性，称做第二类期望，也称为工具性或关联性。

所以，$M=E\times V$ 应该改写为 $M=E\times I\times V$。其中，M 表示激励力量，E 表示期望值，V 表示效价，I 表示关联性。关联性是指工作绩效与所得报酬之间的关系，这种联系通常用系数表示，一般在正 1 和负 1 之间变化。假如高工作绩效导致报酬的提高，则关联系数为正值；如果二者无关则为零值；如果高的工作绩效导致报酬的降低，那么关联系数为负值。所以，要激励员工更好地工作，管理者应注意以下三点：

第一，明确做什么工作给什么奖酬。

第二，使员工认识到这种奖酬与工作绩效有关。

第三，使员工相信，只有努力工作，绩效才能提高。

VIE 模式不仅重视效价和期望值等个体主观因素对个体的激励作用，而且还强调客观绩效及其所引起的结果（报酬）对于工作热情的促动，它对于管理实践具有更大的指导作用。

（3）要激发职工的工作动机，就必须处理好三种关系。弗鲁姆认为，依据期望模式，为了有效激发职工的工作动机，需要处理好三种关系。

一是个人努力与工作成绩的关系。人总希望通过努力达到预期的结果（目标）。如果一个人认为通过努力可以达到目标，也就是说，个体在主观上认为实现目标的可能性很高，那么就会增强信心和决心，并激发起较大的行为力量；反之，如果目标可望而不可即，或者唾手可得，就不容易激发起个体实现目标的积极性。工作成绩的高低，在相当程度上取决于个人的努力程度。个体是否愿意努力致力于某种目标的实现，要取决于个体对目标达成的可能性的估计，即期望值。期望值的高低虽然是一种主观估价，却要受到主客观因素的双重影响。主观上，期望值要受到个体能力、人格、态度和价值观的影响；客观上，与一个人在群体中的地位、他人的评价、期望等因素有关。

因此，管理者应从主客观两方面入手，指导和帮助职工树立经过努力从而达到目标的信心和决心。

二是工作成绩与报酬之间的关系。一般情况下，职工总是希望在取得预期的成绩后，能够获得适当的、合理的报酬或奖励，如奖金、提升、晋级、表扬等。适当、合理的奖励或报酬，能使职工以更大的热情投入到以后的工作中去。反之，如果职工为组织做出了贡献，而没有获得有效的物质或精神奖励来强化，久而久之，那些被激发起的工作积极性就会被抑制，甚至扼杀。

三是奖酬与满足职工需要的关系。奖酬必须是适当的，适当性不仅体现在奖励的公平性和及时性上，而且还体现在奖酬必须与被奖励者个人需要的满足相适应上。人们总希望通过奖励或报酬来满足自身需要，而人与人的需要存在差异，因此，同一种奖酬，对于不同职工而言，效价不同，吸引力不同，对职工的激励作用就不同。所以，弗鲁姆主张要根据人们的需要，采用不同形式的奖励，才能最大限度地挖掘人的潜力，提高工作效率。

许多评论家认为，期望理论只是一种理想的模式，它有一个基本的前提，即认为任何人都是理性的，也就是说，人们在作决定时，总是想达到最大的利益，他们不做不利于自己的决策。事实上，人的行为并非总是理性的，而往往受一时的冲动支配；依据期望理论，期望值越大，激励水平也越高，但期望值太大意味着那是件唾手可得的事，对许多人来说，这会降低他们的成就感，效价势必受影响，最终激励水平并不一定很高。尽管如此，由于期望理论体现了需要理论的各种基本观点，完整地反映了工作动机的基本规律，因而，期望理论仍是所有激励理论在实践中应用最广泛的一种理论。

6.1.7　另一类满足：亚当斯的公平理论

并不是有了努力，就一定能提高绩效，也并不是有了报酬，就一定能使职工感到满足，满足后就能干劲倍增。基于此，美国心理学家亚当斯（J. S. Adams）于 1963 年前后提出了一种新的解释个体行为的理论——公平理论。与弗鲁姆一样，亚当斯也认为，单从静态的角度来研究个体行为的原因是不够的，还必须从动态的角度研究动机的产生到采取行动的心理过程，探讨除需要和诱因以外其他因素对动机的影响。与弗鲁姆不一样，亚当斯认为，在努力与绩效、报酬与满足这两个重要的环节之间，还存在着一些中介因素，如公平、公正、合理等。亚当斯的理论着重研究个体在社会比较过程中，对个人所做的贡献与其所获得的回报之间如何平衡，它强调奖酬分配的合理性、公平性对职工生产积极性和工作态度的影响。

（1）社会比较会影响职工的工作动机。亚当斯认为，职工不是在真空环境中工作，他们总是在进行比较。职工的工作动机，不仅受自己所得的绝对报酬（即实际收入）的影响，而且还受相对报酬（即通过社会比较后的相对收入）的影响。相对报酬是一种社会比较的结果，具体地说，职工会自觉不自觉地首先思考自己收入与付出的比率，其次将自己的收入-付出比与相关他人的收入-付出比进行横向比较，可能最后还会把自己现在的收入-付出比与自己过去的收入-付出比进行纵向比较。比较后的结果，如果职工感觉到自己的比值与他人相同，就会产生公平感；如果觉得不相同，则会产生不公平感，也就是说，他会认为自己的收入过高或过低。不公平感出现后，职工就会试图去纠正之。

（2）社会比较的参照对象包括三种类型。“选择谁作为比较的参照对象”是公平理论的重要变量。亚当斯认为，同自己对比的参照对象可能是本群体、本组织的一员，可能是其他群体、其他组织的一员，可能是社会上的人，可能是组织的某些制度规定，还可能是过去的自己。

第一，“他人”包括同一组织中从事相似工作的其他个体，还包括朋友、邻居及同行等。职工们通过口头、报纸、杂志等多种渠道获得有关收入标准、最近的劳工合同等方面的信息，并在此基础上将自己的收入-付出比与他人的收入-付出比进行比较。

第二，“制度”指组织中的薪金政策与程序以及这种制度的运作。对于组织层面上的薪金政策，不仅包括那些明文的规定，还包括一些隐含的不成文的规定。组织中有关工资分配的惯例是这一范畴中主要的决定因素。

第三，“自我”是指员工个人过去在工作中收入-付出的比率。它反映了员工过去的经验、过去的工作标准对现在行为的影响。

（3）消除不公平感的几种做法。亚当斯认为，当职工感到不公平时，他们可能会采取以下几种做法以实现公平：通过自我解释，达到自我安慰，如曲解自己或他人的付出或所得；采取某种行为谋求改变他人的付出或所得；采取某种行为谋求改变自己的付出或所得；选择另一个参照对象进行比较；辞去现在的工作。

大量研究支持了公平理论的观点：职工的积极性不仅受其绝对收入的影响，而且更受其相对收入的影响。一旦职工感受到不公平，他们会采取行动纠正这种状况，其结果可能会降低或提高生产效率，降低或改善产品质量，降低或提高缺勤率和自动离职率。

虽然公平理论有其局限性，如它以个人利益得失为出发点，但是，公平理论反映了人们普遍存在的心理生活实际，在管理中具有较高的参考价值。它告诉我们：一个人所得的报酬的绝对值与其积极性的高低并无直接的必然联系，只有其将付出与所得的比值与同等情况下的其他人相比较，主观上是否感到公平、合理，才会真正影响人的积极性的发挥。

6.1.8 走向综合：波特和劳勒的综合激励模型

前述各种研究个体行为动力的理论都侧重从一个方面研究激励问题。美国学者波特（Porter）和劳勒（Lawler）则对这些激励理论进行了综合，从多个方面或多种因素同时考虑，提出了他们的激励综合模型。

（1）以“工作绩效”为核心，以“激励/努力—绩效—满意感”为轴线。波特和劳勒曾以工作绩效为核心，对与绩效有关联的许多因素，进行了一系列相关性研究，并在此基础上提出了一个激励综合模型。此模型涉及 11 种因素，分别由图 6.1 中 11 个方框表示。实线箭头表示因素间的因果关系，虚线箭头则表示反馈回路。

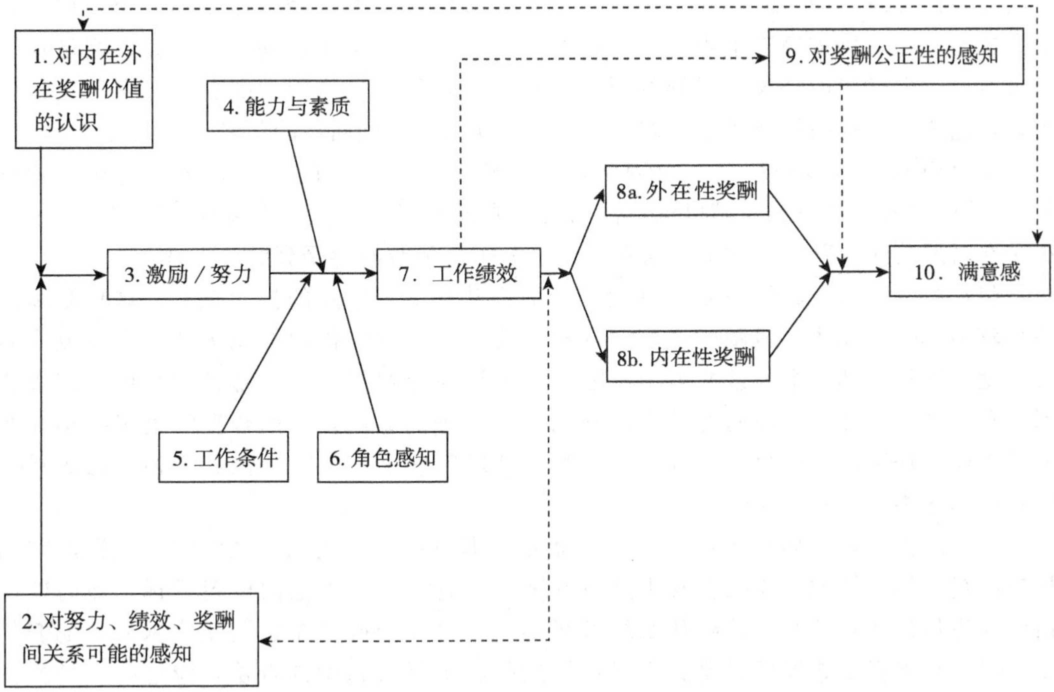

图 6.1　波特和劳勒的激励综合模型图

不难看出，该模型是以“工作绩效”为核心，以“激励/努力—绩效—满意感”为轴线的。模型突出了工作绩效导致工作满意感的因果关系。事实上，这正是他们所作研究的主要假说。他们宣称该研究肯定了各因素间的相关关系，但也承认该研究并未能明确支持他俩所推导的因果关系，即各实线箭头的指向。

（2）该模型的主要骨架或因果分析脉络是弗鲁姆的期望理论。一个人的工作积极性高低及由此衍生的投入工作的努力的大小，取决于目标的效价，亦即通过努力想最终获得的目标（内、外在性奖酬）在此人心目中的主观价值的高低（或相对重要性的大小），以及努力、绩效、奖酬间关系的主观概率，即对所投入的努力能导致想达到的绩效水准并进而获得想得到的奖酬的期望的大小。其与弗鲁姆原有模型的差别或有所改进的地方，是把以赫茨伯格保健与激励双因素理论为基础而发展起来的外在性与内在性奖酬的概念引了进来，取代了弗鲁姆模型中单一的奖酬。综合模型中从满意感回到奖酬效价和从绩效实现回到期望的两条反馈回路（严格说来，从奖酬获得后还应引出第三条反馈路线，也回到期望），都是弗鲁姆模型原来就有的。它们分别说明，吃到了奖酬的甜头（体验到满意感）将会提高奖酬的效价，而所投入的努力终于达到了既定的绩效水准必能提高当事者今后重复此过程的把握与信心，因而增大了期望值。

（3）波特与劳勒在努力与绩效之间添进了三项新的因素。一是“能力与素质”，表明只有热情而无真才实学及必要的素质，仍难实现预期的绩效水准。二是“工作条件”，指必要的人力、物力等环境因素对达到预期绩效水准也是不可或缺的因素。三是“角色感知”，这指的是对组织意图与期望的领会，因为所想获得的外在奖酬是直接控制在组织手中的，组织将按照它的标准而不是当事者本人的标准来考核绩效，并据此发给外在性奖酬；即使内在性奖酬可由当事人直接从工作本身中体验和取得，但工作的安排与分派，仍依赖于组织；若对组织意图与期望领会不透彻乃至错误，则虽花了巨大努力，但做出的结果与领导的要求南辕北辙，甚至可能因“好心办坏事”而帮了倒忙，这样，他的绩效当然不会被组织认可，他也得不到向往的奖酬，反而会受罚。

综合模型中增添的最后一个因素，是奖酬与满意感之间的“对奖酬公正性的感知”。从前面的讨论可知，满意感不仅取决于能否得到所想要的奖酬及其质与量，还取决于在对照奖酬分配方式和他所信奉的公平分配价值观时感受到的公平性。

（4）综合模型比其他的激励理论更全面，并且更具实用的指导意义。这种激励的模型较为具体地描述了激励的过程。理论表明，人们在工作中的积极性（激发或受激励程度）不只受到一个因素的影响。因而积极性与影响因素不只是存在简单的因果关系，管理者应通过制订周密的计划，利用目标管理的方法，借助合理的组织结构和明确的工作责任制，把“努力—成绩—报酬—满足”这个有机的过程贯穿到自己的具体管理过程之中去。

它可以为管理者如何改进对下级的激励，提供一个清晰的、系统的、逻辑严密的思考路线。据此模型，要想有效地激励下级，先应明确地为他们设置目标，即向他们讲清期望他们做到什么、达到什么绩效水准；并进而明确宣布达到该要求后，他们的个人目标将能得到怎样的满足。为了提高奖酬在下级心目中的效价，应进行“需要摸底”，使奖酬确实能投其所好。同时不要忘记除了外在性奖酬（保健因素）外，还有一种成本低而有巨大潜在吸引力的内在性奖酬（激励因素）。

为了帮助下级达到绩效标准，要注意给他指导并提供培训，以增进他的能力；同时要帮助他克服实现绩效标准中所遇到的困难，提供必要的工作便利与条件，创造有利的工作环境；此外，还应明确交代好领导的意图、期望与要求。这将不仅有利于他工作任务的完成，而且可增强他对完成任务的信心，即提高他的“努力—绩效”期望值，从而改进对他的激励，形成良性循环。

该模型还提醒管理者，奖酬的分配必须秉以公心，严格按照社会普遍接受的合理公平规范来进行。

6.2 “倍加作用”：关于群体、组织行为的研究

“倍加作用”是来自完形心理学的术语，指“所有组织行为都包含某种人类‘倍加作用’。每一个人，由于其独特的遗传特性和家庭、社会、工作上的经历，都是高度可变而复杂的；当他同其他独特的个人处于相互作用之中时，就更加可变而复杂了”[①]。群体是一个特殊的团体，一方面它是由个体组成的，所以，管理者要了解个体的一般心理和行为；另一方面它是实现组织目标、完成组织任务的基本单位，因而，对于组织的管理者来说，仅仅了解单个的个体心理或在此基础上对个体进行管理或激励是远远不够的，还必须对处在一定群体、组织中个体所表现出的社会心理现象（群体、组

① 丹尼尔·A. 雷恩：《管理思想的演变》，孔令济译，中国社会科学出版社，2002年，第358页。

织环境下个体所表现出的心理和行为）进行研究。个体在群体或组织中之所以会表现出新的心理现象和行为特征，是因为个体被纳入一定的群体或组织之后，个体的心理和行为与群体、组织中其他个体的心理和行为及其形成的群体和组织特征发生了联系。正是基于此，学者们的研究从对孤立的、静态的个体转为与人交往的动态的个人。

值得说明的是，在我国，有的人将群体和组织看做一个概念，有的人则将这两个概念进行了区别。我们认为，一方面，有一些理论无论是群体还是组织都是适应的，另一方面，限于介绍研究的视角，就没必要进行严格的区分了。

6.2.1　卢因的群体动力学理论

在早期研究群体行为的理论中，具有历史意义的是心理学家卡特·卢因（Kurt Lewin，1890—1947 年）所提出的“群体动力学”理论。他出生于德国，1914 年在柏林获得心理学的哲学博士学位。1933 年，他在德国的柏林大学研究心理学，受其同事的完形心理学的观点的启发而发展出一种独创的并富于成果的关于人的行为的“场论”（这也是他的群体行为研究的理论基础）；同年，因纳粹威胁而离开德国，在美国定居。1944 年，他受聘于马萨诸塞理工学院，开展群体动力学的新研究并成为该研究中心的领军人物。他是在社会心理学方面对群体的研究带来革命性变化的人，对今后的群体行为的研究产生了相当大的影响。

卢因认为，个人的心理活动是在一种心理场所或“生活空间”发生的。生活空间包括可能影响个人的过去、现在和未来的一切事件，生活中的这三方面都可能决定任何一个情境下的行为。当然，这样说并不是否定人的行为是由个体的需要决定的，只是说，人的心理和行为依赖于人的包括需要在内的心理环境和周围环境的相互作用。为此，卢因认为，为了预测个体的行为，就必须了解个体在其中完成这种行为的个体需要与全部情境。

正像个体和他的环境形成心理场一样，群体和它的环境则形成社会场。人们结成的群体，不是静止的、不变的，而是处于不断相互作用、相互适应的过程之中的。这像河流一样，表面上似乎是平平静静的，实际上是在不停地流动着，这是一种准停滞平衡，也就是不动之动。群体行为就是一套复杂的具有象征意义的力和相互作用，它们不仅影响群体结构，而且修正个人行为。这样，群体的行为就不是个人行为简单的算术相加，这就必然要产生一种新的集体的行为特征。这些新的集体的行为特征是由什么因素或者是由什么样的力相互作用的呢？这就借用了物理上的场的作用的概念，也就是卢因的场论的由来。

卢因运用“场论”研究了群体行为后，提出了“群体动力”的概念，即包含群体的规范、发展途径、决策模式、群体内聚力的形成等。群体动力理论研究对于行为科学的深入发展有很大的影响。卢因对于影响群体行为的诸多因素（如群体规范、沟通、领导等）都进行了系统的研究，并构成了行为科学有关群体行为原则的基本内容。

6.2.2　关于群体相互作用的研究

由于人们结成的群体不是静止不变的，而是处在不断地相互作用、相互适应的过程之中的，因而，正确分析群体成员间的相互关系，是群体行为研究的一个重要内容。继卢因之后，很多学者对群体的相互作用进行过研究。

社会心理学家雅各布·L. 莫雷诺（J. L. Moreno，1892—1974 年）为分析群体成员的相互关系提出了一种新的理论或分析工具，通常叫做群体成员关系分析法或社会关系测量法。他认为，成员在群体中的相互作用，依赖于彼此喜欢或厌恶的感情或态度；这种态度及其引起的相互作用可以采用数量的方法来进行探索。为了进行分析，莫雷诺把人们相互之间的基本态度分为吸引、排斥和不关心三种。并在此基础上，制定了一种由群体成员自行填报的调查表，填报的内容分为“吸引”、“排斥”、“不关心”三类。要求被调查的群体成员指出他们所喜爱或厌恶的其他群体成员，以及他希望或不希望与哪个群体成员在一起工作。

根据调查所获得的资料，我们就可以绘制出被调查群体的“群体成员关系图”。依照这个图，我们就可以直观地看到，谁和谁相互吸引，谁被谁吸引，谁和谁相互排斥，谁被谁排斥，哪些成员构成凝聚的小集团，谁是这个集团的领袖，谁和谁不关心，谁是孤立者，等等。

另一位心理学家贝尔斯（R. F. Bales）于 1950 年创造了另一种分析群体成员关系的方法，通常被称为相互作用过程分析法。他在对一个群体的决策过程的实验性研究中发现：在一个没有领导人的群体活动中，群体相互作用可以分为两类，一类是群体成员对工作任务的行为，一类是群体成员间相互关系的行为。属于对工作任务的行为有六种：提供建议、指示；提供意见，发表感受；指示方向，重复说明，澄清观点；要求明确方向，核对方向；征求意见和估价；征求建议和指示。前三种行为起正的、促进作用，后三种行为起负的、促退作用。属于群体成员间相互关系的行为也有六种：表现出团结，给以帮助鼓励；讲笑话、诙谐以消除紧张；谅解、赞成、照办；不赞成，表示消极的拒绝；表示紧张，要求帮助；表示对抗维护自己。前三种行为起正的、促进作用，后三种行为起负的、促退作用。

贝尔斯认为，每种可观察到的群体的相互作用，都能归入这 12 种类型中的一种。他应用相互作用分析法，发现群体中发言最多的有两种人，他们各自所起的作用有显著的差异。一种人的发言内容属于提出建议、意见、情报等工作任务方面的内容，这种人发挥着群体任务专家的作用；另一种人是人际关系的专家，他所作出的相互作用较多地属于关心成员的需要，协调成员的关系等方面的作用。尽管某个人能起两种作用，但有时两种作用分别由两个人承担，这样群体的功能会更有效①。

6.3 寻求有效的领导：关于领导行为的研究

在西方，相对来说，对于领导行为的研究比对群体、组织行为的研究要更多、更深入。在组织管理中，什么样的领导者能够提高领导的有效性，什么样的领导行为是

① 小詹姆斯·H. 唐纳利：《管理学基础——职能·行为·模型》，李柱流、苏沃涛、徐吉贵等译，中国人民大学出版社，1982 年，第 240 页。

有效的领导行为，这些问题是领导的核心问题。对这些问题，西方管理学家、心理学家和行为科学家进行了大量的研究。根据研究途径的不同，所提出的领导理论大致可以分为以下三类：特质理论、行为理论和权变理论。

6.3.1　关注素质：特质理论

特质理论，是指研究领导者的素质或个人特性，以期预测什么样的人当领导最合适的一套有代表性的理论。

早在 20 世纪 30 年代，心理学家、行为科学家们就进行了大量的研究，希望发现领导者与非领导者在生理、智力因素，个性倾向或个性品质等方面的差异。美国的行为科学家亨利所提出的领导品质理论就是这种尝试的典型。

1949 年，美国的行为科学家亨利在调查的基础上归纳出一个成功的领导者应具备的 12 种品质：①成就需要强，把工作成就看成是最大的乐趣，置于金钱报酬和职位晋升之上，因此愿意完成艰巨的任务；②干劲大，工作积极努力，希望承担富有挑战性的新工作；③用积极的态度对待上级，认为上级水平高、经验多，能帮助自己上进和提高，因而尊重上级，与上级关系较好；④组织能力强，能把混乱的事物组织得很有条理，能从材料中预料事物发展的动向；⑤决断力强，能在较短的时间内对各种备择的方案加以权衡并做出选择；⑥自信心强，对自己的能力充满了信心，对自己的目标坚信不疑，不受外界干扰；⑦思维敏捷，富于进取；⑧竭力避免失败，并且不断接受新的任务，树立新的奋斗目标，驱使自己前进；⑨讲求实际，重视现实，不去关心不肯定的未来；⑩不能只对上级亲近，而对下级疏远；⑪对父母没有情感上牵挂，而且一般不同父母在一起；⑫忠于组织，尽忠职守[①]。

由于学者们的努力，在确定与领导关系密切的特质方面，得到的结果也相当瞩目。例如，研究发现，领导者有 6 项特质不同于非领导者，即进取心、领导意愿、正直与诚实、自信、智慧和与工作相关的知识。这些成果表明，具备某些特质确实能提高领导者成功的可能性。但是，理论与实践也表明，学者们所发现的特质中没有哪一种特质是领导成功的保证。众多分离领导特质的研究之所以难以取得成功，一个重要的原因是特质理论有一个共同的缺陷，那就是他们都假设领导有效性只取决于领导者个人的品质因素，而事实上，领导有效性还受其他因素的影响。

6.3.2　转向行为研究：行为理论

品质理论研究的是领导者应该是什么样，说明的是一个人成为领导的可能性和基本条件，问题是当我们依照这些基本条件选出领导人后，他们中的许多人没有成为有效的领导者。换句话说，品质理论无法预测出成功的领导行为。于是，研究的重点从发现领导过程中领导者重要的素质是什么，转向到研究领导者的行为，即领导过程中领导者实际上做了什么和怎么做的。正如美国学者斯蒂芬·P. 罗宾斯所说，“由于在特质论的矿山中未能挖掘到金子，研究者开始把目光转向具体的领导者表现出的行为身

---

① 郭咸纲：《西方管理思想史》，经济管理出版社，2002 年，第 247 页。

上，希望了解有效领导者的行为是否有什么独到之处”①。

（1）领导行为四分图理论。最全面且重复较多的行为理论来自于20世纪40年代末期美国俄亥俄州立大学所提出的领导行为四分图理论。研究者为了确定领导行为的独立维度，他们收集了下属对领导行为的描述，并在此基础上对这些描述进行了整理，一开始，他们列出了一千多种领导行为的表现形态，后来，通过逐步概括，将领导行为的内容归纳为两大类，称之为结构维度和关怀维度。

结构维度指的是领导者更愿意界定和建构自己与下属的角色，以达成组织目标。换句话说，这种领导行为以工作为中心，领导者通过设计组织结构，明确职责、权力，确定工作目标与要求，制定工作程序、工作方法与制度来引导和控制下属的行为。关怀维度指的是领导者尊重和关心下属的看法和情感，更愿意建立相互信任的工作关系。换句话说，这种领导行为主要以人际关系为中心，关心和强调下属个人的需要，尊重下属的意见，给下属以较多的工作自主权，注意建立同事之间、上下级之间的互信气氛。

在接下来的研究中，他们按照这两个方面的维度设计了调查问卷，关于“结构”和“关怀”各列举了15个问题，发给企业的职工，由下级来描述领导人的行为如何。结果发现，两方面的领导行为在一个领导者身上可能一致，也可能不一致，它们并不是相互矛盾、相互排斥的。也就是说，领导者可以是单一的结构型或关怀型，也可以是两者的任意组合，具体的组合方式可用领导行为四分图来表示，如图6.2所示。

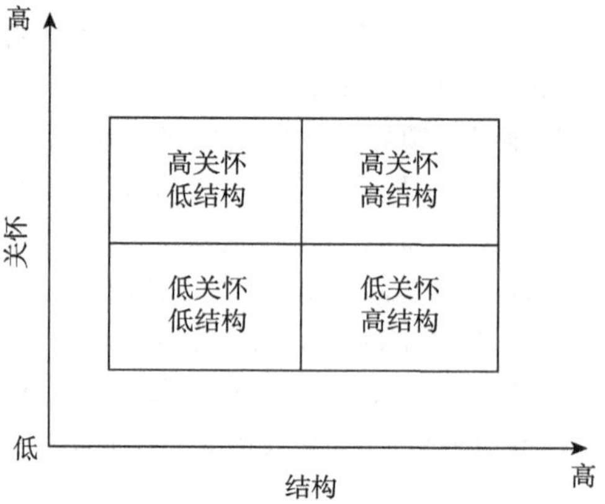

图6.2 领导行为四分图

之后，密执安大学的行为科学家也进行了同种性质的研究，虽然他们命名为面向生产和面向职工，但本质上是一样的。

（2）管理方格理论。沿着俄亥俄州立大学和密执安大学的研究路线，美国得克萨斯大学的两位学者布莱克（Black）和莫顿（Mouton）把领导行为类型理论推向了高峰。在领导行为四分图理论的基础上，他们提出了管理方格理论。他们认为，企业中的领导方式（领导者的实际做法）存在着“对生产的关心”和“对人的关心”这两种

① 斯蒂芬·P. 罗宾斯：《组织行为学》，孙健敏、黄卫伟译，中国人民大学出版社，2001年，第321页。

因素的不同组合，为了表示领导者对生产关心的程度和对人的关心程度的类型差异，他们设计了一个巧妙的管理方格图，如图 6.3 所示。

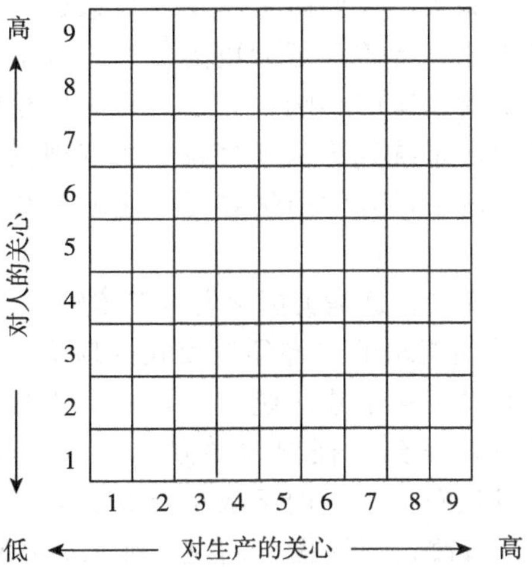

图 6.3　管理方格图

横坐标表示领导者对生产的关心程度，纵坐标表示领导者对人的关心程度。横坐标与纵坐标各划分为 9 个刻度，也就是说，对生产的关心程度与对人的关心程度各划分为 9 个等级。关心生产的 9 种程度与关心人的 9 种程度分别组合，因而有了 81 种组合，形成 81 个方格，每个方格就表示“关心生产”和“关心人”这两个基本因素以不同程度结合的一种领导方式，从而共生成了 81 种不同的领导方式或类型。其中有 5 种典型的结合，表示了 5 种典型的领导方式或类型。

1.1 型方式，表示对人和对生产都不关心，被称为“贫乏型管理”；9.1 型方式，表示对工作极为关心，但忽略对人的关心，被称为“权威型管理”；1.9 型方式，表示领导者对人极为关心，但却忽视工作的进行或效果，被称为“乡村俱乐部型管理”；5.5 型方式，表示领导者既对人关心，也对工作关心，两者兼而顾之，被称为“中庸型管理”；9.9 型方式，表示领导者对人和工作都极为关心，被称为“团队型管理”。布莱克和莫顿根据自己的研究得出结论，9.9 型管理方式的领导者所取得的管理效果最佳。

管理方格理论应用于组织管理中，为领导者正确评价自己的领导行为和掌握最佳的领导方式提供了有效的指南。但是，管理方格理论只是为领导行为或方式的概念化提供了框架，未能提供新信息以澄清领导方式的困惑，并且，也缺乏实质证据支持所有情境下 9.9 型管理方式都是最有效的方式。

总之，对于领导有效性的研究，行为理论将研究的视角从静态的考察领导者的品质转到动态的观察领导者的行为，是一个大的进步；而且，行为理论把许多繁杂的、琐碎的行为概括为对人的关心和对生产的关心，有利于比较清晰、明了地进行分析，也有利于明了工作的方向和内容。但是，行为理论由于忽视了被领导者的特性、忽视了环境的特征，孤立地研究领导者个人的行为，把领导过程看做是领导者个人的活动，必然无法得到科学的结论，无法说明哪一种领导行为方式或作风最好。

6.3.3 应物变化：权变理论

随着领导有效性研究的深入，人们越来越清楚地认识到，为了预测领导成功而对领导现象进行的研究其实比分离特质和行为更为复杂。由于未能在特质和行为方面获得一致的结果，人们开始重视情境的影响，并且对影响领导效果的主要情境因素进行了深入的研究，这些研究的成果统称为权变理论。权变理论认为，一种具体的领导行为、方式、作风不会到处都适用，有效的领导行为应随着被领导者的特点和环境的变化而变化。

(1) 领导的“连续带”模式。这是美国学者坦宁鲍姆（R. Tannenbaum）和施密特（W. H. Schmidt）于1958年所提出的选择领导模式的理论。他们认为，领导方式是多种多样的，这些领导方式形成了一个连续统一体，其中的两个极端是独断型领导方式和放任型的领导方式，从独断型到放任型领导方式，共分为七个等级，它们分别是：一切由领导决策而后向下级宣布；领导向下级推行其决策；领导提出主意并征询下级意见；领导提出决定但可以修改；领导提出问题，征求并接受下级意见再作决策；领导提出限制条件让小组具体决策；领导容许下级在规定的范围内自由行动，如图6.4所示。

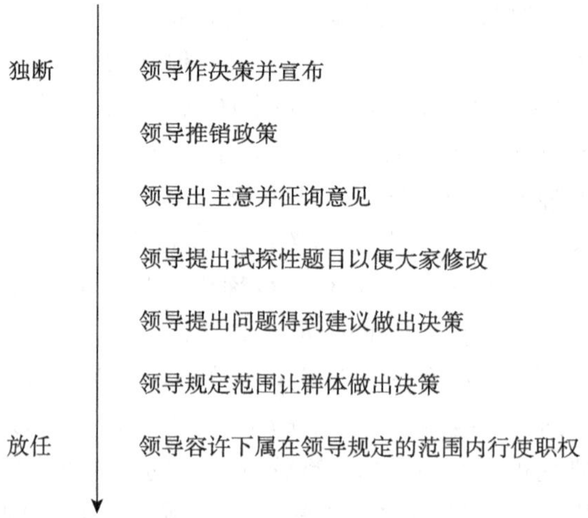

图6.4　领导连续体频谱带图

从连续体所提供的频谱带中选择领导方式，必须运用权变的观点，结合行为中的灵活性，审时度势，来确定其在连续带的位置，选出合适的领导方式。

(2) 领导-参与模型。这是由行为科学学家佛隆和耶顿于1973年提出的理论。它与连续带模式相似，它认为，一共有五种不同的领导方式，其中两种属于专制决策型，两种属于协商决策型，一种是领导者与下属共享职权和责任型。领导者究竟选用哪一种领导方式，取决于八种情境因素：决策质量要求；领导者的信息；下属的信息；决策问题的结构；下属对决策的承诺是否重要；下属承诺概率；目标一致性；下属意见冲突。

综上可见，领导-参与模型认为领导行为应该根据环境的需要而随时变动，要根据问题的性质、决策的时间要求、掌握信息资料的情况、需要职工合作的程度等条件来决定领导的民主程度。

(3) 领导生命周期理论。这个理论是俄亥俄州立大学的卡门（Karman）首先倡导的。它的要点是：不仅要考虑领导者的风格，而且要考虑下属的成熟度，领导者的行为要与被领导者的成熟度相适应，随着被领导者成熟度的逐步提高，领导者的行为也应做相应的改变。

生命周期理论运用了与管理方格图相类似的分类，将领导行为分为工作行为和关系行为两方面，又将这两方面分别分为高、低两种情况，从而得出了四种特定的领导行为：命令、说服、参与和授权。

命令（高工作-低关系）：领导者告知人们做什么，如何做，在何时、何地去完成不同的任务。它强调指导性行为，通常采用单向沟通方式。说服（高工作-高关系）：领导者既能提供指导性行为，又能提供支持性行为，领导者除向下属布置任务外，还与下属共同商讨工作的进行，比较重视双向的沟通。参与（低工作-高关系）：上级极少进行命令，而是与下属共同决策，领导者的主要作用就是促进工作的进行和沟通。授权（低工作-低关系）：领导者几乎不提供指导和支持，通过授权鼓励下属自主做好工作。

生命周期理论认为，"高工作-高关系"的说服领导不一定经常有效；同样，"低工作-低关系"的授权领导也不一定经常无效，关键是要看下属的成熟度如何。所谓下属的成熟度，是指人们有意愿和能力完成某项特定任务的程度，包括责任心、成就感、工作经验、教育程度等。其可分为四个等级：不成熟——人们不能也不愿负责任去做任何事，无能也无自信；初步成熟——人们不能胜任，但是愿意承担必要的工作任务；比较成熟——人们能够做但不愿意听从领导的指示；成熟——人们既能胜任也愿意完成对他们提出的任务。

随着下属由不成熟走向成熟，领导行为应按照下列顺序逐步转换：当下属的成熟度处于不成熟阶段时，领导宜采取命令领导方式，即以单向沟通方式向下属规定任务（干什么和怎么干）；当下属的成熟度进入初步成熟阶段时，领导宜采取说服领导方式，即以双向沟通方式相互交流信息、相互支持；当下属进入比较成熟阶段时，领导者的任务行为要减少、放松，关系行为要加强，即参与领导最为有效；当下属发展到成熟阶段时，领导宜采取授权领导方式，即领导给下属以权力，领导只起监督作用。

➢本章提要

1. 动机是导致人的行为的直接原因，是引起某种行为，维持该行为并将该行为导向一定目标的心理倾向或动力。所以，要思考个体行为，就不得不深入地研究人的动机心理过程的客观规律。正是从影响人的动机的心理过程的诸多因素出发，行为科学家们从不同的角度提出了自己的激励理论，这些激励理论主要有：马斯洛的需要层次理论，阿尔得夫的生存、关系及成长理论，麦克莱兰的成就需要理论，麦格雷戈的 X 理论和 Y 理论，赫茨伯格的双因素理论，弗鲁姆的期望理论，亚当斯的公平理论，波特和劳勒的综合激励模型。

2. 对于组织的管理者来说，仅仅了解单个个体动机的心理过程并在此基础上对个体进行激励是远远不够的，因为，个体被纳入一定的群体或组织之后，个体的心理和行为与群体、组织中其他个体的心理和行为及其形成的群体和组织特征发生了联系。正是由于个体在群体或组织中会表现出新的心理现象和行为特征，所以，行为科学学家们又对群体或组织条件下人的行为的动力进行了研究。卢因的群体动力学理论就是其中最典型的代表，继卢因之后，很多学者对群体的相互作用进行过研究。例如，雅各布·L. 莫雷诺提出了群体成员关系分析法或社会关系测量法理论，贝尔斯创造了相互作用过程分析法理论。

3. 领导的有效性是组织成败的关键，领导者身负重任，其特殊的心理机制，不仅影响到个人工作的成效，更影响到部属和群体作用的发挥乃至整个组织的行为和绩效。正是因为如此，西方管理学家、心理学家和行为科学家对领导行为进行了大量的研究。由于研究视角的不同，所提出的领导行为理论也各不相同，但大致可以分为以下三类：特质理论、行为理论和权变理论。

➢本章主要参考文献

布莱克 R，莫顿 J. 1986. 新管理方格．孔令济，徐吉贵译．北京：中国社会科学出版社．

赫尔雷格尔 D，斯洛克姆 Jr J W. 1988. 组织行为学．余凯成，黄新华，陈儒玉等译．北京：中国社会科学出版社．

孔茨 H，奥唐奈 C，韦里克 H. 1987. 管理学．黄砥石译．北京：中国社会科学出版社．

马斯洛．1987. 动机与人格．许金声，程朝翔译．北京：华夏出版社．

马斯洛等．1987. 人的潜能和价值．载：林方．人本主义心理学译文集．北京：华夏出版社．

➢思考讨论题

1. 试分析影响人类动机的心理过程的因素。

2. 如何从人的动机的心理过程的引起和维持出发演化出所有的激励理论？

3. 个体心理、群体心理或组织心理、领导心理的理论分别提出了什么问题，它们又是如何解答的？

4. 领导有效性理论为什么会从特质理论过渡到行为理论，又为什么会从行为理论过渡到了权变理论？

第三篇

雨季丛林：现代管理思想的繁荣

自20世纪50年代以来，管理治道变革，已加速从近代化向现代化和后现代化迈进。与其相适应的是，管理思想也在回应信息社会、知识经济、经济全球化等日益明朗的社会主流特点及其管理诉求中，生发出“理论丛林”。

“理论丛林”之说，源自美国管理学者孔茨（Harold Koontz）。1961年，他在美国《管理学会杂志》第3期上发表的《管理理论的丛林》（*The Management Theory Jungle*）一文中，提出当时的“丛林”中有6个学派，即管理过程学派、经验或案例学派、人类行为学派、社会系统学派、决策理论学派和数学学派。1981年，他又发表《再论管理理论的丛林》，认为“管理的理论和科学远未成熟，继续生长的管理丛林中的流派在原有的基础上，人类行为学派变成了人际关系学派和群体行为学派，管理过程学派变成了经营管理理论学派，且新增了社会技术系统学派、系统学派和管理者工作学派，从而达11种之多”①。

鉴于人际关系、群体行为的理论已在行为科学理论中论及，鉴于孔茨等力主的系统理论和权变理论不是独立的学派，且领导理论可以纳入经营管理理论的观点，我们在本篇中主要从各个流派的思想内容出发对理论丛林予以分类阐述。相应地，我们把现代管理思想理论丛林分为四类，即管理职能论、管理系统论、管理机制论和管理科学论。各论中包括一些相关的流派及其理论观点。有些流派处在变动中，尚不完全成为体系，则未予论及。

---

① 毛蕴诗：《管理原著选读》，东北财经大学出版社，2001年，第226页。

一般而言，对于社会组织中人力、财力、物力和信息等资源有效配置的管理行为，虽然受到经济、社会、文化、政治等方面的因素及其相关体系的影响而使管理主体的所思所为难得有既定的答案。但是，一些著名的管理学家在传统的科学管理理论、古典组织理论和行为科学理论的基础上，回应信息时代、知识经济时代信息广泛交流、技术广泛运用和经济全球化日益明朗的社会主流特点及其管理诉求，阐释并倡导出若干重要的管理思想，提出了若干有价值的议题。总体上看，它们充满了创新的理念，展示了独到的洞察力，让人们能借助其慧眼看到管理学术界面对管理创新的多视角积极探求姿态，以及管理实践中竞争与合作相互交融的卓越战略。我们认为，20 世纪 50～80 年代初的西方管理思想，较好地弘扬了应用管理学、理论管理学和实验管理学的传统，阐释并兼容了日新月异的管理界的经验和智慧，各种学派林立，生长出现代管理的“理论丛林”。

在现代管理理论丛林中，各个流派各有特点。以穆尼(J. D. Mooney)、孔茨等为代表的经营管理职能学派注重了管理的运作过程及其职能发挥。以巴纳德、约翰逊等为代表的管理系统学派，在吸收了人际关系理论中的组织观，借鉴了系统论、控制论、信息论、耗散结构论、协同论、突变论的成果的基础上，从人本理念出发探讨了正式组织协作系统中的要素整合。巴纳德还在系统运作的视野中关注了经理人员在组织中的角色问题。约翰逊等探讨了企业经营中的系统分析和系统管理。

有些学者在上述流派基础上，试图从实证经验的角度拓展管理学的视野。在这方面，西蒙等探讨了管理运作中的决策机制，其包含决策的含义、分类、组织、准则、程度、方法和信息等，从而形成了决策理论学派。德鲁克分析了管理者的境况和思维习惯后提出了目标管理等有效管理的主张，戴尔（Ernest Dale）倡导了比较管理的方法，斯隆分析了大型企业组织构建中的集权与分权。这三人的主张，旨在对管理者成败的检验和分析中找出有效管理的技巧。他们的研究，加上福特、纽曼等对大型组织经营管理经验的研究探讨，共同形成了经验主义学派。明茨伯格、乔兰(I. Choran)、科斯廷（A. A. Costiro）、萨尔宾、艾伦等从提高效率着想，以对经理（负责人）所担任角色的分析为中心来考虑管理者的职务和工作，逐渐形成了经理角色学派。其中，明茨伯格对经理角色的论述颇有影响。他阐释了经理工作的特征，辨析了经理职务的类型和角色，并在此基础上提出了经理工作的目标和效率举措。菲德勒（Fred E. Fiedler）和卢桑斯(Fred Luthans) 另辟蹊径，试图依托环境因素和管理思想及管理技术因素之间的变数关系，确定一种实用的权变的组织结构领导模式及其他的管理理论和方法，以便让管理的理论与实践联系得更紧一些。特别值得一提的是，随着运筹学的发展和应用及信息技术的发展与电脑在企业管理中的应用，注重数理分析和电脑运用的管理科学学派崛起。在这个学派中，众多的代表人物探索了生产管理、跨国公司、城市交通、能源利用、计划编制诸领域中的定量分析和信息技术的应用等问题，指出管理或决策制定可以多少借用数字符号和关系式来表达，从而推动了现代管理的数字化。

仔细阅读上述学者的作品，不难发现，各个学派在互相借鉴的同时，涉及了管理的职能、系统、机制和科学化等重要的方面，但各个学派也有自身的不足之处和相互之间的混淆之处，以致在某些方面有思想纠缠的情形。因此，有学者指出，对于这些学派或思潮，“宁可将其视为工具，而不是学派”[①]。

尽管“理论丛林”受到西蒙等学者的否定，但管理学派林立的状况却有增无减，而且各学派的思想间还有分歧和冲突。理论分歧的原因，涉及管理背景和学者的认识论、方法论基础等，孔茨概括出五点：①组织、领导、管理决策制定等术语的用法及含义造成的“语义学丛林”；②对管理这门知识所下定义的分歧；③先验的假设；④对原理的误解；⑤学者的交流欠缺。

可喜的是，从 20 世纪 90 年代以来，各种管理理论迅速从若干方面发散与整合，呈现出穿越“丛林”的管理视野和路径，并有趋于交流、融合与创新的态势。

① 丹尼尔・A. 雷恩：《管理思想演变》，李柱流、肖聿译，中国社会科学出版社，1997 年，第 456 页。

第 7 章

继续法约尔的思考：管理职能论

现代西方管理思想出现“理论丛林”的繁荣景象，是因为各个流派探讨的领域、使用的方法和追求的目标不一，从而形成若干理论。管理职能学派无疑是其中的代表之一。这个学派是继古典管理理论学派和行为科学学派之后影响最大、历史最悠久的一个学派。其代表人物主要有法约尔、穆尼和孔茨等。其中，法约尔的著作《工业管理和一般管理》奠定了管理职能学派的基础。继法约尔之后，孔茨在《管理学原理》中把管理的各项职能划分为计划、组织、人事、指挥、控制，并强调管理的概念、理论、原则和方法，进而构架起了完整的管理职能理论。而穆尼则从组织的内涵和特性出发，对组织和管理进行了阐述，并分析了管理过程中的三个原理。管理职能学派还有其他一些代表人物，如纽曼、戴维斯（Ralph C. Davis）、丘奇等，其主要观点是对管理的过程和管理的职能进行重要的补充和说明。

7.1 在巨人的肩上开始起步：管理职能学派

管理职能学派，又译为管理过程学派或经营管理学派，主要致力于研究和说明“管理人员做些什么工作和如何做好这些工作”，侧重说明管理工作实务。管理过程流派吸收其他管理学家的思想和主张，不断丰富各项管理职能的内容，具有广泛的影响。其代表人物和代表作主要有：法约尔的《工业管理与一般管理》；穆尼的《组织原理》；孔茨的《管理学原理》；纽曼的《管理过程：思想、行为和实务》；戴维斯的《工业组织和管理》。他们试图对管理过程及其所显现出的管理职能予以探求，以便概括出管理的理论、原则和方法。

无论是法约尔、穆尼，还是孔茨、纽曼和戴维斯，他们在研究中基本上都认为，管理可以假设为一个通过计划、组织、指挥和控制诸因素来协调有关的资源以达到组织的既定目标的过程；在这个过程的若干环节中，管理者的职能和技能应有所不同，且可以分解；把握这些职能和技能，应当可以总结出一些基本的管理原理和规则。基于此，他们把管理过程中管理者的职能大致划分为：①计划，即选择目标，并确立实现这一目标的步骤、内容和方式；②组织，即构架起一个具备一定的人力、物力要素的机构，并配备一定的职位、权力和责任；③实施，即选人用人，领导指挥，执行与激励、协调；④控制，即对计划完成情况予以评估，并及时反馈纠偏，确保计划目标的实现。有的学者还对管理职能的运作进行了相当细致的研究，涉及管理职能的结构、内容、价值取向、技术要求、影响因素及实施中可能出现的优劣之处。

在这一流派中，法约尔是公认的学派创始人，穆尼从管理过程详细描述了组织理论，孔茨则把管理的各项职能划分为计划、组织、人事、指挥和控制。

7.2 对组织原理的补充：穆尼的组织原理

穆尼，美国管理学家，1908 年毕业于凯斯学院，获采矿工程学位；1920 年进入通用汽车公司，逐步升迁至通用汽车公司副总经理、通用汽车出口公司总经理；1942 年转任美国海军航空局局长；第二次世界大战结束后，又担任过威利斯汽车公司的董事长兼总经理。根据其工业管理和经商的丰富经历和体验，他与艾伦·赖莱合著了《组织管理》(1939 年)，该书于 1947 年和 1954 年经过两次修订。在该书中，穆尼主要从事了管理的组织原理分析。他从组织含义的界定出发，对组织和管理予以充分的说明，并在此基础上按职能管理学派通常的方法论证、分析了管理过程中的协调原理、阶层原理和职能原理，从而系统地表述了他的职能管理思想。

7.2.1 “组织”的内涵和特性

穆尼认为，当人的目标和目的过于庞大或过于多样化而不是单独一个时，组织就出现了，组织就意味着秩序，因此“组织”是某些人群联合以利于达到某种共同目标的形式。具体地讲，第一，组织是一种“纯粹的过程”，对人来讲这意味着谁是做这种事的人，以及做这种事的目标和目的何在。要对这种情况进行研究就意味着要研究组织的内容结构。第二，组织是管理机构，即管理过程和相关职能。第三，一方面组织是从属于管理的，是管理得以实现的手段和方法。但是从另一方面讲，一项管理工作得以实现以前必须有管理组织的存在。第四，组织还必须包含一种恰当的、仔细的分工，以便管理能有效地对各种有关的努力进行协调，从而履行组织的管理职责。

穆尼还阐述了管理在组织中的作用。在他看来，管理是指挥协调和控制组织的计划和程序的过程，人是在管理中发挥作用的，没有管理就没有人的作用。他用灵魂和肉体比喻组织和管理之间的关系。

7.2.2 组织原理

(1) 协调原理。协调是指人们为了达到共同的目标而结成互相合作的意志去行动的过程。为了实现协调，就必须有某种形式的集中的权威。权威是与领导和能力相区别的。领导必须行使权威，能力则是做某事的才能，这种能力可能是个人或者组织共同拥有的。组织的基础是拥有利益和目标，它包括相互的合作和帮助，这样一来，所有的成员都必须对组织的目标有明确的了解。管理者的主要职责就是应该为了全体成员了解目标提供必须的条件和环境，在指挥、接受、服从等活动开展协调。协调还包括纪律，即有权力的当局者给全体成员规定的纪律以及管理者的自律。

（2）阶层原理。组织之中的成员按其不同的权利和责任的不同程度在承担责任方面分成不同的层次，对于各种不同规模的组织来讲都是适用的。阶层原理最主要的基本点就是管理者和被管理者的上下级之间的关系。在阶层中，处于较高地位的管理人员将部分权力授予较低地位的管理人员，并同时使他们产生相应的责任，下级就能完成工作并对上级承担应有的责任；上级不能干预下级在责任范围内的正常行使权力的活动，除非收回权力。但是完成这种任务的最终责任，最高领导者是无法推卸的。这样就会出现自上而下的授权过程。组织中的高层管理人员，不愿或根本不授权，在小企业中这种现象表现强烈。组织发展扩大后，如果再不进行授权，组织的管理者将面临着巨大的工作量，影响组织的工作效率。在他看来，拒绝授权和滥授权都是错误的。

（3）职能原理。穆尼把职能分为三种：决定性职能、应用性职能和解释性职能。在强调职能主义时，他认为：为了和谐地进行工作，必须确切规定任务；只有真正地理解了整体的目标才能实现积极的和谐；组织者要注意各项任务的相互关系，组织者必须在阶层体系中纵向地工作，而管理者应该横向地工作。穆尼还阐释了直线职能和参谋职能的相互关系。在他看来，参谋职能以专业知识为基础向直线职能的人员提供建议；直线职能的人员在决策时可以采用或有权选择这些建议。参谋人员从来不作决策。参谋职能主要包括：①收集并传递信息；②提供建议，包括提出思想和提出新理论；③督促工作的进行。

7.3　纵论管理职能：孔茨的管理职能论

孔茨，美国管理学家，曾任美国管理学会会长和加利福尼亚大学管理学院名誉教授。其主要著述有《管理学》、《管理理论的丛林》、《走向统一的管理学》和《再论管理理论丛林》等。《管理学》一书是其代表作。在该书中，孔茨阐释了管理的内涵、理论、原则和方法。他认为：管理是一个过程，是一门科学，也是一种艺术；管理的基本职能有五项，即计划、组织、人事、指挥和控制；协调贯穿于管理始终，不应是管理的基本职能之一，而应是有效行使管理的五项职能的过程和结果。这些论述，大大地促进了现代管理的精细化。

7.3.1　突出政策的作用：计划

孔茨认为，计划是五项职能中最基本的职能，它涉及的问题是要在未来的各项行为过程中做出抉择，其他各项职能都必须反映计划职能的要求。在孔茨看来，计划的内容应涉及：①目的和任务。目的是生产和销售有经济价值的商品和劳务，任务是社会赋予企业的基本职能。②目标。这是指活动所要达到的结果。③策略。它表示一种总的方案、工作部署重点和资源的利用方法，并依次全面地实现目标。④政策。它表现在计划中的文字说明或协商一致的意见，以此指导或交流决策过程中的思想和行动。⑤程序。它规定处理未来活动的理性方法和程序。⑥规则。它根据具体情况规定采取或不采取某种行动，但不规定时间顺序。⑦规划。它是为了实现既定方针而必须有的目标、政策、程序、规划、任务安排、工作步骤、所用资源及其他要素的复合体，通常要有资金和预算的支持。⑧预算。它是用数字表示的一种预期效果的报告书，可以叫做数学化的规则。

孔茨指出，计划职能的目标在于：应付不确定性和变化带来的问题；把注意力集中于企业的目标；使经营更为合理，便于控制。为此，计划工作的步骤应包括以下几个方面：估量机会；目标；考虑计划工作的前提；确定选择的方案；根据所要达到的目标对各种被择方案进行比较；选择方案；制订辅助计划；通过编制预算使计划定量化。上述步骤可如图 7.1 所示。

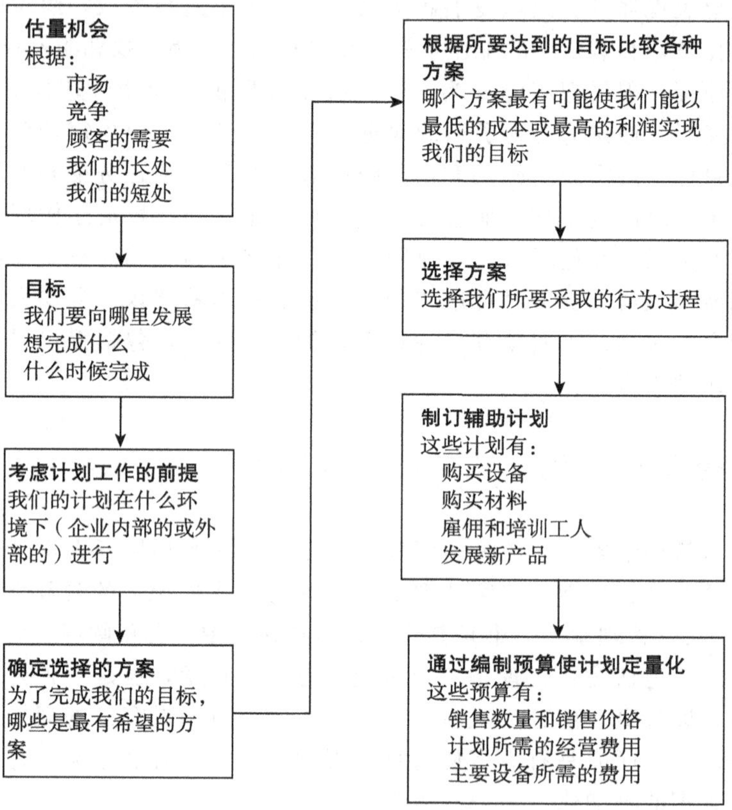

图 7.1 计划工作步骤图

资料来源：李兴山：《西方管理理论的产生与发展》，中共中央党校出版社，2009 年，第 147 页。

7.3.2 完善授权原则：组织

组织职能的目的是为了设计和维持一种职能机构，以便人们能为实现组织的目标而有效地工作。组织结构必须反映企业的目标和计划、管理人员可利用的职权、企业所处的环境条件，同时配备恰当的人员。组织中的部门指的是企业中某些管理人员为了实现规定的任务而有权管辖的一个特殊的领域、部分或分支。对于组织中直线机构和参谋机构的职权关系，孔茨认为，正确的方法是根据上级是否对下级直接行使指挥和监督权的分级原则来划分直线机构和参谋机构。其中，直线机构指的是上级对下级有直接指挥和监督权的机构；而参谋机构只是起咨询和顾问作用的机构。相对于直线机构来说，参谋机构起从属和辅助作用。至于管理中的授权，孔茨认为，授权必须遵守以下原则：①只能给有能力达到预期成果的管理人员授权；②明确划分每个部门的职能权限；③明确划分等级系列及每一等级的职权范围；④管理层次原则；⑤统一指挥原则；⑥职、权、责相对称原则。孔茨还提出，为了组织职能的有效发挥，必须克服组织中的一些缺陷，如不能恰当地拟订计划、不想授权下级和授权没有节制、权责不明确、滥用职能权力、多头领导等。

在该书中，孔茨概括了健全组织工作的 15 条基本原则：①目标一致原则；②效率原则；③管理幅度原则；④分级原则；⑤授权原则；⑥职责绝对性原则；⑦权利和责任对等原则；⑧统一指挥原则；⑨职权-管理层次原则；⑩分工原则；⑪职能明确原则；⑫监察部门和职能部门分设原则；⑬平衡原则；⑭灵活性原则；⑮便于领导原则。

7.3.3 增加管理人的职能：人事

人事职能包括对员工的选择、雇用、考评、储备、培训和其他一些有关工作。关于对员工进行选择的测验方法，常用的有以下四类：①智力测验；②熟练和适应性测验；③职业测验；④性格测验。关于对员工的考评，多年来一般采用个人品质和工作特征的标准来评价员工，特别是管理员。其中包括与人友好共事的能力、领导能力、分析能力、判断力、首创精神、业务知识、完成任务的能力、生产成果和节约费用的情况、计划和指令的执行情况等。除了按个人品质和工作特征对员工进行评价外，还可按目标的完成情况进行评价，这主要用于目标管理中。

此外，孔茨还提出了一种对管理人员进行评价的方法，即将管理的职务进行分类，然后用一系列的问题来说明每一种职能。这些问题要能反映管理工作的各种职能范围内的最主要的基本内容。他还认为，在对管理人员考评的基础上，要做好对管理人员的储存和培训工作。可以用一种储存图来表示和计算整个企业所需的管理人员及在职人员提升的可能性。培训管理人员的主要措施有灵敏性训练、组织发展、组织行为的修正、内部讨论、委托高等院校或管理学会进行培训等。

7.3.4 指挥也是协调：指挥

指挥就是引导下级人员有效地领会和出色地实现企业的既定目标。因此，要领会指挥和领导的性质，就要先考察企业的目标和人的性质。企业的目标是生产某种产品和劳务。以往许多管理学家对人的性质提出了种种假设理论，如麦格雷戈的 X-Y 理论，沙因关于经济-理性人、社会人、自我实现人、复杂人的假设等。在此基础上，孔茨也提出了关于人的性质的假说：①自己的个人事务是人们关心的主要事务，但是当人们自己取得成就以后，就会因别人取得成绩感到高兴。②如果利益超过代价，那么个人就会为了满足自己的基本需要而工作。由于个人要求带有复杂的性质，员工工作的目标在一天中可能变化多次，有时是为经济上的需求，有时是为了自我实现。③个人是能够受人引导的，可以通过许多方法说服别人受人领导，但这些方法必须按照人们的需要经过选择调整并在时间上安排好。④个人既有一种社会环境中生活和工作的要求，又有独自工作和生活的要求，这两个方面恰当地存在于人的基本性质之中。⑤由于人的需要是单独一个人无法满足的，所以个人会促进创建组织，如政府、学校、宗教、经济组织等。⑥人与人之间是有差别的。每一个人的性质在不同时间和地点会有不同的表现。⑦个人能够应付对自己全部能力的挑战。

孔茨指出，领导工作有三个基本原则，即指明目标、协调目标、统一指挥。他认为，领导一般可解释为影响力，或对人们施加影响的艺术或过程，从而使人们心甘情愿地为实现团体目标而努力。因此，领导艺术大致可分为：①了解人们在不同时期于不同条件下具有不同的激励因素的能力；②鼓舞人们士气的能力；③按照某种方式去形成一种环境，以便使人们对激励做出反应的能力。他还提出，信息交流也是指挥与领导职能的一个基本要素。

7.3.5 十个手指弹钢琴：控制

控制职能就是按照计划标准，衡量计划的完成情况并纠正计划执行中的偏差，以确保计划目标的实现。在某些情况下，控制职能可能导致制定新目标、提出新计划、改变组织机构、改变人员配备、在指挥和领导方法上做出重大的改变等。控制职能在很大程度上使管理工作成为一个封闭的系统。

在孔茨看来，控制职能涉及很多事项，可以归纳为以下几个方面：①保证实现计划的目标。控制的任务是发现偏离于计划的误差，采取措施纠正偏差，使组织行为和管理方式步入正轨，从而保证组织目标的实现。②控制要针对未来。控制应该尽可能地建立在预见或者前瞻的基础上，而不应该建立在反馈的基础上；应该尽量地预测将要发生的问题并采取妥当的方法将其消灭，而不应该在事情发生了以后才提出解决问题的方法。③控制的职责要明确。要明确管理人员应承担职责的范围和强度。④控制要讲求经济效益。管理人员在选择管理方法和技术时，在处理事情时要注意选择最节约的方法，要懂得用最小的代价换取最大的收获，用最简单的技术来达到最有效的管理控制的目的。⑤尽可能采取直接控制。管理人员组织内部的层次越高，采取间接管理的方式就越少，因此一般来讲，管理人员应尽可能地采取直接管理的方式而非间接管理的方式。⑥控制必须有适当的组织来保证。组织机构是控制的载体，控制机构明确才能有利于控制行为的实施。⑦控制必须采用适合具体人员的技术和信息。各种控制技术和信息对不同的控制人员来讲有不同的作用，因此不同的控制技术和信息是管理人员赖以控制和管理的基本手段，而且应学会因人而异。控制必须有客观的、精确的和适合的标准。⑧控制必须抓住重点。善于抓关键点才能充分地体现领导控制的艺术。⑨控制必须灵活。管理和控制最忌讳的就是教条和死板，必须注意例外情况。⑩发现偏差后必须及时行动进行纠偏。

➢本章提要

1. 穆尼的组织原理和孔茨的管理职能论，是管理职能学派继法约尔的管理职能理论之后的代表理论。

2. 穆尼认为，“组织”是某些人群联合以利于某种目标的形成，组织是一种“纯粹的过程”，组织由管理机构、管理过程和相关职能等来体现，是管理得以实现的手段和方法。因此，管理在组织中的作用非常重要。穆尼从管理过程描述和分析了组织现象，提出了协调原理、阶层原理和职能原理。

3. 孔茨在《管理学》中指出，管理工作是一门艺术更是一门科学。管理的基本职能有五项：一是计划职能，它是最基本的职能，涉及在未来的各项行为中做出选择，其内容包括目的、任务、目标、政策、策略、程序、规则、规划和预算等；二是组织职能，它是为了设计和维持职务、职能的机构，其运作架构和机制使人们为实现组织目标而有效工作；三是人事职能，它主要是对员工的选择、雇用、考评、储备、培训以及其他的一些有关工作；四是指挥职能，就是领导人引导下级人员有效地领悟和出色地完成企业的既定目标，而领导工作有指明目标、协调目标、统一指挥三个基本原则；五是控制职能，就是按照计划标准，衡量计划的完成情况，评估其绩效并纠正计划中的偏差。其他一些学者对职能运作的细致研究，涉及管理职能机构、内容、价值取向、影响因素等，对管理过程和管理职能理论做了很好的补充。将孔茨五项职能与法约尔的理论比较，可见孔茨是在法约尔的基础上继续的前行。他着重提出组织的人事职能，在计划职能中突出了政策、策略的因素，对组织职能中的授权原则进行了分析和规范，将协调归属于指挥职能之下，如此等等，都有时代变迁、思想家进步和管理发展的印记。

➢本章主要参考文献

法约尔 H. 1982. 工业管理与一般管理．周安华，林宗锦，展学仲等译．北京：中国社会科学出版社．

孔茨 H，韦里克 H. 1993. 管理学，郝国华，金慰祖，葛昌权等译．北京：经济科学出版社．

毛蕴诗．2001. 管理学原著选读．大连：东北财经大学出版社．

➢思考讨论题

1. 简述穆尼的组织原理中的“组织”的内涵及其特性。
2. 简述穆尼的组织原理在现实中的意义和运用。
3. 孔茨的计划职能的内容是什么？

第8章

在系统的空间思考管理：管理系统论

管理系统学派是当代西方较早出现的一个管理理论学派，其他一些管理学派都与其有着密切的联系。它从社会学的观点来研究管理，并引入社会心理行为的分析方法。该学派把企业组织中人们的相互关系看做是一个协作的社会系统，把企业组织这个整体置于更大的整体——社会中，进行组织运作及机理的分析。管理系统论的特点就是对组织的本质（组织中人的行为）进行描述性分析，并把决策作为主要的研究对象。管理系统论的创始人，美国管理学家切斯特·巴纳德（Chesler Barnard）首倡社会系统观及其分析方法，他在对组织的含义进行分析的基础上，提出正式组织的协作系统包括协作意愿、共同目标和信息沟通三要素。他还对组织的平衡问题进行了详细阐述。基于对组织协作系统本质与特征的分析，巴纳德提出了关于经理人员职能的主张。约翰逊等则在系统科学理论的基础上提出了企业系统管理理论，他们对系统观点、工商企业系统、系统分析、系统管理等给予翔实诠释，由此引入并展开了科学意义上的现代管理系统分析。

8.1 管理是个大系统：管理系统学派

管理系统学派，其代表人物和代表作主要有：巴纳德的《经理人员的职能》；约翰逊的《系统理论与管理》；西蒙的《管理行为》和《管理决策的新科学》；德鲁克的《有效的管理者》、《管理——任务、责任、实践》和《创新与企业家精神》；卢桑斯的《管理导论：一种权变学说》。这一学派试图以社会心理行为分析的方法切入管理领域，把企业组织行为作为一个由相互联系的各个部分构成的整体，并把企业组织这一整体置于同社会这一更大整体的相互联系中，从而开展对组织运作系统及其机理的深入分析。在这一学派中，巴纳德首倡社会系统观及其分析方法，但真正的现代系统分析却是在系统科学理论成熟的基础上由约翰逊等引入并拓展的。

8.2　组织协作系统论：巴纳德的观点

巴纳德，管理系统学派的主要代表人物。他出生于 1886 年，1906 年进入哈佛大学经济系学习，三年内以优异的成绩学完全部课程，但因缺少实验科学学分而未获得学士学位。1909 年，巴纳德进入美国电话电报公司统计部工作，开始了他管理工作的职业生涯。巴纳德不仅是一位优秀的企业管理者，他还是一位出色的钢琴演奏家和社会活动家。他曾经担任过巴赫音乐学会的主席；帮助美国原子能委员会制定政策；在 20 世纪 30 年代大萧条时期担任新泽西州减灾委员会总监；1942 年，巴纳德创立了联合服务组织公司并出任总裁；1948～1952 年担任美国洛克菲勒基金会董事长。巴纳德在漫长的工作实践中，不仅积累了丰富的经营管理经验，而且还广泛地学习了社会科学的各个分支。1938 年，巴纳德出版了著名的《经理人员的职能》一书，被誉为美国现代管理科学的经典之作。1948 年，巴纳德又出版了另一重要的管理学著作《组织与管理》。巴纳德的这些著作为建立和发展现代管理学做出了重要贡献，也使巴纳德成为管理系统学派的创始人。

8.2.1　组织的含义

在巴纳德之前，人们把组织当成一种僵硬的结构，只注意到组织中的职责、分工和权力结构等，是比较机械和孤立的。巴纳德在给组织下定义时，是从个人出发的，他论及组织，试图阐明组织的本质，这与只探讨职务分化以及部门化原则的传统组织者不同。在巴纳德的组织定义中，包括以下一些含义：

第一，组织是由人的行为构成的系统。传统的组织论研究的是组织的形式部分，而巴纳德认为组织的本质是人的行为。所以，他的组织概念是探索人的行为这一组织的本质，而不是探索组织的形式部分。

第二，组织是一个系统。巴纳德认为无论是单纯的还是复杂的组织，常常是得到调整的人的行为的客观环境。组织中的人的活动都是围绕着一个共同目标而进行的，并且协调形成一定的相互关系，从而构成一个合乎目的的行为系统。在这个系统中，个人的、局部的行为和整体要求、利益相互制约，以使众多的、复杂的人的目标和行为能够在整体目标的协调下统一起来。

第三，组织是动态和发展的。组织既然是系统，那么系统的特性也就是组织的特性了。系统是由各个部分按一定的方式相互联系起来的一个整体，当一个部分同其他部分的关系发生变化的时候，作为整体的系统也要发生变化，所以说组织是变动的。

第四，组织既是整体，又是“协作系统”的一部分。“协作系统”就相当于企业，由组织子系统、物质子系统、人员子系统及社会子系统构成的一个具体的整体（图 8.1）。组织是“协作系统”中的一个子系统，而且是一个起核心作用的系统。协作系统以组织为核心，通过物质系统、社会系统、人的系统构成一个复合的整体。组织是整体的一部分，它从协作的目的出发，给其他各个系统以价值，并通过组织的活动对它们进行管理。物质系统、人的系统和市场系统等是通过组织的活动而被组织起来并受到管理的。所以，其他各种系统的内部也都由组织或系统管理，这些系统分别形成生产管理系统、人事管理系统、市场管理系统。由于组织渗透到其他系统之中，因此，由这些系统构成的协作系统和组织的界限也就不分明。巴纳德还认为，协作系统本身归根到底是指组织本身。协作系统除了适用于企业外，也适用于行政机构、大学、医院等。

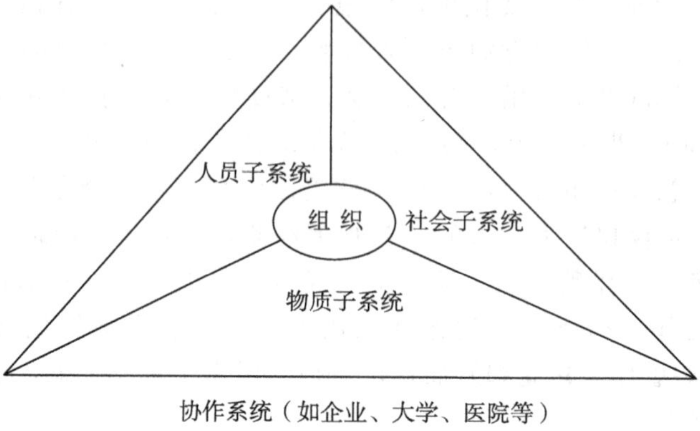

图 8.1　组织协作系统图

8.2.2　组织协作三要素

正式组织是一个由若干个人组成的协作系统。个人只有在一定的相互作用的社会关系之下，同其他人进行协作，才能发挥作用。个人对是否参加某一组织型协作系统，可以做出选择。他们的这些选择是以他们的目标、愿望、推动力为依据的。这些就是"动机"。而组织则通过其影响和控制的职能来改变个人的动机和行为。因此，巴纳德指出，在对组织成员进行管理的过程中，管理人员应该意识到：第一，人既是一个完整的个人，又是在特定组织中扮演限定角色的组织成员。组织的固有含义就是每个人履行他的专业化职责，而当组织设计得合理时，每个人的活动成果就会协调地结合起来从而实现组织的目标。第二，管理人员的权限取决于指挥下属的命令能否为下属所接受。第三，管理人员一方面要让下属对他们自己的行为负责，另一方面要通过改变环境条件，提供恰当的刺激手段来影响和引导组织成员的行为。

基于上述看法，巴纳德指出，作为正式组织的协作系统，不论其规模大小或级别高低，都包含了协作意愿、共同目标和信息沟通三要素。

1. 协作意愿

真正组成一个组织（协作系统）的，是人的动机、服务、活动或影响。显然，人们向协作系统提供服务的意愿是必不可少的，如忠诚、团结、集体精神、组织力量等。个人协作意愿意味着个人自我克制，交付出对个人行动的控制权，乃至个人的非个性化，其结果是各人的努力结合在一起。

关于协作意愿的突出事实是，个人协作意愿强度的变化范围是无限广大的。如果把一个组织的全部可能贡献者按其服务强度的次序来排列一下，可以得出从强烈的意愿，逐渐下降到中性或零度，再下降到不愿意，甚至反对、仇视这样一个阶梯。在现代社会中，对任何一个现存的或可能成立的组织来讲，大多数人是持消极态度的。所以，在可能的贡献者之中，实际上只有一小部分具有积极的意愿，社会中的绝大多数人对任何一个组织持冷漠或反对的态度。另外一个几乎同样重要的事实是，任何一个人的协作意愿的强度不可能是固定不变的。当一个人睡眠时，很难说有什么协作意愿。而在疲倦、不愉快时，协作意愿显著减少或消失。因此，巴纳德认为，对任何一个正式组织来讲，具有服务的积极意愿的人数，以及具有中性或没有协作意愿的人数是经常变动的。其结果是，对于任何一个正式的协作系统来讲，可能贡献者的协作意愿是不稳定的。

巴纳德还认为，肯定的和否定的协作意愿，是每一个人参加这项协作后所经历的或预期的满足或不满足同其他机会可能提供的满足或不满足相比较以后的净效果。所以，对一个组织成员来说，协作的意愿就是个人由于协作而得到的“诱因”同协作的“牺牲”比较后诱因的净效果，同时又是个人参加这个组织与不参加这个组织，或参加其他组织相比较后诱因的净效果。

这里所讲的诱因，指的是组织为了补偿个人参加协作的牺牲而提供的各种刺激。其中包括物质的（如金钱）、社会的（如威望、权力、参与决策）报酬。牺牲指个人为实现组织目标而提供服务、时间等。组织的成员是按照能最大限度地满足个人愿望的原则来行事的。所以，一个成员把参加组织后的牺牲和诱因相比较，其所得的净效果就是他的协作意愿。诱因的净效果越大，协作的意愿也越大。当诱因的净效果成为零甚至成为负数时，成员的协作意愿也将成为零，甚至可能退出这一组织。同时，参加这一组织的净效果还可以同参加其他组织或个人单干时的净效果相比较。人们依据比较的结果来决定是继续参加这一组织还是参加其他组织或个人单干。但是，衡量牺牲、诱因、净效果的尺度并不是客观的，而大都是由组织成员个人主观决定的。例如，有人更重视金钱，有人更重视威望，等等。在他看来，组织向成员提供的诱因必须大于或等于成员所做的牺牲（贡献），组织才能存续和发展。个人的协作意愿同组织的大小成反比关系。组织越大，成员的协作意愿越小；组织越小，成员的协作意愿越大。

2. 共同目标

共同目标是达到协作意愿的必要前提。协作意愿如果不是指想同别人联合的模糊愿望或想法，而是指准备付诸实施的真实愿望时，没有共同的目标是发展不起来的。如果没有共同的目标，组织成员就不知道个人应付出怎样的一种努力，以及从协作的结果能得到怎样一些满足。这在考察许多协作系统时都可明显看出。一个组织的目标，除非被组织成员所接受，是不会导致协作行动的。因此，目标的被接受和协作意愿的产生似乎是同时发生的。

在巴纳德看来，对每一个组织成员来说，都具有组织人格和个人人格这样的双重人格。组织人格是指为了实现组织的目标而做合乎理性的行动的一面。个人人格是指为了实现个人目标而行动的一面。对组织成员来讲，组织的共同目标是外在的、非个性的、客观的目标，而个人目标是内在的、个性化的、主观的目标。个人之所以对组织目标的实现做出贡献，并不是因为组织目标就是他的个人目标，而是因为他感到实现了组织的共同目标有助于他实现自己的个人目标。

同时，组织成员对组织目标的理解，有协作性的理解和个人性的理解的区别。协作性的理解指组织成员脱离个人的立场而站在组织整体利益的立场上客观地理解组织的共同目标；个人性的理解指站在个人的立场上主观地理解组织的共同目标。这两种理解往往会发生矛盾。当组织的共同目标单纯、具体时，发生矛盾的机会较少；而当组织的共同目标复杂、抽象时，发生矛盾的机会较多。如果有重大的分歧，当共同目标具体、单纯时，这种分歧很快就会被发现；而当共同目标复杂、抽象时，分歧可能很大，且一时难以被发现。因此，只有协作系统的贡献者（或可能的贡献者）相信共同目标是组织的坚定目标时，这个目标才能成为协作系统的基础。经理人员的重要任务，就是要克服组织目标与个人目标背离的问题。

3. 信息沟通

为了使组织成员有协作意愿和共同目标，能理性地、自觉地合作性行动，必须有良好的信息沟通。为此，巴纳德指出：

第一，信息沟通的渠道要被组织成员所明确了解。要确切地规定管理人员的权力和责任，并公布他们所处的位置。要运用组织图并对组织成员进行教育，最重要的是要使信息沟通的渠道惯例化，即尽可能使之固定化。

第二，组织中的每一个成员要有一个简明有效且正式的信息沟通渠道。一般地讲，每一个员工要有一个上级，并向这个上级报告并接受其命令。因为，所有正式的信息沟通都是用口头语言或文字语言表达的。语言作为一种信息联系手段是有限制的，并可能产生误解。有许多信息沟通必然是事先没有准备的，即使有的经过事先的仔细准备，也需要加以解释。而且，组织中的层次越高，所用的语言就越是一般化。随着信息的传递，就会在信息中增加或减少一些东西。所以，信息沟通的路线越短，传递速度就越快，传递内容发生差错的可能性就越小。因此，组织机构要尽可能减少层次。

第三，必须经常利用完整的信息沟通路线，以免产生矛盾和误解。组织机构建立之后，就必须维持每一层次的威信和职责。也就是说，从一个组织的最高层到基层的信息沟通，应该通过信息沟通的每一层次。这是由于，如果在信息沟通中跳过了某些层次，就可能产生互相冲突的信息传递（向上的或向下的）。

第四，作为信息沟通中心的各级管理人员必须称职。组织的规模越大，信息沟通机构越处于组织的中心位置，就越要求管理人员具有综合的能力。一个组织中的信息沟通机构的职能是，把输入的有关外部条件、工作进度、成功、失败、困难、危险等信号，按最终目标和当前目标的要求，转化成当前要进行的新工作和准备步骤。这就要求管理人员或多或少地具有以下能力：了解辅助机构的性质和状况；掌握同目标有关的行动原则；对环境因素作解释；区别信息是否具有权威性。在现今的社会中，很少有人能完全满足大规模的现代组织所提出的各种要求。这是由于个人的时间和精力有限，而技术和各种专门知识又很复杂。因此，每一个主要的信息沟通中心本身一般都是由各种管理人员、辅助人员、参谋人员等组织起来的。

第五，当组织在执行职能时，信息沟通的路线不能中断。有些组织（如工厂、商店等）是间断地执行职能的，在夜晚、周末和节假日是休息的。另外一些组织（如警察、军队、铁路系统、电话系统等）则从不停止作业。在组织进行工作的期间，原则上权力路线不能中断，实际上也几乎没有中断。许多组织都规定，当任职者不能行使职权或出缺时，由其他人自动地临时代替其职务。这就更证明了权威的重点应放在职位上，而不是放在人上。信息沟通不能中断的另一个原因是，如有某一个重要职位出缺，当大家都不知道这一情况时，这个组织还可能继续活动相当一个时期，不会造成大的混乱（除非发生紧急情况）；而当大家知道这一情况后，这个组织很快就会发生混乱甚至解体。

第六，每一个信息沟通都必须是有权威的。这就是说：①从事信息沟通的人必须是公认的占据着权力位置的人；②这个位置意味着有关信息沟通在其职权范围之内；③这个信息又的确是由这个机构发出的、经过授权的信息。为了使大家都知道谁担任了什么职务，以及这个职务包含一些什么职权，必须采取以下一些措施：授权仪式、就职典礼、宣誓就职、任职命令、到任、介绍等。有时，为了使一项职位能行使职能，常常需要采用一些戏剧性的场面。抬高高级职位的权威，是提高组织所有的信息沟通权威的一种重要手段，这是一切宗教组织和政治组织所熟谙的。

巴纳德强调，信息沟通的上述要求，主要是就复杂组织维持客观的权力需要而说的。至于比较简单的组织，在具体应用中是把这些原则组合在一起的，很难把它们一一分开。因为，在简单的组织中，信息沟通的简单渠道是所有的组织成员都知道的，常常是一目了然的。可以肯定的是，不论是复杂组织或简单组织，都必须满足以上六个方面的要求，才能保持客观权力系统发挥作用。

8.2.3　非正式组织

社会系统理论所探讨的主要不是非正式组织的问题，而是正式组织的问题。然而，巴纳德非常重视非正式组织对于正式组织的积极作用。巴纳德认为，非正式组织即为不属于正式组织的一部分，且不受其管辖的个人联系和相互作用以及有关的人们集团的总和。与正式组织不同，非正式组织没有正式的结构，成员之间的联系非常松散，常常不能自觉地意识到共同的目的，而是通过同工作有关的接触或者是共同的兴趣爱好产生的，并因而确立了一定的习惯和规范。从大的方面看，正式组织和非正式组织也是一个系统，两者相互依赖，“非正式组织的态度，习俗影响着正式组织，并且部分地通过非正式组织而表现出来”。非正式组织常常为正式组织创造条件，反之亦然。企业的管理者如果也能是非正式组织的领导者，那么这个管理者可能是卓越的。

在巴纳德看来，非正式组织可能对正式组织起某些不利的影响，如非正式组织目标与正式组织目标发生冲突时，可能对正式组织工作产生极为不利的影响；非正式组织的压力还会影响正式组织的变革，发展组织的惰性等。但它对正式组织也会产生积极作用。这些积极作用表现为：①信息交流；②通过对协作意愿的调节，维持正式组织内部的团结；③维护个人品德和自尊。这些职能是普遍存在的，能使正式组织更有效率，并提高正式组织的效力，使非正式组织成为正式组织的不可缺少的部分。

8.2.4 组织平衡理论

组织建立后，其存续和发展就成了组织的最终目标。组织平衡理论就是研究组织如何存续和发展的理论。巴纳德在对贡献和诱因进行分析的基础上，提出了组织必须保证对内平衡和对外平衡的思想，并认为这是组织能否存续和发展的关键。

一是促使组织作为一个整体继续适应环境变化的过程。这是实现组织的效力的过程。组织的效力是指组织实现其目标的能力或实现其目标的程度。一个组织协作有效，其组织目标就能实现，这个组织就是有效力的；若无法实现其目标，这个组织就是无效力的，必将走向瓦解。因此组织具有较高的效力是组织存在的必要前提。组织是否有效力是随着组织的技术和经济环境及其适应环境能力而定的。二是创造诱因并把它分配给成员个人的过程。这是实现组织效率的过程。组织效率是指组织在实现其目标的过程中满足其成员个人目的的能力和程度。一个组织若不能满足其成员的个人目的就不可能使其成员具有协作意愿和做出实现组织目标所必需的贡献，他们就会不支持或退出该组织，从而使组织的目标无法实现，进而瓦解。所以组织效率就是组织的生存能力，一个组织要实现其目标，必须提供充分诱因满足组织成员的个人目标。

组织效力实现的是组织与环境之间的平衡，即对外平衡；组织效率实现的是贡献与诱因的平衡，即对内平衡。组织效率和组织效力互相影响，相辅相成：组织效力高，组织的经营就好，生产的诱因就多，提供给组织成员的诱因也相应增多，从而提高组织成员的协作意愿，增进组织效率；组织效率高，组织成员对实现组织目的进行协作的积极性就高，有助于实现组织目标，提高组织效力。

1. 组织的对内平衡

组织的对内平衡是指有效地分配诱因，确保给各个成员的诱因与各个成员贡献的平衡，从而保持成员协作积极性这种激励过程。诱因应包括经济的与非经济的两类。其中，经济诱因，是指作为对贡献的报酬而提供给成员个人的货币、物品和物质条件。非经济诱因是指超越物质而确保个人为协作努力的诱因，如晋升、荣誉、威信、权威、满足感等。巴纳德更重视非经济诱因的作用，他认为即使是货币报酬，如果得不到其他非经济诱因的帮助，也只不过是软弱的诱因。物质诱因和非物质性诱因是客观性诱因，组织通过客观性诱因，使组织成员的活动与组织目的相协调，但当组织的外部环境恶化时，组织有时也不能提供充分的客观诱因。在这种情况下，如果组织通过改变个人的动机和态度，使不充分的客观诱因也具有能够激发个人贡献的效果，组织就会存续，否则将会消亡。

在他看来，处于激烈竞争环境之下的企业组织，其平衡所需的诱因来源总是不足，经常面临经营危机。为了克服经营危机，使诱因和贡献保持平衡，以谋求组织的存续，经营者可以使用改变人们内心状态的说服方法。但是，以说服等方法来改变个人的动机和状态的途径并不稳定，如诱因和贡献的不平衡会使成员产生不满，从而导致情绪低落，劳动生产率下降。所以，为了有效地维护组织的平衡，必须促进组织的发展，促使一切种类的诱因增多以保证组织成员的协作精神。

2. 组织的对外平衡

组织的对外平衡是指组织通过外部环境保持平衡，以提高组织效力的过程。它包括以下两个方面的平衡：一是组织分系统与其相关的各个分系统之间的平衡。如果把组织系统视为协作系统的一个分系统，它就必须同包括生产分系统、人的分系统、社会分系统等其他分系统合理结合，保持平衡与协调，从而使以组织为中心的协调系统内部各个分系统形成一个统一的整体。在这里，协作系统内部的其他分系统都是组织分系统的外部环境。二是协作系统与外部环境的平衡。这是指把协作系统或企业看成是组织，让企业适应经济、技术、社会等企业外部环境变化的过程。

巴纳德指出，组织的目的不是固定不变的，为了适应环境的变化必须随时调整。企业组织如果失去对外平衡，企业组织的效力，即组织的利润率和发展速度就要下降。如此一来，诱因就会不足，企业组织也就难以存续。所以，为了保持组织的对外平衡，必须使组织适应外部环境的变化，重视经营目的和经营战略的决策。

8.2.5　经理人员职能

巴纳德关于经理人员职能的主张，基于他对组织协作系统本质与特征的分析。在对组织协作系统的要素予以详尽分析之后，他意识到作为一个系统的组织，存在于更广泛的系统（如社会系统等）之中，不能够用简单的因果关系来说明组织中出现的复杂问题，必须考虑到组织与环境互动的若干方面，如人际关系、决策目标、组织激励、组织道德、组织权威、组织冲突等。

基于此，他认为，在一个正式组织中，经理人员的作用就是在一个信息沟通系统中作为相互联系的中心，并对组织成员的协作活动进行协调，以便组织正常运转，实现组织的共同目标。这样一来，经理人员有三项职能。

1. 建立和维持经理人员组织

信息沟通是复杂的正式组织的必要条件。组织中的各个部分和要素必须联结成为一个整体，必须规定共同的目标并使它为组织成员所接受。正式的信息沟通系统就是经理人员组织。经理人员组织的建立，包括确定和阐明经理人员的职务，以及找到合适的人来担任这些职务，这两个问题是互相联系的。此外，经理人员的职务还必须根据组织内外各种情况的变化来调整。正确的做法应当是：

(1) 设计出信息沟通的线路图。这受到组织中其他一些因素的影响，如劳动分工和专业化，各项工作的时间、地点、顺序和工艺技术，以及人们之间的协调性等。人们往往会认为画出信息沟通系统的线路图和写出作业说明书就可以了。其实，信息沟通系统线路图同整个组织有着密切的关系，并且是它的一个组成部分。这种线路图同组织中的其他许多因素有着复杂的因素关系。

在信息沟通系统中具有重要意义的是非正式信息沟通系统（即经理人员的非正式组织），它有助于维持正式的信息沟通系统和保存组织。这是由于，在经理人员之间必须进行信息沟通，而信息沟通又必须以经理人员相互之间的信任和个人了解为依据。非正式信息沟通系统中的各个人员，尽管其职位有高低，但相互关系是融洽协调的。这一般同人们的以下一些特点有关：文化背景、年龄、宗教、政治倾向、种族、教育程度、价值观以及个人风貌和行为模式。在这种非正式系统中，通过各种奖惩和戒律，使得其作用更为加强。非正式手段的信息沟通可以提出和讨论问题，而不必做出决定和加重经理人员的负担；可以使不利影响降到最低限度，并提高符合组织目标的有利影响，所以有助于组织的维持。

（2）找到担任经理职位的合适人选。要使信息沟通系统正确地发挥作用，就必须找到具有恰当品质和能力的人来担任经理的职务，并激励他们充分发挥自己的才能。经理人员必须顾及全局、把握形势、承担责任和协调管理。经理人员还应具备灵活性、判断力、机警、受过特别训练或有学习特别技能的能力。由于具有这些品质的人较少，所以一般组织都倾向于把经理人员的数量维持在最低限度，而雇佣大量的专业人员和参谋人员，以便在时间、精力和专业知识方面协助经理人员。

2. 规定组织的目标

组织的目标不但要用语言来规定，更要用行动来示范。组织中所有人员的总体行动比任何语言都更有说服力。组织目标只有被组织成员接受以后才是有效的。因此，组织的共同目标必须用其各个部门的具体目标来阐明。这事实上就是把权力和责任授予各个部门，使各个部门相互联系和协调，共同为实现组织目标做出贡献。巴纳德认为授权是一种决策，这种决策包括需要实现的目的和实现这些目的的各种手段。其结果是在组织内部对各种不同的权力和责任加以安排，以便组织成员知道他们怎样为所追求的目标做出贡献。

为此，他对决策过程及其相关因素做了一些阐释。首先，他认为，决策包含两个方面：一方面是分析，即寻找能使组织目标得以实现的“战略因素”；另一方面是综合，即认识到组成一个完整系统的各个部分和要素之间的相互关系。其次，他指出，决策的要素包括客观的要素、心理的要素和事实的要素。决策的客观要素有两点，即目的和环境。这就是说，一方面存在着要实现的目的，另一方面又存在着对实现目的起促进或限制作用的物理的、生物的和社会的环境。决策的机能就是制约这两项要素的相互关系。就目的同环境的关系来说，一方面有了目的，才能识别环境中对实现目的起促进或阻碍作用的因素和中立的因素；另一方面，只有认识了环境以后，才能确定目的。如果对环境的认识很模糊，那就只能确定较为笼统的目的。如果对环境的认识较为具体，就能确定较为具体的目的。然后再从具体目的出发，对环境作更具体的分析。这样，对环境的识别就能进一步具体化，于是就可确定更具体的特定目的。所以，目的的具体化是通过依次渐进的决策使目的和环境相互反应的过程。组织决策中的心理因素，指在决定组织目的时必须考虑的道德因素，就是以“好”或“不好”这种价值判断为基础的指导思想。组织决策的事实因素就是在一定的目的和一定的环境下必须进行决策的客观存在。合理决策的客观存在，本质上是通过分析上述的目的和环境的相互反应的依次渐进决策过程来实现的。

以决策的客观性为依据，巴纳德提出了战略因素（制约因素）的概念。所谓战略因素就是实现某种目的所必需的而当时又不具备的制约因素。他举例，汽车在途中由于汽油用完而抛锚，汽油成了战略因素，其他因素（如轮胎、合格的司机）是补充因素；如果汽车抛锚是由于轮胎坏了，轮胎就成了战略因素，其他因素（如汽油、合格的司机）就成为补充因素。战略因素和补充因素是会相互转化的。战略因素如果被控制，就变成补充因素，而其他因素可能成为战略因素。依据在一定的时刻实现一定的目的来决定什么是战略因素，就规定了实现目的所需要采取什么样的行动。

3. 激励组织成员

经理人员要通过自己的有效管理，使组织中的成员有能力组织共同目标而进行十分有效的协作，做出他们的贡献和努力，这就需要经理人员能招募和选择那些能最好地作贡献并协调工作的人。为了使组织的成员能为组织目标的实现做出贡献和进行有效协调，巴纳德认为应该采取“维持”的方法。“维持”的方法包括“诱因”方案的维持和“威慑”方案的维持。“诱因”方案的维持是指采用各种报酬奖励的方式来激励组织成员为组织目标的实现做出他们的贡献。“威慑”方案的维持是指采用监督、控制、检验、教育和训练的方法来促使组织成员为组织目标的实现做出应有的贡献。

在激励中，巴纳德强调经理人员要重视协调。在他看来，领导意味着协调，换句话说，即如何引导被领导者，把他们的聪明才智变成协调一致的行动。协调是一种说服工作，要注意榜样、奖惩等方法的运用，注意运用组织媒体的作用。

巴纳德在论述经理人员的管理职能时，他还关注了领导人的重要性。在他看来，经理人员职能的发挥，必须有好的领导人，领导人必须有一些特质。例如，在平时，领导人应冷静、审慎、深思熟虑和瞻前顾后；在紧急关头，领导人应当机立断，且善于应变，有时甚至还需要卑躬屈膝或厚颜无耻。但不管怎么说，在一定的组织环境中，作为领导人应该具备一些基本的品质，如活力和忍耐力、当机立断、循循善诱、道德感和责任心、胜任的智力。为了拥有胜任的领导人，巴纳德提出要注重领导人的培养、训练和选拔。

8.3　以系统的观点看管理：约翰逊等的思想

系统理论由美国理论生物学家和哲学家贝塔朗菲（Bertallanffy）首创。他受亨德森（Henderson）关于系统和有机平衡的思想影响，提出了一般系统理论。1968 年，在《一般系统理论的基础、发展和应用》一书中。他认为，关于系统的科学和方法，应当吸收并包括信息论、控制论和运筹学中的规划论、博弈论、排队论、搜索论、库存论、决策论等成果，从而为各个专门学科的研究提供一个共同的基础。这之后，普里高津（I. Prigogine）的耗散结构论、哈肯（H. Haken）的协同论、托姆（R. Thom）的突变论以及艾根（Manfored Eigen）的“超循环”理论等组织理论，进一步充实了系统科学的理论、方法和工程。

系统理论出现之时，即有人将其运用到经济管理的领域中来，从而迅速形成了系统管理理论。其中，美国学者理查德·约翰逊（Richard A. Johnson)、弗里蒙特·卡斯特（Fremont E. Kast）和詹姆斯·罗森茨韦克（James E. Rosenzweig）三人于1963年共同撰写了《系统理论与管理》一书，比较全面地阐述了管理的系统理论。1970年，弗里蒙特·卡斯特和詹姆斯·罗森茨韦克又合作出版了《组织与管理：系统与权变的方法》一书，进一步充实了系统管理理论。约翰逊等从系统概念出发，基于系统观点、系统细分和系统分析，建立起了企业系统管理的理论。

8.3.1 系统观点

在约翰逊等看来，考察工商企业管理，必须持有系统观点。系统观点主要是指：①整体（整个系统）是主要的，而其各个部分是次要的。②系统中许多部分的结合，是它们相互联系的条件。③系统中的各个部分组成了一个不可分割的整体，以致只要影响到其中的某一部分，就会影响到所有的其他部分。④各个部分围绕着整个系统目标的实现而发挥作用。⑤系统中各个部分的性质和职能，由它们在系统中的地位决定。它们的行为则由整体对各个部分的关系所制约。⑥整体是一种力的系统、结构或综合体，而且不论它如何复杂，都是作为一个单元来行事。⑦一切都应以整体作为前提条件，然后演变出其他部分及各个部分之间的相互关系。⑧整体通过新陈代谢而使自己不断地更新：整体保持不变和统一，而其组成部分则不断改变。这个过程不断地持续下去，有时是有计划的和明显的，有时则不大明显。

8.3.2 工商企业系统

从以上观点出发，约翰逊认为可以得出这样的看法：所谓系统就是由两个以上的、有机联系的、相互作用的部分（或要素）所组成的，具有特定结构和功能的整体。至于一个组织（如工商企业）则是由两个以上的要素所组成的，被设计用来按计划实现特定目标的一个系统。具体说来，工商企业是一个由相互联系而共同工作的各个要素（子系统）组成的系统，以便达到一些目标（既有组织的目标，又有其成员的个人目标)。工商企业是一个人造的系统，它同周围环境（顾客、竞争者、工会组织、供货者、政府等）存在着动态的相互作用；并且具有内部的和外部的信息反馈网络，能够不断地自行调节，以适应环境和本身的需要。工商企业投入的物资、能源、资金、情报和人力等，经过生产过程，向顾客提供各种物质产品和服务。

若按作用及其过程来划分，企业应包括以下一些子系统：①传感子系统。用来度量和传感企业内部和周围的变化。②信息处理子系统。例如，会计系统、电子数据处理系统等。③决策子系统。它接受输入的信息，做出决策，并传达下去。④加工（或执行）子系统。它利用信息、物资、能量和人工来完成一定的任务。⑤控制子系统。它保证加工过程按照原定的计划实行。⑥记忆或存储子系统。它可采用记录手册、工艺规程、电子计算机程序等形式。

若按内容要素及其结构来划分，企业的子系统则包括：①目标子系统，包括整个企业的战略目标、各部门的策略目标、员工的个人目标。一个企业通常具有多种目标，如获得较高的投资报酬率、新产品的研究和发展、开辟国际市场、创造商业信誉、增强在企业界的地位等。各部门的策略目标是相互关联的，同时，短期目标和长期目标之间也必须全面考虑。②技术子系统，包括机器、工具、程序、方法、专业科技知识等，这个子系统基本上是由生产上所需的技术、知识和设备组成。③工作子系统，包括企业成员从事生产所需进行的各项工作，这个子系统同技术子系统有着非常密切的关系。④结构子系统，包括各个工作部门及其相互联系的工作组合，含工作流程、惯例和职权系统，以及相关的沟通、协调、控制、决策的程序等。⑤人际关系子系统，包括企业成员的技术与能力、领导者的指导思想和领导方式、正式组织子系统、非正式组织子系统等。⑥外界因素子系统，包括市场调查等情报资料的搜集、人力与物力资源的获得、外界环境的影响、外界需要的反应等。

8.3.3　系统分析

系统分析就是对一个系统内的基本问题，用逻辑的思维推理和科学分析与计算的方法，充分考虑确定条件与不确定条件，找出各种可行的备择方案，加以分析比较，选择出一种最优方案。系统分析最重要的逻辑顺序是：由系统概念形成问题，针对问题拟订目标，依据目标制订方案以求问题的解决。

约翰逊认为系统分析的准则是：①在对各种备择方案进行分析和选择时，应紧密围绕整个系统的目的，以便在错综复杂的环境因素下恰当地选出最优方案。②要从系统的整体利益出发，使局部利益服从整体利益。要努力揭示系统中各个部分（子系统）之间的相互关系，以及各子系统的决策结果对整个系统产生的影响。必要时，可以牺牲某些子系统的最优方案来保证整个系统的最优方案。③在进行系统分析时，既要考虑到当前利益，又要考虑到长远利益。有些方案从当前情况来看是最优的，但从长远来看却会造成不良影响，甚至产生很大的危害。所以必须“瞻前顾后”，统筹全局。④要做到定量分析和定性分析相结合。既要采用科学的分析技术和工具来进行定量分析，又要利用分析者的直观判断和丰富经验进行定性分析和综合判断，以便达到选优的目的。⑤必须抓住关键，不要局限于细枝末节。

基于上述分析，系统分析的步骤可如图 8.2 所示。

约翰逊对此解释道：①确定目标。确定目标是整个系统分析的起点。在确定目标时，要有长远观点，要选择对将来有重大影响的事项为目标，并要注意目标能获得最大成果和有利于总体的利益。目标务求具体明确，最好能定量化。同时，要充分考虑到实现目标的限制因素，使目标可以实现。如果是多重目标，要分清主次，建立目标的先后顺序。此外，目标还必须是可以衡量和评价的。②收集资料，拟订对比方案。资料包括直接数据与估计数字，这是分析的基础。资料是否正确，直接影响到分析的质量。③建立各种模型。所谓模型就是表示目标变数和限制因素、输入和输出等各种关系的实物、数学表达式或图表等。利用模型，便于人们分析问题中的主要变数及其相互关系。模型可分为实物模型、图像模型、逻辑模型、数学模型（包括预测模型、寻优模型、确定模型、分析模型等）。④分析对比各种方案的指标，对各种方案的数量指标和质量指标进行对比，评估优劣。⑤在以上四个步骤的基础上，进行综合分析，选出最优方案，然后对所选出的方案进行试验，以便确定其是否最优。⑥实施选定的

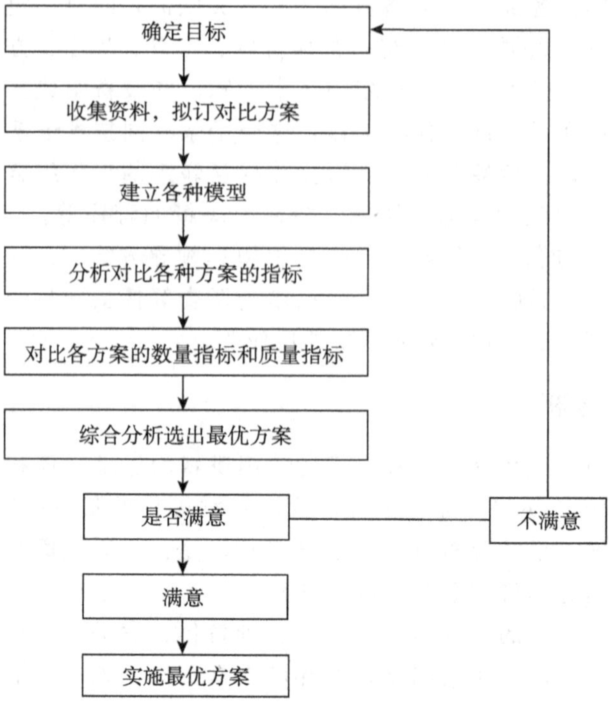

图 8.2　系统分析的步骤

资料来源：李兴山：《西方管理理论的产生与发展》，中共中央党校出版社，2009 年，第 199 页。

最优方案。在实施最优方案的过程中和实施以后，要及时总结，把经验教训反馈给系统分析的负责者，以便今后改进。

8.3.4　系统管理

约翰逊指出，系统观点和系统分析可以应用于各种资源的管理。把组织单位作为系统来安排和经营时，就叫做系统管理。他详细论述了其特点、步骤、组织模型和管理职能。

系统管理的特点在于：①它是以目标为中心的，始终强调系统的客观成就和客观效果。②它是以整个系统为中心的，决策时强调整个系统的最优化，而不是强调子系统的最优化。③它是以责任为中心的，每个管理人员都被分配给一定的任务，并衡量其投入和产出。④它是以人为中心的，每个工作人员都被安排进行有挑战性的工作，并根据其工作成绩来付给报酬。在系统管理制度下，工作的安排可能较为专门化，但系统能适应需要的变化而做出调整，以便鼓励职工的智力上的发展和成长。

系统管理可以具体分为四个阶段：①创建系统的决策，如一个或一群企业家依据充分的信息决定创办一个企业的决策。②系统的设计，就是把系统的各个组成部分安排成一定的结构形式，以便达到预期的目标。例如，设计一个邮寄发货单的系统，就要包括开发货单的机器和机器操作人员。这些组成部分（机器和操作人员）要以一种有计划的方式来安排，以便发挥最大的效率。③系统的运转和控制。例如，为了使上述的邮寄发货单的系统运转，就必须投入信息、材料和能源。其中的信息包括顾客的资料、销售量、价格、折扣、发货日期等；材料指发货单表格、开发货单机器的色带等；能源则是机器所用的电力和操作人员所用的体力。系统运转所需的各种投入是按照计划来安排分配的。例如，可能由一个监工来决定用什么样的发货单，什么时候给各种顾客开发货单，机器操作人员什么时候要加班，什么时候要维修机器等。也有这样一种可能，在设计系统时就事先安排好各种投入，使系统按一种预定的方式和预计的成果来运转。这样就可以减少系统运转过程中的计划安排。较为先进的系统可能包括某种控制手段，即衡量产出或有关信息的一种感受器，并把衡量结果同预定标准进行比较，然后由启动器调节投入，以便纠正偏差。④检查和评价系统运转的结果，确认系统是否有效果和有效率。一个系统可能有效果而没有效率（浪费了资源），也可能有效率而没有效果（如鞋厂由于失误，生产出来的鞋都是左脚鞋，不符合顾客的需要）。当效率与效果互相矛盾时，就要设法在两者之间找到一个平衡点。例如，产品的质量和成本之间就始终存在着矛盾。但人们可以设法使产品保持高质量（效果好），同时使成本保持在有竞争力的限度内（效率也不差）。对系统的检查和评价，是在系统的生命周期中定期进行的。检查和评价的结果可能导致现有系统的设计改变，或建议对未来的系统改变设计。

约翰逊也阐述了系统模型和系统管理职能问题。他认为，企业组织是由若干子系统组成的开放式社会技术系统。这个系统接受外界环境能源、信息、材料的投入，在加工后将成品向外界环境输出（图 8.3）。

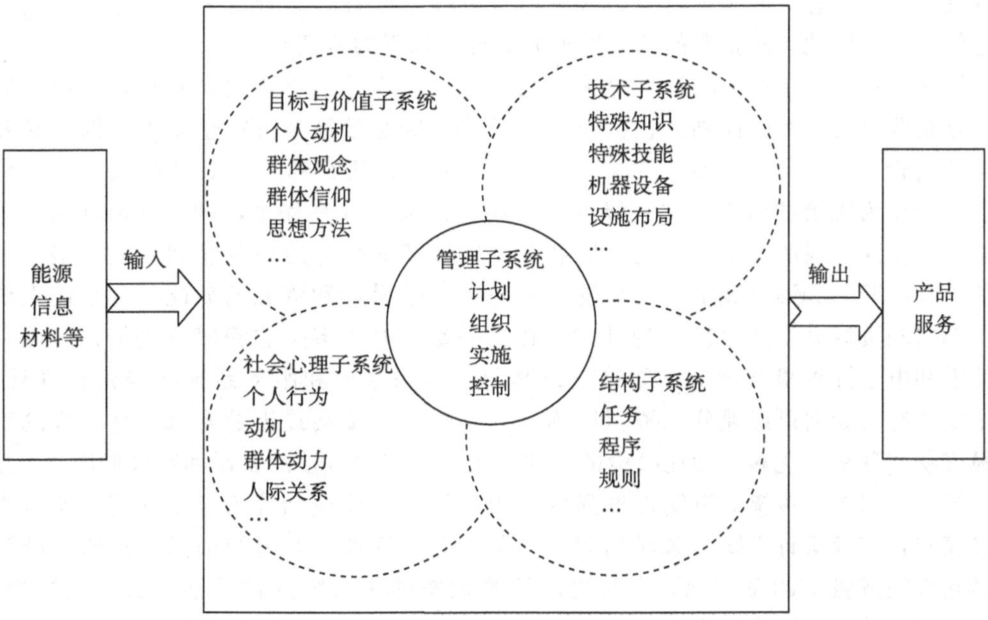

图 8.3　组织系统模型

这样一来，它包括了若干子系统：

(1) 目标与价值子系统。这是一个重要的子系统。组织的许多价值是从外界的社会文化环境中取得的。一个基本前提是，组织本身是社会这个大系统的一个子系统。所以，必须实现某些由社会这个系统所决定的目标。组织如果要成功地从社会取得各种投入，就必须为社会履行某些职能。

（2）技术子系统。这指的是完成任务所需要的技术和知识（包括把投入加工成为产出所用的技术）。技术子系统是由组织任务的要求所决定的，并且将随活动的特点而改变。技术子系统经常会影响组织结构子系统和社会心理子系统。

（3）社会心理子系统。它由组织成员的行为动机、团体动力、影响力等组成的，显然受外界环境、任务、技术、内部组织结构等因素的影响。

（4）结构子系统。结构同组织任务的划分方式（分化）及这些活动的协调方式（结合）有关。正式的组织结构是由组织图、职位说明书和作业说明书、规则和程序等规定的。它还涉及权力模式、信息沟通和加工流程等。它同技术子系统和社会心理子系统都有密切的关系，为它们提供正式沟通的渠道。但是，要强调指出的是，技术子系统和社会心理子系统之间的联系不只限于这些。它们之间的联系，有时往往绕过结构子系统而进行非正式的联系。

（5）管理子系统。它使组织同外界环境联系起来，制定目标，进行计划、组织、控制等项活动。在复杂组织的管理等级制度中，有三种重要的子系统：作业子系统、协调子系统、战略子系统。这些子系统的管理任务是各不相同的。

在约翰逊看来，从系统观点来考察和管理企业，有助于提高企业的效果和效率。它使得企业管理人员不会忽略自己这个企业在更大的系统中的地位和作用。企业的系统管理就是把信息、能源、材料和人员等没有联系的资源结合成为一个达到一定目标的整体系统。因此，对企业的基本管理职能可作以下的考察：

第一，计划。企业中的计划分为三级：①第一级是由企业的计划管理委员会做出的，是企业最高一级的计划，包括企业的总目标和总政策，决定企业生产的产品和服务。计划管理委员会自外界环境、资源、市场需求、研究和发展等部门获得有关信息的投入，作为决策的依据。这一级的决策中，绝大部分是程序化的、创新性的、重大的决策。作这一级的决策时，主要依靠有经验和革新精神的高级经理人员对整个形势的估计和判断。②第二级是项目系统和服务系统的设计和资源的分配。这是由系统的经营部门和资源分配部门所做的计划。在这一级，有许多是非程序化决策，可以利用运筹学和电子计算机技术等。③第三级是每一项目系统和服务系统的经营管理计划。这主要是有关如何最好地分配资源以满足计划管理委员会提出的要求。这一级的计划是最容易实现程序化和自动化决策的。这三级计划有着直接的联系和明确的职责分工。

第二，组织。传统的组织理论强调组织机构和工作应划分为各个部门，实行直线和参谋制，或者实行直线、参谋和职能体制。系统管理中的组织则强调把所有的活动联结起来完成组织的总目标，同时也承认高效率的子系统的重要性。从系统管理看，企业中存在着其有明确职责分工的三级组织机构：第一级，即最高级，计划管理委员会；第二级，资源分配部门和系统经营部门；第三级，各个项目系统和服务系统。三级组织机构中的每一级，都配有专业的参谋人员。这些参谋人员的工作同总的工作是结为一体的。在系统管理的组织体制中，由一个中心设计各个项目系统，并给它们配备完成任务所需的人力、机器设备和技术力量等。至于有些不便分散的设备和服务项目，则集中由服务系统向各个项目系统提供。在这种体制中，企业活动是灵活机动的，而组织机构又比较稳定，只有在必要时才予以变动。它的另一个重大优点是，决策的分散化和各个项目系统能更有效地利用分配给它的设备。

第三，控制。在系统管理中，控制是用来在经营中获得更大的灵活性的。当一些可变因素尚未确定时，就避免采取行动。控制职能对投入、加工和产出进行衡量，看它们是否符合标准和计划。如果不符合，就发出改正的指令。以成本控制为例，成本会计师的职责是向经理提供控制成本的资料，评价并支持其他部门的工作，而不是限制和禁止。

第四，信息传播。这是一个包括信息发送者和信息接受者并具有反馈控制的系统。在信息管理中，信息传播起着十分重要的作用。它把系统网络联结成为一个整体。信息、能源、材料这些生产过程的必需要素的流程，是通过信息传播系统来取得协调的。系统经营部门需要信息传播系统来进行控制。每一项目系统的内部的相互联系，以及整个企业系统的各级组织机构之间的相互联系，都是通过信息传播系统来维持的。同时，整个企业同外界的联系和协调，也要通过信息传播系统。计划、组织、控制等基本管理职能，都要通过信息传播系统才能实现。

虽然每个企业各有其特点，但约翰逊认为，上述的企业组织和管理的系统模型，以及不厌其烦地对有关计划、组织、控制、信息传播等基本管理职能的阐述却概括了所有企业的基本特点，对各种企业基本上都是适用的。

➢本章提要

1. 管理系统学派从社会学的观点来研究管理，把企业组织中人们的相互关系看成一种协作系统，其主要代表人物巴纳德最早提出社会系统观及其分析方法。

2. 巴纳德在《经理人员的职能》一书中，全面描述了组织协作系统之后，分析了组织协作三要素：一是协作意愿，个人协作意愿意味着个人自我控制，组织愿意和需要其成员提供协作条件的劳动和服务，没有这种意愿，就不可能将不同组织成员的个人行为有机地结合在一起，协调组织的活动；二是共同目标，是达到协作意愿的必要前提，如果没有共同目标，组织成员就不知道该怎样努力以及从协作的结果能得到怎样的满足；三是信息沟通，要有良好的信息沟通就要使沟通渠道为组织成员所了解，有明确的正式渠道，沟通路线完整、直接、简短等。在组织协作中，巴纳德认为组织中的领导者起着引领的作用，他们有三项职能：建立和维持经理人员组织、规定组织目标、激励组织成员。

3. 在巴纳德的理论基础之上，该理论其他代表人物约翰逊等，从系统概念出发，基于系统观点、系统细分和系统分析，建立起了完整的企业系统管理理论。一方面，组织系统就是由两个以上的、有机联系的、相互作用的部分（或要素）所组成的，是具有特定结构和功能的整体；另一方面，对组织管理应开展系统分析，其步骤是：①确定目标；②收集资料，拟订对比方案；③建立各种模型；④分析对比各种方案的指标，评估优劣；⑤综合分析，选出最优方案，然后对选出方案进行试验，以便确定其是否最优；⑥实施选定的最优方案。显然这些观点为现当代的组织管理咨询与诊断提供了理论路径。

➢本章主要参考文献

巴纳德 C. 1997. 经理人员的职能．孙耀君译．北京：中国社会科学出版社．

冯·贝塔朗菲．1987. 一般系统论：基础、发展和应用．林康义，魏宏森等译．北京：清华大学出版社．

雷恩 D A. 2002. 管理思想的演变．李柱流，肖聿译．北京：中国社会科学出版社．

➢思考讨论题

1. 简述巴纳德的正式组织的协作系统三要素。
2. 简述进行信息沟通应注意的问题及解决办法。
3. 简述约翰逊的系统分析理论的要点。

第 9 章

思想大家族：管理机制论（上）

管理机制学派在众多学派中可谓大家族，其阐述之翔实和由此发生的理论风采，让它成为一颗耀眼的明星。该学派的学者们在管理原理、管理职能、管理系统等研究的基础上，深入地对管理机制进行了探索和研究：西蒙等提出管理的决策过程论，以社会系统理论为基础，是第二次世界大战以后吸收行为科学、系统科学、运筹学和计算机科学等学科的内容而发展起来的，它探讨了管理决策中的组织、信息、程序、准则、技术等问题；德鲁克等提出了经验主义理论，以向西方大企业的经理提供管理企业的成功经验和科学方法为目标，探讨的是管理的性质、任务、职能、组织设计、管理技能和管理创新等问题；明茨伯格等提出经理角色理论，以经理所担任的角色分析为中心来发展管理思想，探索了经理工作的特征、经理担任的角色与岗位职责以及经理工作效率等问题；菲德勒和卢桑斯等为代表的权变理论学派则以系统观点为理论依据，从系统观点来考虑问题，探讨了超 Y 理论、计划制订、组织设计等方面的权宜管理之计和应变之策等管理问题。学者们对管理系统运作机制的探讨开辟了管理理论的一片新天地，对管理思想的发展做出了卓越贡献。

9.1 从管理机制论管理：多学派的共同思路

对于管理机制的探讨，主要是在管理原理、管理职能、管理系统等研究的基础上，学者们进一步所做的诸多拓展。根据各自的研究重心和理论特色，管理机制学派又可分为四个子学派：西蒙等为代表的管理决策学派、德鲁克等为代表的经验主义学派、明茨伯格等为代表的经理角色学派、菲德勒和卢桑斯等为代表的权变理论学派。

管理决策学派以社会系统论为基础，吸收了行为科学、系统科学的观点，运用电子计算机技术和统筹学探讨了管理决策中的组织、信息、程序、准则、标准和技术等问题，在系统分析理论中拓展了新的决策分析的领域。

经验主义学派，又称为经理主义学派，它以古典管理理论、行为科学、系统科学为基础，重视管理经验的研究。彼得·德鲁克（Peter F. Drucker）、艾尔菲雷德·斯隆（Alfred P . Sloan）、亨利·福特、威廉·纽曼（William Newman）等，以大企业管理经验为主要研究对象，探讨了管理的性质、任务、职能、组织设计和管理技能等问题。在其庞杂的论述中，他们重视经理作用的见解和目标管理的主张，颇有影响。经验主义学派的一个重要分支，是比较管理经验论。在比较管理中，戴尔论述了一般方法，福尔克（R. Falk）、劳勃（S. A. Raube）、彼得斯（T. Peters）等概括出了若干原则，英克森（K. Inkson）等提出了 K 理论。

经理角色学派是在现代企业组织理论的基础上发展起来的，它重视对经理角色职务和工作效率的探讨。亨利·明茨伯格等不仅探讨了经理人的角色定位、工作性质、岗位职责、经理人的培养，而且还关注了经理人的工作效率和激励机制、监控机制等。

权变理论学派，又称因地制宜理论，它以经验主义学派为基础，以系统观点为理论依据，从实用主义的角度出发，探讨了超 Y 理论，探讨了计划制订、组织设计、领导过程等方面的权宜和应变问题。其代表人物主要有劳伦斯（P. R. Lawance）、洛希（J. W. Lorsch）、卢桑斯和菲莱德·E. 菲德勒（F. E. Fidler）等。

这其中，西蒙等开辟了决策科学的新天地，德鲁克倡导了有效的目标管理，明茨伯格提醒人们关注企业治理结构中经理人的角色，菲德勒和卢桑斯等更加注意管理情境中的因地制宜和因人而异。诸如此类的理论见解，不仅大大拓展了管理系统中运作机制的探讨，而且显示出其试图从管理系统的变化中找到走出管理丛林的蹊径。

9.2 管理就是决策：西蒙的管理理论

西蒙是美国计算机科学与心理学教授、企业管理学家。他长期讲授计算机科学和心理学等课程，并曾从事过经济计量学的研究。西蒙主要研究的是生产者的行为，特别是当代公司中决策的组织基础和心理依据。他于 20 世纪 50 年代开始对经营科学产生兴趣，并对公司行为理论的研究起了重要作用。他的理论成果对简单的利润最大化假设提出挑战，强调了大公司复杂的内部结构，以及其目标的多重性和必须建立“令人满意”的而不是“最优的”决策模型的理论框架，故他被誉为决策学派的主要代表人物。其代表作主要有《管理行为》、《公共管理》、《人的模型》、《组织》和《管理决策的新科学》。基于他在管理决策理论方面的贡献，他被授予 1978 年度的诺贝尔经济学奖，以表彰他“在经济组织内部决策过程方面的先驱性研究”。

通读他的《管理行为》等著作，人们可以看出，西蒙的决策过程理论，主要是在古立克的组织理论、巴纳德的决策理论和 E. O. 斯坦恩《对行政科学的探讨》① 一文中论及决策的基础之上，吸收经典管理理论、行为科学和计算机科学等的内容，进一步从组织系统出发探讨了组织决策的特征和分类，决策的准则、程序、标准和技术方法等问题，从而奠定了管理决策的基本理论框架。

---

① 载美国《政治学评论》第 34 卷，1940 年 12 月，第 1124～1137 页。

9.2.1　决策中的组织

西蒙认为，传统组织中的管理只重执行而不重决策，而在相当大的程度上讲，组织就是作为决策的个人所组成的系统。决策贯彻于管理的全过程，管理就是决策。他认为组织的任何一个成员的第一个决策，是参加或不参加这个组织。在他做出这个决策的过程中，他就要对他为组织所做的贡献（劳动或资本）和从组织得到的诱因进行"理性"的比较。如果诱因大于贡献，他就参加。以这个满足函数中的零点（即盈亏平衡点）决定参加这一组织的机会成本。一个人在决定参加某一组织以后，虽然他的个人目标和个人需要依然存在，但已退居从属的地位。这种状况，就是组织的一体化决策。西蒙在《管理行为》中指出，所谓同组织一体化，就是指个人在决定时采用组织决策的价值标准，即用组织目标（组织服务目的或组织存续目的）代替个人目的的过程。因此要了解一个组织的结构和职能，就必须分析其成员的决策和行为及其受组织的影响，就必须研究影响人群行为的复杂的决策网状结构。西蒙在研究复杂的决策网状结构时很重视权威和人际关系问题。在他看来，管理人员应该有效地激励员工主动参与管理决策，而不是全由上级指示或按组织的权威来进行决策。

在探讨决策过程中的组织时，他曾长时期地坚持认为"管理就是决策"。在他看来，制订计划的过程是决策；在两个被选方案中选择一个也是决策；组织设计、部门化方式的选择、决策权限的分配等都是组织上的决策问题；实际成绩同计划比较、控制手段的选择等是控制上的决策问题。由此推而广之，他得出结论说决策贯穿于管理的各个方面和全部过程，在此意义上讲管理就是决策。不过，在他后期的论说中，这一观点中的偏颇之处已有所纠正。

9.2.2　决策的含义、合理模式

1. 决策的含义

西蒙提出，决策就是人们为达到一定目标，在掌握充分的信息和对有关情况进行深入分析的基础上，用科学的方法拟订并评估各种方案，从中选出合理方案的过程。西蒙认为，科学的决策概念应该具有三大条件：①决策是一个过程。拍板定案，并不是决策的全部，只是决策的一个环节，或者说是一个重要的环节。实际上，决策是为了达到一定的目标，从几个可行方案中选择一个合理方案的分析判断和选择的过程。它既包括拍板定案前的一系列程序步骤和研究过程，也包括拍板定案后在执行过程中的不断修正和完善的过程。②决策的核心是选优。决策中所做出的决定是要从多种方案中，通过各种比较分析，选出一种较好的方案。因此，决策的过程就是选优的过程，没有选优就不能称其为决策。③现代决策一般是指科学决策和民主决策。必须要有科学依据、遵循科学程序、运用科学方法，同时要充分发挥群众和集体的智慧。决策的失误，大多都是因为违背了决策的这种基本要求。

2. 决策的合理模式

管理的任务在于实现决策的合理性，而决策是否合理又在于能否选择合理的决策模式。西蒙和马奇在《组织》一书中按照有关人的假设（人的模式）对管理理论做了如下模式分类：一是“经济人”模式。这种模式把组织成员（职工）看做是进行一定作业的生产工具——机器。他们只能被动地接受命令、进行作业，在解决问题时并不发生什么作用。古典管理理论就属于这种模式的管理理论。二是“动机人”模式。这种模式认为，组织成员（职工）不是机器而是人，他们是为了满足自身的需求、动机和目的而劳动的。组织成员为了实现组织的目的而进行合作的动机是劳动生产率的最重要的决定因素。行为科学管理理论就属于这种模式。三是“决策人”模式，又叫做“管理人”模式。这种模式认为，组织成员（管理者和员工）都是为实现一定目的而合理地选择手段的决策者。巴纳德的社会系统理论和西蒙等的决策理论就属于这种模式。

在西蒙看来，“经济人”模式假定，人类是理性动物，人类经济行为的目的无非是为了追求利润的最大化。为了达到这个目的，决策者必须能够提出所有的可替代方案和预测这些方案的所有结果，然后，根据一定的价值标准比较这些结果。但是这种“绝对理性”模式在现实生活中必然会受到各种条件的限制。首先，在现实生活中，并不存在该模式所要求的那种掌握拟订所有方案和预测其结果的全部知识和信息的人。其次，决策的时限性制约也使得人们即使掌握了足够的知识和学习方法，也无法达到上述要求。因此，西蒙认为：“经济人”的决策模式是不现实的，不合理的。“管理人”的决策是通过组织进行的决策，它同“经济人”那种孤立的企业家个人决策比较起来，具有很多优点：可以克服知识和信息的不足；可以克服集体行为的不稳定性；可以克服价值体系的不稳定性等。该模式还提出，应该用“满意决策”准则取代“最优决策”准则。西蒙认为，“管理人”决策模式较之其他决策模式更为合理，在现实生活中也是可行的和易于达到的。

9.2.3 决策的要素、准则

1. 决策的要素

西蒙的决策理论吸收了不少巴纳德的思想和观点，但与巴纳德在决策的前提设定上却有着根本的区别。西蒙认为，所谓的决策要素可分为事实要素和价值要素。事实要素是对环境及环境的作用方式的某种描述。价值要素是关于管理者对某种事物喜好的表示，表明对该事物的某种判断。西蒙的一个创造性贡献，就是对这两种要素进行了方法论的阐释。在他眼里，价值要素和事实要素的区分相当于目的和手段的区分。因而，价值要素和事实要素是可以转化的，而且随着时间的推移肯定会转化。行为目的的确定，属于价值判断的范畴；为实现目的采取什么办法最有效，则属于事实判断范畴。西蒙曾多次强调：“不应把决策本身看成不可分解的单位”，而应“视为由前提推出结论的过程”。决策是一种“链式”反应的过程，人们的行为目的总是逐步实现的，在决策的每一步骤中以及在多个决策组成的复杂决策中，上一步骤或者上一决策所要达到的目的，反过来又是实现下一步骤或下一决策的手段。因此，在决策过程中，初始阶段以事实判断为主，随着这一过程向最终目的逼近，从决策的整体过程来看，事实判断所占的比重越小，价值判断所占的比重越大。这种“手段-目的”的分析框架，克服了以往的两分法（如行政学中的政治与行政两分法、经济学中的公平和效率两分法等，归根到底就是方法论中的价值理性和工具理性两分法）的对立状态，用二者的转化把它们统一起来，从而跳出了此前管理学中追求“价值中立”的偏失，为道德因素在管理学中的地位提供了理论依据。

2. 决策的准则

西蒙对决策的准则有着独到见解，认为应当用“令人满意”的准则代替“最优化”的准则。在西蒙的研究中有一个著名的有关“蚂蚁”的比喻：一只蚂蚁在沙滩上爬行，它爬行所留下的曲折轨迹不表示蚂蚁认知能力的复杂性，只是说明海岸的复杂。它知道蚁巢的大概方向，但具体的走路的路线却是无法预料的。其实人和蚂蚁是一样的，对外界的认识能力是有限的，对于外界的很多事情无法做出全面地了解。人的行为的复杂性只是反映了所处环境的复杂性。西蒙以蚂蚁喻人，认为人的认知能力也是单纯的，人的行为的复杂性也不过是反映了其所处环境的复杂性，在这样的环境中，人不可能做出最优的决策。由于现实生活中很少具备完全理性的假定前提，人们常需要一定程度的主观判断进行决策。也就是说，个人或企业的决策都是在有限度的理性条件下进行的。完全的理性导致决策人寻求最佳措施，而有限度的理性导致他寻求符合要求的或令人满意的措施。以往的经济学家和管理学家往往把人看成以绝对理性为指导，按最优化准则行为的经济人或理性人，但这事实上是做不到的，“最好是‘好’的敌人”，如果总是企图找那个最好的，不但最好的找不到，也许连好的也找不到。反之，如果能满足找一个好的，也许在找好的过程中会碰到一个最好的。在他看来，人们之所以不能用绝对理性作为决策的准则，是由于要实现绝对理性必须有三个前提：①决策者对可供选择的方案及其未来的后果要无所不知；②决策者要具有无限的估量能力；③决策者头脑中对各种可能的后果有一个完全而一贯的优先顺序。

但是，由于决策者受到认识能力和对时间、经费、信息来源等方面的限制，不可能完全具备这些前提。所以，事实上人们不可能做出完全合理的决策。人们实际上的理性既不是完美无缺的“绝对理性”，也不是非理性，而只能是“有限理性”。人们在决策时，不能坚持要求最理想的解答，常常只能满足于“足够好”或“令人满意”的决策。

西蒙用“管理人”来代替以最高准则行动的“经济人”。这种“管理人”要求：①用满意的准则代替最优化准则。②不考虑一切可能的复杂情况，只考虑与问题有关的特定情况。对工商企业来说，这种令人满意的准则就是适当的市场份额、适度利润、公平价格等，而一个组织存在的意义和目的也就在这里。因为组织的主要职能之一，就是弥补个人有限的理性，从而能做出满意的决策。西蒙强调，在选择“令人满意”这一准则后，人们就必须依据相关的事实、价值取向和所处环境条件来做出正确的选择。

9.2.4 决策的分类

根据西蒙在《管理行为》和《管理决策新科学》中的阐释，决策一般可作如下分类：

第一，按决策的地位和期限不同，可分为战略决策和战术决策。战略决策是指全局性、长远性、指导性的决策。相对来说，战术决策是指局部性、短期性和执行性的决策。战略决策对战术决策具有指导和决定性的作用，但它并不是战术决策的简单组合和相加，而是从事物发展的整体和长远趋势出发所制定的决策。战术决策在目标、步骤、时间上的具体化，并不是战略决策的简单分解，而是具有自己的灵活性和创造性。

第二，按决策的条件和状态不同，可分为确定型决策、风险型决策和不确定型决策。任何决策问题都面临一定的环境和条件。如果这些环境和条件是决策者主观所不能控制的，就叫自然状态。如果自然状态是确定的，决策者对决策问题的情况有充分了解，易于通过进行比较和简单的技术做出判断，有关组织或组织中某个部门能有效地做出决策，决策的结果是确定的，这种决策就叫确定型决策。如果自然状态是不确定的，但决策者能根据预测情况计算出事情发生的概率，并根据概率能对决策结果做出一定估计，这种决策就叫做风险决策。风险型决策又称统计型或随机型决策，其特点在于：一是存在着决策者企图达到的一个明确的目标，如求得最大利润或最小成本；二是存在着不以决策者的主观意志为转移的两种以上的客观状态；三是决策者可以从两个以上的行动方案中选择一个；四是不同行动方案在不同自然状态下的损失和利益可以计算出来；五是决策者不能肯定未来将出现哪种自然状态，但可大致估计出其出现概率。非确定型决策指未来将出现的自然状态的出现概率无法预测的决策。

第三，按照决策重复出现的程序不同，可分为程序化决策和非程序化决策。西蒙把组织的全部活动分为两类：一类是例行活动，如为普通顾客的订货单标价，为患病雇员核定工资，记录办公用品的供应情况等。有关这类活动的决策是经常反复的，这类决策就是程序化决策。程序化决策，是指决策可以程序化到呈现出重复和例行的状态，可以程序化到制定出一套处理这些决策的固定程序，以致每当它出现时，不需要再重复处理它们。另一类是非例行活动，这类活动不是重复出现的，也往往是比较重要的活动，如新厂址的选定和新产品的设计等，有关这类活动的决策叫做非程序化决策。

针对上述这两种不同类型的决策，西蒙分别从传统的和现代的两个方面阐述了它们各自所使用的决策技术。他认为，就程序化决策技术而言，程序化决策的传统技术包括由组织成员的实际知识、习惯性技能和操作规程等集体记忆构成的习惯，与习惯紧密相关的标准操作程序以及在标准操作规程之上的组织结构；而程序化决策的现代化技术则包括运筹学，如线性规划、动态规划、整体规划、博弈论、决策论、排队论、概率论等数学工具以及利用电子计算机模拟等电子数据处理技术。至于非程序化决策技术，他认为，人们在进行非程序化决策时通常所采用的传统技术是“判断”，而判断是通过某种不确定的方式由经验、直觉和洞察力来决定的，当围绕着一个重大难题进行非程序化决策时，或者说，当进行一项将会产生极为深远影响的决定时，通常需要决策者发挥创造性。但是，在他看来，非程序化决策所依靠的这些技术的心理过程至今尚很少为人们所了解，所以有关非程序化决策的理论也就显得比较空洞。不过，他认为，这类决策可以通过某种有条理的思考以及对管理人员的职前培训和在职培训来加以改进。他指出，如同程序化决策的技术一样，非程序化决策的技术也正在经历着一场革命，这场技术革命主要表现在探索式解题技术的应用，其中包括决策者的培训和探索式计算机程序的编制。在他看来，非程序化决策的这种技术创新，不仅会为非程序化决策方面的自动化开拓出新的前景，而且还会有助于深化我们对人类思维过程的理解进而提高非程序化决策的能力。

第四，按照决策的层次的不同，可分为高层决策、中层决策和基层决策。在管理系统中，决策者和决策机构一般都是分层次的，一般来说，高层决策是事关全局和长远的战略性决策；基层决策是事关局部的操作性决策。战术决策要服从于战略决策，基层决策或中层决策也要服从高层决策。之所以对决策进行这样的分类，其宗旨在于强调不同层次决策的角度和前提不同，但它们之间又要相互一致。中层、基层决策要以上层决策为前提和依据，高层决策也要以中层、基层决策为基础和参考。

第五，按照管理范围或性质的不同，可分为宏观决策、微观决策。宏观决策主要是指政府部门宏观经济管理中所做出的决策。微观决策主要是指企业或其他经济实体在微观经济活动中所做出的决策。这两种决策虽然有密切联系，但它们的范围、角度、地位、作用以及性质上都有根本不同，因此必须加以区别，既不能相互排斥，也不能相互代替。

除上述分类以外，对于决策还可以根据其他角度和标准进行分类。例如，按决策的内容不同可分为各个不同领域、不同行业、不同单位的决策；按决策的方法不同，可分为定性决策、定量决策以及其他以不同方法标示的决策。总之，上述分类都是从不同需要出发进行的，有助于对各种决策性质、范围、内容、作用、条件、前提等的了解，以便使决策者采用相应的方法，保证决策的质量和效果。

9.2.5　决策过程、方法和信息

1. 决策的四个阶段

决策程序包括决策每项工作所应进行的顺序和步骤，也包括在每个步骤上所应解决问题的范围和要求。成功的决策不一定要按固定程序办事，但不按程序办事，常常是决策失败的重要原因。西蒙提出决策程序应有四个阶段：

（1）情报活动阶段。在这一阶段，主要是搜集企业有关的各方面的信息并加以分析决策的条件，为制订计划提供依据。任何决策都必须首先提出和确定决策问题，从而使决策成为必要和可能。提出和确定决策问题，有许多工作要做，但最主要的是要明确该问题是否需要解决，以及应花多大的代价加以解决。此外，还要考察环境对解决问题是否有利，寻找要求决策的条件，为决策继续提供重要的依据。

(2) 设计活动阶段。在提出和确定决策问题以后，就要拟订备选方案。这是任何决策所必须经历的阶段，也是多数决策消耗时间最长、工作量最大的阶段。拟订方案包括确定决策目标，以及为达到这一目标所应采取的措施。拟订备选方案必须要拟订多种方案，以防漏掉更好的方案。在可能的条件下，所列方案尽量要详尽一些，这样才便于比较和选择。

(3) 抉择活动阶段。对方案的比较和选定是决策的一个关键阶段，平常人们所说的拍板定案就是指这一阶段。这一阶段主要是对各行动方案进行评价和选择，即根据当时情况对未来发展做出预测，从各种备选方案中选择最具有可行性的一种。对各种方案进行比较，重点要比较各种方案的利弊差异，然后根据“令人满意”的准则加以选定。决策者在对方案进行比较抉择时，要有自己的价值标准，同时也要广泛征求专家们和群众的意见。这不但对方案的选定有利，而且有利于以后方案的执行。

(4) 审查活动阶段。对选定方案进行审查评价，也是决策中必须进行的程序。在这一过程中，不但要对已选定的方案质量和可行性作进一步的审查和评价，并在必要时进行修改和补充，而且还要进行防范性分析。所谓防范性分析就是分析所选定方案在执行实施中可能产生的副作用和各种问题。防范性分析的目的是寻求经济而可行的防患于未然的措施。

他认为，上述四个阶段在时间的分配上是占有不同的比例的。就是在某一特定阶段上的时间分配，由于各个企业的具体情况不同也是会有差别的，有时候这种差别还非常大。管理决策者在调查信息、设计和制订方案上所花的时间要多一些，但在选择方案上花的时间不会很多。

他还认为，一般来讲，“情报活动”先于“设计活动”，而“设计活动”又先于“选择活动”。但是，阶段循环的实际情况却要复杂得多。例如，设计阶段可能需要新的情报活动，而任何阶段中的问题又会产生出若干次要问题，这些次要问题又有各自的情报、设计和选择的各个阶段，“也就是大圈套小圈，小圈之中还有圈”。

2. 决策的五种方法

(1) 经验判断法。这是指主要凭决策者的经验、习惯和已有知识进行决策。其内容主要包括直观判断法、淘汰法、排队法、归类法等。在他看来，这种方法比较适用于一些简单的决策和某些程序化的决策，对于比较复杂的决策和非程序化决策，虽然不能单独胜任，但也仍可发挥重要的作用。

(2) 专家意见法。征求专家意见有多种方法：一是个别征求，它能够充分利用个人的知识经验，对不太复杂的决策也比较简便易行，但也容易受个人知识、经验、偏好的影响，使决策产生一定的片面性。二是召开专家会议，通过集体讨论来集思广益，但要受参加人数的限制，有时还会受一些权威人士意见的影响，人云亦云，形成错误判断。三是德尔菲法。这一方法指的是依据系统的程序，采用匿名发表意见的方式，即团队成员之间不得互相讨论，不发生横向联系，只能与调查人员发生关系，以反复的填写问卷，以集结问卷填写人的共识及搜集各方意见，经过反复征询、归纳、修改，最后汇总成专家基本一致的看法，作为预测的结果。德尔菲法的函询调查方式因具有匿名性、多次反馈性和广泛性等优点而被广泛采用。图 9.1 为德尔菲法预测程序示意图。

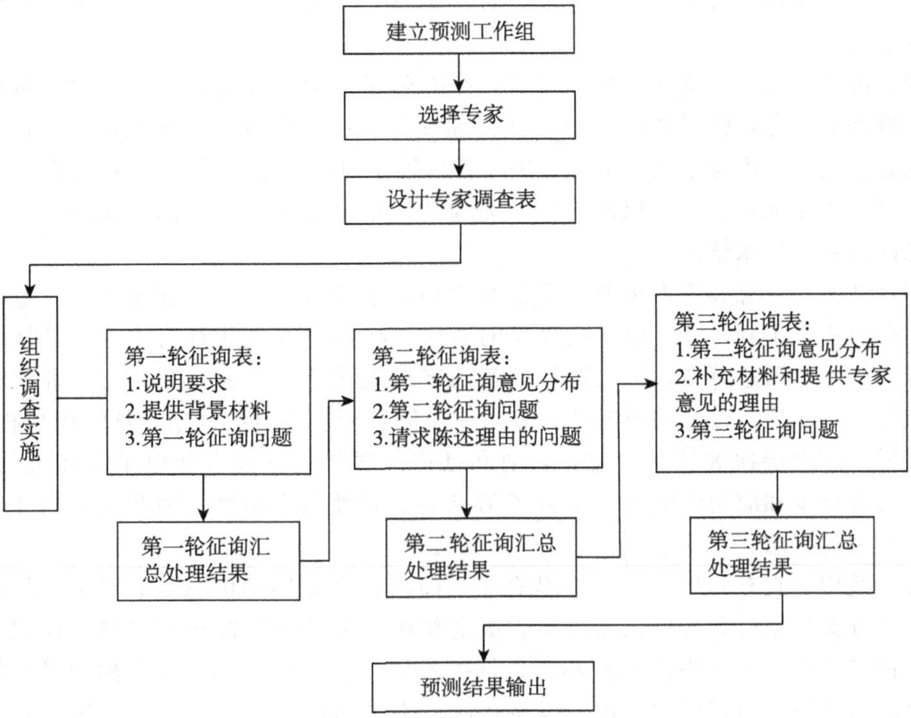

图 9.1　德尔菲预测程序示意图

（3）数学模型法。这是一类主要运用数学知识，通过建立数学模型进行数量分析的方法。第二次世界大战以后，特别是管理科学学派产生以后，这类方法在决策中得到广泛运用，形成许多分支，其中主要包括运筹学的各个分支，计量经济学的各个分支以及其他各种数学模型。

（4）模拟试验法。它是指将决策方案做成模型，模仿方案在实际实施中可能遇到的情况所进行的试验。迄今为止，在模拟试验中所运用的模型，主要有物理模型、逻辑模型和数学模型。人们普遍采用电脑来进行上述三种模型的试验，这种模拟试验称为模拟式模型。通过模拟试验，人们可以在短时间内，把本来不可能或难以试验的决策方案，模仿各种实际情况重复试验多次，从中得出各种不同的方案在不同环境和条件下的状态和结果，从而为决策提供更加科学而真实的依据。

（5）心理方法。决策既涉及决策者的心理，也涉及决策执行者的心理。有些决策，如对抗性的决策、人事性的决策还涉及决策对象的心理，这些心理状态直接影响决策方案的制订和选择。为此，在决策中要树立人本观念，研究人际关系和人的心理。可以用案例法、民意测验等，还可以用试验法。

3. 决策的信息要求

决策离不开信息，西蒙认为，决策的每一个阶段都有一个信息的收集、加工、传递和反馈的过程。可以说，决策的过程实际上就是信息的输出、输入和反馈的过程。所谓决策工作，实际上就是信息的收集、加工和使用的工作。由此可见，信息与决策关系密切。决策离不开信息，反过来也对信息有一定要求。归纳起来，决策对信息的基本要求如下：

（1）准确。没有准确的信息，就不会有准确而科学的决策。在决策中一定要收集和运用准确的信息，同时要防止信息在传递和加工中的失真。严格地说，平常人们所说的消息、资料并不等于就是信息。决策者应善于对所收集的消息、资料等进行加工，去伪存真、去粗取精。为了保证信息的准确性，必须要选择可靠的信息源，同时要建立信息的监督控制系统。

（2）及时。信息具有时效性。信息越及时、越新颖，对决策就越有利。过时的信息，不但对决策不利，还可能造成决策的失误。特别是在现代社会中，科学技术日新月异，市场行情瞬息万变，加之通信设备越来越现代化，谁先得到信息，谁就将在竞争中取胜。为了提高信息的及时性，必须保证信息传递线路的畅通。从组织机构来说，就是要尽量减少层次和环节，防止掣肘和扯皮。现代通信技术和电子计算机的应用，提高了信息开发和应用的能力，增强了信息的及时性和准确性，因此成为当今企业主要竞争实力的标志。

（3）适用。它有两层含义：一是有用，即收集和提供的信息，对于决策问题的提出、决策方案的制订和选择以及决策方案的修改和完善能够起依据或参考作用。二是适量。信息过少，决策中的信息不足、依据不充分，必然会影响决策的质量；信息过多，也会对决策的制定形成干扰，且易造成人力物力浪费，从而增加决策成本，降低决策效率。信息的有用而适量，主要由信息的提供者来保证。当然，决策者也要做到心中有数，对信息要有一定的鉴别和取舍能力，关系不大的信息，不要过多收集，可听可不听的意见也不必花费精力去过多征求。必须认识到，决策者的注意力是一种最宝贵的资源，不能无谓地消耗在大量无关的信息上。

（4）经济。信息对于决策虽然重要，但是也要进行经济核算，不能不惜代价获取，否则也会影响决策的满意程度。如果一项决策的制定成本大于实施后所获的效益，就不能说是一项成功的决策。讲究信息的经济性，需要各个方面的努力。首先，要确保信息的质量和适时、适量；其次，要合理设置管理信息系统，尽量减少信息收集、传递、加工、使用等各个环节上的花费；最后，要尽量采用新技术，不断提高信息的获取和加工效率。

为了保证决策对信息的上述要求，不断提高决策质量，西蒙倡导，建立管理信息系统或“信息联系服务中心”。这个管理信息系统不但要包括专门的信息收集、传递、加工、使用、储存系统（如在实际中的专门的情报机构、统计机构等），还要包括专门的决策咨询参谋机构和科学研究机构。

9.3 有效的管理：德鲁克管理思想的探讨

德鲁克是美国经济学家、管理学家和政治学家，当代最著名的经验主义管理学家。

1909 年，他生于奥地利的维也纳，在德国上完大学后，成了一个金融记者。希特勒上台后他又离开德国去了伦敦，在那里他成了一位银行家。1937 年他来到美国，1941 年在本宁顿学院教书，不久去了纽约大学。他一生以教书、著述和咨询为业，是世界上第一个提出“管理学”概念的人，也是第一个系统地向人们阐述全面管理见解的人，被公认为“现代管理学之父”、“大师中的大师”。2002 年 6 月 20 日，美国总统乔治·W. 布什将总统自由勋章授予了德鲁克，以表彰他对美国社会做出的卓越贡献，这是美国公民所能获得的最高荣誉。

德鲁克兴趣广泛。20 世纪 30～40 年代，他写了一系列关于资本主义社会的极富思想内容的书籍，其中包括对通用汽车公司管理模式进行的重要研究。20 世纪 50～70 年代，他又写了一系列管理书籍，这可以说是他的经典作品。从 20 世纪 70 年代末期开始，他又对技术和社会变革对于管理和商业的影响产生了浓厚的兴趣。其主要作品有《管理的实践》、《管理：任务、责任、实践》、《有效的管理者》、《技术、管理和社会》、《动乱时代的管理》、《非营利机构的管理》、《经济人的末日》和《剧变时代的管理》，他的最后一篇文章《什么造就高效能的高级管理人》获得 2004 年《哈佛商业评论》最佳文章的麦肯锡大奖。纵览他的著作，可以看出其有效管理思想主要涉及管理的处境、任务、职责，管理中的组织结构，以及目标管理等技能和方法。

9.3.1　管理者的处境、任务和职责

德鲁克认为，管理作为对人与事进行治理的技巧和独立的活动，目的在于努力把一些人群或团体朝着某个共同目标引领和控制。一个好的管理者就是能够使团体以最少的资源和人力耗费达到目的的有效管理者。管理者应做到称职高效，但实际上管理者在管理中却面临四种问题：

(1) 管理者的时间一般容易“属于别人”，而非自己。他的时间经常被别人占用，而他的计划也经常被公司重要的客户、政府高级官员或自己上司的电话所打断。

(2) 管理者除非敢于采取积极行动去改变他们的周边环境，否则他们难以担任综合管理责任。他分析道，在美国，常常可以听到这样的抱怨：虽然总裁或者其他高级管理人员负责的是整个企业，但他们仍旧在管理生产或销售，其实他们本应花更多的时间在提高企业的整体效益上。有时候，人们将这一不足之处归咎于以下这一情况：美国的管理人员通常都是从职能部门的专业人员中提升而来的，他们在担负起综合管理责任后并不能马上丢弃那些长期养成的习惯。在德国、瑞士和荷兰的一些公司里，也还是可以听到对高层管理人士只抓具体业务而不抓总体管理的批评。而且这种倾向还不仅仅局限在高层管理人员中，在各级管理人员中还普遍存在着这种现象。产生这种现象除了管理人员的提升渠道和人的习惯势力之外，根本原因在于管理者所处的现实境况，除非他刻意改变，否则他将有大量的工作接踵而至，使他无暇顾及其他。因此管理者需要的是一些标准，通过这些标准来识别这些工作的重要性、有益性和有效性。

(3) 管理者只有当他人使用他贡献出来的东西时，他的工作才具效益。通常，与管理者的工作效率最密切相关的并不是他直接控制的人，而是在其他领域中工作的人。

管理者如果不主动接触这些人，使自身的贡献对他们发挥某种作用，就谈不上富有成效。

(4) 管理者如果要有效工作，必须努力认识组织以外的情况。但是他身处组织内部，实际上很难得到组织外部情况的原始资料。德鲁克指出，最终决策者都是企业外部而非企业内部的人。例如，客户在考虑是否购买该种产品或服务时，是从消费者的立场出发，根据市场的供求状况来做出决策的。而这里的消费者显然是企业外部的人。组织存在的唯一目标就是为外部环境提供良好的服务。这种现状决定了从内部进行有效控制的困难性。例如，虽然公司能通过促销等手段来影响顾客对于商品的喜好，但顾客仍拥有最终的决定权。对于管理者而言，内部事物是他首先需要考虑的，同时也是他最为了解的。如果他不刻意努力保持与外界的直接联系，他就会在内部事物中越陷越深，而无暇顾及外部现实，最终考虑问题就只会从内部事物出发。

面对这种处境，德鲁克认为，一般组织对管理成效的要求通常表现在三个方面：直接成果；树立新的价值观以及对已确定的价值观不断确认；培养与发掘组织未来所需的人才。如果在这三方面中缺少任何一方面，组织就会面临没落甚至垮台破产。因此，管理者若想使自己的工作富有成效，对组织有所贡献，就必须从这三个方面着手。

对于企业来说，所谓的直接成果就是销售额、利润等经济成果。直接成果在这三方面中是最重要的。一位管理者如果对于组织的直接成果是什么都不明确的话，那就无从谈所谓的成果和贡献了。

一个组织如果没有自己的价值观，内部管理就会发生混乱甚至瘫痪解体。因此，管理者需要树立组织明确的价值观并对它予以反复确认。在企业中，管理者为组织树立正确的价值观有时是通过加强技术指导，有时是通过确定符合客户需求的产品和服务来实现的。一个组织的价值观也并不都是极其明确的。美国农业部长久以来一直受到两个根本对立的价值观的困扰：一方面想要提高农业生产率，而另一方面却又想要加强以家庭为单位的小农经济，并要将此发展成为整个农业的支柱。在前一种价值观的引导下，他们必须努力实现农业的高度工业化，使美国农业向高度机械化和大规模商业化的方向发展。然而后一种价值观又表现出对于原有生产方式的推崇。由于美国的农业政策长期在这种价值观之间徘徊不定，因此人们不难看到，虽然美国已经花费了大量的人力物力在农业发展方面，但却未见很大的成效。

德鲁克说，一个管理者要想实现对组织的贡献，自然也少不了第三个方面，即培养与发掘必要人才。如果一个管理者不去不断更新其人才资源，组织不去不断充实人员培训基金，管理者的贡献必然会大打折扣，组织也不可能长期维持下去。

这三个方面哪个更重要，并无定论，而是主要取决于管理者本人的具体情况，他们在组织中所处的地位以及组织自身的需求。当这些因素发生变化时，这三方面的相对关系、重要性的比重也会相应发生一定的变化。因此，如果管理者只满足于原来的工作方法，不能或不愿去适应新职位的要求，他就很难实现对组织的贡献。德鲁克还举了一个关于美国政府的例子。第二次世界大战期间，不少才华横溢的管理者来到美国政府工作后，却往往无所作为，而美国政府中也有不少人既没有任何政治经验，也没有做过两个职位以上的工作，却用事实证明了自己是富有成效、对组织贡献极大的管理者。稍加留意不难发现，这些管理者的出色表现都离不开他们自己对于贡献的重视，离不开他们对不同工作的三个价值面所做出的适当调整。由此可以看出，那些为工作呕心沥血却成效甚微的管理者的失败正是由于他们自己未能或不愿去适应新工作的要求，不能向自己提出新的挑战，不去重新处理这三个价值面的相对关系。因此，一个管理者要衡量自己对组织的贡献大小，要实现对组织有所贡献的目标就必须首先从这三方面着手。

在上述分析的基础上，德鲁克指出，管理者的任务可分为三项：第一项，取得经济效果。在他看来，取得经济效果在企业组织中是合理的，且符合组织发展的目的。企业决策者在决策和经营管理中必须首先考虑经济效果。第二项，让企业具有生产性的同时使员工有成就感。第三项，让企业承担起对社会的责任。企业的好坏不是由企业自己来评价的。企业对社会的主要责任就是它应该对社会产生积极的影响和卓越的效果。以上三项任务是在同一时间、同一管理行为中执行的，人们甚至很难说其中哪一项任务是最重要的或需要更大的技巧和更大的能力。相对而言，德鲁克说，第三项尤其重要。在他看来，增强企业的社会责任感是商业成功所必须付出的代价的一部分。

为了完成这些任务，作为企业的主要管理经理，有两项职责是别人不能替代的。第一个职责是他必须造成一个生产的统一体，这个生产统一体的生产力要比它的各个组成部分的生产力的总和更大。从这个意义上讲，经理要造成生产统一体就要克服企业中的所有弱点，并使各种资源（特别是人力资源）得到充分的发挥。经理的第二个职责，是在做出每一次决策或采取每一个行动时，要把当前的利益和长远的利益协调起来。此外，每个经理都有一些共同的必须执行的职责，这些职责是：①树立目标并决定达到这些目标要做些什么，然后把它传达给与目标的实现有关的人员。②进行组织工作。对工作分类并划分一些较小的活动，以便进行管理，建立组织机构，选拔人员等。③利用表扬、奖金、报酬、提拔等手段来激励员工做好工作，并让员工在工作中得到成长和发展。④对企业的成果和员工的工作进行评估分析。

9.3.2　有效管理的五种思想习惯

德鲁克认为，智力、想象力和知识固然重要，但将其转化为企业成果，必须通过管理者富有成效地工作。一般来讲，有效管理者必须养成以下五种习惯：

（1）正确统筹时间。有效的管理者并不是一开始就着手工作，他们往往把时间安排放在一切工作之前。管理者清楚计划自己掌握支配的时间是很有限的，必须利用有限的时间进行系统的工作。关于利用时间，德鲁克提供了简便易行的三部曲：记录时间、管理时间和集中时间。关于时间的使用，记录远比记忆要可靠得多。把管理者对时间的分配情况记录下来，然后找出无关紧要的事并将它从计划中删除。

（2）注重获取成果。有效的管理者要注重外部作用，把力量用在获取成果上，而不是工作本身。在开始一项工作的时候，他们首先想到的问题是：“人们要求我取得什么成果？”而不是像现实生活中的许多管理者那样，从要做的工作开始着手。

（3）把工作建立在优势基础上。有效的管理者把工作建立在优势上，也就是建立在他们能做什么的基础上。配备人员，要用人所长，看他是否具备完成这项任务的能力和素质，而不是看他是否让自己喜欢。当然，还要运用上级的长处，来为提高自己的有效性服务。

（4）集中精力。在德鲁克看来，集中精力是有效管理的重要秘诀之一。有效的管理者把精力集中于少数主要领域。在这些领域里，优异的工作将产生杰出的成果。他们给自己定出优先考虑的重点，并坚持重点优先的原则。他们知道，除了将首要的事情先做，次要的事情不做以外，别无选择。他提醒管理者，在集中精力方面，所有的机构都很容易染上两种毛病：一种是管理者免不了要为过去的事情收拾残局。这就是说，每位管理者都必须不停地花费时间、精力、智力来为已经过去的一些行动和决策做好修补工作，不管这些决策和行动是他们自己采取的，还是他们的前任采取的。实际上，管理者的大部分工作时间往往都在处理诸如此类的事情。另一种是管理者的自我主义。过去的成功，即使是在情况发生改变之后，往往还会在那里产生影响。德鲁克认为这些过去的成功往往会变成“经营管理者自我主义的一笔财富”，并会成为神圣不可侵犯的东西。但是这些过去的做法和活动，若不经过彻底的修改，无疑将会耗尽机构的所有资源和精力。在为体现“管理者自我主义的这笔财富”的价值所进行的徒劳努力中，一批最优秀的人才将会被白白地埋葬掉。同时，德鲁克更强调了认清处理工作的先后次序的重要性。在时间有限的状况下，对哪些事情需要优先处理或推迟处理，管理者应据情况需要和环境变迁而做出选择。

（5）有效决策。做出有效的决策是管理人员需要掌握的一项重要技能。为了掌握此项技能，对不同意见做出判断，使决策站在战略高度，必须经过六个步骤：

第一步，提出假设。德鲁克认为，决策的第一步不应是收集资料，而应是提出某种未经检验的假设或看法，然后用事实对这种假设进行验证，这同一些学者的观点正好相反。而为了检验这项假设是否正确，就要考虑需要了解哪些事实和对所作决策适用的衡量标准。

第二步，获取各种不同的意见和可供选择的方案。德鲁克说，决策的第一条规则是，在没有不同意见之前不要做出决策，只有经过各种相互冲突的意见交锋以及观点争辩，才能做出好的决策。

第三步，考虑是否必须对某项问题做出决策。人们讨论决策问题时，往往只考虑到如何决策，而忽略了是否有必要对它做出决策。德鲁克认为，经理面对一个问题时首先应当考虑：“这项决策真是必须做出的吗？”如果不采取行动，情况可能恶化或一个重要机会丧失，那就必须做出决策并采取行动；如果不是这样就不必做出决策。处于以上两种极端之间的情况，则要对采取行动的成本和风险与不采取行动的成本和风险进行比较，如果采取行动所能得到的利益超过成本和风险，就要采取行动，否则，就不必行动。

第四步，保证每一个同决策有关的人都参加讨论。只有如此，才能保证每一个同决策有关的人都对采取行动和取得成果做出承诺，或者说在决策的时候把行动的承诺包含在其中，使决策的步骤成为有关人员的工作和职责。

第五步，正确地做出妥协。做出一项决策，就意味要付出一定的代价和牺牲一些愿望，因此有效的决策往往不受欢迎，所以要求决策者在各种相互冲突的目标、意见之间进行平衡和做出妥协，以便赢得人们的支持。但要注意的是，妥协不能没有原则，即不能放弃基本的要求。

第六步，建立反馈制度，并把它作为决策方案的组成部分，在拟订决策时就确定下来。为此，首先必须明确决策的预期结果，其次组织力量追踪决策的执行情况，发现偏差便及时纠正，以求决策预期结果顺利实现。

9.3.3 组织结构设计

在德鲁克看来，传统的结构已经不能适应今日复杂的管理组织，因为现代企业组织结构的生命正变得日益短促和不稳定。

他认为，组织结构是实现一个机构各种目标的重要手段，其设计应当考虑企业的战略和目标，即回答好“我们是什么？应该是什么？将来是什么？”的问题。他把组织设计模式分为五种结构，包括两种传统的结构，即“亨利·法约尔的职能结构”和“艾尔弗雷德·P. 斯隆的分权的联邦式结构”；三种新结构，即“小组组织”、“模拟性分散管理结构”和“系统结构”。

德鲁克分析道，职能制结构是以努力工作为中心设计的，适用于作业工作，但不适用于高层管理和创新。其最大优点是具有很高的明确性和稳定性。每一个人都有一个“据点”，都了解自己的工作。但是，它的明确性和稳定性的代价是，每一个人，包括高层职能人员，很难理解企业整体的任务，也难以把整体任务同自己的工作联系起来。这种组织结构虽然稳定，但僵硬而不适应变化。它不能为未来培养、训练和考验人员，它易于使人只想对自己的工作略加改进，不愿接受新思想和新工作方法。职能结构在最理想的情况下，能很经济地进行工作。只要很少的人在高层从事组织、信息联系、协调、调节等工作，就可以使组织运转，其他人只要从事他们自己的工作就可以了。

但是，它却常常处于一种不理想的、极不经济的状况。只要职能制结构一达到中等的规模或复杂程度，就会产生摩擦、误会、派系和独立王国。于是就要求各种复杂、费钱、笨拙的调节和处理纠纷的管理手段。例如，在企业职能结构中，只有在总经理一级才能使生产、研究和发展、销售等活动取得协调。假如企业营业不佳，销售副总经理可能向总经理抱怨生产部门没有生产出有竞争力的产品。而生产副总经理可能向总经理抱怨销售部门销售不力，未能打开销路，研究和发展部门未能提供新的研究成果和新的产品设计。研究和发展副总经理又可能抱怨前两个部门未能提供顾客的要求和未能将新技术应用于生产。这样，总经理就要花费很大一部分时间和精力来协调各个部门的工作，而副总经理却未能充分地担负起他们的职责。这使得各个部门和整个企业的效率都受到影响。

分权的联邦式结构，又叫事业部制结构，是以成果为中心设计的。它是在公司的总经理之下，除设立一些必要的职能部门之外，按产品设计各个事业部，每个事业部都有自己的生产和业务单位以及必要的职能部门。这一结构中，在分权的原则下，总部和各个事业部都有真正的职权：企业的最高领导决定企业的主要目标，组织企业的人力资源，选拔、训练和考核未来的领导人员，制定对工作效率进行评价的标准等。

而总部领导下的各个事业部本身则是一个自治性的事业单位，其负责人要对本单位的生产、工程、销售、采购、会计、人事等全面负责。企业最高领导人的决策同各事业部在本身业务范围内的决策有密切的关系。他们在基本政策的制度上应该经常进行讨论。

这一结构的优点是：①它有高度的明确性和相当的经济性，同时又有高度的稳定性和适应性，能把管理人员的视野和努力集中于自己和企业组织的任务、成就和成果。②由于它的整个管理集体至少是其中的上层，有着共同的视野和理解，就便于有效地进行信息沟通。③决策过程中易抓住重点问题。④下属受管理责任幅度限制，便于培养管理人员。

不过，这种结构对高层管理人员和事业部门的责任等要求严格。高层管理人员必须具有高度的责任心和自律性，并且必须在三个领域保留最高权力：①企业的基本价值观、信念和原则。例如，企业有关工艺、产品和市场开拓的方针与业务。②企业关键的资源配置、资本的供应和投资。③企业的重要人员特别是重要的管理人员和专业人员的任命和调动，而且，高层管理还必须单独分开，不能同时兼任自治性单位的领导者。无论这种自治单位是多么重要，都不能这样做。

另外，联邦分权制结构也要求作业单位、自治单位承担很大的责任。它们最重要的责任就是为高层管理提供有关本单位在市场、产品、潜力、机会、问题等方面的情况，使高层管理能够在掌握这些情况的基础上做好高层管理的工作。

从规模上讲，分权联邦结构中的自治单位不能太大，如果超过了中等规模，就不能有效地运转了。同时，也不能太小，必须具有一定的规模，才能使它的管理班子充分地发挥出自己的才能。

德鲁克进一步分析道，在小组结构中，一个小组——通常是相当小的——是为了完成特殊的工作任务建立起来的，而不是根据一种特殊技能或工作过程中的特殊阶段建立的。在过去 20 年中，我们已经了解到：尽管小组组织一向被认为仅仅适用于短期的、过渡性的、非常规的特别工作任务，其实，它也同样适用于一些长期的需要，特别是在高层管理和技术革新的工作方面。

一个管理组织，如果规模过于庞大，无法保留职能组织，同时又过于统一，难以实现真正的分权，那么，模拟分权制往往是这类组织的良药。它建立起一种职能、一个过程中的阶段或一个片段，就仿佛它是一个独立的、真正自负盈亏的企业那样。它处理假设的会计事务、内部调拨价格和管理开支费用，仿佛它们是市场的现实。这种模拟性分散管理结构，虽然有它的困难和障碍，但仍是近来成长最为迅速的组织设计。它是唯一适合于——尽管是很勉强的——材料、电脑、化工和医药公司以及大型银行的组织设计。同时，它是唯一适用于大型的高等学府、医院和政府机构的设计原理。

最后，在系统结构中，小组组织和模拟性分散管理结构结合在一起了。这种设计原理的原型是美国国家航空航天管理局的太空计划。在这项计划中，大量独立自主的单位——大型政府机构、各个科研工作者、谋求利润的企业和大型高等学府——在一起共同工作。它们基于形势的需要而不是基于逻辑，组织起来并获得信息，一个共同的目标以及共同的最高管理阶层把它们结合在一起。这个巨大的跨国公司是多文化、多政府、多企业、多市场的混合物，又是目前以系统概念为基础的具体化。

德鲁克还对这五种结构的异同予以了比较分析。他指出，职能和小组设计模式实际上是相辅相成的。在职能组织结构中，工作技能——制造、会计等——被设计为固定的；工作从一个阶段向其他阶段移动。在小组结构中，工作被视为固定的，而以技能的调动来满足任务的需要。由于它们相互补充的性质，这两种设计原理是处理诸如知识结构等类问题的唯一可能的选择。因为，如果你需要完成一项特殊的任务，而小组的力量能干得最好，那么你就需要把固定的职能作为基础，并在这个基础上调动人员及其特长来构成小组。

模拟性分散管理结构和斯隆的分权的联邦式结构都注意结果和成效。它们是以结果为焦点的设计，然而，与职能结构和小组结构不同，它们不是互相补充，甚至不是可供选择的方案。分权的联邦式结构是"最佳方式"，模拟性分散管理结构是"两害之间较轻的一种"，只有在分权联邦制结构的严格要求不能予以满足时才被采用。

最后一种可用的设计原理是系统设计，它所着重的是关系，这是管理学的另一面。因为，不论与"工作和任务"还是与"结果"相比，关系必然头绪更多而且更难于下定义。一个以关系为中心的结构会比以工作为中心的或是以结果为中心的设计有更大的困难。

一个理想的组织应该是多轴的，这就是说，它围绕着工作与任务，和结果、成效、关系、决策进行结构配置。应当说，每种结构都侧重于一个不同的方面，因而各有其独特的成本、特殊的与相当严格的要求，以及实际的限制。全无风险的组织结构是不存在的。某一项任务的最佳方案对另一项任务而言，可能仅仅是几个同样拙劣的可供选择的方案之一，而对第三种任务而言，它也许恰好是一种显然错误的方案。

通过以上详细地分析，德鲁克提出组织结构设计应针对三种不同种类的工作同时进行构造和综合：①业务工作，它对今日企业产生结果并负责任；②革新工作，它创造企业的明天；③最高管理阶层的任务，它领导企业、提供远见、为企业的今天和明天决定方向。与此同时，组织结构设计也应满足明晰、节省、稳定、自我更新等需要。

9.3.4　组织内部和外部的信息交流及其创新

世界自 20 世纪 60 年代以来处于信息爆炸时代，信息的作用和影响越来越被人们所关注，公共机构中的学者和管理人员也对组织中信息的交流讨论得越来越多。然而，信息交流在理论和实践上都有很多令人难以解决的问题。不过，人们在信息领域还是做出了不少的努力，有些学者就提出了信息交流的原则，德鲁克就是其中之一。

在他看来，信息交流是知觉。首先，这意味着决定信息交流成功与否的是信息的接受者，而不是发出者。只有发出者而没有信息接受者出现，发出者发出的声音没有人听到，那就不存在信息交流。其次，人们只能知觉到他们能够知觉的事物，而不能知觉到超过其知觉范围以外的事物，如果发出的信息超过了接受者能够知觉的范围，也不存在信息交流。因此，人们只能用接受者能够理解的语言或术语同他进行信息交流，而这些语言或术语又要以对方的经验为依据。

同时信息交流是期待或者说期望。通常来说，人们知觉到的都是其期待要知觉的，而对不期望的则往往视而不见，听而不闻，或者误以为是自己所期待的事情。这样可能会带来一定的损失或失去难得的机会。因此，在进行信息交流之前，人们必须掌握接受信息者所期待的事物，以利用其期待进行顺利的信息交流。信息交流的目的，就是让人们成为期待中的某种人，相信或去做某种事。因此，需要了解信息接受者的动机，让信息符合其愿望、价值观和目的，这样信息就有可能被接受；否则，逆其动机而行，会让信息接受者产生抵触情绪，导致信息交流的失败。

德鲁克指出，信息交流和信息并不相同，它们是相互对立而又相互补充的。信息交流是知觉，而信息是逻辑。信息愈是摆脱人的因素，即个性、愿望、期待、价值观和知觉等，就愈确实可靠。但是，信息又以信息交流为先决条件，因为信息是编码，而信息接受者必须了解其代码才能接受信息，这就要求事先进行某种信息交流。

许多管理人员虽然知道以上信息交流的原则，却难以和下级进行成功的信息交流。造成信息交流困难的原因在于，管理者并不知道下级知觉什么、期待什么、想做什么，而只以自己的知觉为依据。所以，只有首先成功进行了自下而上的交流，自上而下的交流才得以实现。这就是说，成功的信息交流是建立在信息发出者和接受者双方“互动”，即知觉和动机交流的基础上的。

德鲁克认为，成功企业家的共同特点不是一种特质，而是一种对创新的系统性实践的使命感。无论是在企业、公共服务机构，还是由一个从家庭厨房起家的独立新手创办的企业中，创新都是创业精神的特殊标志。它是一种企业家创造新的财富源泉的方式，也是企业家发挥现有资源潜力创造财富的方式。关于创业，德鲁克认为，至今还没有一个关于创业的明确定义。一些人用这个词泛指小企业，另一些人则用来指所有的新企业。然而，事实上，许多成熟企业从事高度成功的创业活动。这时，创业这个词所指的并不是企业的规模或者历史，而是指某种类型的活动。这种活动的中心内容便是创新：创造有目的的、聚焦于企业经济或社会潜力变化的努力①。

9.3.5 目标管理

古典管理学派偏重于以工作为中心，行为科学又偏重于以人为中心，目标管理则是综合兼顾了工作中心和人本精神的管理技能或管理制度，它能使员工发现兴趣和价值，并在工作中满足其自我实现的需要。德鲁克认为，目标管理中，首先要注意目标细分。企业中目标可分为战略目标、管理目标和具体任务等，它们应当分别由相关的管理者和一般员工来制定②。

在他看来，有效的目标管理的先决条件是：①高层管理人员参加。总经理和其他高层管理人员必须积极参加制定和实现公司的战略目标和高级策略目标。②下级人员必须积极参加目标的制定和实现。目标管理之所以能起到激励作用并改善人际关系，

---

① 张钢：《管理学基础文献选读》，浙江大学出版社，2008 年，第 279 页。

② 德鲁克的学生乔治·奥迪奥恩（George Odiorne）将目标管理定义为：“目标管理制度可以描述为如下一个过程：一个组织中的上级和下级管理人员一起制定共同的目标；同每一个人的应有成果相联系，规定他的主要职责范围；并用这些措施来作为经营一个单位和评价其每一个成员的贡献的指导。”转引自郭咸纲：《西方管理学说史》，中国经济出版社，2003 年，第 361 页。

就因为它能吸引各级管理人员和广大职工参加制定目标的实现并承担责任。③有充分的情报资料。要制定出有效的目标，就要有充分而精确的情报资料。各级管理人员如果不知道高层管理制定的目标，就不能恰当地制定自己的目标。此外，各级管理人员还必须掌握有关成本、可用资源、同事及其他人的协作意愿、市场条件、自己的行为对企业内其他单位的影响等方面的情报资料。④对实现目标的手段（生产过程、人员、物资、资金）有一定程度的控制权。否则，目标虽然制定出来了，却并不能影响管理行为，取得成果。⑤对由于实施目标管理而冒风险者要予以奖励，以便促进员工承担目标责任，而不仅仅是只完成工作。⑥对职工要有信心。一般说来，目标管理要求以 Y 理论来看待员工，相信员工能制定目标并承担实现目标的责任，相信人的本性愿意承担责任、能够自治、希求上进和发展。有许多目标管理计划的失败，是由于企业的高层管理者用 X 理论来看待员工，而未按目标管理的要求未转变对员工的态度；也有的是由于员工习惯于在 X 理论的环境中工作，不能迅速适应目标管理的要求。

德鲁克倡导的目标管理，可分三个阶段实施。

第一阶段：制定目标。整个企业制定一年或一个时期的战略目标，各级管理部门制定本部门要实现的策略目标，每个员工制定自己的目标（方案和任务）。这样形成了一个目标体系。这一阶段十分重要。目标愈是明确、具体、数量化，则实现目标的过程管理和对成果的检查与评价也愈容易。这一阶段又分为五步：

第一步，准备。对各级管理人员和准备参加目标管理的人员系统地提供有关目标管理的性质和利益的情报，尽可能地使参加者了解自己在目标管理制度中的个人利益和职能，并消除他们的顾虑。

第二步，由企业的高层领导制定战略目标。这一步要注意战略目标要足够宽泛，以便在情况复杂时有足够的机动余地；战略目标要表述为企业准备达到的各种标准，如在道德和法律的限度内取得最大的利润，通过向企业成员提供生产率、补偿、挑战等方面的机会来激励他们等。

第三步，在各管理层制定试探性的策略目标。这些策略目标（包括高层领导制定的高级策略目标）是试探性的，可根据管理实践变化而予以改变。

第四步，各级管理人员提出各种建议，相互讨论并修改。各级管理人员提出的建议，有时要经过反复的讨论和修改才能定下来。这样虽然要费些时间，但能让大家把意见都讲出来，并使每个人都感到是他自己制订的计划，从而提高实现计划的积极性。

第五步，对各项目标和评价标准达成协议。通过各级管理人员对建议的讨论和修改，就各项目标和评价标准达成协议，形成一个完整的目标体系。每一级达成协议的目标和评价标准要报送上一级。

第二阶段：实现目标。这也是联结第一阶段的第六步，在一般监督下为实现目标而进行过程管理。这种过程管理同传统的管理方法不同，主要由职工自主管理或自我控制，上级只是根据例外原则对重大的问题过问和干预。因为每个员工都有自己制定的目标，他能充分发挥自己的积极性、创造性和主动性来实现他自己的目标。上级只需加以支持和诱导，鼓励职工为实现自己的目标而努力。由于职工的个人目标和各级管理人员的策略目标是以整个企业的战略目标为依据的，所以，当职工的个人目标和各级管理人员的策略目标实现时，企业的战略目标也就实现了。

但在许多目标管理计划中，往往只有一般的计划，没有逐日的安排。这样，计划就只能对企业管理行为起一般的影响，不能保证其具体实现。为了使目标管理计划贯彻于日常活动中，必须以目标管理计划为依据，做出逐日的安排。

各级管理人员和每个员工每日在开始工作时都要问一问自己，我今天能够具体做些什么来为实现自己的目标做出贡献？对这个问题的回答可以围绕以下六个题目来组织：①“开始”，即今天有什么项目应该开始？②“继续”，即今天有什么项目应该继续进行？③“完成”，即今天有什么项目应该完成？④“先后次序”，即今天的工作应该按什么次序来安排，以便有效地利用资源并在规定的时间内完成？⑤“检查”，即今天有什么项目应该检查其进行情况，以便如期完成？⑥“时间安排”，即除了上面提到的活动以外，今天的时间应该怎样最好地予以利用？此外，还要考虑，有哪些工作本来是自己做的，现在可以授权给别人去做？如何防止干扰？有哪些特别耗费时间而并无太大必要的活动可以减除？等等。

第三阶段：检查和评价成果。这也是联结上两个阶段的第七步。把实现的结果同原来制定的目标相比较，对做得好的，肯定成绩，予以各种形式的奖励；对做得不好的，一般并不予以惩罚，而是尽量使各级管理人员和员工自己总结教训，上级予以辅导，以便将来更好地发挥自己的能力，为企业做出贡献。最后，要把这一个周期中总结出来的经验和教训应用到目标管理的下一个周期中去，以便不断地提高目标管理工作的质量。

德鲁克论述的目标管理方法，以目标为中心，既注重对成果的管理，又注意调动人的积极性，以致这一方法在公共管理部门和企业管理中均得到广泛运用。为了简要地理解这一方法，有学者用图示将之显示，如图 9.2 所示。

9.3.6 德鲁克的社会生态学

1993 年，德鲁克出版《生态愿景》，对自己进行定位：“我不是一名经济学家……也算不上社会学家……我自认为是一个‘社会生态学家’，我关注的是人类自己创造的社会环境，就像自然生态学家研究生态环境一样。”德鲁克认为，社会生态学研究的首要主题是保守与变革之间的平衡。保守与变革的平衡是德鲁克著作的基调。20 世纪 50 年代之后，德鲁克进一步意识到变革也需要管理，保持连贯性的方式不在于稳定不变，而在于将创新系统融入政府、大学、公司、工会、军队等组织结构中。德鲁克认为，科技是变革的动力。为了使科技的发展符合人类的利益，必须从整个社会的角度看待科学研究。社会的发展取决于伟大思想（如宗教学说）和现实工作之间的张力，科技不仅是工具，而且事关人们的工作方法。

社会生态学研究的另一个主题是组织。德鲁克将公司看成是“一个社会组织，一个拥有权力、权威和责任组织分配的机制”，它扭转了民族国家诞生以来权力逐渐向中央政府集中的趋势，在与传统社会不同的层面上维护着社会自治。德鲁克认为工业社会中的现代公司是实现公民地位和功能的平台。德鲁克关注的另一种组织是政府。德鲁克看到了民族国家诞生以来的集权趋势，主张通过维护管理权的合法性，捍卫公司

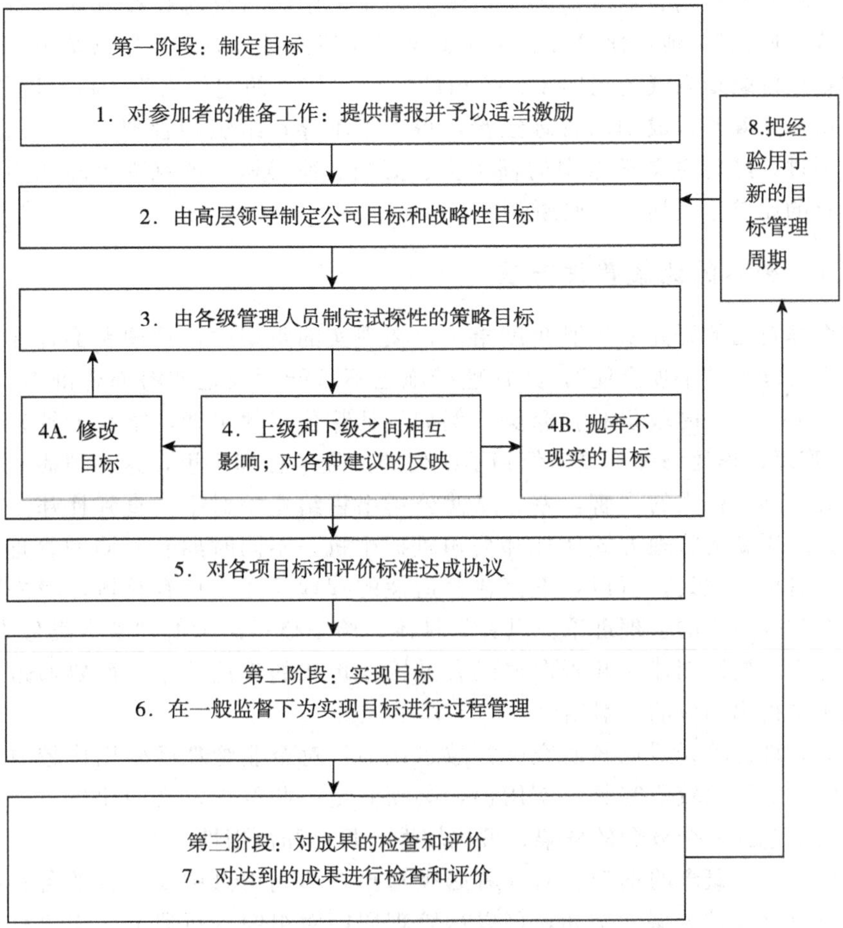

图 9.2　德鲁克目标管理图

资料来源：丁煌：《西方行政学说史》，武汉大学出版社，1999 年，第 370 页。

自治，同政府权力制衡。在政府权力边界问题上，德鲁克率先提出“重新私有化”的主张，成为 20 世纪 80 年代英美保守主义改革的理论源泉。德鲁克逐渐意识到非营利组织是社会的第三部门，公司和政府不能代替社会，个人的地位和功能可以通过非营利组织实现。

9.4　有效的管理工具：戴尔等的比较管理经验论

戴尔是美国管理学家，经验主义学派代表人物之一。其主要著作有《公司组织结构的计划和发展》、《伟大的组织者》和《企业管理的理论与实践》等。戴尔认为，迄今为止，还没有人掌握企业管理上的“通用准则”，至多只能讲各种不同组织的“基本类似点”。管理知识的真正源泉就是大公司中“伟大的组织者”的经验，主要就是这些“伟大的组织者”的非凡个性和杰出才能。因此要掌握成功的企业和“伟大的组织者”的经验，就要用比较的方法来研究组织，发现并描述各种不同的组织结构的“基本类似点”。他在1960年出版的《伟大的组织者》一书中断然反对存在着任何有关组织和管理的“普遍原则”，他用比较方法研究了美国杜邦公司、美国通用汽车公司、国民钢铁公司和威斯汀豪斯电气公司四家大公司的一些“伟大的组织者”（如皮埃尔·杜邦、艾尔弗雷德·斯隆等）成功的管理经验，得出了不存在组织和管理的“普遍原则”这一结论。不过，经验主义学派中的福尔克、劳勃、彼得斯、英克森等却认为可以从企业管理经验的比较中概括出一些原则来。

9.4.1 戴尔的比较管理方法

戴尔根据自己的研究从经验角度指出，在现实的组织中，管理者都是在某一方面的人才，不可能是“十项全能”，其管理措施也不可能“放之四海而皆准”，他们只能在某一领域或者某一时段里独占鳌头。例如，杜邦公司的早期，亨利·杜邦的风格是“恺撒式”管理，连秘书都不要。但到了继任的尤金·杜邦手里，这种恺撒式管理就使公司的发展受到了极大的损害，差一点使公司出售给竞争对手。直到杜邦三兄弟买下公司以后，才用新的管理方式使杜邦公司重振生机。不同时期有不同的管理方法，各个管理者各有出彩之处。所以，不存在普适性的管理天才，只有具体环境中的管理豪杰；不存在到处适用的管理理论，只有从具体经验中概括出来的“基本类似点”。戴尔强调，管理学不要试图建立起哥白尼或者爱因斯坦式的理论体系，而要通过比较方法在有限领域中得出相应的一般结论。

如何对管理经验开展比较研究呢？戴尔认为，对企业管理经验用比较方法进行研究时，要使组织的比较研究具有实用性，必须满足一些要求，其中比较重要而又易于被忽略的要求包括一个概念的框架、可比较性、目标和恰当性。

（1）建立一个概念的框架。研究者必须选择在不同情景中要考察的各种变数，而这些变数可以有多种类型。例如，可以从管理职能对组织进行研究，需要完成一些什么职能以及为了完成这些职能需要有些什么权力和责任。或者，也可以按其他类型进行分类，如按切斯特·巴纳德提出的经理工作的过程：①做工作的地点；②做工作的时间；③做工作的人；④做工作的对象；⑤做工作的方法和程序。又如，苏纳·卡尔森（S. Carlson）在《经理人员的行为》中，就对不同公司中的12个主要经理人员的工作条件和方法进行了这样一种分析，做了定量计算并从工作效率的角度分析了其后果。还可以用类型学对主要经理人员的不同的类型进行比较。再如，埃里克·弗罗姆在《为自己的人》中把经理人员分成以下几种类型：容纳型、储藏型、利用型、推销型、生产型。如果用这种分类法对一些主要经理人员进行研究就可能推论出他们领导的组织结构的不同类型。例如，利用型经理可能趋向于把组织塑造成为能使他获得最大个人权力的一种工具，储藏型经理则可能使组织有着严格的纪律，最后人们也可以对一项或一系列假设进行检验。又如，在管理层次中的级别越高则控制幅度越狭窄这一假设就可以在不同的情景中用比较的方法进行检验。

（2）找出可比较处。不同系统的相似性的描述和分析还必须考虑到它们之间的差异性。因为其差异性可能很大，以致进行比较毫无意义。除非进行比较的两件事物有着基本的相似性，否则比较是没有价值的。这可以用下面这个有名例子来作说明。一个工会领袖要求公司对怀孕女工增加工资，因为其他可比较的公司已经这样做了。劳资双方互不相让，谈判几乎破裂，直到有人对本公司的劳动力做了分析，结果发现，本公司只有 5 名女工，而且都已 60 岁以上。因此，我们必须仔细地确定差异的各种因素及其对后果的可能影响。

（3）关注组织目标。如果不关注所研究组织的目的或目标，人们就无法对比较工作的结果进行评价。组织的目标可能是利润最大化、权力、士气、组织成员的幸福，或这些的结合。那些知道其组织工作的目标的人可能比不知道的人更为成功。

但有时那些在实现其目标方面取得明显成就的人却受到其他一些人的攻击，而并未卜先知讲明攻击的理由。例如，有些组织“工程师”易于认为好看的组织图本身就是目的，他们的任务就是使得组织图看来对称，成“金字塔形”或“扁平形”等，而对其“对称图形”的偏离则认为是旁门左道。另有些从“人际关系”（组织对人的影响）的观点研究组织的人则认为正式组织结构和理论对正式组织中工作的个人起着压抑、不幸、困惑的作用，因而不负责任地进行批评。如果组织的目标在于所谓“满足”组织中的个人，那就应该明确讲出来，其标准不应该是主观的，而应尽可能地客观。

但是，这种探讨方式对那些持有不同于上述研究人员评价标准的组织来说是帮助不大或毫无帮助的。许多的组织的活动必须使一段时间内的投入和产出平衡，至少大体上平衡。追求这种目标的组织结构可能不会使所有成员充分幸福。举例来说，是不是应该为了维持非正式组织或为了其某些成员的“幸福”而不去实现有组织活动的目标？如果这正是那些批评正式组织的人际关系者的基本假设或评价标准，那么他们应该明确地说出来。或者他们应该明确地说，他们对某些雇员（如工人）的福利对比其他一些雇员（如管理人员）的福利更为关心。他们应该明确地讲出他们的评价标准及遵循这一标准的后果。他们还必须表明在正式组织垮台或放弃其目标时组织的各个成员仍能幸福（或感到满足或适应），或表明相反的情况，成员的“幸福”能更好地实现组织目标。上述假设并不像有些人所认为的那样趋于极端。有些人天生就厌恶正式组织。他们可能本来就有无政府主义倾向，在任何有组织的社会中都感到不愉快。有些人即使没有任何组织也会因自己内心的冲突而感到不快。

正式组织中个人的挫折至少有一些不是由于组织结构而是由于他们自己的原因而造成的。例如，个人可能把上司看成是父亲的代替者，认为自己能够成为他们的父亲期望他们成为的样子，尽管事实上他们必然会失败。员工同他们双亲的历史关系可能在他们同组织的关系中起破坏作用。一个员工对他父亲取得明显成就、安全和创造性工作机会的信念——这是从青年时代就有的——可能促使他反对上司并经常为实现这个憧憬的目标而战斗。员工在孩提时代同家中发号施令者的关系也可能会使他们认为企业组织有专制主义和虐待成性，并有一种在极权权力面前受迫害和无能为力的猜疑感。

有关组织和个人的“人际关系”分析无疑揭示了很多有关个人在正式组织中的感觉和行为的事物。但是他们常常未能表明评价和批评的依据和标准，因而无助于组织理论和组织本身。试图把个人“调节”得适应组织或把组织“调节”得适应个人，可能既无好处，也不可能。他们的批评至少部分地忽视了冲突和挫折的促进因素。

如果我们不是采取组织人通常的神经质态度和隐瞒或无视工作环境的现实，或者采取与他人无意识地认同的人际关系逃避现实的态度，而是考察工作环境中的现实、组织的“顽强需要”和个人的内心自我，会更好一些。把我们无意识生活中不如意和痛苦的部分汇集起来，只不过是一个巨大的逃避出口，而并不是真正的解决办法。

（4）比较和结论恰当。戴尔指出，在考察过程中所作的比较和得出的结论必须是恰当的，即应该是在既定的条件下能够适用于提出的假设。但是，如果由于资料不恰当以致其适用范围有限或最初得出的结果缺乏说服力，只要明确地讲出，那也没有什么不对。因为，随着资料的丰富和改进，描述和分析也会进一步精确和深入。其包含的意义和显示的倾向也会有更广的适用范围，或者所需做出的修正也会更为明显。在比较中，还应注意比较的纵向性与横向性、比较的历史与现状、比较的内部与外部、比较的国别与文化等。

9.4.2 福尔克的七原则

英国学者福尔克在《管理的业务，是技巧还是手艺?》一书中，提出了为大多数管理学者同意的七条原则：

（1）必须明确地执行职务和责任。

（2）每一分支机构、部门或处室，必须有一项主要职务。

（3）每一分支机构、部门或处室，必须是在一个行政主管控制之下的一个统一体。

（4）除了特殊情况以外，每一位行政主管直接领导的下级人员一般应在5～8人。

（5）应该依据下属的能力来划分他们的职责，并明确规定其职务。

（6）直线行政主管和职能负责人应予以区分，并明确规定职能专家信息联系的办法。

（7）在保证适当的管理控制的前提下，业务上的职责应实行最大限度的授权。

9.4.3 劳勃的十二原则

劳勃在《良好组织的原则》一书中，提出了以下12条原则：

（1）在一个组织内部应该有自最高层到基层的明确的权力路线。

（2）在组织中的每一个人都应该知道，他应该向谁报告，谁又应该向他报告。

（3）每一个监督人员的职责和权力应该以书面形式明确予以规定。

（4）职责始终应该同相应的权力结合在一起。

（5）职权较高者对其下属的行为负有绝对的责任。

（6）应该尽可能地向下授权。

（7）权力层次的数量应该尽可能地减少。

（8）组织中的每一个人的工作应该尽可能地限制在执行一项主要的职能。

（9）直线职能和参谋职能应尽可能地分开，并充分重视参谋工作的重要性。

（10）一个行政主管所能协调的职位的数目应有一定的限度。

（11）组织应有灵活性，以便适应情况的变化。

（12）组织应尽可能地简单。

9.4.4 彼得斯等的八原则

20世纪80年代初，美国管理学者彼得斯等在《寻求优势》一书中，在对美国大量企业比较研究的基础上，筛选出43家最成功的公司，把它们的经验概括为以下八条：

（1）积极采取行动。由于组织结构具有流动性、灵活性，应该鼓励试验，允许犯错误。领导要深入下层，授权给下级，以便行动迅速，能灵活地适应环境的变化。

（2）接近顾客。不是一般地面向用户，而是直接接触顾客。服务至上，质量至上，以各种不同的产品适应各种顾客的要求，要重视从扩大销售入手来增加收益，不要把降低成本或技术进步作为公司的主要目标。

（3）自主性和企业家精神。过分集中和正规化会扼杀创造性，大企业丧失了革新精神就会走向僵化。要提倡创新、试验、进取、自主、打破常规、内部竞争、培养和支持革新者。

（4）通过发挥人的积极性来提高生产率。相信人，尊重人，尊重每个人的人格，承认每个人的贡献。让员工掌握自己的命运，表现和发展自己的才干，了解公司的经营情况，感到工作有意义、有保障，把公司当做大家庭。靠共同的信念激励全体员工，而不要用行政命令压制员工。

（5）领导身体力行，以价值准则为动力。物质资源、结构形式和管理技能都不是最重要的，最关键的是价值观所体现的经营力量。价值观的形成，主要靠领导人物的真诚信念和身体力行。

（6）发挥优势，扬长避短。多样化经营是必要的，但必须紧紧围绕着中心业务。因为中心业务是你的优势所在。经营范围扩展得太广，必然会冲淡原来的经营哲学和价值准则，被迫在劣势下与人竞争。

（7）组织结构简单。公司总部要精干。由于规模扩大、业务复杂而出现的矩阵组织，有害而无利。应当使组织结构简单，权力下放，保持基本结构稳定，但具有流动性、灵活性。未来的组织结构将是横向的，以产品事业部为主要形式。

（8）宽严相济，张弛结合。这一条带有总结性。优秀公司的文化概念、经营哲学和价值准则能够为员工接受，因而能在公司内部达到高度的集中统一。由于这一方面的严格，所以才能最大限度地实行分权并发扬员工的自主精神、创新精神，形成另一方面的宽容。

9.4.5 英克森等的K理论

K理论是新西兰管理学家英克森、亨谢尔（B. Henshall）、马希（N. Marxh）、爱丽丝（G. Ellis）等在对一些优秀企业调查研究的基础上，发展了彼得斯等的八条原则而提出来的。

K理论的K字取义于新西兰的国鸟kiw。为了便于记忆，他们把这八项因素都以英文的K字母开头来表示，用K字母来代替谐音的C字母。例如，把contact写成kontact，customer写成kustomer，culture写成kulture。这八项因素如下：

（1）核心人物（keyhoder），指企业中的主管人员，如总经理等。成功企业中的核心人物都具有领导者的优良品质，有企业家精神，能成为企业的象征，影响员工自觉地为企业的目标服务。

(2) 目标。企业的核心人物的战略眼光和企业的发展方向应转化为明确的目标。他们用风筝（kite）这个词来表示，形象地表明目标是企业中众人注视的中心。

(3) 全体员工。他们用 kithandkin（原意为亲戚朋友）来表示全体员工应该亲密地团结起来，实现企业目标。

以上前三项因素构成 K 理论模型的轴心，也是企业管理的轴心。下面后五项因素围绕这一轴心分为两类：一类同外部环境有关，另一类同内部机制有关。

同外部环境有关的有：

(4) 与外界的联系交往（kontact）。

(5) 顾客意识（kustomerconsciensness）。

同内部机制有关的有：

(6) 不断创新（kontinuousinnovation）。

(7) 简化的控制（keep-it-simple-kontrol）。他们强调控制是必需的，但应该简化，以免阻碍人的主动性和创造性。

(8) 企业文化（kultutre）。这是贯穿于各项因素和管理的各项职能中的。

➢本章提要

1. 管理机制学派主要包括西蒙等为代表的管理决策学派，德鲁克等为代表的经验主义学派，明茨伯格为代表的经理角色学派，菲德勒为代表的权变理论学派等。

2. 西蒙提出，决策贯彻于管理的全过程，管理就是决策；决策是一个过程，其核心是选优，以体现现代决策的科学性。他对决策的准则和标准有着独到的见解，认为应该用令人满意的准则代替最优化的准则。他指出并阐述了决策应有四个阶段：情报活动阶段；设计活动阶段；抉择活动阶段；审查活动阶段。

3. 德鲁克从管理的有效性角度特别关注了管理的处境、任务、职责、组织结构，以及目标管理等技能和方法。他提出有效的管理者必须养成五种习惯：正确统筹时间；注意获取成果；把工作建立在优势基础上；集中精力；有效决策。他还指出，目标管理综合兼顾了工作中心和人本精神的管理技能或管理制度，能使员工发现兴趣和价值，并以工作中满足其自我实现的需要。为了做好目标管理，可分三个阶段实施：第一阶段制定目标；第二阶段实现目标；第三阶段检查和评价成果。

4. 除了德鲁克的目标管理之外，我们注意到戴尔的比较管理方法、福尔克的比较管理方法、劳勃的十二原则、彼得斯等的八原则、英克森等的 K 理论等，也拓展了人们对管理机制的理解。

➢本章主要参考文献

德鲁克 P. 1988. 有效的管理者．未名编译．北京：学苑出版社．

西蒙 H. 1982. 管理决策新科学．李柱流，汤俊澄译．北京：中国社会科学出版社．

西蒙 H. 1988. 管理行为：管理组织决策过程的研究．杨砾，韩立春，徐立译．北京：北京经济学院出版社．

➢思考讨论题

1. 西蒙是如何阐释决策含义的?
2. 简述德鲁克目标管理的先决条件及其实施阶段。

第 10 章

思想大家族：管理机制论（下）

前面说到管理机制论是一个大家族，为了较为完整地展示这个学派，我们将之分为上下两章来叙述。在探讨了管理机制论大家族中的决策理论学派、经验主义学派之后，接下来我们将研究以明茨伯格为代表的经理角色理论和以菲德勒、卢桑斯为代表的权变管理理论。

10.1 研究管理者自己：明茨伯格的经理角色论

明茨伯格是加拿大管理学家，1939 年生于蒙特利尔，大学期间主修机械工程和文学，后到美国麻省理工学院主修管理学，并相继获得管理学硕士和博士学位。他长期在加拿大麦基尔大学任教，是加拿大皇家学会会员。其主要著作有《经理工作的性质》、《组织的结构：研究的综合》和《组织的内外权力》等。

在明茨伯格的学说基础上，人们注意到乔兰用结构分析的方法对三个小公司的经理角色进行了研究，科斯廷对 200 个中层经理角色进行了研究，贝克斯（John Bex）对变动环境中的经理角色做了某些观察。这些研究，加上此前的托马森（G. F Thomason）对经理工作角色的阐释、萨尔宾和艾伦对角色理论的概括，共同形成了经理角色学派。

在明茨伯格等看来，“经理”作为管理者是指一个正式组织或组织单位的主要负责人，拥有正式的职位、权力和权威。除了总经理外，这个定义还包括副总统、主教、工段长、曲棍球教练乃至首相。“角色”是指属于一定职责或地位的一套有条理的行为。这种权力和行为的结合就形成了管理的主要特征。通过对经理角色和行为的观察、描述和分析，就能深入地了解经理工作的实质。

基于这种意识和视角，明茨伯格概括了经理工作的特点、经理担任的一般角色、经理工作的目标、经理职务的类型和提高经理工作效率的举措。

10.1.1　经理工作的六个特征

在对经理们进行了长期研究之后，明茨伯格发现他们在工作上有六个特征：

(1) 工作量大但工作步伐始终不懈。经理职务本身的广泛性以及工作没有一个明确的结束标志，使经理永远不能肯定何时已获得成功或何时可能失败，永远必须以紧张的步调工作。调查者发现，总经理办公时间内，邮件、电话、会晤占据了他们从早上进入办公室起至傍晚离开办公室的全部时间。咖啡是在会晤时间内喝的，午餐时间几乎总是奉献给正式或非正式会晤。好不容易获得一点空闲时间，无时不在的下级马上就来侵占。

(2) 工作活动有短暂性、多样性、琐碎性的特点。社会上大多数人的工作是专业化和专一化的。但经理却不同，他们的活动短暂、多样而琐碎。实际上经理似乎喜欢工作中的简短和干扰。他理解自己的时间机会成本；他始终意识到随时还有其他事可做，或者必须做。于是就用这种短暂、多样而琐碎的方式来工作。工作的压力使合理的行动肤浅化——超负荷工作，鼓励中断工作，对所有的刺激反应过快，寻求有形的，避免抽象的，以小增量方式决策，所有的事情都鲁莽行动。这是必须努力加以克服的。

(3) 把现实的活动放在优先地位。经理趋向于把注意力和精力放在现场的、具体的、非常规的活动。他们以现实的、涉及具体问题和当前大家关心的问题做出积极的反应，而对例行报表及定期报告则不那么关心。他们强烈地希望获得最新信息。因此，他们经常通过闲谈、传闻、推测等来收集非正式的、及时的信息。

(4) 重视口头交谈。口头和书面的联系是经理的工作，他们的主要工具有五种——邮件（文件的）、电话（纯口头的）、未经安排的会晤（非正式的面对面）、经过安排的会晤（正式的面对面）和视察（观察性的）。经理明显地喜欢后三种言谈手段，经理们把自己三分之一的时间都用于口头交流，换句话说，“管理工作基本上是通过谈话，尤其是听话来处理信息”。实际上，对经理的时间分配的每个观察研究都可以发现他们用于口头交流的时间占据很大的比重。车间主任与人面谈的时间约占 57%，一家制造公司的中层经理花在口头交谈的时间约为 89%，总经理的口头交谈时间约占 78%。

(5) 在上级、下级和组织外进行联系。除了维持在组织内的联系，经理还要与组织以外多方面的人们维持一个复杂的交际网。外部联系要消耗经理联系的大部分时间。这些联系包括同顾客、供应者、业务伙伴、同等地位的人以及其他人。实际上，这些人起到了通报者网格的作用。

(6) 权力和责任的结合。经理的责任重大，经常有急事要他们处理，似乎很难控制环境和他自己的时间。他们的权力很大，至少有两个方面的控制权：①他可以主动地选择承担或不承担某项责任。②他可以利用在承担某项责任中为自己的目的服务。

在各种经理的活动中都体现了这六个特点。明茨伯格认为，认识了这些特点，有助于我们进一步认识经理的工作性质和他承担的责任。

10.1.2 经理担任的十种角色

在明茨伯格看来，管理者的职务可以用各种“角色”或与其地位一致的、有组织的若干类行为来描述。他在《管理者的工作：传说与事实》① 一文中指出：“正式权力产生三种人际关系方面的角色，它们又转而产生三种信息方面的角色；这两类角色使得管理者能够演绎出四种决策方面的角色。”

这十种角色具体指：

（1）挂名首脑角色。经理所担任的各种角色中，最基本而最简单的是挂名首脑角色。经理由于其正式权威，是一个组织的象征，必须履行许多这类性质的职责。这些职责中有些是例行公事，有些有鼓舞人心的性质。但全部是涉及人际关系方面的活动，而没有一项涉及重大的信息联系或决策。在某些情况下，经理的参与是法律所要求的，如签署某些文件。在另一些情况下，经理的参与被认为是一种社会的需要，如主持某些事件或仪式，以便增加其意义和分量。挂名首脑这一角色在其他管理学著作中很少被提到。

（2）领导者角色。经理作为一个组织的正式首长，要负责对下属进行激励和引导，包括对下属的雇佣、训练、评价、报酬、提升、表扬、批评、干预，以至开除。组织的调子通常是由经理来确定的，而企业是否成功则决定于经理是否有能力和远见。领导行为涉及领导者与被领导者之间的相互关系。在非正式组织中，一个人通常由于其强大的体力或感人的超凡魅力而成为领导者。正式组织中的经理则通常由上级指定，常常必须依靠他在正式职务和地位上的权威。领导者角色渗透于经理的各种活动之中，经理在从事信息联系或作战略决策、对下属鼓励或批评，甚至处理一般问题和谈话时，都在担任领导者这一角色。领导者角色的重要目的是把组织成员的个人需要同组织目标结合起来，以便促进有效作业。经理通过领导者这一角色把他拥有的权力明确地显示出来。

（3）联络者角色。联络者角色涉及的是经理同组织以外的无数个人和团体维持关系的重要网络。这是一种“交换”关系，即经理为了获得某些事物而付出另一些事物。例如，总经理为了联系其他重要人物而参加外部的董事会。他付出的是自己的时间和专业知识，得到的是各种信息和优惠。

经理通过各种正式的和非正式的渠道来建立和维持组织同外界的联系。这些渠道有：参加外部的各种会议，参加各种社会活动和公共事务，与其他组织的经理互相访问或互通信息，同政府和其他机构的人员进行各种正式的或非正式的交往等。这样，经理为组织和本人获得各种信息和好处。

经理通过联络者角色同外界联系。然后，通过发言人、信息传播者和谈判者等角色进一步发展这种联系，并获得这种联系所提供的好处和信息。

（4）信息接受者角色。经理由于担任领导者角色和联络者角色而获得大量有关组织内外的信息，可以察觉出各种变化，发现问题和机会，据以做出决策或传播这些信

① 载美国《哈佛商业评论》，1975 年 7～8 月号。

息。经理得到的信息大致有以下五种：①内部业务的信息。这是他通过业务报告、下属的特别报告、对组织的视察等获得的。②外部事件的信息，如顾客、人事联系、竞争者、同行、供货者、市场变化、政治变动、科学技术的发展等。他通过下属、同业组织、报刊等来获得这些信息。③分析报告。他从各种不同的来源得到关于各种事件的分析报告。④各种意见和倾向。经理通过许多途径来更好地了解他的环境和获得各种新思想。他参加各种会议，注意阅读顾客的来信，浏览同业组织的报告，并从各种联系和下属那里获取各种意见和建议。⑤压力。各种压力也是信息的来源，如下属的申请和外界人士的要求，董事的意见和社会机构的质问等。

经理最需要的是口头传递的、及时的、能迅速引起反应的信息，而不是过时的信息。而这些及时的信息很难从传统的正式信息系统中得到。所以，经理必须设计他自己的信息系统。他在组织内部的信息渠道也与正式的权力线路不符合。

（5）信息传播者角色。这一角色是把外部信息传播给他的组织，把内部信息从一位下属传播给另一位下属。经理由于代表着正式的权威，收到许多有关事实的信息，并把其中的很大部分转给有关的下属。每当组织中对重要的问题进行讨论时，都可由经理提出有关价值标准的信息。经理向下属传播有关事实的信息或有关价值标准的信息，使下属了解情况，便于对他们的日常工作和决策的制定进行引导。信息传播者角色同授权问题有密切关系。因为，要把处理某些事务的职务委托给下属，就必须把处理事务的有关信息传播给下属。

（6）发言人角色。经理的发言人角色要求把他的信息传递给两个集团。第一个集团是对组织有着重要影响的那一批人。对总经理来讲是董事会，对中层经理来讲是他的上级。第二个集团是组织之外的公众。对总经理来讲，包括供货者、同业组织、其他组织的总经理、政府机构、顾客以及新闻界。经理必须向这两个集团传递有关本组织的计划、政策和成果的信息。此外，他只有把自己的信息同他所联系的人共享，才能维持他的联系网络。由于这两点理由，经理的信息必须是及时的。

在发言人的角色中，经理被要求在他的组织所从事的行业中是一位专家。由于他的地位和拥有的信息，经理的确也拥有他那行业中的许多知识，够得上称为一个专家。因此，组织以外的各种人（有时也有他的下属）往往就他那行业中的一些问题征求他的意见。

（7）企业家角色。这一角色指的是经理在其职位范围内充当本组织许多变革的发起者和设计者。企业家角色的活动开始于视察工作。经理用许多时间对他的组织进行视察，寻找各种机会和问题。当他发现一个问题或机会以后，如果他认为有必要采取行动，他就开始决策和设计的阶段。有关改进一种状况的“决策”事实上不仅是一次决策，而是在一段时间内顺序出现的一系列的小决策和其他活动。若干步骤的顺序和延续性，是“改进性决策”的极为重要的特点。

经理可以在下列三个层次中选择一项来参与一项改进性方案的设计阶段和选择阶段。这三个层次是：①授权。对于某些不重要的事项，经理选择一个下属，授权他去设计和选择改进性方案。②批准。另一些事项，经理授权某个下属设计其改进性方案，而对设计完成后的行动路线要求上交“请求批准书”保留批准与否的权力。这往往适用于包含更多的风险或会成为重要先例的事项。③监督。经理对某些改进性方案在某设计阶段加以监督。他之所以这样做，可能是由于下列几个原因之中的一个：由于会影响到一个有势力的组织集团的利益；由于经理个人对这一问题有强烈的兴趣；由于一个直接由经理负责的部门会发生重大的变化；由于涉及重要的资源问题或有损失资源的重大风险；或者由于涉及敏感性的价值标准问题。

（8）故障排除者角色。经理在“解决问题”时，可能是对一种不太严重的故障做出反应，但他也可能认为是他自愿地采取行动来避免一次严重故障。当然，如果他对问题的处理拖延得越久，就越有可能成为一次严重故障。但这在很大程度上取决于个人的看法和判断。同样一件事，对一个人来说，可能认为是必须做出的被动反应；对另一个人来说，可能认为是他主动采取的变革行动。

在故障排除者角色方面，他引用三个例子来提示，有以下几点值得注意：①故障有三种类型：第一类是下属之间的冲突。这类冲突发生的原因大都是由于争夺资源的分配、个性之间的冲突或专业的重叠；第二类是组织之间的矛盾和冲突；第三类是资源的损失或有损失的危险。②在故障的排除中，时机是极为重要的。故障从其性质来讲，一般都是突如其来的，要求及时予以排除。③故障很少在例行的信息流程（如报告等）中被发觉，而通常是采取“紧急情报”的形式由发现故障的人上报给经理。④经理一般把排除故障置于较其他绝大多数活动都优先的地位。他重新安排自己的工作日程，全力投入故障排除工作，以期早日解决，并争取有较充裕的时间拟订出一项改进性方案。⑤经理在排除故障的危机时期，一般较平时有更大的影响力。因为，排除故障的决策会树立一个先例，因而对组织今后的战略可能产生或大或小的影响。

（9）资源分配者角色。资源分配是组织的战略制定系统的核心。因为，战略是由重要的组织资源的选择和分配决定的。因此，作为正式权威的经理必须监督组织的资源分配系统。这就是经理的资源分配者角色。

广义的组织资源包括时间（特别是高级经理人员的时间）、金钱、材料、设备、人力以及信誉。经理可以决定耗用或保存这些资源。当一个总经理决定在公司的一架喷气式飞机上同时乘坐的经理人员数量不得超过一定限额时，他是在保护公司的宝贵的人力资源。当他决定买这架喷气式飞机时，他就是耗用金钱资源而节省经理人员的时间资源。当他拒绝飞机制造商在广告中用他的公司的名称时，他是在保护公司的信誉资源。

经理的资源分配者角色由以下三个组成部分：

第一，安排自己的时间。经理的时间安排决定着他的组织的利益，并把组织的优先顺序付诸实施。经理通过他们的时间安排来宣布哪些问题对组织来讲是重要的，因为他在其上花了较多的时间；而另一些问题则是不重要的，因为他在其上只花了很少的时间或根本没有花时间。那些没有占用经理较多时间的问题可能不会列入组织的正式权力体系中，将由于缺乏资源而被耽搁下来。这表明经理的时间安排对公司有巨大的机会成本。

第二，安排工作。经理的职责是为组织建立工作制度——要做些什么事，谁去做，通过什么机构去做，等等。这类决策涉及基本的资源分配，一般是同改进性方案相联系而做出的。许多这类决策是当组织新建立时，或当现有组织增加新的部分时做出的。但是，当组织在继续经营时，也要求对工作制度作持续的调整。这些实质上就是安排他的下属的工作。这是一种重要的资源分配形式。

第三，批准管理措施的实施。经理坚持在所有的重要决定实施以前要由他批准。这样，他就可以对资源的分配维持连续的控制。要由经理来批准的事项有：由下属拟订的改进性方案，对较为次要的故障的排除措施，现有程序和政策的例外情况，由下属谈判的合同业务预算的要求，等等。经理保留批准所有的重要决定实施的权力，就保证他能够把这些决定互相联系起来，使它们互相补充而防止冲突，并在资源有限的情况下选用最好的方案。假如他把这些权力分散了，就可能导致不连贯的决策和不一致的战略。

资源的分配往往引起连锁反应，情况十分复杂。因此，经理必须从多方面加以考虑。他要考虑组织的资源有没有被滥用，各项决定之间有无矛盾和冲突，对各种提案作某种可行性测验，批准的时机是否恰当等，这些都涉及非常复杂的选择行为。经理通常依靠他在掌握大量信息的基础上形成的思考模型和有弹性的计划来处理这些复杂情况，以便恰当地分配资源。

（10）谈判者角色。组织不时地要同其他组织或个人进行重大的、非程序化的谈判。这种谈判通常是由经理带队进行的。这就是经理的谈判者角色。经理之所以参加这些重大的谈判，是由于作为挂名首脑，他的参加能增加谈判结果的可信性；作为发言人，他对外代表着他组织的信息和价值标准；而最重要的是，作为资源分配者，他有权支配组织的资源。谈判就是当场的资源交易，要求参加谈判的人有足够的权力来支配各种资源，并迅速做出决定。

上述十种角色之间的关系，明茨伯格认为可如图 10.1 所示。

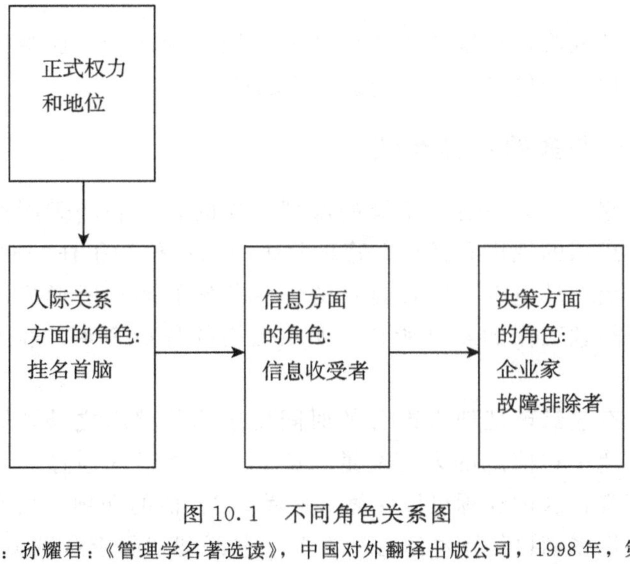

图 10.1　不同角色关系图

资料来源：孙耀君：《管理学名著选读》，中国对外翻译出版公司，1998 年，第 329 页。

10.1.3 经理的六项基本目标

在经理角色分析基础上，明茨伯格认为，经理有以下六项基本目标：

（1）经理的主要目标是保证他的组织实现其基本目标——有效率地生产出某些产品或服务。这又导致了经理的以下目标。

（2）经理必须设计和维持他的组织的业务稳定性。经理必须规划他的组织的业务并对这些规划进行监督，以保证工作流程有一个稳定的方向。他必须在发生偏差时予以纠正，分配新资源，以保证业务的顺利进行。他必须维持一个使工作得以顺利完成的气氛，保证组织像一个统一的整体那样发挥作用。

（3）经理必须负责他的组织的战略决策系统，并使他的组织以一种可控制的方式适应于变动的环境。经理通过他的信息接受者的身份来掌握环境的发展趋势，以企业家和领导者的身份为他的组织提供发展的方向，并使组织实现必要的改革。在稳定性和变动性之间维持平衡，是经理最困难的工作之一。

（4）经理必须保证组织为那些对组织有影响的人服务。对组织有影响的各种人对经理施加压力，让组织为他们的目的服务。经理必须理解每一位对组织有影响的人的价值标准，把所有这些价值标准结合起来，确定真正的权力体系，然后以组织的优先顺序的形式传达给下属，作为下属在决策时的指导方针。

（5）经理必须在他的组织同环境之间建立起关键的信息联系。由于经理具有正式权威，只有他才能在某些特殊的信息来源同他的组织之间建立起重要的联系，作为这种信息的神经中枢。他通过联络者角色建立起这种联系，通过信息接受者角色接受外来的信息，把一些比较模糊而杂乱的信息整理成清楚的信息，然后通过信息传播者角色把信息传递给下属。另外，他又通过发言人角色和谈判者角色把组织的信息传递给外界。

（6）作为正式的权威，经理负责组织的等级制度的运行。这项工作虽然通常是例行的和程序化的，但经理仍需履行一些必要的职责。

10.1.4 经理职务的八种类型

在明茨伯格看来，如果说前面论及的经理工作的特征和经理所充当的若干角色是经理行业的种类、组织的规模和经理在管理阶级中的地位和担任的职务所使然，那么，当时的经济状况、组织环境以及经理自身的一些条件的影响所形成的不同类型的经理职务，就可以说是经理工作的差异所在。明茨伯格的分析表明，经理职务主要可概括出八种类型：

（1）联系人。有些经理把他大部分的时间用于他的组织之外，同那些可以给他的组织提供优惠、订货单和信息的人打交道。此外，这类经理通过演说或提供优惠等为自己和组织树立信誉，这种经理可以叫做“联系人”。他的两项主要角色是联络者角色和挂名首脑角色。许多销售经理和服务行业的一些经理就属于这种类型。

（2）政治经理。这类经理也把很大的一部分时间用于同外界打交道，但其目的却不同于“联系人”。这种经理处于一种复杂的地位，要调和许多对他的组织有政治影响的不同的政治势力的关系。他在正式的活动上花费很多时间，经常会见董事等。他要同各种对组织施加压力的集团会见和谈判，解释自己的组织的活动。这种经理可以叫做“政治经理”。他的关键性的角色是发言人角色和谈判者角色。绝大多数政府机构和公共机构（包括大学和医院等）的高层经理都属于这种类型。

（3）企业家。这种类型的经理把很大一部分时间用于寻找机会和在他的组织中实行变革，他的关键角色是企业家角色和谈判者角色，成立不太久而处于成长阶段的小企业的经理往往属于这种类型。对这种企业来说，革新是生存的关键因素。变化迅速的大企业的经理也可能属于这种类型，但其持续时间可能较短。因为当一个大企业经过短时期的激烈变革以后，必将继之以一个巩固时期，经理也将从“企业家”变为下面描述的“内当家”。

（4）内当家。有些经理主要关心的是如何维持企业内部业务的平稳运行。他们大都把时间用在建立机构、培训人员、监督下属正常地进行作业。他们的主要角色是资源分配者，同时也承担一些领导者角色的工作。典型的中层和高层的生产经理或业务经理就属于这种类型，因为他们都努力建立和维持一个稳定的生产系统。人们注意到当一个组织中由两个组成的最高领导中，有一个人是“联系人”时，另一个人就是可能的“内当家”。此外，组织经历了重大危机或彻底改组后进行重建时的经理，也属于这种类型。

（5）实时经理。这类经理同“内当家”类似，主要关心维持组织内部的业务，但其时间尺度和处理的问题则有所不同。这种经理可以叫做“实时经理”或“解决问题的能手”。他主要从事组织的当前业务，致力于保证组织的日常工作继续而不中断。因此，他特别重视故障排除角色的发挥。实时经理的工作极为琐碎，用于处理邮件或书面报告的时间都很少。他总是显得特别忙，“什么事都要插一手”，随时准备代替任何一个员工，并准备亲自做任何必需的工作。基层的直线生产经理（车间主任）、小企业的经理、面临严重危机的组织的经理以及处于竞争压力大环境中的经理，往往属于这种类型。

（6）协调经理。这类经理也是面向组织内部的，但他关心的主要是创造出一个团结一致的整体并有效地进行作业。当一个组织必须在各种技术专家之间进行艰难地协调时，其经理就属于这种类型。协调经理最重视的是领导者角色。协调经理的明显例子是曲棍球队的教练和从事复杂规划项目研发的团体的首脑。

（7）专家经理。在某些情况下，一个经理除了担任通常的经理职务以外，还必须担任一个专家的职务。这种经理往往是一个专家参谋集团的首脑，在大组织中作为专业化信息的一个中心。他在专业问题上对其他经理提供建议和咨询。他的关键角色是信息接受者角色和发言人的角色。他的主要职责是搜集和向外传播专业化信息。由于他的绝大部分工作是同他的专业职能相联系的，他虽然还从事一般的经理工作，但不占重要的地位。他在办公桌上单独工作的时间较多，做许多有关读和写的工作，活动中的琐碎性和多样性较少，受到压力较少。他在非直线联系方面（如对别人提出建议）花费的时间较多。

（8）新经理。这种类型的经理是新近担任经理职务者。“新经理”在开始时缺乏联系和信息，集中精力于信息接受者和联络者的角色，试图建立起联系网络和信息基地。在他拥有更多的信息和联系以前，决策方面的角色不能充分地发挥作用。当他有了足够的信息和联系以后，他会有一段时间强调企业家角色，以便使该组织打上他自己的印记。然后，他可能会安下心来成为某种其他类型的经理，如联系人、内当家或实时经理。

10.1.5 提高经理工作效率的十要点

明茨伯格还对经理工作效率的提高提出了下述十点建议：

(1) 与下属共享信息。信息是下属有效进行工作所必需的。下属由于地位和条件的限制，难以获得足够的信息，必须依靠经理来获得某些信息，以便有效地做出决策和进行工作。他们需要经理经常把顾客的新想法、供应商的动向和环境中的变化等传达给他们。尤其重要的是，他们期望从经理那里得到两种特殊的信息：①全面依靠经理确定组织的准则。经理必须在利润、生产发展、环境保护、职工福利等方面加以权衡，拟订出指导方针传达给下属，使下属得以遵循。②他们依靠经理来了解组织的目标和计划，以便据此拟订出自己的目标和计划。所以，经理必须采取适当的途径将自己掌握的信息传达给下属。他可以主要通过两种途径：①口头传达，如定期的传达报告会、碰头会等；②把他所掌握的信息形成书面文件，以便传递给需要的人（包括在海外子公司或分支机构中工作的下属）。

(2) 自觉地克服工作中的表面性。经理的工作由于量大，很容易浮于表面。经理必须自觉地对待驱使他在工作中浮于表面的压力。有一些问题，他必须集中精力，深刻理解；另一些问题，他只需粗略地过问一个就可以了。在这两者之间加以权衡，他可以把工作分成三类来处理：①一般性的工作，他可以授权给别人去做。②较重要的工作，他需要过问，但不必花费太多的时间，可由下属拟订方案，自己做最后的审批。③最重要、最复杂、最敏感的问题，他必须亲自处理。这些问题往往涉及机构改组、组织扩展、重大矛盾事件等。但是，由于经理的工作很多而且很杂，他也不可能在某一个问题上不间断地花费很多时间，而可能要在一个较长的时间内继续地予以处理。这样，他就要特别警惕，要防止由于专注于最近的一些动态和措施而忽略了整个问题的全局。

(3) 在共享信息的基础上，由两三个人分组分担经理的职务。克服经理工作负担过重的一个办法是由两三个人来分担经理的职务，形成“两位一体”、“三位一体”、“管理小组”和“总经理办公室”等领导体制。这里要注意：①领导集体中的每个人都必须共享信息，因为信息是经理能承担其职务的关键因素。②领导集体中各个成员必须协调配合，对组织的方针和目标有一致的认识。否则的话，各人就会朝着不同的方向使劲，领导机构和整个组织就要解体。

(4) 尽可能地利用各种职责为组织目标服务。经理必须履行各种职责，花费许多时间。其实经理的每一项职责都给他提供了为组织目标服务的机会。他的成功与失败和他是否能充分利用各个职责给他提供的机会，是有着密切的关系的。

(5) 摆脱非必需的工作，腾出时间规划未来。为了组织的长远发展，经理必须有较大的精力和时间对未来进行谋划，使组织能适应未来的环境。

（6）以适应于当时的具体情况的角色为重点。尽管经理在不同的时间、地点和事项上承担不同角色，但是一个重要的原则，是在不同的场合充当不同角色时这些角色是不能混淆的。因此经理必须以当时、当事的角色为重点。

（7）既要掌握具体的情节，又要具有全局的观点。经理要做好工作，必须掌握事物的具体情节，所以必须通过多种渠道来掌握各种有关具体的情节的信息。但是他又必须有全局的观点，不能只见树木不见森林。

（8）充分认识自己在组织中的影响。经理必须时时注意到下属对自己平时待人处事的言行举止是十分敏感的，所以经理要意识到自己对组织的影响，凡事谨慎从事。这点对任何形式的组织都是适用的。必须注意，有时领导者的一句草率的议论或随便透露出的信息，都会通过多种形式传播开来，并对组织成员产生重大影响。

（9）处理好各种对组织有影响力的人和机构的关系。组织之所以存在是由于有人创建它和有人支持它，如股东、员工、政府、工会、顾客等，这些人都对组织有影响。经理的任务之一就是，处理好这些对组织施加影响的人或机构之间的关系，使其协调起来，共同促进本组织的发展。

（10）利用管理科学家的知识和才能。现在的环境变化是十分复杂的，经理还要处理大量的日常、琐碎的工作，能否在战略高度对组织的生存发展提出有意义的战略方案，取决于经理有无利用大量的科学家为组织的发展提供帮助的意识。因为战略的问题是一个十分复杂的问题，需要经过系统分析的权衡做出恰当的决策，而经理没有足够的时间做出这些工作。在这个方面，各类科学家可以提供帮助，尤其是管理学家。他们可以帮助经理寻找好的机会，分析各种方案的成本和效益，提出较好的模型以供选择。

10.2　变化的时代与变化的管理：菲德勒和卢桑斯的权变管理理论

权变管理理论是 20 世纪 70 年代初在美国经验主义学派基础上进一步发展起来的管理理论。20 世纪 70 年代的美国，社会不安、经济动荡、政治骚动达到空前的程度。石油危机对西方社会产生了深远的影响，企业所处的环境很不确定，传统管理理论已经无法适应时代发展的需要，权变管理理论应运而生。权变管理理论认为，组织成员的行为和环境的复杂性与不断变化决定了没有任何一种理论和方法适用于所有情况。因此，管理的方式方法要随着情况的不同而改变。权变管理理论的代表人物和代表作主要有：菲德勒的《领导效能论》和《领导方式和管理效率》等；卢桑斯的《权变管理理论：走出丛林的道路》和《管理导论：一种权变学说》。

权变管理理论认为，组织和组织成员的行为是复杂的、不断变化的，这是一种固有的性质。而环境的复杂性又给有效的管理带来困难，从而以前的各种管理理论所适用的范围就十分有限，例外的情况越来越多。所以说，没有任何一种理论和方法适用于所有的情况，因此，管理方式也应该随着情况的不同而改变。为了使问题得到很好的解决，要进行大量的调查和研究，然后把组织的情况进行分类、建立模式，据此选择适当的管理方法。

10.2.1 菲德勒的权变领导观

菲德勒是美国著名的心理学家和管理学家、权变领导理论的奠基人。菲德勒于1949年毕业于美国芝加哥大学，获得哲学博士学位。1951～1969年，他担任美国伊利诺大学心理学教授并兼任群体效能研究所所长；1969年，他担任美国华盛顿大学心理学和组织管理学教授并兼任组织研究所所长。与此同时，他还应聘担任福布赖特基金研究员和阿姆斯特丹大学客座教授（1958～1959年）、福特基金会特别研究员和比利时卢万大学客座教授（1963～1964年）、伊利诺斯大学高等教育研究会副理事长（1969年）以及牛津大学坦普利顿学院客座研究员等职。菲德勒著述甚丰，其中较为著名的著作有《领导效能论》、《领导效率的个人因素和环境因素》、《如何使领导更有效率？对老问题的新解答》、《领导方式训练和经验的效果：对一种权变模型的说明》、《领导方式和管理效率》（与马丁·切默斯合著）、《领导效能新论》（与约瑟夫·E. 加西亚合著）。

西方的领导科学研究，经历了领导者特质（特征和素质）研究（19世纪末至20世纪40年代）、领导者行为方式研究（20世纪40～70年代早期）和领导者权变研究（20世纪60～80年代）三个阶段。有研究表明，1964年是领导理论向权变理论转变的时机。在这个转变中，菲德勒吸取了两种传统领导理论的合理成分，从管理心理学和环境实证分析两个方面研究了组织管理及其领导问题，建立起了一种人格与情境互动的权变领导模式，从而使组织领导学从以往的形态研究转向了动态研究[①]。

“权变”，亦即“权宜应变”、“随机应变”之意，也就是在不同条件下适当地区别对待某种事物的意思，由于“权变观点的最终目标是提出最适合于具体情境的组织设计和管理活动”，所以贴有“权变”标签的概念、学说、理论和方法有时也被称为“情境学说”[②]。菲德勒经过长达15年的艰苦研究工作，提出了他关于有效领导的权变模式。菲德勒在这一模式中提出：领导是否有效，既不是仅由领导者的人格特质所决定，也不只是由领导情势所决定。领导绩效取决于领导特质与领导情势的适当匹配：任务导向型的领导者在高度控制或低度控制的领导情势下绩效最佳；关系导向型的领导者，在中度控制的领导情势下绩效最优。基于此，他断定，如果领导者类型与情境相容，那么领导者就是有效的；如果领导者类型不能满足情境的需要，那么领导者将失去有效性。

（1）与下属互动的领导。菲德勒对有效领导者的研究，首先从领导方式入手。他设计出一套对领导者方式进行测量的有效量表，称为LPC量表（least preferred co-worker，即“最不喜欢的同事”打分表），如表10.1所示，见菲德勒与切莫斯合著的《提高领导效能》一书。

---

① 安弗莎妮·纳哈雯蒂：《领导力》（第二版），王新译，机构工业出版社，2003年，第33～39页。

② 弗里蒙特·E. 卡斯特、詹姆斯·E. 罗森茨韦克：《组织与管理——系统方法与权变方法》，傅严、李柱流译，中国社会科学出版社，1985年，第140页。

表 10.1　LPC 量表

令人不舒服	1	2	3	4	5	6	7	8	令人舒服
不友好	1	2	3	4	5	6	7	8	友好
拒绝	1	2	3	4	5	6	7	8	接受
不愿帮助人	1	2	3	4	5	6	7	8	愿帮助人
执行不积极	1	2	3	4	5	6	7	8	执行积极
紧张	1	2	3	4	5	6	7	8	轻松
疏远	1	2	3	4	5	6	7	8	接近
冷漠	1	2	3	4	5	6	7	8	热情
不合作	1	2	3	4	5	6	7	8	合作
敌意	1	2	3	4	5	6	7	8	支持
讨厌	1	2	3	4	5	6	7	8	有趣
好斗	1	2	3	4	5	6	7	8	和睦
犹豫	1	2	3	4	5	6	7	8	自信
无效率	1	2	3	4	5	6	7	8	有效率
抑郁	1	2	3	4	5	6	7	8	愉快
虚伪	1	2	3	4	5	6	7	8	真诚

菲德勒认为，领导者对其同事和下属的看法和感觉会影响领导者同被领导者之间的关系。如果领导者认为自己的下属善于合作、热情、友好、有能力，他们的关系会更和谐一些；反之亦然。而领导者对其同事和下属的看法又与其个性有关，有一定的模式，所以可以利用表 10.1 根据领导者对其下属的看法和感觉将领导者划分为不同的类型。表 10.1 分为 16 个项目，每个项目有两个“相反的方面”，分为 8 个等级，即 1～8 分。把这 16 个项目的分数加起来再除以 16，就得出“相反方面类似点”。“相反方面类似点”的分数表示各种不同描述类型之间的差异或“距离”，用来测定一个人对其他人的态度，也可以说是感情或心理上的距离，其平均分数在 4.1～5.7 分的为高分，在 1.2～2.2 分的为低分。

菲德勒认为，表 10.1 中所得分数的高低可以表明领导者的领导类型，尤其是它可以显示出领导者在一个工作环境中的主要动机或目标。在他看来，得分高的人亦即用表示赞许的词句评价他最不喜欢的同事的人。这类人以人际关系为中心，他们所关心的是建立良好的人际关系，并且通过这种人际关系来维持自己的地位和满足自尊的需要。他们对下属往往持体谅和支持的态度。当他们各种需求的满足受到威胁时，他们将加强自己同群体里成员的交往作用，以求巩固他们之间的关系，菲德勒把这部分人称为关系导向型的领导者。

在他看来，得低分的人亦即用表示嫌弃的词句评价他最不喜欢的同事的人。这类人以任务为中心，他们所关心的是工作任务的完成，即使为此而损害了人员之间的关系也在所不惜。他们重视的是通过完成任务来达到自尊心的满足，当其各种需求的满足受到威胁时，他们也会利用人际关系来促成工作任务的顺利完成。但是，这有别于得高分的人通过关心工作任务来搞好人际关系。菲德勒把这种人称为任务导向型的领导者。二者的区别见表 10.2。

表 10.2　任务导向型与关系导向型区别表

任务导向型（低 LPC）	关系导向型（高 LPC）
·以任务的完成情况实现自我 ·把关注任务放在首位 ·对失败的员工态度强硬 ·认为合作者的能力是关键因素 ·欣赏细节	·以人际关系实现自我 ·把关注人际关系放在首位 ·希望满足他人 ·认为合作者的忠诚是关键因素 ·厌恶细节

在他看来，居于这两类得分之间的中等得分者，可以称为社会自立型的领导者。这种类型的人很少对他人的品质发表意见和看法，对下级和上级都不冷不热，对于自己的人格特点对他人的影响满不在乎。根据他们得分离高分或低分的远近，这些人可能既属于任务导向型又属于关系导向型。菲德勒认为，这类人在面临压力时，任务关注的倾向和关系关注的倾向将会使他们处于危机的包围之中。不过，菲德勒也指出，有研究表明，这种类型的人“处世比较灵活而且通常工作效率高，在工作中他们对任务或其他事情都不过分看重。因此，他们在工作中很少受情绪的影响，这使得他们能够比高 LPC 分和低 LPC 分的人从培训和工作经历中学到更多的东西”①。

（2）情境控制中的领导。菲德勒认为，一个人的领导风格可能是与生俱来、固定不变的，个人不可能改变自己的风格去适应变化的环境。这一点，意味着如果环境要求任务导向的领导者，而在此领导岗位上的却是人际关系导向型领导者的话，要想达到最佳效果，则要么改变环境，要么改变领导者。在他看来，不存在适用于任何环境的最佳领导风格，某种领导风格只是在一定的环境中才可能获得最好的效果。要确定领导情境，就要考虑到领导“对情境的控制度”，对情境的控制度高则能使人畅所欲言、行为自如。他把影响领导效能的情境因素分为三类：

第一，领导者与下属的关系。它指的是领导人得到或感到群体成员认可和支持的程度。这是决策情境控制的最重要的因素。当领导者拥有值得信赖的下属时，他们会感到非常轻松、自在；如果领导对于给下属们所下达的命令或指示能否得到实施毫无把握时，他们会感受不到轻松和自如；而在领导者对下属不信任时，他们将对下属的行为感到困扰并且将采取监督下属的行动。

第二，工作任务结构性。它指的是任务明确度、上下级关联度，乃至工作目标、程序、进度的明确度。这是情境控制中的另一重要因素。含义模糊不清的任务会带来一种不确定性，从而降低领导者对情境的控制度。他认为，任务结构性表现在以下四个方面：①目标的明确性。即必须给出明确的任务。假如你不知道别人要求你去做什

① 弗雷德·E. 菲德勒、约瑟夫·E. 加西亚：《领导效能新论》，何威译，生活·读书·新知三联书店，1989年，第 100 页。

么，你是很难获得成功的。而实际生活中，很多任务既没有明确的目标，也没有衡量完成任务情况的标准。当然，在某些情况下，要提出明确的目标及绩效评定标准是不可能的，但是，我们也看到一些领导者并不总是愿意付出时间和精力来确定目标的。②目标途径的多重性。即有些任务可以用一种方法去完成，而有些任务却可以用多种方法去完成。如果一项任务只能采用一种指定的方法进行，该任务并不一定就能够较好地完成。③结果的确定性。即应付任务确定有多少种可能结果。如果不能确定结果，那么对任务说明、完成情况的判断便存在很大的不确定性。④决策的可验证性。即在完成一项任务时，通常需要了解是否沿着正确轨道前进。如果一项任务可以进行阶段性检验以证实每个步骤都是按计划实施，那么便会使人感到心中有数，反之则会使人产生焦虑。

第三，领导者拥有的职权。职权即组织为完成任务而授予其原职位上的领导者的权力，含领导者对下属的雇佣、解雇、报酬和惩罚等公务的权力和影响力。这是情境控制中的又一重要因素。在大多数情况下，领导者的权力是相当有限的。无论在理论上讲领导者能够具有多么大的权限范围，但实际上领导者对于不服从自己的下属很难达到绝对控制的转变。领导者的顶头上司在确定其权限方面起着不容忽视的作用。支持下级的上司总是给他们提供许多处理群众具体事务的权力；而如果上司不支持下级工作，组织成员便会很快知道他们的领导空有其名，真正的控制权掌握在高一层的领导手中。一般来讲，经营组织中的领导者，其职位权力强于其他组织（或委员会）的领导者，职位权力较强的领导者指挥起来会更加得心应手。

通过分析这三种情境因素，领导者大致能够清楚自己对所处情境有多少控制力。领导和下属之间一种好的人际关系，一项被较好安排的组织任务和较大的位置权力，可构成一个完美的控制集合，为领导者提供一种较强的情境控制。这种强控制创造了一种从容的领导情境。在这种情境中，领导的影响力得到了充分的认可。中间情境是或者领导与下属关系处于非良好状态，或者任务没有得到较好的组织安排，居于其中的领导则没有完全控制周围的情境，其所处的环境较恶劣。情境控制的另一个极端是混乱的情境。在此状况下，领导与下属之间的关系很差，任务又不明确，领导者也无职权，很显然它不可能为领导者提供一种控制意识和轻松感。

在情境因素的控制中，菲德勒认为，最重要的是领导者与成员的关系。如果领导者得到团体成员认可，任务的结构性明确，且职位权力强，那么，他对情境的控制力量大；反之则小。不过，除了领导者与被领导者的关系、任务结构性和职权三项因素的变化之外，还有其他因素也可以增强领导者对情境的控制力，如培训、工作经验、领导者工作环境的稳定性等。正因为如此，菲德勒强调指出，有效的领导取决于领导者的人格和对情境的控制两个方面：要么替换领导者，以适应情境；要么改变环境，以适应领导者。

(3) 认知资源理论。菲德勒的权变模式在领导研究界引起了热烈的讨论。为验证该模式而进行的案例研究并非都得出了支持性的结论，显示该模型需要增加一些变量进行改进和弥补。包括菲德勒本人在内的一些管理学家指出，这个权变模式还存在着衡量指标上的问题，LPC 打分法不够精确，带有一定的任意性。三项情境因素在实际评估中难以确定，因为领导者与下属的关系、任务结构、职权大小等都很难量化。为了从建立描述性理论的角度修补原有模式的缺陷，菲德勒又同加西亚（Joseph Garcia）一起提出了认知资源理论。

所谓“认知资源”（或认知来源），指的是通过接受正式培训和进行实践而获得的与工作有关的个人本领、技能和经验知识。认知资源理论的基本思想可以表述为：领导者的智能和经验是指导团体活动的计划和策略的源泉。认知资源理论有两个基本假设：①领导者是通过精心思考提出计划和制定决策的，领导者越是聪明、能干，其计划和决策就越是有效。②领导者是以指导性行为将其计划和决策传达给团体的。这里所谓的指导性行为，指的是具有直接影响力的行为，如下命令、发指示。对于军队式的管理来说，这一假定基本上没有问题，但是对一些研究性的团体来说，计划职能和决策职能常常是领导人和下级人员共同担当的，因此这个假定似乎有些不合理。菲德勒等对此解释说，尽管领导人可以和组织成员共同担当计划职能，但领导人的最终决策作用毕竟是独特的和有指导意义的，所以这个假定还是可以保留的，它意味着：如果领导者的指导性行为很弱，则无法有效传达决策。

在这两个假定的基础上，考虑到团体成员的支持度和领导注意力是否被压力所分散的状况，菲德勒等提出了七个主要命题：

第一，领导者的智能只有在其没有受到压抑的情况下才能促进团体功效。事实已经证明，一个人在受到压抑的情况下会分散注意力，把心思用在个人得失上。例如，领导者的上司如果要求他多出成绩，同时又不提供必要的信息和指示，他就会背上包袱。压抑会使领导者的注意力从任务上转移开，影响计划和决策的质量；或不向团体提供指导，任其放任自流；或把团体引向歧途。当压抑程度达到了使领导者背离组织目标的程度时，领导者的智能同团体功效之间会产生负相关的关系，也就是说，领导者越聪明、越能干，团体功能反而越糟。除去有意捣乱或怠工不谈，领导者在压力面前可能会产生危机感，从而使他把领导任务放在一边，去考虑采取减少压力或消除危机的行动。在这种情况下，领导人越能干，他在背离组织任务方面可能会走得越远。因此可以说，领导者如果承受着使其注意力脱离了任务的压力，他的工作能力对团体功效便没有什么积极作用，甚或会起到负面作用。

第二，在压力不大的情况下，领导者的指导性行为越强，其智能对团体功效的贡献就越大。这一命题强调的是传达指示、计划和决策的重要性。领导者的主意再高明，如果不能准确而及时地传达给有关执行者，也就等于零。因此，在智能相当而压抑较轻的情形下，指导性强的领导者将比指导性弱的领导者更加有效。通俗地讲，在上述条件下，做出明确指示的领导者将比拘泥于做姿态、提建议的领导者更加有效。我们可以把前者称为指导型的领导者，把后者称为非指导型的领导者。

第三，在压力不大的情况下，团体越是支持领导，指导型领导者的智能越能提高团体功效。正如前面介绍权变模式时说到的，领导者与团体成员之间的关系是决定情境控制程度的最要紧的因素，团体成员支持领导者、服从领导者，就有利于领导决策的实施，进而使领导人的能力和团体功效之间存在正相关的关系；如果团体成员不服从领导者、不按领导意图办事，一是会使领导决策无法实施，二是会造成人与人之间的矛盾，给领导者造成不良的压力。

第四，如果领导者不具备强有力的指导性行为，但团体支持他，那么，团体成员的能力越强，团体功效就越好。按照第二个命题，如果领导者是非指导型的，其能力便不易发挥出来。但是，只要团体成员支持领导、支持组织目标，团体功效不一定比拥有指导型领导者的团体差，因为在前一种情况下，团体成员可以担负起实际的计划职能。当然，如果团体成员不支持领导者，团体成员的能力就可能不对团体功效发生好的作用，甚至起到反面作用。

第五，领导和团体成员的能力对团体功效起促进作用，这是就团体任务需要哪些能力而言的。这里的“能力”是广义的，包括分析能力、组织能力和识别问题的能力等。有些工作任务需要参与式的领导风格，如果领导者在这方面没有经验，不会组织大家一起研究、解决问题，他的分析能力就不会对团体功效起什么好作用。对于团体成员的能力，也可以这样看待。

第六，当压力很大时，出成绩靠的是领导者的经验和技巧，而不是认知能力。智能、认知能力并不是领导者和团体成员唯一的认知资源，领导者还可以运用其经验和习惯化的技能去解决问题。心理学家指出，人在压力面前倾向于采用先前的经验和技能，而领导者在压力面前便是靠这些去影响团体工作的。

第七，领导者的指导性行为部分地依赖权变模式中的那些因素：LPC 值和情境控制程度。这个命题是将认知资源理论同权变模式联系起来的关键，它实际上是菲德勒权变学说的核心之一，即可以用领导者的个性（以 LPC 值表示）和领导者的情境控制程度来预测领导者的指导性行为。同样的条件，可能使有些领导者寻求团体成员的支持，又使其他一些领导者更加关注任务本身；在同样的压力下，有些领导者能较好地独立思考，而另外一些领导者则更多地产生局促感。所以说，领导者个性和情境因素两者均强烈影响管理方式。领导者个性及情境控制程度越是能导致指导性行为，领导者就越是能有效地利用其智能。但是菲德勒等承认，LPC 值和情境控制程度仅仅能说明指导性行为差异的一部分。

菲德勒等人的认知资源理论吸取了现代组织理论中的重要思想，诸如决策质量取决于认知能力及经验和知识水平等因素、情感和压力对注意力有控制作用以及“参与式管理”有时是必要的，等等，更为明确地解释了菲德勒的权变模式，并提出了压力在领导情境中的作用以及智力与经验影响绩效等观点，丰富了菲德勒的权变理论[①]。

10.2.2 卢桑斯的权变管理理论

卢桑斯，美国管理学家，他在 1973 年发表了《权变管理理论：走出丛林的道路》的文章，1976 年他又出版了《管理导论：一种权变学说》，系统地介绍了权变管理理论，提出了用权变理论可以统一各种管理理论的观点。

卢桑斯把过去的管理理论划分为四种学说：过程学说、计量学说、行为学说和系统学说。他认为，这几种学说，即使是重视环境影响的系统学说，都没有把管理与环

① 安弗莎妮·纳哈雯蒂：《领导力》（第二版），王新译，机械工业出版社，2003 年，第 137～139 页。

境妥善地联系起来；同时，这些学说的代表人物都强调他们的学说具有普遍的适用性，而实际上，上述任何一种学说的特有的管理观念和技术都不能使管理有效地进行，致使理论与实践相脱节。

卢桑斯认为，权变学说不仅不抛弃上述几种学说，而且还是它们发展的结果。从20世纪50年代开始，过程学说沿着行为学说的人群关系理论和计量学派的狭义的运筹学这两条完全不同的路径发展。两者在20世纪50年代和60年代占支配地位。20世纪60年代，行为学说向组织行为发展，计量学说向“管理科学”发展，而这两方面又都在系统学说的基础上前进。当过程、计量、行为、系统四种学说结合在一起时，就产生了“不同于部分总和的某种东西”，这就是管理的“权变学说”。

卢桑斯在论述权变学说时指出，如果从“contingency”的字面意义来理解，很可能把权变管理看成是一种紊乱的、非科学的、“凭感官判断”的学说。实际恰恰相反。他认为，权变关系是两个或两个以上的变数之间的一种函数关系。权变管理就是考虑到有关环境的变数同相应的管理观念和技术之间的关系，使采用的管理观念和技术能有效地达到目标。他把权变关系看做是一种“如果-那么”的函数关系。“如果”是自变数，“那么”是因变数。在权变管理中，通常的情况是，环境是自变数，而管理的观念和技术是因变数。这就是说，如果存在某种环境条件，那么，对达到目标来说，某种管理的观念和技术将比其他的更加有效。例如，如果经济正处在衰退中，而企业是在一种受少数生产者影响的市场结构中活动，那么，为了达到目标，行政的组织结构是最合适的。另外，如果经济繁荣，企业是在一种存在着垄断者竞争的市场结构中活动，那么采用自由形式的联合组织结构最为恰当（必须说明，这仅仅是作为说明的例子，它尚未被实践所证实）。在某些情况下，也会产生相反的情况，即管理变数成为自变数，而环境变数成为因变数。例如，如果企业管理的高级领导阶层采取“参与制”和开放的领导方式，那么全体人员会以“自我控制”和对社会准则负责任的态度来响应。

关于权变管理，卢桑斯提出了一个观念性的结构，用下面的矩阵图来表示，如图10.2所示。

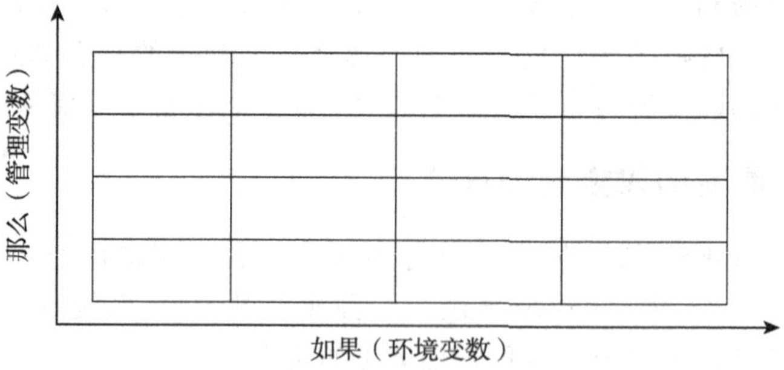

图 10.2 权变管理观念性结构图

这个结构有三个主要部分：环境、管理观念和技术。它们两者之间的权变关系：沿着矩阵的横轴是独立的“如果”，纵轴是从属的“那么”；横轴为自变量“环境”，纵轴为因变量“管理观念和技术”。权变管理就是要确定有关的环境条件，然后同一种能最有效地达到目标的相应的管理观念和技术联系起来。这个图只是一个观念模式，实际情况要复杂得多。

这个观念性结构中的三个主要部分的内容大致如下：

（1）环境变数。环境分为外部环境与内部环境两个方面。外部环境又分一般的和特有的两种。一般的外部环境是由社会的、技术的、经济的和政治、法律的力量所组成。它们对正式组织系统的影响一般不是直接的，但却是巨大的。特有的外部环境包括供应者、顾客、竞争者。他们虽然也在正式组织系统的外面，却可以直接影响它。一般的与特殊的外部环境之间，以及它们各自内部的各组成成分之间都互相影响、互相作用。内部环境基本上是正式组织系统，它的各变数间，以及它与外部环境各变数间是相互关联、相互依存的。其主要的内部变数包括组织结构、决策、交流和控制过程，以及工艺的组织状态。卢桑斯在权变管理的观念性结构中，把内部环境变数列入横轴“如果”的部分。但他在论述中，却明确地把大部分内部环境变数并入到从属的管理变数中去。

（2）管理变数。其主要是指过程学说、计量学说、行为学说、系统学说等所主张的管理观念和技术。在他看来，过程的管理变数有计划、组织、指挥、交流和控制；计量的管理变数有基本的计量方法、决策模式、运筹学；行为的管理变数有学习、行为的改变、动机的形成、集体动态、组织行为；系统的管理变数有普通系统理论、系统设计和分析、信息管理系统。这些管理变数还可以进一步细分。例如，计划还可细分为预测、战略计划、战术计划；运筹学可细分为线性规划、经济订货模式、等候线模式、模拟模式等。卢桑斯认为这四个学说的管理观念和技术都是权变管理中的管理变数，它们对于权变管理都能做出贡献。

（3）权变关系。它是指独立的环境变数同从属的管理变数间的函数关系。它是权变管理的核心，这正是权变学说不同于其他学说的地方。但是，要确定权变关系是很复杂的。而且，即使一种权变关系在经验上得到了证实，它也只不过是确定和贯彻管理行动所需要的很多输入中的一个输入。实际的管理是一个多维的复杂事物。复杂的管理问题，绝不能机械地加以解决。卢桑斯看到了这些困难。他认为到目前为止，已被经验明确证实的权变关系为数不多，要填满权变矩阵中的小格将是缓慢的、艰苦的过程，但权变学说的力量正在于它提供了一种关于这种复杂性的思想方法，它的将来是充满希望的。

➢本章提要

1. 关于管理机制，我们还必须提及明茨伯格和菲德勒。明茨伯格等认为，“经理”作为管理者是一个正式组织或组织单位的主要负责人，拥有正式的职位、权力和权威。明茨伯格在对经理工作特征进行分析的基础上，提出了经理担任的十种角色、经理的六项目标以及提高经理工作效率的十个要点。

2. 菲德勒经过长期的艰苦研究工作，提出了他关于有效领导的权变模式，认为领导是否有效，既不是仅由领导者的人格特质所决定的，也不是由领导情势所决定的，领导绩效取决于领导特质与领导情势的适当匹配。

3. 卢桑斯提出，权变关系是两个或两个以上的变数之间的一种函数关系。权变管理就是考虑到有关环境的变数同相应的管理观念和技术之间的关系，使采用的管理观念和技术能有效地达到目标。

➢本章主要参考文献

德鲁克 P. 1988a. 管理的前沿．许斌译．北京：企业管理出版社．

德鲁克 P. 1988b. 有效的管理者．未名编译．北京：学苑出版社．

丁煌．1999. 西方行政学说史．武汉：武汉大学出版社．

菲德勒 F E，加西亚 J. 1989. 领导效能新论．何威译．北京：生活·读书·新知三联书店．

明茨伯格 H 等．2000. 领导．思铭译．北京：中国人民大学出版社．

孙耀君．1998. 管理学名著选读．北京：中国对外翻译出版公司．

西蒙 H. 1982. 管理决策新科学．李柱流，汤俊澄等译．北京：中国社会科学出版社．

西蒙 H. 1988. 管理行为：管理组织决策过程的研究．杨砾，韩立春，徐立译．北京：北京经济学院出版社．

➢思考讨论题

1. 结合明茨伯格的经理角色理论，谈谈你对经理工作的认识。
2. 什么是权变理论？
3. 试述菲德勒的有效领导权变模式。
4. 分析卢桑斯的权变函数关系，谈谈你的看法。

第 11 章

沿着泰勒的思路走下去：管理科学论

管理科学学派是随着运筹学的发展与应用而逐渐发展起来的，它以定量分析为主要方法，由新理论、新技术、新方法与科学管理理论相结合而形成。该学派的数量管理理论从系统观点出发，注重制定和使用数学模型和程序，运用数理分析方法使管理活动定量化。伯法（Elwood Spencer Buffa）的生产管理系统理论阐释了生产管理中的计量方法和自动化问题，列举了分析生产系统的方法，并指出这些分析方法在生产系统中各个方面的相应用途，还提出只有借助运筹学、计算机模拟等工作，才能对系统进行有效的分析。随着信息技术的发展以及电脑在企业中的应用，电脑管理理论也应运而生，它主要提倡用管理信息系统对数据进行相关处理，以帮助管理者进行决策并在节约成本和创造利润方面发挥作用。管理科学理论的特点在经济全球化、信息全球化的知识经济新形势下得到了进一步发展，也将日益成熟并广泛运用于更复杂的社会生产、生活的各个领域中，并呈现出新型工业化时代管理变革的“盛宴”。

11.1 从秒表到数理模型：管理科学学派

管理科学学派，又称数量管理科学学派或数量学派。其代表人物主要有：南彻斯特（F. W. Lanchester）和希尔（A. V. Hill），将数理分析运用于军事；利文森（Horace C. Hevenson），用数学模型处理邮购商店的数据；从 20 世纪 50 年代起，丘奇曼（C. West Churchman）、阿考夫（Russell H. Ackoff）、阿诺夫（Leonard E. Arnotf ）推介了运筹学，鲍曼（Edward H. Bowman）、费特（Robert B. Fetter）探讨了生产管理中的定量分析，里奇蒙（Samual B. Richmond）研究了运筹学在管理决策中的运用，伯法阐释了生产管理中的计量方法。此外，还有涉及线性规划、决策模型、对策论等方面的著述。特别是电子计算机软、硬件技术的发展，使得定量分析方面的管理科学转向实际应用，渗透进生产管理、跨国公司、城市交通、能源利用、国民经济计划编制等领域。

管理科学学派的特点是：①力求减少决策的个人艺术成分。依靠建立一套决策程序和数学模型以增加决策的科学性。将众多方案中的各种变数或因素加以数量化，利用数学模型研究各变数和因素之间的相互关系，寻求一个以数量表示的最优化答案。决策的过程就是建立和运用数学模型的过程。②各种可行的方案均是以经济效果作为评价的依据。例如，成本、总收入和投资利润率等。③广泛使用计算机。建立模型后依靠计算机完成极为繁重、复杂的统计和运算，得出最佳方案。

11.2 量化分析管理：数量管理论

11.2.1 数量管理论的目的和特点

在上文提及的一些学者看来，管理科学源于泰勒的科学管理方法和运筹学的应用与发展。因此，科学管理就是设法把科学的原理、方法和工具应用于各种管理。从此意义上讲，管理就是制定和运用数学模型与程序的系统，用数学符号和公式来表示计划、组织、控制、决策等符合逻辑的程序，求出最优的解答，以达到组织的目标。由此可见，所谓的管理科学，从狭义上来讲就是在管理中运用数理分析的理论和方法，是一种数量管理论，这就不难理解，数量管理科学学派的目的，在于通过把科学的原理、方法和工具应用于各种管理之中，以利于制定出用于管理决策的数学模型，达到避害增利之效。

为什么要运用数理分析使管理活动定量化呢？一些学者认为，这是因为经营管理之中的许多活动，如库存、资源配置、服务质量、运输、订货，乃至行业竞争等，都具有一定的不确定性，即系统性风险和非系统性的风险。管理科学的目的，就是要降低其不确定性。

相关的研究成果及其运用，给人们展示出数量管理论的特点在于：

第一，从系统观点出发研究各种功能关系。对企业组织的任何一个部分或功能关系的研究，都是从系统观点出发的。数量管理论者认为，组织中任何部分或任何功能的活动必然会影响其他部分或功能，所以评价一个组织的任何决策或行动都必须考虑到它对整个组织的影响和所有的重要关系。正确的政策必须从整个系统考虑，照顾到各个部门和各项因素，对整个组织最有利，才是最优化。局部优化和过度优化（指建立模型的精确程度超过了必需程度），都不符合整体利益目标。

第二，应用多学科方法配合研究。数量管理论者认为，尽管各个学科对问题的描述各不相同，但如果把各个方面综合起来看，会对问题有更全面的理解，更有助于问题的解决。除了计算机和数学以外，随着研究对象的不同，需要应用经济学、管理学、心理学、行为学、会计学、物理学、化学等各种自然科学和工程技术。

第三，应用模型化和定量化来解决问题。数量管理论者的重要特点，就是把一个要研究的问题按预期的目标和约束条件，将其主要因素和因果关系变为各种符号来建立模型以便求解，并尽可能用数学或定量技术来表述和阐明各种因素间的相互关系。

第四，在解决问题的过程中，随着情况的变化而修改模型，求出新的最优解。数量管理论者认为，通过模型来解决问题通常对问题有较为深入的了解。随着对问题由简单到复杂的深入了解，其模型也逐渐复杂，以前的最优后来或许就不是最优了。这时就要不断输入新的数据或技术来地对模型进行优化。

11.2.2　建立和使用数学模型的程序

20 世纪 70～80 年代，数量管理的应用，主要运用于管理过程中的计划与控制环节。对于计划和控制中提出的问题和任务，数量管理论者可以较好地运用预测、分配、日程安排方面的技术来建立一定的模型和程序予以解决。相关的模型主要有决策树模型、盈亏平衡模型、库存模型、投入产出模型，以及线性规划、网络规划、排队法等模型。

在解决问题的过程中，卡齐米尔（L. J. Kazimier）在《管理原理》中、特里（G. R. Terry）在《管理原理》中、希利尔（F. S. Hiller）在《运筹学概论》中，探讨了建立和使用数学模型的程序。他们指出：

第一步，指出并确定问题。即通过观察和分析，发现问题，提出问题，说明问题，并确定问题。

第二步，确立模型。即建立一个代表所研究系统的模型并使之数量化。模型可以是实物的、图像的、图表的、仿真的，但最好是以各种数学符号来描述现实世界中各种因素及其相互关系的模型。一般的形式是

$$E=f(X_f, Y_f)$$

式中，E 是系统的效益（如利润、成本等）；f 是函数关系；X 是可控制变量，Y 是竞争者所控制的变量，模型要求这两类变量都是可计量的，各变量间的关系都必须是确定的。

第三步，优选方案。即解出模型的答案，以便筛选出使系统效率最优化且令人满意的“可控制变数”的值。

第四步，检测方案。即对模型和得出的解决方案进行验证，以比较、检测其正确程度。

第五步，控制模型的解。即在上述基础上建立一个信息反馈与控制系统。

第六步，方案实施。即所有采用这个模型及其方案者，都应了解模型的基本原理。管理人员必须随时记录贯彻执行过程中的变化情况。注意模型的目标、假设、省略的东西和限制条件等因素，在一个过程之后，重新复查系统模型，以便改进它。

11.2.3　数理分析的主要方法

瑟罗夫（R. J. Thirauf），美国学者。他在《运筹学入门》中将数理分析的方法分为以下五类：

(1) 代数型模型：①盈亏平衡分析。这是描述成本—收益—销售量关系的定量方法，能使管理部门在估计某一项决策对企业利润的影响时，预计未来的结果（从一个月到一年）。②库存控制模型。其基本目标是使年库存总费用最小，主要关心的是一次

订货的数量及何时订货。

(2) 概率与统计类模型：①决策理论。它能根据未来事件出现的可能性，做出近似的结论，从而帮助管理人员作决策，其中包括决策树。这是一种将概率逻辑地应用在决策中的图解方法。②可变需求决策。它包括销售量离散概率分布和销量均匀增加的情况（条件利润法、条件损失法、边沿分析法），及销售量连续概率分布的情况。③计划评审法。它包括时间计划评审法、费用计划评审法等。

(3) 矩阵代数类模型：①线性规划。它包括图解法和单纯形法。②运输方法。它包括阶石法和单纯形法。③动态规划。它用于解决平稳生产和库存控制问题，向不同市场区域分配推销员问题，不确定情况下的采购问题等。④马尔可夫分析。这是通过分析几种变量现时运动的情况，来预计这些变量未来运动情况的一种方法。它可以作为短期、中期、长期市场经营的工具，也可用于分析其他问题。

(4) 模拟技术：①排队模型。它包括单通道排队模型（普阿松分布、指数分布）和蒙特卡罗随机排练法。②模拟。它能用于处理复杂的、动态的以及相应交叉的问题，包括运筹对策法、蒙特卡罗法、系统模拟法等。

(5) 其他：①整数规划。这是在一般的线性规划模型中，再加上变量只能取整数值的限制条件所取得的一类规划。②非线性规划。③目标规划。这是线性规划的一种特殊应用，能够处理单个主目标与多个次目标并存，以及多个主目标与多个次目标并存的问题。④风险分析。这是应用各种运筹方法来估量非确定性和有风险问题的最广泛和最复杂的数学模型之一。其目的是对可以提供给一个公司的任何投资机会进行合乎逻辑和迅速的分析。⑤试探式规划。它起源于人工智能研究，目标在于编出一个程序，指使电子计算机像具有智慧的人那样动作和处理信息，求问题的解，探索最有可能的途径，做出合理的猜想。⑥行为模型。这是对人的因素进行解释和定量化的模型。

11.3 伯法的生产管理系统分析

埃尔伍德·斯潘塞·伯法（E. S. Buffa），美国管理学家，1918年生于美国，在威斯康星大学获得学士和商业管理硕士学位，在加利福尼亚大学获博士学位。他曾担任过伊斯特曼柯达公司经营分析员，并任顾问之职，并曾先后在洛杉矶加利福尼亚大学管理所研究院、哈佛大学工商管理学院等院校任教，是管理科学学派的代表人物。其主要著作有《现代生产管理》、《生产管理基础》、《管理学与运筹学》等。其中，《生产管理基础》是伯法根据《现代生产管理》改写的，简明易懂，曾被《哈佛商业评论》推荐为经理必读书目。在这本书里可以看到大量的图表和数学公式，正是这些科学的计量方法，使得对管理问题的研究由定性走向定量。

伯法根据美国的现实情况，提出社会和生态问题，而要着手解决社会和生态问题，就必须在某种程度上依赖经济系统的能力。生产系统在现代社会中有着决定性的工作。

伯法认为，管理的首要任务是能够做出决定企业今后命运的决策。在当代，决策研究已经形成了相关的理论体系。对于管理科学来说，决策理论的核心，是以科学为基础，以数学为工具，以现实信息为依据的逻辑体系。决策的时间类型在伯法眼中概括如下：生产系统中所产生的问题要求两种主要类型的决策，一种是长期决策，它关系到生产系统的设计，如产品的选择和设计、设备和生产过程的选择、加工对象的生产设计、作业设计、生产系统的地址选择、设备平面布置等；另一种是短期决策，它关系到生产系统的运行和控制，如库存和生产控制、生产系统的维修和可靠性、质量控制、劳动控制、成本控制等。

无论是长期决策还是短期决策，都会涉及财务计划、销售、人事安排，以及作业和生产的方方面面，这些决策还经常相互交错地同时涉及相关职能系统。因而，如何运用科学和数学工具，根据现实世界建立起决策的逻辑结构，从而做出合理的决定，是生产管理理论的重要内容。伯法认为，对成本、服务以及功能和时间两方面的可靠性等因素所强调的相对程度，要由整个企业的基本目标和生产的产品和服务的一般性质来决定。因此，对于营利性组织而言，可能首先考虑的是保证产品质量和如期交货；而非营利性组织则更为强调可靠性和服务质量。决策的约束条件类型对决策问题的分类有多种方法，每种分类都有自己的内在逻辑。在这一方面，伯法最大的贡献是提出了按照决策面临的自然状态和约束条件进行分类。在伯法眼里，决策的选择依据的是信息，而在不同的现实问题中，决策者所掌握的信息量是不一样的。从这一逻辑出发，可以把决策分为四类：

(1) 确定型决策。这是信息量最充分的决策。决策者已经掌握着决策涉及的全部信息，也就是能够确定未来制约决策实施的各种条件，能够准确列举出决策涉及的全部事实，决策有多个可供选择的方案，且每一个行动方案所达到的效果都是可知的。

(2) 风险型决策。这种决策的信息量不够充分，但决策者掌握了最基本的信息，虽然不能确定未来制约决策实施的所有条件，但可以依据决策涉及的主要事实和统计规律掌握未来自然状态发生的概率分布。决策者在多个方案中依赖概率进行选择。这种决策要承担一定的风险。

(3) 非确定型决策。同其他类型的决策相比，非确定型决策的信息量最少，决策制约条件不明，只能“摸着石头过河”。决策者所掌握的信息不足以推算出未来相关情况出现的概率，只能根据自身的因素在多个方案中进行选择。这种决策的风险大于其他决策。一般来说，企业中那些没有先例的、一次性的、缺乏固定模式的决策，多属于这一类。

(4) 博弈型决策。它又叫竞争型决策。这种决策存在着竞争对手，对手的策略，构成另一方的决策环境。决策者无法控制对手的行动，但又必须根据对手的策略在多个方案中做出自己的选择。这种决策有可能是零和的，也有可能是非零和的。成本对决策的影响伯法关于生产决策的一大贡献，是对生产成本的分类研究。变动成本、增量成本、机会成本等概念，随着他的研究而广泛传播。

关于系统的概念，管理科学研究者要努力实现管理活动客观化，这就需要其在解决管理的问题时运用科学的方法，如自然、教学模型和运筹学技术还有计算机模型。由于生产系统中存在着许多因素之间的复杂关系，所以系统概念和方法对于这种生产系统的定义可以适用于更为广泛的范围。

伯法认为，系统的各种因素之间的复杂关系，只有借助运筹学、计算机模拟这些工具，才能有效地实现对系统的分析。借助传统的定性分析，主观判断是难以实现的。系统输入及其影响、系统的目标、系统的反馈作用及系统内容因素的反作用等，能够利用计算机来很好地解决。随着电子计算机的发展与普及，实现对生产过程的数控且加以推广是必然的。

伯法指出，分析生产系统的方法很多，这些方法也各有各的长处和短处。在介绍分析方法时，他列举了成本分析、线性规划、排队模式、统计分析、网络计划模式、计算机模拟和解分析等，并指出这些分析方法在生产系统的各个方面的相应的用途。确定用哪一种模型，要根据实际情况而定，即对不同方案的不同结果做出评判。

在说明了生产过程之后，伯法讲到了生产中的自动化的问题。他认为不同的生产问题要用不同的方法去分析和设计解决。其主要阐述了生产分析和设计方法的选择根据具体情况和实际需要，才能达到控制目的的道理。他还介绍了过程规划、建厂地区规划、物质调和布置、作业设计和人机系统等。在阐述了生产系统的设计以后，伯法认为要对系统的各项作业进行设计，即这个系统的运行所必需的信息系统、各项方针和控制程序的设计，以求适应生产过程和工作流程的需要，需要将重点放在生产计划和控制方面。他主张对业务系统的六个关键流程（信息、订货、原料和能源、现金、各种人员、资本设备）进行计划和控制。只有这样，才能最大限度地降低总系统的成本。伯法继而详细地论述了预算和库存、总体计划和方案、生产进度计划和控制、质量控制等问题。要计划好总生产进度程序和库存水平，一定要计划好各个部件和产品所需的材料。在某种意义上说，有了库存才能使得合理的生产系统成为可能，没有库存就不能顺利进行生产流程。要控制好库存水平，特别是在涉及库存量、总体计划和进程安排时，预测是极为关键的。库存控制是服务于生产计划和控制生产总水平的，它并不独立于生产系统之外。库存政策必须符合于求得一个综合的最低生产成本的计划和安排，而不单单是求得一个最小库存。做总体计划，首先需要确定几种合乎逻辑的衡量销售量和产量的综合管理。总体计划与方案对生产和业务管理极为重要，因为通过这些计划，管理人员可以自由调度重要的人力和物力。计划就是对将来的产量、销量和利润等做出计划和预测，并做出将来劳动力规模和生产率水平的决策。当发现实际生产量和计划有严重偏离时，就必须进行生产控制。作业的进度计划和控制，把注意力集中于最短的计划时期。间断性生产系统作业进度计划和控制是非常复杂的，因为个别的订单都必须通过一系列单一的工序。

伯法强调，数量控制、质量控制以及成本控制，是整个生产计划控制中的关键点。数量控制要考虑到客观实际的需要，对劳动力以及生产率等因素之间的关系进行综合考虑分析。数量控制的本质是生产率水平控制，表现为能够同企业生产能力相适应的生产数量要求。数量控制着眼于所有与计划不符的情况，并对其进行分析和调整。质量控制不能仅仅局限于控制原材料的质量水平，也不能仅仅控制生产过程的制造工序，而是一种全面控制。在这里，伯法实际上已经萌生了全面质量管理的先声。他强调，质量控制应该包括四个阶段：①制定政策阶段，确定合乎市场需要的质量水平；②工程设计阶段，确定可完成预期销售目标的各项质量规格；③生产阶段，控制原材料的采购和生产作业的运行，以实现既定的质量政策和设计规格；④使用阶段，对从产品安装到售后服务等影响最终质量的地方都予以控制，并对产品的质量和性能做出必要的承诺和有效的保证。成本控制是生产控制的核心环节。在生产过程中，管理者应该根据实际生产成本与标准成本或计划成本的差异，及时分析造成偏差的原因，采取纠正措施或调整。对非正常的偏差，应该追究相关人员的责任，通过惩罚或者奖励措施对成本结果进行评价，使成本能控制在合理的范围内。

伯法总结道，在生产和业务管理中，主要有分配系统、大量生产的生产-分配系统、订货加工式工厂系统、大型工程项目。分配系统的业务问题集中于库存管理，虽然在分配系统内的每一级都存在着类似的问题，但它们的侧重点有所不同。管理控制系统以生产系统为中心并延伸到分配系统。间断性生产系统的设计、计划、进度安排和控制问题比起大量生产-分配系统来要复杂一些。

11.4　电脑管理论

现代管理科学形成的物质基础之一，就是电脑的出现与应用。电脑在管理领域的应用，形成了节约成本型和创造利润型的电子商务和电子政务，构成了虚拟网络管理的世界，促成了知识经济时代和经济全球化的到来。

电脑管理论者涉及一大批信息论者、网络技术专家和网络管理论者。尽管纷争不少，但他们都积极倡导管理信息系统。企业中的管理信息系统是企业中由人和电脑组成的一种对数据和信息进行收集、传递、加工、使用和保存，以便帮助管理人员进行决策的信息系统。它是一种既有管理功能又有控制功能的数据处理系统。

11.4.1　管理信息系统分级

由于企业中的管理系统是分等级的，所以管理信息系统也是分等级的。它一般分为以下三个等级：

（1）战略决策管理信息系统。它为企业最高管理阶层提供有关战略目标、方针、规划等方面的信息。通常讲的管理信息系统就是指的这一种。它是随着企业规模的扩大化、复合化和国际化，技术革新和信息革命速度的加快，企业对长期的经营战略日益重视而形成的。它的中心课题是预测企业和环境的未来，帮助企业最高领导从事创造性的战略决策。它要求的信息来源较广泛，在细节上却并不要求十分精确，但必须是经过高度提炼加工的。由于它所涉及的问题十分复杂，而且时间不定，形式特殊，所以实现系统化非常困难。

（2）管理控制信息系统。它为企业中的事业部、分公司这一级领导提供必要的信息。它促使管理人员按照企业的战略规划所确定的方针政策，运用分配到的资源来有效地实现本单位预定的目标。

（3）日常业务管理信息系统。它为企业中工厂一级直接从事生产工作的管理人员提供日常业务的信息和情况。由于业务内容、目标和资源等都是在管理控制中已确定的，所以在这一过程中进行判断的情况不多。

11.4.2 管理信息系统的结构

管理信息系统的结构和效用，可以用美国国际商用机器公司设计的“生产信息与控制系统”为例来说明。它包含以下 12 个子系统：

(1) 设计与生产数据管理子系统，进行产品数据的收集工作，建立及维护材料表、建立、保管与发放零件目录，辅助设计与制造。

(2) 用户订货服务子系统，包括合同分析与登记，货品能否供应，监督合同的执行，提供合同信息。

(3) 预测子系统，包括原始数据的检查与调查，预测模型的选择，预测将来各时期的需求量，利用产品生命曲线进行长期预测，使用判断因子进行意外事件的修正。

(4) 主生产计划子系统，包括接受预测和合同任务，计算产品负荷及设备负荷，模拟计划的执行。

(5) 库存资产管理子系统，包括登记需求，计算安全库存和订货提前期，决定订货数量、开发订货单。

(6) 制造活动计划子系统，即较主计划更详细的作业计划，包括减少在制品，减少和控制生产提前期，制订生产能力需求计划，订货单开发计划，制定工作秩序。

(7) 开发工作命令子系统，包括把每份订货单在合适的日期发出，把计划变为行动，检查材料零件配给车间，发出外购零件清单。

(8) 工厂监控子系统，包括接受车间反馈的数据，调整计划以便减少延误等工时间，制定出勤报告，及时供送材料，车间凭证管理，定工，派工，生产报告，工资计算。

(9) 工厂维护子系统，包括预防性维修工时定额，自动安排维修计划，报告维修活动，发放维修命令及计费。

(10) 采购及收料子系统，包括按质量及时收料，采购，进货，质量检查。

(11) 库房安排子系统，根据物品体积、重量、易损性等决定存放地点，减少无用搬运，提高仓库利用率，配套填写申请单，自动化仓库协调。

(12) 成本及会计子系统，包括计算每种产品的目标成本和实际成本，找出减少差额的办法，规划基建资金和流通资金，执行会计任务。

这 12 个子系统是相互联系起来发挥作用的。它们的关系可以表示如下：

子系统 (1) 向子系统 (4)、(5)、(6) 提供有关制订主生产计划、制造活动计划（即作业计划）和控制库存的数据资料。

(2)、(3)、(4) 三个子系统组成一组，其主要功能是制订主生产计划。主生产计划的制订是根据预测和用户订货的资料。预测子系统 (3) 和用户订货服务子系统 (2) 的结果送给主生产计划子系统。主生产计划规定全年或比较长的一段时间的主要计划指标与进度，也可以说是生产计划大纲。

(5)、(6)、(10) 三个子系统组成一组，其主要功能是编制详细的加工计划（即作业计划）。库存资产管理子系统 (5) 收到主生产计划子系统 (4) 送来的主生产计划以后，就据以编制资金、原料和配件计划。编好后，一方面交给采购及收料子系统 (10)

去编采购计划，并交给库房安排子系统（11），另一方面交给制造活动计划子系统（6），以便编制详细的加工计划。采购及收料子系统（10）还包含一定的执行计划的功能。这个阶段完成以后，就进入执行计划的阶段。

开发工作命令子系统（7）是开写操作票的。操作票发给工人，工人立即开始加工。开发工作命令子系统（7）的操作票送给工厂监控子系统（8），以便控制加工进度的快慢，使之符合计划的要求，并将加工好的货物送给包装运出部门。开发工作命令子系统（7）还要把信息送给采购及收料子系统（10），使之能配合作业。

（7）、（8）两个子系统还要把信息送给工厂维护子系统（9），使它能安排维修等项工作。库房安排子系统（11）根据进货的物理性质安排存货地点，并及时向加工过程供应原材料，同时把信息送给工厂监控子系统（8）。

成本及会计子系统（12）实际上是监视全部生产过程的财务脉络，通过财务对全厂的作业进行控制，是一个十分重要的子系统。

以上讲的 12 个子系统都属于软件系统，并不是加工系统。但加工系统的所有数据都要送到这个软件系统中来。所以，这个软件系统是加工系统的写照或映象，是生产系统的信息系统。物流在生产系统中流动，信息流在软件系统中流动。两者有紧密的联系。

11.4.3　管理信息系统的效用

管理信息系统的效用，仍以上述“生产信息与控制系统”为例，可归纳为以下九点：

（1）由于计划是以预测和用户订货为依据来制订的，有客观材料作根据。这样，可以减少盲目生产，减少风险。

（2）减少成品、零件、原材料、工具的库存量，减少库存面积和资金积压。

（3）改进对用户的服务，交货日期迅速可靠，答复用户询问及时，改善竞争地位。

（4）能做到均衡生产，劳动力调配合理，减少等工损失，减少加班突击，提高管理人员的时间利用率，减少会议，使各级管理人员只看他们最关心的信息。

（5）合理调度生产设备，提高机器利用率，减少闲置设备，合理计划生产，减少在制品积压，减少车间拥挤程度，更好地利用支持生产的各种设备，搞好维修。

（6）及时供应材料，减少停工待料，减少采购员表报，将更多的精力用于获取更可靠和更好的资源。

（7）成本计算准确，并能查出引起成本提高或降低的原因。

（8）全厂报表和数据统一，并能减少其数量。全厂根据统一的数据来作决策。

（9）调整计划快，可以模拟计划的情况，预计生产结果。

➤本章提要

1. 管理科学理论是建立在系统思维基础之上的。从现代系统科学的信息论、系统论、控制论的观点和要求出发，科学的管理应该在系统的整体效果的基础上进行考察、分析与解决问题，其目的是使整个系统的总效果达到最优。为此，该理论注重制定和使用数学模型，运用数理分析方法。

2. 卡齐米尔、特里、希利尔等指出了建立和使用数学模型的程序：①指出并确定问题；②确立模型；③选优方案；④检测方案；⑤控制模型的解；⑥方案实施。瑟罗夫在《运筹学入门》中将数理分析的方法分为五类：代数型模型；概率与统计类模型；矩阵代数模型；模拟技术；其他，如整数规划、非线性规划、目标规划、风险分析等模型。

3. 斯潘塞·伯法的《现代生产管理》、《生产管理基础》也阐述了管理科学的思想，主张用数学控制、程序化系统方法来解决管理科学的主观性，实现了管理的科学化。他认为，系统的各种因素之间的复杂关系，只有借助运筹学、计算机模拟这些工具，才能有效地实现对系统的分析。他提出了质量控制的四个阶段：制定政策阶段；工程设计阶段；生产阶段；使用阶段。

4. 电脑的出现与应用是现代管理科学形成的物质基础之一，也促成了电脑理论的产生。该理论极力倡导管理信息系统，这是一种既有管理功能又有控制功能的数据处理系统。管理信息系统可分为三个等级，即战略决策管理信息系统、管理控制信息系统、日常业务管理信息系统。

➢本章主要参考文献

郭咸纲．2002．西方管理思想史．北京：经济管理出版社．

雷恩 D A. 2002．管理思想的演变．孔令济译．北京：中国社会科学出版社．

瑟罗夫 R G. 1984．运筹学入门．薛华成译．北京：清华大学出版社．

➢思考讨论题

1. 数量管理理论有何特点？
2. 简述建立和使用数学模型的程序。
3. 简述瑟罗夫的数理分析方法及其运用。

第四篇

新趋势：当代管理理论

进入20世纪80年代以后，世界范围内的政治、经济、文化和科学技术发生了巨大的变化。苏联解体、东欧剧变给国际政治带来了复杂的局面；经济全球化下，科技、人才、资本和信息要素在全球范围内跨国流动，影响和制约着各国对全球资源利用的方式和程度，给各个国家或地区的经济发展带来了挑战；日益激烈的市场竞争，促使具有不同文化背景的企业相互借鉴和相互学习，加强了文化的渗透与融合；以数字化和网络化为主要特征的信息技术在迅猛发展，促使了工业经济向知识经济的转变，知识创新已成为企业竞争力的重要来源。所有这些变化都给企业经营提出了新的课题，呼唤着管理理论探索要以新的视野、新的思维来审视和把握面临的新世界。显然，这种时代背景为现代管理理论步出丛林之路提供了契机。在近二十余年中，管理理论的发展出现了新的动向：一是非理性主义倾向的抬头，促成了“企业文化热”高潮的来临。二是重视行业环境和企业内部条件的分析，竞争定位理论和核心竞争力理论的相继出台，为战略管理理论的纵深研究提供了条件。三是出于知识经济的需要，企业再造理论、学习型组织、第五代管理的理论纷纷涌现，为传统企业向知识型企业的转型提供了具体指导。

第 12 章

基于价值观的管理： 企业文化理论

现代管理科学的发展，历经了古典管理理论、行为科学管理理论、管理丛林理论三个阶段后，于 20 世纪 80 年代初步入了企业文化理论阶段。企业文化不是一般的文化现象，而是西方管理界出现的一股新思潮，也不是通常的管理制度、管理方法和管理技能，而是管理中居于更高层次并起着统率作用的因素，是支配一切管理活动的灵魂。企业文化理论的出现说明在以人为中心的管理中，人不再仅仅是管理的对象，人应当成为企业组织的主人，而提高人的素质则是发展生产的首要条件。一般而言，企业精神、企业价值观和企业形象是由一种特有文化的建设来造就的，它在激发职工的归属感和责任感方面有独到的作用，能够促使职工为企业和社会创造最好的社会经济效益。这种思想既是对原有管理理论的发展，又是适应时代要求的创新。

12.1 人的精神再发现：企业文化理论产生的背景

企业文化与企业组织相伴而生，因为有什么样的企业组织，就会产生与之适应的企业文化。然而，将企业文化上升到理论的高度，并作为企业管理理论中的一个概念，则不是偶然的。

12.1.1 社会环境变化的产物

任何管理理论都是社会环境变化的产物。可以讲，企业文化理论是企业组织对社会环境的充分认识和积极适应的一种结果。在 20 世纪 80 年代，社会经济、科技、文化等环境因素较之以前发生了重要的变化，形成了一些产生企业文化理论的特定条件。

企业文化理论在全球跨国经营的浪潮中诞生。自第二次世界大战以来，国际经济形势的稳定和繁荣，为对外投资尤其是跨国公司的发展提供了前所未有的机遇。对外投资在增长速度和直接投资的比重方面较之过去而言有大幅度的攀升。据统计，到 20

世纪 80 年代末，至少有近 80 个国家和地区共拥有 12 000 家跨国公司的母公司，它们在海外 60 多个国家和地区建立了 110 000 家分公司和子公司。这表明经济发展的国际化趋向逐渐明朗化，跨国公司的地位也愈来愈举足轻重，成为世界经济发展的主要推动力量。在这种“无国界的跨国经营”的过程中，不同国家、民族间的文化差异给企业的跨国经营带来了诸多的问题。由于东道国的语言、宗教信仰以及员工的教育水平、价值观都会对企业管理的决策和执行方法产生影响，这就要求跨国公司、合资企业首先必须把企业的根本宗旨与不同国家、不同地区、不同民族的文化有机结合、融为一体，切实解决不同文化国家之间管理经验的移植问题。因此，跨文化的管理就提到了议事日程上来，它为企业文化理论的产生提供了基础。

企业文化理论在科学技术的进步中产生。自 20 世纪六七十年代以来，世界范围内的科学技术迅猛发展，给企业文化理论的形成创造了条件。科技进步带来的直接后果有两个方面：一是企业中劳动力的构成和劳动的性质发生了重大变化，要求企业在生产方式和组织方式上做出相应的变更。在过去，企业中以体力劳动为主的蓝领工人占有很大的比重，现在却是以脑力劳动为主的白领工人逐渐占据主要地位。职工科技文化水平的提高，必然要求管理者改变那种上级决策、下级执行以及严密监督控制的传统管理方式。广大脑力劳动者的工作积极性、主动性和创造性在很大程度上要靠人们的共同价值观，靠高度的自觉性和责任感来维系。因此，管理者必须重视组织文化的建设。二是计算机的普及与推广，迅速地提高了生产自动化的程度，使工业劳动生产率获得大幅度的增长，社会生产力得到了空前的发展。职工在物质生活充足的条件下，就会自然地向企业提出非物质性的要求，如人的尊重和个体的自我发展以及组织良好氛围的建设等。如何使个人需要与组织目标融为一体？这实际上就要求人本管理在科技进步的条件下必须被赋予新的内涵，它不仅要求管理者对职工要进行情感管理、参与管理、自主管理，而且还要进行文化管理。因为文化是一整套由一定的集体共享的理想、价值观和行为准则形成的，个人行为能被集体所接受的共同标准、规范或模式加以整合。因此，只有文化管理，才能解决因科技进步所带来的职工管理问题，也只有科技进步，才能为企业文化理论的形成提供现实的可能。

企业文化理论在市场竞争的较量中发生。竞争是市场经济有效运行的前提和基础。竞争意味着角逐，它具有优胜劣汰的特征。竞争会驱使企业千方百计地提高劳动生产率，不断开展产品、技术和组织的创新，增强企业制胜的实力。当市场竞争处于“白热化”状态时，企业与对手之间无论是处于对抗性竞争，还是合作式竞争，都会发生两方面的情况：一方面，由产品、质量、价格、服务、营销的竞争过渡到综合性的企业形象竞争。企业形象所表现出来的品牌如何，已在很大程度上决定着企业的存亡和收益。一般而言，在成功企业的背后，都会有成功的企业家和卓越的企业文化。另一方面，企业职工的工作绩效都会自觉或不自觉地受到企业现有的经营哲学、企业价值观、企业精神的影响。哈佛商学院从 1978 年开始，进行长达 11 年的研究，得出“企业文化对企业长期经营业绩有重大作用”的结论。他们发现“具有重视所有关键管理要素（消费者要素、股东要素、企业员工要素），重视各级管理人员的领导艺术的公司，其经营业绩远远胜于那些没有这些企业文化特征的公司”①。这是因为竞争作为企业组织的一种市场行为，它归根结底体现了人与人之间在一定环境下的互动行为。有企业就有企业管理，有企业管理就有企业文化，但企业文化理论却是在激烈的市场角逐中凸现出来的。

12.1.2　日美管理比较的结果

企业文化理论源于美国而根在日本。第二次世界大战后，日本在较短的时间内治愈了战争创伤，并以较快的经济增长速度赶上相对发达的国家，国民年平均收入从1945 年约 20 美元，奇迹般地增长到 1980 年的 8 940 美元。随着日本经济的崛起，美国的经济优势却在逐渐丧失。在日本和美国经济竞争的较量中，日本占有上风。从汽车行业来看，日产的节能小轿车充斥美国市场。以小轿车的产量为例，1960 年还只有 20 万辆，到 1968 年达到 200 万辆；1985 年，突破 1 100 万辆，超过美国，一举夺得领先地位。从钢铁业来看，经过“石油危机”之后，1976 年日本的粗钢产量为 10 740 万吨，超过美国 10 580 万吨。美国钢铁企业在研究开发新产品，采用新技术方面不及日本。例如，日本钢铁业的研究开发经费是销售额的 2%～3%，美国仅有 0.6%。自 20 世纪 70 年代诞生连铸技术以后，在采用这一新技术方面日本和美国也有差异。1975 年日本即达到 30%，而美国不足 10%；1981 年日本超过 70%，美国却仅为 20%。此外，日本在大规模集成电路芯片、办公自动化设备、家庭电器、工业机器人和数控机床等方面拥有优势，并占领美国市场。随着日本经济实力的加强，日本还加大了对美国的资本输出，一时出现了“日本正在购买美国”之说。面对日本咄咄逼人的竞争态势，美国派出大量的专家、学者到日本考察，研究日本成功的秘诀。

通过日本和美国管理的比较分析，学者们认为：美国和日本两国企业之间的差距主要不在技术、设备、资金等物质要素方面，而在于日本企业善于把中国的儒家文化融入到企业管理当中，注重“人”的工作，使职工具有一种共同遵循的目标、价值观念、行为方式、道德规范等，形成了一种企业精神。这种精神能够培养员工对企业的忠诚感，以及敬业乐业的责任意识，它所赋予的团队聚合力就是日本的制胜之道。而美国对科学理性和自由精神的崇尚，倡导个人主义、功利主义和实用主义的理念，虽能极大地张扬个性，鼓励个人奋斗，但不利于员工与企业结成“命运共同体”和“利益共同体”。它说明日本的集体主义价值观比美国的个人主义价值观更能适应企业竞争的需要。美国学者详尽分析日本企业之后，对日本企业所表现出的种种文化现象进行概括，得出了“企业文化”的结论，并形成了“企业文化理论”。继美国之后，全球出现了研究企业文化、加强企业文化建设的热潮。

12.1.3　管理理论发展的需要

企业文化理论的标新立异之处在于它的非理性主义倾向。所谓非理性主义倾向是

---

①　约翰·科特、詹姆斯·赫斯克特：《企业文化与经营业绩》，曾中、李晓涛译，华夏出版社，1997 年，第 12 页。

相对传统管理中的唯理性主义的管理思想和管理方法而言的。传统管理的理性模式强调科学管理的专业化、标准化、定量化和制度化，格外注重组织的目标和意图，却忽略达到组织目标的人的因素。因此，非理性主义倾向认为：管理的根本因素是人，应以人为中心，特别要重视人的非理性因素，即情感、意志、信念、欲望等主体意识在管理中的驱动作用。非理性主义倾向的出现绝不是偶然的，它是管理理论自身的扬弃和发展的结果。从管理理论发展的进程来看，无论是科学管理理论和行为科学理论提出的管理思想，还是管理理论丛林所展现的不同观点，都与企业文化理论有相当大的距离，但我们仍不能否认它们是企业文化理论的直接理论来源或萌芽。

首先，将泰勒的科学管理原理付诸实践，其“经济人”假设会在整体上造成“见物不见人”弊端，但在其提高效率的个别管理原则上，我们也能看到泰勒对人的因素也给予了某种程度的注意。例如，要把工人培养成第一流的工人，科学地挑选工人是一个关键，对被选者要详细考察他们每一个人的性格、习惯和抱负，以便找出他们向上发展的可能性。虽然这种“注意”是服从于理性管理的，也就是说管理者对被管理者进行了解的目的并不是出于对人的情感的关心，而是为了有针对性地进行金钱刺激，以提高生产效率。但我们不能不看到泰勒的理性主义倾向也不是“完全的”或“绝对的”。

其次，梅奥在“霍桑实验”中提出的“社会人”观点，强调人的工作动机是由于人的社会需求引起的，并在此基础上形成了一套较完善的行为科学理论。行为科学理论的基本点是：注重人的感情、情绪和态度；把握需要、动机和行为；重视企业内部人际关系的调整等。这些思想与“经济人”假设相比，在对人的研究和重视方面无疑是向前迈进了一大步，为人本管理打下了基础，也成为企业文化理论的重要理论依据。但是，我们要看到行为科学理论关于人的因素的研究具有狭隘性，仍未跳出理性主义的思维方式。这是因为行为科学的研究把人的管理看成是一种人际的技巧，没有上升到尊重人的价值的高度；只重视对企业个体的研究，没有转变为对企业员工整体的研究，也就是说它只是着眼于满足人的需要，未将个体的价值观转化为群体的力量。这不能不为企业文化理论的发展留有余地。

最后，管理理论丛林阶段继续沿着理性主义倾向的惯性向前滑行。例如，决策理论学派为解决决策本身科学化的问题提供了思路，在情报信息处理、方案设计与选择以及可行性分析等方面做出了理性的判断，这是值得肯定的。但他们过分崇拜逻辑推理，片面依赖定量的分析方法，忽略了决策者的直觉和灵感在决策中的作用，而这一点又在管理科学学派那里得到了进一步的强化。在管理科学学派看来，管理科学就是制定用于管理决策的数学和统计模式，并把这种模式通过计算机应用于管理之中。不可否认，定量分析在产量和成本核算等方面有它独到的作用，但在产品质量和服务态度等方面的衡量上有一定的局限性。如果把定量分析推向极致，就会出现活生生的人被数字割裂的现象，同样是“见物不见人”。尽管管理理论丛林阶段从整体上来讲是以理性主义倾向为主要特征的，但某些学派的个别主张实际上已经为企业文化理论的产生打下了基础。例如，权变理论学派所提出的“复杂人”的假设，要求管理者针对因时、因地、因境而变化的具体人的不同情况，灵活地采取不同的管理措施。这种权宜应变的思想有利于企业在内部建立人与人之间的信任和平等关系，发挥劳动者的积极性、主动性和创造性，同时也为企业文化理论的“文化人”假设做好了铺垫。

总之，企业文化理论作为一种理论创新，并不是无源之水。它在认识管理问题的角度和分析管理问题的层面以及理论建构等方面都对传统管理理论有所突破。企业文化理论所提出的以人为本、以价值观的塑造为核心的文化管理方式，对传统的企业理性管理模式进行了辩证扬弃，是管理思想发展史上的一个重要里程碑。

12.2　企业也有精神：企业文化理论的代表思想

企业文化理论从兴起到发展，不过是二十余年的时间，然而其学说却有十多种。一些管理研究的理论家和实践家们从不同的角度，阐述了企业文化的基本思想和相关内容，其中最大贡献莫过于发现了“企业中存在文化、文化中存在力量”这一新定律，形成了各具特色的企业文化管理的新思潮。在这股思潮之中，最具有典型意义的代表思想有威廉·大内（Willian Ouchi）的 Z 理论、特雷斯·E. 迪尔和阿伦·A. 肯尼迪的公司文化、查德·帕斯卡尔（Richard Tanner Pascale）和安东尼·阿索斯（Anthony G. Athos）的“7S”管理框架、托马斯·彼得斯（Thomas Peters）和罗伯特·沃特曼（Robert H. Waterman）的卓越品质说、劳伦斯·米勒（Laurence Miller）的企业精神、埃德加·沙因（Edgar Schein）的文化层次论、约翰·科特（Johan P. Kotter）和詹姆斯·赫斯克特（James L. Heskett）的企业文化与经营业绩理论等。它们共同建构了企业文化的理论体系。

12.2.1　威廉·大内的 Z 理论

威廉·大内是美国加利福尼亚大学洛杉矶分校管理学院的日裔美籍教授，从 1973 年开始研究日本的企业管理。他通过深入调查美国和日本两国的企业管理现状，在 1981 年写下了《Z 理论——美国企业界怎样迎接日本的挑战》一书，其意图是把对于日本企业管理的理解运用到美国的实践环境中去，并认为日本公司某种形式的主要特点是可以移植的。

（1）A 型组织与 J 型组织的比较，如表 12.1 所示。

表 12.1　A 型组织与 J 型组织的比较

美国企业（A 型组织）	日本企业（J 型组织）
短期雇佣制	终身雇佣制
考核和提升周期短	考核和提升周期长
强调个人的专业能力	强调个人的多方面能力
内部控制严密	内部控制不明显
个人决策	集体决策
个人负责	集体负责
只注意员工的工作情况	从各方面关心员工生活

威廉·大内分析了A、J两种不同的管理模式。其中，A理论代表美国的管理模式，J理论代理日本的管理模式。从两者不同特点的比较当中，可以看出两个国家在企业管理方面存在着较为明显的反差。显然，简单地将日本的管理经验照搬到美国是难以符合美国现实的，必须对此加以改造。

（2）“Z型组织”的特点。如何有效地移植日本的经验？威廉·大内创造性地提出了“Z型组织”的观念，认为美国公司要借鉴日本的经验，就要向Z型组织转化。因为Z型组织既符合美国文化，又具有日本管理方式的长处。具体来讲，“Z型组织”的特点有：①长期雇佣制，职工流动率低。职工只要有了职业保障，自然就会关心企业的利益和发展。②对职工实行相对缓慢的长期考核和逐步提升制度。不是匆忙地只就生产成绩和业务能力做出评价，而是经过一定时间后做出全面的评价，再予以提升。③适度的专业化职业发展途径。注重对人的经验和潜能进行启发诱导，培养能适应各种工作环境的人才。④含蓄控制和明显控制相结合。控制机制较为含蓄和不正规，但检测手段要正规。⑤集体研究与个人负责相结合的决策方式，决策可能是集体做出的，但是最终要由一个人对这个决定负责。⑥上下级之间建立融洽的关系。企业管理者既要关心职工在工作中得到满足，又要关心职工的家庭生活。

（3）对Z理论的理解。威廉·大内提出的“Z型组织”的管理模式，实际上倡导的是一种“Z型文化”。正如他所言：“Z理论文化具有一套独特的价值观，其中包括长期雇佣、信任以及亲密的个人关系。”① 在此基础上他对企业文化的内涵做出了界定：“一个公司的文化由其传统和风气所构成。此外，文化还包含一个公司的价值观，如进取、守势、灵活性和行动模式的价值观。”① “一家Z型公司的所有领域或方面，从其战略到人事，没有不为这种文化所涉及的；即使其产品也是由这些价值观所决定的。”①这种强调在企业中建立信任、微妙和人与人之间亲密关系的思想，实际上揭示了经济与社会、管理与文化的内在联系。它同时说明企业作为一个经济组织，不仅仅是经济的产物，而且还是社会文化的产物，并对文化产生重要的影响。总之，Z理论为企业文化的理论发展奠定了基础。

12.2.2 迪尔和肯尼迪的企业文化“五因素”说

20世纪80年代初，美国哈佛大学教育研究院的教授特雷斯·迪尔和著名的麦肯锡管理咨询公司的专家阿伦·肯尼迪，在对企业管理进行了长期研究的基础上，写成了《企业文化——企业生存的习俗和礼仪》一书，该书在1981年7月出版后有相当的影响力，成为最为畅销的管理学著作之一，后来被认为是企业文化理论的经典之作。

迪尔和肯尼迪认企业文化是由以下五个要素构成的：

（1）企业环境。企业环境是指企业经营所处的极为广阔的社会和业务环境，包括市场、顾客、竞争者、政府、技术等状况。它是形成企业文化的外在条件，严格地来讲，它只能算是企业文化的影响因素，而不是组成要素。每个企业由于形成企业文化

① 威廉·大内：《Z理论——美国企业界怎样迎接日本的挑战》，孙耀君译，中国社会科学出版社，1984年，第169页。

的这些外在条件存有差异，他们在市场上所面临的问题也各不相同。在某种意义上讲，企业所处的社会和业务环境就是决定其能否成功的必备条件。

（2）价值观。价值观是指企业共同的行为准则和基本信念。它是企业长期实践和积累的结果，也是与企业主管的不断灌输分不开的。价值观作为企业文化的核心和灵魂，能够为企业提供共同的目标和宗旨，反映出一个企业的基本特征。它在引导方向、指导决策和激励斗志方面发挥独到的作用，能够有效地规范和约束企业员工的行为，使之符合企业发展的需要。因而，价值观就构成了企业文化的核心。

（3）英雄人物。英雄是企业价值观的一种化身，是职工心目中的楷模和典范，它对企业文化的形成和强化能够起到很好的表率作用和示范作用。

英雄是企业文化的一种象征，它能向外界展示公司的形象，提供角色模式。英雄有着不可动摇的个性和作风，在组织中具有持久的影响力，能够帮助人们在个人追求与企业目标之间找到一种现实的联系，以调动员工的积极性。

一般而言，企业传奇般的创办人和企业的优秀员工都是企业英雄的表现形式。

（4）文化仪式。文化仪式是指在企业各种活动中经常反复出现、人人知晓而又没有明文规定的东西，也是组织者为树立和强化共同价值观，有计划地进行各种例行活动。它以活动的形式把企业某些生活固定化、程序化和形象化，以宣传企业的价值观念和提升企业形象。在美国常见的仪式有问候仪式、赏识仪式、工作仪式、管理仪式、防患于未然的仪式、庆典、研讨会或年会。文化仪式实质上是一个企业价值观的体现，它能够在随和、自然、轻松的气氛下，使职工在语言文字、公共礼节和行为交往等方面得以规范化，达到潜移默化地灌输组织价值观的目的。

（5）文化网络。文化网络是指非正式的信息传递渠道，是和正式机构相距甚远的体系。由于非正式信息是以轶事、故事、小道消息、机密、猜测等形式进行传播，管理者不应该避免牵连进去，而是必须灵活地掌握它。在充分认识它的重要性的基础上，开发企业的文化网络，以加强职工与管理者的联系。这样，企业管理者就可以如实地了解内部情况、有效地灌输企业价值观和增强企业组织的凝聚力。

总之，迪尔和肯尼迪在企业文化理论体系的建设方面做出的努力是值得肯定的，他们提出的企业文化“五因素”说，对企业文化从最为表象的企业文化仪式到最深层和最核心的企业价值观都作了详尽的阐述，为企业开展企业文化建设提供了思路。它说明企业可以根据自身所处的环境来选择企业文化发展的模式，企业在内部可以通过树立英雄人物、开展相关文化仪式活动以及建立行之有效的文化网络的办法，促成全体员工认同、传播和巩固企业所倡导价值观，最终形成企业价值观，达到企业文化建设的目标。

12.2.3　帕斯卡尔和阿索斯的“7S”管理框架

1981 年，美国斯坦福大学商学研究院教授理查德·帕斯卡尔和哈佛大学工商管理研究院教授安东尼·阿索斯合著出版了《日本企业管理艺术》，说明了日本第二次世界大战后为什么能迅速崛起和美国竞争能力在下降的原因。此书一经出版，被认为是美国研究日本企业管理和日本企业文化的力作。

该书选择日本和美国企业的典型代表，即以日本松下电器株式会社与美国国际电话电报公司为例，进行了细致的对比分析。帕斯卡尔和阿索斯认为：日本公司成功运用了西方的技术，在战略和组织结构方面做出了技巧性的设计和创新，并采用了兼容并蓄的制度。在对这些因素的认识上，美国企业家同样也给予了充分的关注，两者的差异并不明显。所不同的是日本企业没有像西方一样，用人际关系去交换非人性的效率。而这正是日本企业管理的艺术，是优于美国企业管理的地方。

帕斯卡尔和阿索斯提出：成功的企业一般都抓住了七个变量因素，即战略（strategy）、结构（structure）、制度（system）、人员（staff）、作风（style）、技巧（skills）和最高目标（superordinategoals）。这些被称为“7S”模式，其中前三者为硬性因素，后四者为软性因素。它们的结构关系如图 12.1 所示。

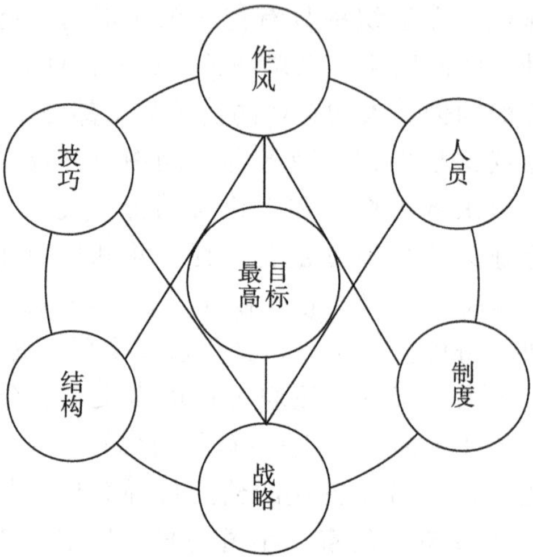

图 12.1　7S 框架图

帕斯卡尔和阿索斯对“7S”的解释如下：

战略是指一个企业如何获取和分配它的有限资源的行动计划。

结构是指一个公司的组织方式——是分权或是集权，重视直线人员还是重视参谋人员，即在组织机构图上是怎样排列的。

制度是指信息在组织内部是如何传递的。

最高目标是指超越所有目标的目标，是组织及其成员努力的方向。它主要包括组织成员的精神、目的和共同价值观。它可以激励职工，调整企业员工行为，使组织长久维持。

人员是指一个组织内部的人员的组成状况。

作风是指高级管理人员的行为模式，构成领导者作风的要素除了个人的智慧和价值观之外，还有他人的评价等。因为“作风并不仅是一个人‘所拥有的东西’，还是‘其他人加在某人身上的东西’”①。

① 查德·帕斯卡尔、安东尼·阿索斯：《日本企业管理艺术》，陈今淼、杨道南、陈今池译，中国科学技术翻译出版社，1984 年，第 162 页。

技巧是指企业决策人物处理事物的能力或者是企业所具有的与竞争对手截然不同的卓越能力，概括地说是整个企业或主要人员的独特能力。

帕斯卡尔和阿索斯把日本企业管理方式放在一个艺术的角度来认识，以反思美国企业管理中的失误，从而进一步说明“7S”要素是相互关联而不是孤立的。日本企业在第二次世界大战后之所以能够迅速崛起，是因为在不忽视战略、结构、制度三个硬性“S”的技术性特征的前提下，较好地把握住了另外四个软性“S”的艺术性特征。“7S”要素理论告诉我们，管理不仅是一门技术，也是一门艺术。任何企业的成功，都离不开这“7S”要素。在某种意义上讲，“7S”是管理科学性和艺术性统一的条件因素。

12.2.4 彼得斯和沃特曼的卓越品质说

1982 年由美国麦肯锡管理咨询公司的研究人员托马斯·彼得斯和罗伯特·沃特曼合著的《追求卓越》问世了，该书选择了 43 家典范公司，包括 IBM、通用汽车、惠普、麦当劳、埃克森等，以探求一些成功的法则。彼得斯和沃特曼发现导致美国企业在美国和日本竞争中失利的原因，是职业经理人热衷于理性模型、企业战略范例和精确的财务分析，习惯于高高在上，发号施令，普遍忽视了管理学最基本的原则和品质，失去了对管理本质的把握。为此，他们提出了革新性文化理论，并认为：超群出众的企业必然有一套独特的文化品质，这种文化品质能使它们脱颖而出。此书一经出版，被译成十多种文字，成为最畅销的管理学著作，全球销量已达到 600 万册以上。彼得斯和沃特曼提出的革新性文化理论具有八种品质：

(1) 崇尚行动。它包含有两层含义：一是强调“组织的流动性”；二是提倡“企业实验精神”。它要求管理人员能常走出办公室，在随和的气氛中与各类人员进行广泛的信息交流，以促使人们进行更多的实验和更多的行动。优秀的公司都实行走动管理，实行无拘束的非正式沟通，以便更好地“去干、去试、去弄”。

(2) 贴近顾客。这主要表现在服务至上、质量至上、寻找合适的市场、控制成本和倾听用户的意见五个方面。它要求管理人员重视顾客的意见，把售后服务作为工作的重点。“在优秀的公司里，每个人都有责任提供最好的产品和服务。很多具有创新精神的公司总是从顾客那里得到有关产品方面的最好的想法，这是不断地、有目的地倾听的结果。”①

(3) 自主创新。企业中最宝贵的人才不是出新主意的人，而是敢把新主意变成行动的创新闯将，具有创新能力的企业总是通过组织的力量培养领导者和创新人才。一个积极、创新、追求成功的企业，有鼓励创新者的历史传统和环境氛围，有容忍创新失败的宽宏雅量，有对创新起促进作用的制度保证。

(4) 以人促产。人是企业中最大的资源和财富。企业应将职工看做同伴，尊重他们，并待之以礼，而不要像花费资金、购置机器实现自动化一样对待他们，应把他们

---

① 托马斯·彼得斯、罗伯特·沃特曼：《追求卓越——美国优秀企业的管理圣经》，胡玮珊译，中央编译出版社，2003 年，第 11 页。

看做是提高生产率的主要源泉。

（5）价值驱动。要求企业领导人阐明企业的价值观体系，以价值准则为轴心，并通过亲身实践，把公司内部的各种力量统一在企业目标之下。因为“比起技术或经济资源、组织结构、创新和调配来说，一个公司的基本生活价值观、精神活力和驱动力与它的成功有着更密切的关系”①。

（6）不离本行。出色的企业不搞多行业的经营，尤其不依靠购买和兼并其他企业来搞多种经营。因为脱离本行的多元化和兼并多半得不偿失，直接原因是所买进来的企业具有不同的价值观而很难实现各部门间的协同配合。作为一般规律，经营绩效最佳的企业主要是通过内部发生的多样化来获得进展，也就是说，以本身的优势拓展市场的企业更易成功。

（7）精兵简政。许多优秀企业的管理体制，可以用三根支柱来描述：其一，符合业务高效率需要的稳定性支柱。其基础是“保持一种简单连贯的基本组织形式以及开发和保持广泛而又有弹性的持续价值”②。优秀的企业能清楚地认识到保持简单的重要性，其组织形式和系统简单明了。其二，满足定期创新需要的开拓新事业支柱。开拓新事业支柱的核心即“小就是好”，而保持小的方式，就是持续不断地把新的或扩展出的业务设置为独立的部门。在这个过程中，小型化被看做是保持适应能力的必要特征。其三，符合避免僵化需要的“打破旧习惯”支柱。这主要是体现公司定期重组的愿望和为某一特定目标在临时性的基础上进行重组的愿望。定期重组能够在不设立庞大机构的情况下，成功地面对分离业务、新设业务以及产品间与生产线间交换所带来的压力。

（8）宽严并济。优秀的企业既有松散的特性，又有严格的特性。像俱乐部式和校园式的环境、灵活的组织结构、自愿参加创新活动者，以及规律性的大范围试验等，这些都属于松散特征。而严格的特性是由公司文化驱动或控制。例如，大多数公司有严格的共享价值，重视外部环境、关注顾客，极为频繁的信息沟通和迅速的反馈，以及关于纪律、细节和执行的规则等。总的来说，在对员工进行严格控制的同时，又不能妨碍其创新精神的发挥。

从这八条特征中得出的结论是，优秀的公司都是以企业文化为动力、方向和控制手段的。

12.2.5 米勒的企业精神

1984 年，美国享有盛誉的管理顾问劳伦斯·米勒出版了《美国企业精神》一书，指出未来国家财富要由企业的文化来决定。在未来的全球竞争中，企业唯有施展出一套能够激励人们在激烈竞争中获胜的文化，才能立于不败之地。在美国几乎每个大公

---

① 托马斯·彼得斯、罗伯特·沃特曼：《追求卓越——美国优秀企业的管理圣经》，胡玮珊译，中央编译出版社，2003 年，第 262 页。

② 托马斯·彼得斯、罗伯特·沃特曼：《追求卓越——美国优秀企业的管理圣经》，胡玮珊译，中央编译出版社，2003 年，第 294 页。

司都在发生企业文化的变革，老的企业文化在衰变，新的企业文化在产生。这种新老企业文化的转换，表明美国企业具有强烈的竞争精神。一般来讲，这种竞争精神可以包括在八种基本价值观之中。

（1）目标原则。目标原则要求领导者本身要有崇高的目标，并把目标传给他人，形成目标驱动，以此创造出力量。一般来讲，成功的企业必定具备有价值的目标，而企业文化就是企业长期坚守的一套固定的信念以及长期追求的崇高目标。

（2）共识原则。共识原则要求领导者变单纯指挥式管理为集体共识式管理，即让员工参与决策，以集聚众人的智慧来解决实际问题。由于决策是各方经过坦诚讨论的结果，各方就能自觉地贯彻决策，使工作富有创造性。

（3）一体原则。一体原则要求领导者在企业内部消除等级，强化组织的一体感。在员工具有较高素质的情况下，可以通过减少不必要的管理层次，尽可能让基层员工参与管理，并负有一定责任，以此强化员工的参与意识。只要组织与人相结合，企业就一定能成功。

（4）卓越原则。卓越原则要求领导者和员工能够持续性的创新。因为卓越并非是一种成就，而是一种精神或一种动力。追求卓越，就是要不断地学习和奋斗，永不满足。虽然企业很难在每一个员工心中直接注入追求卓越的精神，但领导者可以创造一种环境或者说一种文化，促使更多的员工愿意追求卓越。“创造性不满足”就是追求卓越的一种标志。

（5）成效原则。成效原则要求领导者给下属以有效的激励。这就需要把员工的工作报酬与工作成果的好坏结合起来，按员工的贡献大小分配奖赏。这样，成效就成为激励的基础，领导者只有进行有效的激励，下属们才能保持持续的工作热情和高昂的士气，自觉地为实现企业目标做出贡献。

（6）实证原则。实证原则要求领导者学会思考的方法，决策时要有事实依据。其主要是强调科学的态度，善于运用逻辑思考，善于使用基本的统计分析和决策分析的工具。可以讲，思考是领导者的第一要务。企业的未来前途，完全取决于领导人的批判性思考和创造性思考的能力。

（7）亲密原则。亲密原则要求领导者创造亲密的文化。因为亲密是介于组织、主管和员工之间一条看不见的线。有了亲密感，才能提高组织成员对组织的信任、牺牲和忠诚的程度。因此，在组织内部建立相互信任、相互尊重的氛围，提倡团队精神是十分重要的。

（8）正直原则。正直原则要求领导者诚实，以负责的态度进行工作。米勒认为：每个领导者都有跟随者，而跟随是一种信任行为，也就是对领导有信心。但只有当领导者本身正直时，这种信心才能得以产生。因此，正直是领导者不可缺少的品质，它是形成下属对领导信任的基础，也是建立新企业文化的磐石。

米勒提出的八大原则是对美国优秀企业文化的总结，具有较为典型的美国文化的特征，由此可以看出现代组织价值观的发展趋势。同时，他也指明了一个卓有成效的领导者应具有的基本素质要求，这对形成新的企业文化具有重要的影响作用。

12.2.6 沙因的文化层次论

1985年，美国麻省理工学院教授、著名社会心理学家埃德加·沙因出版了《组织文化与领导》的专著，他对组织文化的概念进行了系统的阐述，对组织文化的深层结构做出了有益的探讨。20世纪80年代，由于在世界范围内掀起了组织文化或企业文化研究的热潮，关于组织文化的探讨观点多样，内容有别。沙因澄清了组织文化定义的争议。有人认为：沙因是“企业文化”一词的缔造者，最起码也是创造者之一。沙因的独到见解为组织文化或企业文化的定性化研究做出了贡献。

沙因认为组织文化可以分为三个层次，这些层次的范围从眼见为实的外显物，到只能感觉的、在内心深处的、属于潜意识的基本假定。

（1）人为饰物。它主要是指在组织群体中可见的行为以及人们在面对不熟悉的文化时所感受到的一切现象。例如，员工的工作环境、组织的名称和标志、组织的技术与产品、员工的服装系统、与组织发展经历相关神话和故事、组织文化的传播网络等。这些组织的可视象征要素处于文化层次中最顶层，它从视觉上可以观察到组织的结构和过程，感受到组织的个性和形象特色。

（2）支持性价值观。领导者在解决新问题时所设计的方案，仅仅是其个人决定是非对错以及有用无用的一种假定，此时还没有得到成员的普遍认同，它只是停留在价值观层面。只有当领导者的最初提案经过怀疑、论辩、挑战之后，群体知觉到领导者提出的价值观时，才逐渐开始“认识转化”的历程，即将领导者个人的假定转化为共享的价值观念或信念，并且终于变成了共享的假定。组织价值观得到确认的前提是组织价值观本身应包含该群体的内部关系，并且持续地发生作用以解决群体的问题。至于价值观处理的范畴是环境中较不能控制的部分，如宗教信仰、伦理道德和审美观等，还是以社会性的认定为有效，以便达到价值观的统一。当然，这种认定不是自然而然的过程。因此，支持性的价值观主要是包括战略、目标、质量意识和指导哲学等。

（3）基本假定。文化就是一组基本假定，它是一个特定组织在学会处理适应外界和整合内部的问题时，发明、发现或发展出来的假定，而且经过实践证明是行之有效的。它的作用是用来界定什么是我们要注意的、什么是事情的真谛、对正在发生之事该有怎样的情绪反应，以及在各种不同的情境中，应该采取怎样的行动。只要某个群体认同了某一组基本假定，那么这一组基本假定就会调节群体成员的行为。因为这种基本假定会被视为理所当然的，是潜意识中的一些信仰、知觉、思想、感觉等，它是难以改变的，是价值与行为的终极来源。在组织中人们与持有相同一组假定的人相处，有最大的适应感。反之，就会对彼此的行为有错误的知觉和解释。

一般组织会把那些视为正确的基本假定，传授给新进成员，作为理解、思考和感觉难题的正确方法。可见，真正的文化是隐含在组织成员的潜意识之中的，文化和领导就成为一个问题的两个方面，它表明领导者在领导一个组织群体的同时就创造了组织文化，并在组织成员相互作用的过程中得以传递。

沙因关于组织文化的概念和理论为大多数研究者所接受，因此，他成为企业文化研究的权威。

12.2.7　科特和赫斯克特的企业文化与经营业绩理论

1992 年，美国哈佛大学商学院的著名教授约翰·科特和其同事詹姆斯·赫斯克特教授出版了专著《企业文化与经营业绩》，在该书中科特和赫斯克特从实证研究出发，总结了他们在 1987～1991 年对美国 22 个行业 62 家公司的企业文化和经营状况的调查研究，说明企业文化对企业长期经营业绩有着重要的影响，并预言企业文化在下一个十年内可能成为决定企业兴衰的关键因素。宣称对企业丰润的长期经济业绩存在负面作用的企业文化并不罕见，且容易孳延，一旦形成，极难改变。要将不利的企业文化转化为有利于企业经营业绩增长的企业文化，需要不同于经营管理能力的杰出领导才能。这些论断对经济的发展和企业的行为都产生了深远的影响。

科特和赫斯克特发现，所有关于企业文化的著作，几乎都涉及企业文化与企业长期经营业绩之间的关系。这些理论较为含蓄，观点极为不一致，他们将这些理论观点大致分为三种类型：

（1）强力型企业文化。在一个强力型企业文化中，几乎每一个经理都具有一系列基本一致的共同价值观念和经营方法。企业新成员们也会很快接受这些观念、方法。企业会把这些主要的价值观念通过规则或职责规范公之于众，敦促企业所有经理人员遵从这些规定。

强力型企业文化的重要性在于：它率先说明了企业文化与企业长期经营的业绩相联系，说明了强力型企业文化对企业目标管理、企业活力和企业经营管理的巨大作用，并引起了人们对这一问题的关注。

如何进一步认识强力型企业文化呢？科特和赫斯克特从美国 22 个行业中挑选 207 家公司进行分析，得出的结论是：企业文化力量与企业长期经营业绩之间的确存在一种正比例关系，但这种正比例关系十分脆弱。因为"随着众多企业经营获得成功，这种强力型企业文化会出现骄娇二气，产生内部纷争，形成官僚作风。在目前市场竞争加剧、变革迅速的世界中，这种类型的企业文化无疑会损害企业的经营业绩"①。他们在 207 家公司调研中还发现：有 4 家公司企业文化脆弱却有着卓有成效的企业经营业绩。文化脆弱的原因与企业的大型兼并活动相关，企业经营业绩的辉煌则与这些公司在市场中所处的垄断地位有直接的联系。

（2）策略合理型企业文化。策略合理型企业文化强调文化的适应性。与企业经营业绩相关联的文化必须是与企业环境、企业经营策略相适应的文化。企业文化适应性越强，企业经营业绩成效越大；而企业文化适应性越弱，企业经营业绩越小。

科特和赫斯克特认为：策略合理型的企业文化观点存在着合理的成分，它像强力型文化一样，或更充分地阐述企业文化和企业经营业绩之间的联系。有关适应、协调的观点能够阐释企业中、短期经营业绩增长中的差异，说明了单一的企业文化对多种经营企业无能为力，对于不同特性的公司业务，企业文化必须相应变化方能适应某一

---

① 约翰·科特、詹姆斯·赫斯克特：《企业文化与经营业绩》，曾中、李晓涛译，华夏出版社，1997 年，第 28 页。

特定业务的文化要求。但不足之处是，它不能解释为什么不同企业为了保持与市场环境相适应，对企业文化进行改革，获得完全不同的成功；同时也不能解释企业长期经营业绩中存在的差异。

（3）灵活适应型企业文化。灵活适应型企业文化的基本观点是："只有那些能够使企业适应市场经营环境变化并在这一适应过程中领先于其他企业的企业文化才会在较长时期与企业经营业绩相互联系。"① 这种市场适应度高的企业文化提倡变革、勇于冒险、坦率交流、管理人员注重领导艺术、员工之间相互信任和支持。

科特和赫斯克特在验证这一理论时发现：

第一，在企业经营业绩优异的公司中，有一些共同的特征："领导艺术、集体主义精神、对待风险的慎重态度、民主讨论的坦率风格、改革风气和经营中的灵活性等。"② 它有助于企业在变化无常的市场环境中保持优异的经营业绩。

第二，在企业经营业绩优异的公司中，其企业文化重视领导才能，存在着一种注重企业构成所有要素的价值体系，如顾客要素、公司股东需求要素或公司员工利益要素；而在绩差公司则主要是关心经理们个人的利益。

第三，在企业经营业绩优异的公司中，企业文化促进企业改革似乎已形成为一般规律。因为，绩优公司与绩差公司相比，他们都更积极主动地去眼观、耳听和体察，去行动。

第四，要找到那种激发领导才能、注重企业构成的各个要素的企业文化与其适应性的因果关系的例证十分困难。但例证肯定是存在的，惠普公司可能是这方面最为突出典型的公司例证，它说明公司经理人员在维护企业文化与市场经营环境之间的协调方面是能够发挥积极作用的。

这些发现也说明了灵活性企业文化和企业经营业绩方面存在着某些联系，同时也提出了怎样创立并保持对市场环境相对适应的企业文化。

科特和赫斯克特认为：应该将上述三种关于企业文化与经营业绩相互联系的理论结合起来，因为结合生成的模式要比其中任何一种理论模式都更强大、更具说服力，而成功推行文化变革的企业总会有一两个能力突出的高层领导者。

➢本章提要

1. 企业文化理论是社会环境的产物、日本和美国管理比较的结果和管理理论发展的需要。

2. Z理论文化具有一套独特的价值观，其中包括长期雇佣、信任以及亲密的个人关系。

3. 企业文化是由企业环境、价值观、英雄人物、文化仪式和文化网络五个要素

① 约翰·科特、詹姆斯·赫斯克特：《企业文化与经营业绩》，曾中、李晓涛译，华夏出版社，1997年，第50页。

② 约翰·科特、詹姆斯·赫斯克特：《企业文化与经营业绩》，曾中、李晓涛译，华夏出版社，1997年，第55页。

构成。

4. 成功的企业一般都抓住了七个变量因素，即战略、结构、制度、人员、作风、技巧和最高目标。

5. 革新性企业具有八种品质，即崇尚行动、贴近顾客、自主创新、以人促产、价值驱动、不离本行、精兵简政和宽严并济。

6. 文化分为三个层次，即人为饰物、支持性价值观和基本假定。

7. 企业文化分为三个类型，即强力型企业文化、策略合理型企业文化和灵活适应型企业文化。

➢本章主要参考文献

彼得斯 T，沃特曼 R. 2003. 追求卓越——美国优秀企业的管理圣经. 胡玮珊译. 北京：中央编译出版社.

大内 W. 1984. Z 理论——美国企业界怎样迎接日本的挑战. 孙耀君译. 北京：中国社会科学出版社.

迪尔 T E，肯尼迪 A A. 1989. 企业文化——现代企业的精神支柱. 唐铁军译. 上海：上海科学技术文献出版社.

帕斯卡尔 C，阿索斯 A. 1984. 日本企业管理艺术. 陈今淼，杨道南，陈今池译. 北京：中国科学技术翻译出版社.

➢思考讨论题

1. 企业文化理论兴起的条件因素是什么？
2. 试对企业文化理论的代表思想进行评价。
3. 试述企业文化理论对企业管理的影响。

第13章

运筹帷幄的力量：企业战略管理理论

在市场竞争处于“白热化”的环境下，影响企业经营的因素有很多，除了产品的质量和价格、销售渠道、企业形象和信誉之外，企业是否有正确的发展战略也是一个很重要的方面。因此，由一般性的过程管理向总体性的战略管理的转变，就成为许多企业家们的一个明智选择。因为只有企业的战略，才能从根本上说明一个企业作为整体能够得以生存和长期发展的理由，而战略管理所探讨的就是如何形成和实施企业战略。战略管理所具有的全局性、长远性和应变性等特征，能够促使企业在经营宗旨确定、环境分析、战略选择、评价和控制等方面有所作为，以确保企业目标的有效实现。在某种意义上讲，企业战略管理在应对不确定性、非连续性经营环境方面所发挥的独到作用，是推动企业战略管理理论不断向前发展的重要原因。

13.1 递进与深化：企业战略管理理论的发展历程

企业战略管理理论起源于欧美，其理论萌芽于20世纪20年代，在50～60年代形成了战略管理的概念和战略规划，70年代进一步发展为战略管理的热潮，随后一段时间内企业战略管理理论陷入了低谷，到80年代中期以后得到复苏，在90年代战略管理理论再次引起人们的关注和重视。战略管理理论经历了兴起—高涨—低落—复苏这一非同寻常的过程，有着极为深刻的社会原因和经济背景。

企业战略管理是一个重视企业实际应用的理论研究领域，企业发展与竞争、企业整体绩效等是战略管理理论研究的核心内容。围绕这一主题，管理学家们在概念认识、研究思路和方法方面提出了不同的看法。从这些差异中，我们可以看出战略管理理论的发展经历了一个层层递进和不断深化的过程。这一过程大致可以分成以下几个阶段。

13.1.1 战略管理理论的萌芽阶段

企业战略的思想是随着西方企业管理理论的发展而逐渐形成的，在18～19世纪，伴随着产业革命，欧洲产生了以亚当·斯密等为代表的欧洲管理思想。以后形成了以泰勒、法约尔和韦伯为代表的古典管理理论。当时这些学者和管理大师们的研究侧重点是组织内部活动的管理，主要是从管理职能、组织方式等方面来研究效率问题，还没有涉及战略管理的相关概念和内容。

但是，在其有关的理论论述中，我们仍可以找到某些战略管理的思想火花。例如，法约尔提出了计划、组织、指挥、控制和协调的管理职能的理论，他认为："最佳的计划不可能预知所有可能发生的偶然性，但它的确包含了这一系列事件，并在急需时为可能的需要提供武器。这种计划不仅保护企业免遭假定事件可能产生的不利变化的影响，而且……首先它可以抵御最终可能偏离企业目标的偏差和极细微的变化。"① 法约尔在强调计划作用的同时，并赋予计划的随机应变的特征。雷恩对这一说法的评价是："按照现代的术语，法约尔所描述的是根本的战略审计，这种战略审计评估的是现在的能力和力量，并通过对环境的审视来预测未来的趋势。"② 可见，这与现代战略管理所要求的环境分析是有一定的联系的。

1938 年，巴纳德在《经理人员的职能》一书中首次将组织理论从管理理论和战略中分离出来，他认为管理和战略主要是与领导人有关的工作。巴纳德认为经理人员的职能之一就是制定目的和目标，决策是行使这一职能的重要方面。领导人在决策时需要对战略因素进行分析和探求。因为"战略因素会形成达到组织目的所必需的各种条件的配套或系统，以及对形成整个系统和各种要素或部分的相互关系的综合或认识"③。与此同时，他还认为经理人员的管理艺术就在于协调好内部平衡和外部条件适应的关系。这是因为社会是一个大的协作系统，每一个组织必须从其外部环境中获得资源，而且"只有通过交换、转变和创造，在自己的经济中获得一种效用的剩余，才能继续存在"③。这实际上指出了管理工作的重点是如何使企业组织与环境相适应，首开企业经营战略研究的先河。巴纳德的这些观点受到了理论界和企业的重视，但他没有提出一个完整的战略管理的框架。

13.1.2　战略管理理论的形成阶段

企业战略管理作为一门学科诞生于 20 世纪 50～60 年代，其中，60 年代企业战略管理研究的成就主要有两个：一是钱德勒（Alfred D. Chandler，1918—2007 年）的"结构跟随战略"假说，二是安东尼-安索夫-安德鲁斯范式（Anthony-Ansoff-Andrews paradigm）。

1962 年，美国著名管理学家钱德勒出版了《战略与结构》一书，第一次从大型企业成长史的角度，研究了企业战略与结构的相互关系，正式开始了企业战略管理问题的研究。他在对大型公司进行个案研究时发现，随着公司的成长、地理区域的扩大与多样化程度的增加，公司的组织结构实际上被迫变化以适应公司战略的改变。因此，

① 丹尼尔·A. 雷恩：《管理思想的演变》，赵睿等译，中国社会科学出版社，2000 年，第 246 页。
② 丹尼尔·A. 雷恩：《管理思想的演变》，赵睿等译，中国社会科学出版社，2000 年，第 245 页。
③ 丹尼尔·A. 雷恩：《管理思想的演变》，赵睿等译，中国社会科学出版社，2000 年，第 355 页。

他提出了“结构跟随战略”的思想，即企业经营战略应当适应环境——满足市场需要，而组织结构又必须适应企业战略，随着战略的变化而变化。

1965年，安东尼（Anthony，1916—2006年）在法约尔管理职能划分的基础上，将计划和控制进一步细化为战略规划、管理控制和操作控制，并分别对应于组织的高、中、低三个层次。安东尼认为，战略规划是组织高层管理的一项独特而重要的活动。

1965年，安索夫（Higor Ansoff，1918—2002年）发表著名的《企业战略》一书，对企业发展的基本原理、理论和程序进行了研究。他还提出了自己的企业战略观，把企业战略看成是贯穿于企业经营与产品和市场之间的一条“共同经营主线”，决定着企业目前所从事的，或者计划要从事的经营业务的基本性质。这条共同经营的主线由四个要素构成，即市场范围、增长向量、竞争优势和协同作用。

1971年，安德鲁斯（Andrews，1916—2005年）出版了《公司战略概念》一书，他对战略进行了四个方面的界定，将战略划分为四个构成要素，即市场机会、公司实力、个人价值观和渴望、社会责任。其中，市场机会和社会责任是外部环境因素，公司实力与个人价值观和渴望则是企业的内部因素。他认为战略的形成过程实际上就是把企业内部条件因素与外部环境因素进行匹配的过程，主张公司应更好地配置自己的资源，形成独特的能力，以获取竞争优势。

无论是钱德勒的“结构跟随战略”假说，还是安东尼-安索夫-安德鲁斯范式，虽然各自的具体主张不同，但其核心思想是一致的。他们都把企业战略的基点放在适应环境上，其理论的实质就是一个组织对其环境的适应过程以及由此带来的组织内部结构化的过程。战略管理就是高层管理者研究、制定、实施和控制组织长期目标、成长方式和组织架构的过程。此后，战略管理的研究由单纯的组织内部转向组织与环境的关系的研究，成为现代企业战略管理理论研究的起点。

自20世纪60年代以来，企业管理所面临的环境较以往有很大的不同，企业之间在竞争的内容和形式上都发生了重要的变化。

从宏观环境来看，经济技术的发展给企业竞争带来了两个明显的变化：一是企业竞争的范围加宽。由于世界经济一体化趋向日益明显，跨国公司得到了迅速的发展。企业间的竞争不仅仅是在一国的范围内展开，而是在全球更大的范围内进行。在竞争地域扩大的情况下，企业竞争力往往体现了国家的实力，其结果必然是竞争水平更高，竞争能力更强。二是企业竞争的力度加大。科学技术的发展缩短了企业技术创新和工艺流程改造的周期，加快了产品升级换代的步伐，致使新的行业不断出现，替代产品纷纷登台亮相，而原有的行业和企业都面临着市场的重新选择，其结果必然是竞争速度加快，竞争力度加大。面对这种变化，当时的企业都有一个自身生存与发展的重大问题。据统计，美国每年新生40万家企业在一年内倒闭了1/3，余下的2/3企业又在5年中陆续消亡，存活下来的为数极少，而一般大企业的平均寿命只有40岁。许多企业已经意识到企业的生存发展之道，就是要实行战略管理。在当时，美国和日本等国家70%以上的企业，尤其是大型跨国公司企业，都选择了战略管理模式，并取得了成效，从而形成了20世纪70年代的西方企业管理领域的“战略热”。

从微观环境来看，随着生产力水平的提高，企业在规模和经营范围方面有了不同程度的扩大，需要有一个整体发展规划来加以驾驭。以通用电器公司（General Electric Company）为例，在 20 世纪 60 年代，GE 公司是一个高度分权的利润中心结构，这个组织结构在促进公司发展方面发挥了巨大的作用，但随后就发现了新的问题：虽然公司的销售额大幅度增长，但每股的红利并没有随之增长。与此同时，公司的投资报酬率也有所下降。究其原因，有盲目投资的因素，也有事业部数量过多，出现竞争性重复使用资源情况等。有鉴于此，GE 公司从 70 年代初开始实施制度创新，制订战略性计划，并建立了制订战略计划的机构、程序和原则。另外，随着人们生活水平的日益提高，企业服务对象（顾客）的消费偏好正在发生变化，消费者需求向高质量、多品种方向发展。这种变化需要企业管理者从战略高度来考虑市场需求，有效地集中企业的资源和力量，以适应这种变化的需要。

13.1.3　战略管理理论的延续阶段

战略管理理论的探索者们在做出了企业适应环境的判断之后，未进一步深入地对企业环境的竞争性加以分析。在 20 世纪 70 年代后期，世界进入了一个相当动荡的时期，日益增加的国际竞争环境已逐渐威胁到企业的生存和稳定。当时美国公司在广泛的全球性行业（从钢铁到银行业务）的领先地位面临着严重的挑战。而此时原有的战略管理理论在指导企业摆脱困境方面却缺乏有力的应对措施，致使战略管理遭受冷遇。这些问题的存在为战略管理研究的后续者们提供了一个研究的思路。哈佛商学院教授迈克尔·波特（Michael Poter，1947 年—　）正是基于这一考虑，提出了以产业（市场）结构分析为基础的竞争战略理论。这一理论提出的意义非同寻常。一方面，它使战略管理理论研究在企业文化理论占主导地位之际能够延续下来；另一方面，又为战略管理理论新的发展提供了一个基础。

波特教授以产业组织理论为基础，将“结构（structure）-行为（conduct）-绩效（performance）”的分析范式引入到战略管理分析当中，发展了结构分析方法，在 1980 年和 1985 年相继推出了《竞争战略》和《竞争优势》两部重要的著作。其中，五种竞争力量、三种通用战略以及价值链分析是其重要的成果。

波特认为，企业战略的核心是获取竞争优势，而获取竞争优势的因素有两个：一是企业所处产业的整体盈利能力，即产业的吸引力；二是企业在产业内相对竞争地位。因此，战略管理的重要任务是要选择和进入有吸引力、有潜在高利润的产业，并通过一定的竞争战略加强它在市场上的地位。在这一思想的基础上，他说明产业的盈利能力的大小与潜在进入者、替代品、供应商、购买者及产业内现有竞争者五种作用力有关。这五种竞争的作用力的总和决定某行业中企业的获取超出资本成本和平均投资收益率的能力。由于五种竞争作用力的合力对于所有竞争者都是显而易见的，“一个企业的竞争战略目标在于使公司在产业内部处于最佳定位，保卫自己，抗击五种作用力，或根据自己的意愿来影响这五种竞争作用力”[①]。要实现这一意图，企业必须考虑选择适当的战略，增强企业的竞争优势。

---

① 迈克尔·波特：《竞争战略》，陈小悦译，华夏出版社，1997 年，第 3 页。

波特认为，在与五种竞争力量的抗争中，蕴涵着三种成功型的战略思想，即总成本领先战略、差异化战略和集中战略。这三种基本战略概念的深层含意是“竞争优势为任何战略的核心所在，而创造竞争优势要求企业做出选择——如果企业要获取竞争优势，它必须选择它所要获取的竞争优势类型以及活动于其中的景框”①。它表明企业只有正确地选择这些战略类型的目标，才能使企业长时间维持优于平均水平的经营业绩，得到持久性的竞争优势，从而有效地抵御竞争者行为或产业发展带来的侵蚀。

“每一个企业都是用来进行设计、生产、营销、交货以及对产品起辅助作用各种活动的集合。所有这些活动都可以用价值链表示出来。”② 竞争者价值链之间的差异是企业竞争优势的一个关键来源，因为一定水平的价值链是企业在一种特定行业内活动的组合，在这个价值链中的各种活动反映了企业的历史、战略、推行战略的途径和这些活动本身的根本的经济利益。因此，企业可以通过价值链活动和价值链关系的调整来实施它的基本战略。

波特的竞争战略理论体系是完整的，他提出的行业竞争结构分析理论在美国的企业中得到了广泛的应用，在管理学界得到了认同，成为竞争战略方面经典的管理理论。竞争理论的主要贡献是：为企业决策者分析市场结构、做出战略选择提供了一个有效的诊断工具，帮助企业将其竞争战略转向对有吸引力的产业选择上。但是，竞争战略理论仍缺乏对企业内在环境的考虑，它无法合理解释下列现象：为什么在无吸引力的产业中仍能有盈利水平很高的企业存在，而在吸引力很高的产业中却存在经营状况很差的企业？受潜在高利润的诱惑，企业进入与自身优势毫不相干的产业进行多元化经营，最终这些企业缘何大多以失败告终？等等。这些局限性说明制定有效公司战略的起点，企业外部行业环境要素的分析是条件之一，还应把握企业的内部环境，对组织的资源、知识和能力做出评价。这就为战略管理理论的后续发展埋下了伏笔。

13.1.4 战略管理理论的发展阶段

自20世纪80年代后期以来，信息技术的迅猛发展，促使企业组织趋向扁平化和弹性化，从而加快了信息的传递过程，大大地缩短了企业与企业、企业与消费者之间的时空距离，导致企业经营环境的复杂化。企业在面临经营环境不确定性因素增大、产业边界模糊、产业结构的稳定性日益下降的问题时，原有的战略管理范式不能做出应答。这种挑战促使战略管理理论研究的重点由适应环境变化为主的竞争定位理论向以资源、知识为基础的核心竞争力理论转化。

企业核心能力研究虽然从20世纪80年代末才开始兴起，但对核心竞争力本源的分析可以从古典分工开始，其思想可以追溯到斯密1776年出版的《国民财富的性质和原因的研究》，斯密具体分析了劳动分工是如何影响劳动生产率并进而影响经济成长的。而企业能力（特殊能力）一词则是由菲利普·萨尔尼科（Philip Selznick）在1957年出版的《行政领导》一书中首次提出的，他认为能够使一个组织比其他组织做得更

① 迈克尔·波特：《竞争优势》，陈小悦译，华夏出版社，1997年，第12页。
② 迈克尔·波特：《竞争优势》，陈小悦译，华夏出版社，1997年，第36页。

好的特殊物质就是组织的能力或特殊能力。随后的一些学者在研究中明确肯定了企业能力分工对于企业制定经营战略的重要性。1984 年，沃纳菲尔特（Wernerfelt）的《企业资源基础论》的发表，标志着企业能力理论的研究进入了一个新阶段。1990 年，普拉哈拉德（C. K. Prahlad）和加里·哈默尔（Gary Hamel）在《哈佛商业评论》上发表了《企业核心能力》一文，从此掀起了企业核心能力研究的热潮，企业战略管理理论的研究得到了发展。

哈默尔与普拉哈拉德认为：核心竞争力是组织中的积累性学识，特别是关于如何协调不同的生产技能和有机结合多种技术流派的学识。它说明核心竞争力是通过企业自身学习长期累积的结果，不是企业通过要素市场购买的。核心竞争力的形成，要经历企业内部资源、知识、技术等方面的积累和整合过程。

企业内部的资源和能力是企业战略管理过程的决定性投入，是制定和实施获得高于平均水平利润率战略的决定性因素，是保持竞争优势的关键。它说明企业在战略管理实践上，要从自身资源和能力出发，在自己拥有一定优势的产业及其相关产业进行经营活动，避免盲目进行非相关的多元化经营。

一个公司的核心竞争力的确定至少有三种检验方法：第一，核心竞争力能够为公司进入多个市场提供方便。第二，核心竞争力应当对最终产品为客户带来的可感知价值有重大贡献。第三，核心竞争力是竞争者难以模仿的。它表明并不是企业所有的资源、知识和能力都能形成竞争优势。只有那些有价值的、稀缺的、不可模仿和不可替代的资源和能力，才有可能成为企业的核心能力，并形成企业持续的竞争优势。

核心竞争力的有关思想在理论和实践方面具有双重意义。从理论上讲，核心竞争力界定了企业有效的战略活动边界，提高了企业竞争战略的层次。一方面，它克服了波特的价值链分析模型涵盖企业内部所有方面的过度宽泛性，表明企业的竞争优势取决于企业能力的最大限度的发挥。另一方面，它将企业竞争战略提高到为未来而竞争的层次，将企业竞争优势的生成问题转化为维系竞争优势的问题。从实践上讲，它对企业的多元化战略选择提供了指导。它告诫企业在进入相关市场领域时，要避免掉入“机会陷阱”，就必须从其内部所拥有的资源和能力出发。同时，它也为企业管理层提出了一个新的课题，即在保持与培育现有的核心能力同时，要着眼于新的企业核心能力，以应付挑战，而这又是一个永无止境的过程。

13.1.5 战略管理理论的深化阶段

20 世纪 90 年代以前的战略管理理论在探讨竞争和竞争优势时，大多是建立在对抗竞争的基础之上。进入 90 年代中期以来，随着产业环境动态化、竞争范围全球化和顾客需求多样化的出现，人们逐渐注意到企业间的各种形式的联合。在某种意义上讲，组成联盟、扶持伙伴已日益成为关键性的商业决策。这是因为建立在竞争合作基础上的战略联盟，能够分享约定的资源和能力，实现延续企业竞争优势的价值目标。在此背景下，通过创新来超越竞争开始成为企业战略管理研究的一个新焦点。其中，有较大影响的是美国学者詹姆斯·穆尔（James F. Moorel）的企业生态竞争观，他在 1996 年出版的《竞争的衰亡》一书中阐述了这一思想，标志着战略理论的指导思想发生了重大的突破。

穆尔认为，在当今产业界限日益融合的情况下，企业不应该把自己看做是单个的企业或扩展的企业，而应把自己当做一个企业生态系统的成员。这个经济系统生产对顾客有价值的产品或提供服务，其成员包括供应商、主要生产者、竞争者和其他利益相关者。在这个系统中，有一个或几个中心企业充当核心，它们领导和影响这个企业系统的发展方向。

在企业生态系统中，战略制定的基本单位不再是企业或产业，而是合作演化的生态系统。合作的对象已从单纯直接的供应商和顾客，扩展为可以纳入整个生态系统范围内的企业。竞争不再被看做主要是在产品与产品、公司与公司之间进行，而主要是在企业生态系统之间以及在系统内取得领导和中心地位间进行竞争。因此，战略考虑的重点是整个经济网络的发展和公司在这一网络中的地位，企业经营业绩主要是与企业在生态系统中联盟和网络关系管理的好坏有关。

一个企业生态系统的合作演化大约经历四个阶段，即开拓、扩展、领导和更新。在开拓阶段，要综合各种能力形成生态系统的基本范式。在扩展阶段，要开始建立一系列重要的协作关系并进行投资以增大规模和范围。在领导阶段，企业通过提供有号召力的未来愿景，保持与系统内供应商和顾客的强议价能力，来谋求领导地位。在更新阶段，企业要谋求绩效改善，发现用新主意改善旧秩序的方法，否则，就会衰退或死亡。总之，在合作演化的每一个阶段，管理者都要考虑顾客、市场、产品或服务、经营过程、组织、利益相关者、政府与社会这几个方面，以及自身所处的位置，以应付各阶段提出的挑战，最终达到在成功的企业生态系统中取得领导地位的目的。

穆尔提出的企业生态系统这一概念，突破了传统的以行业划分为前提的战略理论的局限，主张企业间通过合作建立共生系统以求得共同发展，强调竞争优势不仅根植于几个关键因素、资源和能力，而且产生于行动体系，表明战略管理理论建立在互惠互存的基础之上。它所探讨的企业在生态系统中取得领导地位的战略管理方法，为企业如何开展合作竞争提供了指导。这些思想突出了创新和为未来而竞争的主题，表明企业战略管理的理论研究得到了进一步的深化，顺应了企业战略管理理论研究的发展趋势。

13.2 也是一个小丛林：企业战略管理理论的十大流派

战略管理在研究中形成了不同的学派，反映了战略观念变化的动态过程。由于“每一个学派都拥有一个独特的观念集中于战略形成过程中的某一个重要方面”[①]，从而拓宽了战略管理研究的视野。虽然每一个学派在研究中还存在着某些局限性，但不能否认它们在战略管理理论发展史上的一席之位。著名管理学家亨利·明茨伯格将这些战略管理学派分为十类，它们分别是设计学派、计划学派、定位学派、企业家学派、

① 亨利·明茨伯格、布鲁斯·阿尔斯特兰德、约瑟夫·兰佩尔：《战略历程——纵览战略管理学派》，刘瑞红、徐佳宾、郭武之译，机械工业出版社，2002年，第4页。

认知学派、学习学派、权力学派、文化学派、环境学派和结构学派。

13.2.1　设计学派

以安德鲁斯为代表的设计学派就是“设计战略制定的模型以寻求内部能力和外部环境的匹配”[①]。它出现在 20 世纪 60 年代，是计划学派和定位学派理论形成的基础，把战略形成看做是一个概念作用的过程。

设计学派将战略构造区分为两个截然不同的两个阶段：战略制定和战略实施。为此，安德鲁斯建立了著名的 SWOT 分析模型。战略制定阶段的主要工作是全面分析组织自身的优势（strengths）和弱势（weaknesses），以及所处环境中的机会（opportunities）和威胁（threats），制定出适当的总体战略。战略一旦敲定，就转入推行阶段。

设计学派的前提条件是：

（1）战略形成应该是一个有意识的、深思熟虑的思维过程。战略制定不是与生俱来的直觉技巧，它必须通过正式的学习才能获得。

（2）进行控制并保持清醒是首席执行官的责任，首席执行官就是战略家，是企业战略的设计师。

（3）战略制定过程模型必须是简单和非正规的，过于详尽只会使模型失去其战略性质。

（4）战略必须是独一无二的，是经过创造性设计过程形成的最佳结果。

（5）只有在经过以上设计过程产生了总体战略后，才谈得上战略的执行。

设计学派的观点，尤其是 SWOT 分析模型的建立充分体现了组织内外部关系对制定战略形成的重要性，正如该学派著名学者所指出的那样：“经济战略就是在企业所处环境中能够决定其地位的机遇与限定条件之间的匹配”[①]，“确定匹配”是设计学派的座右铭。但设计学派将战略管理静态地分为两个阶段，割裂了战略形成和实施间的动态联系，只能是对管理现实的初步反映。

13.2.2　计划学派

计划学派和设计学派出现的时间大体相近，安索夫是这一学派的代表人物。计划学派与设计学派一样，都将市场环境、资源能力等看成是战略的出发点，只不过是计划学派把战略制定看做是更加独立的系统的正式计划过程。

计划学派的前提条件是：

（1）战略产生于一个受控的、有意识的正式规划过程。该规划过程被分解为清晰的步骤，每个步骤都要考虑大量的因素和各种技巧。

（2）原则上由首席执行官来负责整个战略进程，实际上战略实施由全体计划人员来负责。

（3）由正式的进程得出来的战略应当明确制定出来，以便通过细致的目标、预算、

---

① 亨利·明茨伯格、布鲁斯·阿尔斯特兰德、约瑟夫·兰佩尔：《战略历程——纵览战略管理学派》，刘瑞红、徐佳宾、郭武之译，机械工业出版社，2002 年，第 18 页。

程序和各种经营计划来得到贯彻。

从上述观点来看，计划学派在最大程度上追求战略决策的正规化和条理化。计划学派对正规化分析的要求使它更适合于比较稳定的环境和比较简单的组织。该理论在与实践结合的过程中产生了经验曲线、市场份额与获利能力的联系等概念和研究方法，提出了许多复杂的战略计划模型，大大丰富了战略管理理论。计划学派受到的批评主要来自于战略是否具备计划性的怀疑：是否能够通过正规的过程和各种复杂的技术来“计划”战略？因为不管是外部环境还是内部能力都是很难计划的。

13.2.3 定位学派

这一学派的观点流行于20世纪80年代，其代表人物为波特。定位学派因强调企业在市场战略位置上的选择，企业战略的规划者便成为战略分析者。其主要任务是在对行业形势作正式化分析基础上，选择利润潜力比较大的行业并在其中进行正确的定位。因而，这一学派更多的是关注战略的内容，把战略的形成看做是一个分析的过程。

定位学派的前提条件是：

(1) 战略就是市场当中通用的、特别常用的、可以辨别的位置。

(2) 市场（环境）是存在利润的，也是充满竞争的。

(3) 战略形成过程就是一个基于分析计算基础之上的对这些通用位置的选择之一。

(4) 分析家在战略形成过程中起主要作用，他们将计算结果送交正式控制选择过程的管理人员。

(5) 战略产生于这一深思熟虑的形成过程，随后被清晰地表达出来并予以实施；实际上，是市场结构推动了深思熟虑的定位战略，而深思熟虑的定位战略又推动了组织结构。

定位学派将战略重点转向行业，强调外部环境的重要性，为战略的选择过程提供了一些有用的分析技巧。其局限性是把战略看成是通用的位置，而不是唯一的观念；过于重视行业及竞争状况，而忽视组织自身的能力；把战略制定过程过于正式化等。

13.2.4 企业家学派

企业家学派把研究的重心放在企业最高管理层的战略行为上。这一学派最核心的概念就是远见，它产生于领导人的头脑之中，是战略的思想表现。远见既是一种灵感，又是一种对战略任务的感觉，是一种指导思想。因此，该派把战略看成是存在于领导人头脑中的关于企业长期发展的意识，是对企业前景高瞻远瞩的预见。

企业家学派认为：领导者的战略意识和直觉带有很强的灵活性。一方面，企业家战略在总体思路和方向上是深思熟虑的。另一方面，在具体细节上可以随机应变，在战略的执行过程中灵活地进行变更。

企业家学派的前提条件：

(1) 存在于企业领导人心中的战略，既是一种观念，更是一种特殊的、长期的方向感，是对组织未来的远见。

(2) 战略形成最好不要成为一个完全有意识的思维过程，应当深深植根于企业领导人的经验和直觉当中。

(3) 企业领导人一心一意发展远见，在必要情况下应亲自控制战略的实施。

(4) 战略远见是可以发展变化的。

(5) 组织是一个受企业领导人指挥的、简单的组织结构，它是可以发展变化的。

(6) 企业家式的战略就如同某种特殊的位置。而这个位置是受到了保护的、不受市场竞争冲击的市场位置。

企业家学派的最大特征是突出了个性化领导能力的作用和战略远见，它比较适合于新建企业和处于转变时期的企业，因为在这两种情况下，格外需要强有力的和具有敏锐直觉的领导者，来决定企业的方向和活动范围。其不足之处是这一学派未细致地论述战略形成的过程，它只是用个别企业领导人的行为来展现战略的形成，具有一定的片面性。

13.2.5　认知学派

认知学派关注的是人对战略问题的思考过程，认为战略的形成是基于处理信息、获得知识和建立概念的认知过程。从 20 世纪 80 年代开始，研究人员通过多年的探讨，使认知学派得到了持续稳定的发展，其影响越来越大。

认知学派的理论假设：

(1) 战略的形成过程是战略决策者认知的过程。

(2) 战略可以为人们提供认识和处理相关环境信息的工具，如概念、计划、纲要和框架。

(3) 客观世界是可以认知或构建的。

(4) 战略制定偏重适用性而不是最优化。

认知学派对于"了解感知如何失真以及如何把各种复杂信息有机组合起来是非常有用的"[①]。它告诉我们如果要了解战略形成过程，最好要了解人的心理和大脑，这对认知心理学有很好的借鉴作用。由于它将战略的认知主体局限在企业中少数战略人员的范围，把战略形成看做个人过程而不是集体过程，致使战略容易受到战略家认知风格的影响。

13.2.6　学习学派

学习学派关注组织在形成战略时所面临的各种不可预测的环境因素。认为战略管理不再仅仅是对变化的管理，而是通过变化来进行管理。战略是人们在研究环境和应对环境时出现的，它往往以个人行为的方式来表现，但更多的时候是集体学习的结果，最后集中成为组织成员的工作行为模式。

学习学派的前提条件：

(1) 组织环境具有复杂的和难以预测的特性，战略的制定和执行的界限变得不可

---

① 亨利·明茨伯格、布鲁斯·阿尔斯特兰德、约瑟夫·兰佩尔：《战略历程——纵览战略管理学派》，刘瑞红、徐佳宾、郭武之译，机械工业出版社，2002 年，第 119 页。

辨别，因而组织需要不断地学习。

（2）领导者是主要的学习者，但更多的是进行集体学习，以培养和发现潜在的战略家。

（3）不同能力和条件的人都可以学习，使战略以不平常的方式在任何时间和地方出现，以便被领导人采纳和推广。

（4）领导者的作用是由战略思考者转变为战略学习过程的管理者，要精巧地处理好思考与行动、控制与学习、稳定与变化的微妙关系。

（5）战略首先是作为过去的行为模式出现，然后才有可能成为未来的计划，最后才变成指导总体行为的观念。

学习学派的主要贡献是强调在学习的过程中理解战略。正确地学习可以使组织在面对复杂而动态的环境时，能够迅速地做出反应，其表现形式是组织正在做什么而不是应该做什么，这就是学习带来的积极影响。因而它适用于那些专业性较强、工作环境复杂的组织。

如果组织是分散学习，就难以形成组织的战略构想；如果对学习过分强调，就会使一个连贯的和完美可行的战略遭到破坏。这些说明如果没有把握好学习的尺度，也会给战略带来消极影响。

13.2.7 权力学派

权力学派又称“政治学派”。该派把权力看成是战略形成的一个不可缺少的基础，它将权力分成宏观和微观的两个层面：宏观权力论反映组织及其环境之间的相互依赖性，其战略就是要管理供应商与顾客、竞争者、政府官员以及其他利益集团的参与者的需求，并且有选择地利用这些参与者来获得组织利益。微观权力论把战略制定过程看做是一个在相互冲突的个人、集团以及联盟之间讨价还价和折中妥协的过程，这实质上是组织内部各种正式和非正式利益团体运用权力和施加影响的结果。因此，战略制定不仅要考虑行业环境、竞争力量等经济因素的影响，而且还要注意利益团体、权力分享等政治因素的作用。

权力学派的前提条件：

（1）权力和政治使战略形成过程具体化。

（2）微观权力把战略决策看成是利益集团和联盟之间讨价还价或直接对抗的结果。

（3）宏观权力把组织看做是采取控制或与其他组织合作的方法，通过战略操纵及各种网络和联盟中的集体战略，促进自身的发展。

权力学派强调了政治在促进战略变化中的重要性。它在两种情形下表现最为明显：一是组织在重大变革或环境急剧变化的时期，政治权力的影响较大；二是在那些复杂的、大型的、高度集权的组织中，政治活动也往往是普遍的。政治因素对组织的作用既是积极促进变革的动力因素，又是在组织中造成大量浪费和曲解的根源。

13.2.8 文化学派

在战略研究中，文化学派在许多主张上与权力学派是相反的。权力学派着眼于个人利益，文化学派则注重共同利益。在文化学派看来，战略形成的过程植根于社会文化力量。在 20 世纪 80 年代，当日本管理模式备受推崇时，企业文化已成为一个极富现实意义的热门话题，美国企业更加重视文化对于战略制定的深刻影响。

文化学派的前提条件：

（1）战略形成的过程是社会交互的过程，它建立在组织成员的共同信念和理解的基础之上。

（2）个人通过文化适应过程或社会化过程来获得信念，这个过程大多是潜移默化的，有时也通过较为正规的教导来强化。

（3）组织成员只能部分地描述和巩固着他们文化的信念。

（4）战略是以植根于集体意向的观念来体现的，并在组织模式的决定中发挥作用，以便形成竞争优势。

（5）文化的稳定性对战略的改变有制约作用。

文化学派在思想体系方面引入了社会过程中的重要的集体思维，确立了组织风格与个人风格的同等地位，这些有利于组织建立整体观念。它特别适用于那些具有浓厚文化或处于上升发展期、老牌大型的组织。由于文化是凝重的、既定的、稳固的、持久的，能够促使管理具有连贯性，其负面影响是容易阻碍组织必要的变革和把战略优势与组织独特性等同起来。

13.2.9 环境学派

环境学派关注的是企业有多大的自由在环境中活动。它强调的是企业组织在其所处的环境里如何获得生存和发展，并把战略的形成看成是一个反应的过程，即对外界压力的被动反应。

环境学派的前提条件是：

（1）环境是一种综合的力量，它在战略形成过程中扮演主要的角色。

（2）组织必须适应环境综合力量的作用，否则就会被淘汰。

（3）领导的作用主要是观察了解环境并保证组织完全与之适应。

（4）组织的生存与发展与其所依赖的资源相关。

环境学派重视环境对企业提出的要求，无疑应该受到充分的注意。它遇到的困扰有两点。一是在战略联盟和合资企业日益增加的情况下，它难以回答下列的问题：是环境“选择”组织，还是组织“制定”环境？一个所有组织都在其中运作的“产业环境”究竟是什么？等等。二是企业总是要面临一些具体的环境条件，这些条件限制了企业所能做出的反应和企业的战略选择。这就是说组织选择他们的限制条件，从而限制了他们的选择。

13.2.10 结构学派

结构学派主要阐述两方面的内容：一方面把组织和组织周围的环境的状态描述为结构，另一方面把战略形成过程描述为转变，这种转变就是从一个状态到另一个状态的飞跃。转变是结构的必然结果。它说明当企业处于某种“状态”时，战略就应该能够反应并适应相应的转变。

结构学派最大的特点是它的包容性，它能够博采众长，综合一些其他学派的相关内容。结构学派认为：战略制定过程既可以是一种概念性的设计或者正规计划，又可以是系统分析或者领导的远见，也可以是共同学习或者权力竞争以及简单地对环境的反应。无论哪一种战略，都有自己的内容和存在的时间。这就是说，这些战略形成的思想学派自身就代表了特别的结构。

结构学派的前提条件是：

（1）在大多数的情况下，组织具有相对稳定的结构；在一段特定的时期内，采用的是特殊的结构形式，形成一套与之相适应的特殊的战略。

（2）组织结构的稳定性有时会被打破，出现向另一种结构转变的情况。

（3）组织结构状态与转变时期的相继交替，会形成某种规律。

（4）战略管理的关键就是维持稳定。战略在发生变化时，组织要作适应性的调整，并在不破坏组织的前提下控制好变化的过程。

（5）不同的战略思想流派，反映不同的组织结构和战略。

（6）战略采取什么样的形式，由战略存在的时间和环境条件决定。

结构学派能够容纳不同学派的相关内容，起到了综合更新的作用。然而，把不同的思想流派都看成是结构，容易给战略选择带来麻烦。

➤本章提要

1. 战略管理理论经历了兴起—高涨—低落—复苏的过程，有着极为深刻的社会原因和经济背景。

2. 战略管理理论的发展经历了一个层层递进和不断深化的过程。这一过程大致可以分成萌芽阶段、形成阶段、延续阶段、发展阶段和深化阶段。

3. 著名管理学家亨利·明茨伯格将战略管理学派分为十类，它们分别是设计学派、计划学派、定位学派、企业家学派、认知学派、学习学派、权力学派、文化学派、环境学派和结构学派。

➤本章主要参考文献

波特 M. 1997. 竞争战略．陈小悦译．北京：华夏出版社．

陈莞，倪德玲．2003. 最经典的管理思想．北京：经济管理出版社．

雷恩 D A. 2000. 管理思想的演变．赵睿等译．北京：中国社会科学出版社．

明茨伯格 H，阿尔斯特兰德 B，兰佩尔 J. 2002. 战略历程——纵览战略管理学派．刘瑞红，徐佳宾，郭武之译．北京：机械工业出版社．

➤思考讨论题

1. 战略管理理论发展的未来趋势是什么？
2. 简述波特竞争战略的价值分析。
3. 简述核心竞争力在企业管理中的地位与作用。

第 14 章

流程革命： 企业再造理论

“企业再造”是 20 世纪 90 年代兴起的企业管理新思潮，起源于美国，尔后风靡世界。企业再造理论的主要思想是：以企业的作业流程为核心，重新设计企业内部的组织结构、运作方式和行为准则，使企业生产的产品在质量、成本、服务以及企业对市场的反应速度等方面获得显著改善，以提高企业竞争能力和适应能力。美国麻省理工学院教授迈克尔·汉默（Michael Hammer）和咨询专家詹姆斯·钱匹（Jams Champy）在 1993 年合著出版的《企业再造——工商业革命宣言》一书，在管理学界引起了巨大震动，被认为是企业流程再造的权威著作。

14.1 在压力中前行：企业再造理论的形成背景

自工业革命以来，欧美国家等西方发达国家按照亚当·斯密“分工论”建立起来的企业生产经营管理模式得到了空前发展，特别是美国福特汽车公司的“流水生产线”、通用汽车公司的“事业部组织结构”被看做是企业生产管理的典范。然而从 20 世纪 80 年代开始，以美国企业为代表的这种管理模式对环境变化快速反应的敏感性大大降低，大量企业的效益出现了滑坡，市场竞争力日益减弱。像杜邦公司从 1990 年最高利润 25 亿美元连年降至 1992 年亏损 39 亿美元。这些现象引起了美国管理探索者们的关注，他们发现：“一个不可忽略的现实是大多数企业或者窒息于内部组织架构的条块分割或者深陷入对个别业务的过分关注而无以自拔。”[①] 因此，在某种意义上讲，企业再造理论就是学者们对这些现实问题反思的结果。

14.1.1 不确定的环境给“企业再造”以外在压力

进入 20 世纪 80 年代之后，企业的经营环境和运行方式发生了很大的变化，世界

---

① 詹姆斯·钱匹：《企业 X 再造》，闫正茂译，中信出版社，2002 年，第 1 页。

经济中出现了三股对企业行为产生冲击的强大力量：

(1) 顾客（customer）。顾客是市场的主导。随着“短缺经济”和卖方市场的告终，交换关系中的主导权转向了买方，顾客有了极大的选择余地。消费者已从过去单纯追求商品的数量过渡到现在看重商品的质量和服务，而且信息社会也为顾客的这种选择提供了便利条件。在消费观念、消费结构、消费趋势都发生了重大变化的情况下，企业单从自身出发来保持技术领先和生产领先已不能占据市场的优势。企业必须以市场为导向，重整业务流程，生产出多样化、个性化的产品来满足不同顾客的特定需求，以提高顾客的满意度，达到立足于市场的目的。

(2) 竞争（competition）。随着信息技术的发展和经济全球化，企业竞争的内容和形式都发生了根本性的变化。一方面，以往“价廉物美”的竞争模式已被多层面的竞争所取代。现代企业竞争不仅表现为最终产品的竞争，而且表现为包括知识、人才、资本、形象在内的整体竞争。企业需要投入大量资金，更新技术、设备和产品，采取外引人才、内改组织结构的方式，以应对竞争对手和潜在竞争者的威胁。这种全方位的竞争，使企业经营的不稳定因素增多，风险也增大。另一方面，企业经营的全球化趋势不断发展，任何一个企业均受到来自国内外同行业之间的竞争，而且竞争程度日趋白热化。它说明企业间竞争不再仅仅表现的是一种利益关系，而且也是国家实力的体现。企业要在竞争中取胜，必须拥有一套科学的业务流程，以弹性化的运作方式来组织生产，再造竞争优势。

(3) 变化（change）。当今社会瞬息万变，变化速度日益加快。第一，技术更新速度加快，促使产品的生命周期大大缩短。企业要跟上技术发展的速度，必须对企业价值链中各个流程进行分析和改造，使企业业务流程柔性化，以便快捷地对技术变化做出应答。第二，企业信息化和电子化的应用，改变了企业沟通方式、决策方式和企业运营方式。电子商务的出现对企业传统运作方式和人们的经营观念提出了严峻挑战，客观上要求企业业务流程适应这种变化的需要。第三，消费者需求的多样性决定了市场需求的日益多变。在快速多变的市场环境下，企业必须通过不断提供新优产品来吸引需求或创造需求，以抢占新市场，击败竞争对手。总之，变化是市场的常态，它无处不在，无时不在。

14.1.2 传统组织管理模式的弊端给“企业再造”以内在动力

企业的传统组织管理模式是建立在亚当·斯密的分工理论的基础之上的。它强调内部分工，组织界限分明。企业组织是一种以职能为中心、以控制为导向的科层式组织。企业采用这种组织管理的模式，能够很好地控制成本和实现规模效应，适应了工业时代大批量生产的要求。然而，在以顾客、竞争和变化为主要特征的新的市场格局和经营环境之中，传统组织管理模式的弊端就显现出来：

(1) 注重局部效率，忽视了组织整体协作。专业分工细化造成管理人员往往把工作重心放在个别作业效率上，忽视了整个企业协调运作。因为侧重于局部效率，会导致企业各部门把自身利益凌驾于企业目标之上。另外，分工在使每个工作的个体提高工作效率的同时，也让个人习惯于从自身的局部来看待整个流程，关注的是上、下流程间的衔接，既远离了市场和顾客，又看不到自身的工作在全局中所具有的意义。

（2）分解业务流程，阻碍了部门间的沟通。在分工理论的指导下，企业按照物质流动的需要建立相关的各个职能型部门，业务流程被分解成一连串的片段。这一组织结构曾在分工出效率方面发挥了它应有的作用，掩盖了部门沟通困难的事实。但在信息流日益处于支配地位的今天，部门界限则成为企业发展的桎梏。

（3）控制等级结构，肢解了企业内部信息。企业按照分工的要求，不同部门都是按照控制严密的等级链来实现信息传递的，这样就出现了众多负责收集基层信息和传达上层指示的中层经理。为了确保控制的成效，企业形成了层层请示和层层监督的集权管理模式。在这种等级分明的管理结构之下，一方面，受有效控制幅度的影响，企业内部管理层次增加，导致信息传递的链条过长，企业内部信息容易出现延滞和失真的情况。企业动作迟缓，无法对顾客需求做出及时准确的反应。另一方面，由于经营过程中涉及的单位各自拥有信息，企业的信息也都被分割成数据碎片，因此大大增加了同一业务流程中的信息共享与信息传递难度。

面对变化了的企业经营环境与传统经营模式之间的矛盾，企业要想生存和发展，就必须改造原有业务流程，实现管理的变革。

14.2　解压药方：企业再造理论的主要内容

企业再造是企业内部的一场革命，人们之所以认识到这场变革的重要，是因为“在 21 世纪，持续的竞争优势将更多地来自新的流程技术而不是新的产品技术”①。如果说过去发明新产品是企业的首要任务，那么现在发明和完善新的流程则事关企业的荣辱和成败。因此，了解企业再造理论，有助于企业实现管理的变革。

14.2.1　企业再造的含义和特点

按照迈克尔·汉默的理解，企业再造是指根本重新思考，彻底翻新作业流程，以便在现今衡量表现的关键上，如成本、品质、服务和速度等方面有戏剧性的改善。为了适应新的经营环境，企业必须放弃已成惯例的运营模式和工作方法，以工作流程为中心，重新设计企业的经营、管理及运营方式。按照这一含义，企业再造具有以下几个特点：

（1）追求根本改变。实施企业再造，要求人们对长期以来公司经营中所遵循的基本信念进行重新思考，如分工思想、等级制度、规模经营、标准化生产和官僚体制等。同时，企业人员必须就公司的运营方式提出一些根本性的问题，如“我们为什么要这样做?”“我们为什么要做现在做的事?”通过提出这些根本性的问题，可以迫使企业对经营策略和业务流程作进一步地审视，找出其中过时、不当甚至是错误的东西，并对这些不合时宜的东西做出根本性的改变。这就要求打破原有的思维定势，头脑中不带任何条条框框，进行创造性的思维。

① 佩帕德 J、罗兰 P：《业务流程再造精要》，高俊山译，中信出版社，2003 年，第 12 页。

（2）追求彻底变革。企业再造不是修修补补，对已有的状况进行改善和改良，而是必须触及事情的根源，找到传统结构中的“盲点”和弊端。在此基础上打破常规，改变思路，彻底地进行重新再设计，即以提高顾客满意度为主要方向，抛弃旧的运行机制，放弃不适宜的原则和程序，建立一个全新的业务流程及其相应的组织结构和运行机制。

（3）追求远大目标。企业再造的目的不是略有改善，稍有好转，而是工作业绩有显著的长进。其目标至少是生产周期缩短70%，成本降低40%，顾客满意度和企业收益提高40%，市场份额增长25%。谋求业绩的显著长进是企业再造的标志，无论是那些陷入困境企业，还是那些处于事业巅峰的企业，都希望通过企业再造摆脱困难或保持竞争优势。

（4）追求流程再造。业务流程是指企业以输入各种原料为起点到企业创造出对顾客有价值的产品或服务为终点的一系列活动，它强调的是工作如何进行而不是工作是什么。通过重整业务流程，将分散在各部门的作业整合成一个或数个基本的流程，并用平等作业取代顺序作业，从而使组织机构扁平化，以克服传统垂直式组织结构的诸多弊端。总之，需要摆脱原来框架的束缚，从顾客的利益出发，对企业的业务流程进行重新设计，以取得飞跃式的进步。

14.2.2 企业再造的目标

企业再造的目标是将企业由过去的职能导向型转变为流程导向型，建立起快速反应市场变化的机制，以提高企业的核心竞争力。

企业通过再造目标的实现，可以使原有的流程设计、组织机构、人事制度等都得到根本的改变。更为重要的是经过再造之后的企业，其组织的出发点、领导人和员工的思维方式，企业的日常运作方式，乃至企业文化等，都得以改观。所以企业流程再造必须把企业转变为以流程为中心的新型企业作为最根本的目标。只有这样，才能培育企业的核心竞争力，最终使企业流程成为核心竞争力的一部分，支撑着企业提供更快更好，更能令顾客满意的产品或服务，使企业立于不败之地。

14.2.3 企业再造的功能

企业再造面向企业经营全过程，面向顾客需求，突出价值增值，降低成本，以达到快速适应环境变化的目的。它有以下几种功能：

（1）降低企业经营决策的风险程度。不确定的外部环境给企业经营带来了未知的风险。企业要规避经营风险，必须有一套完整有效的决策程序，以保证决策的正确性。传统的依靠个别领导人进行决策的方式越来越不适应当前企业面临的复杂情况，因为企业经营决策涉及多种因素，且复杂多变。对每个人而言，其知识、经验、技能、精力等都有一定的局限，分析问题难免出现片面性。从高层决策的重要性来看，决策的正确与否不仅关系到企业盈亏，而且涉及企业的生存，这绝非领导个人责任和承受风险的能力所能负荷的。

通过企业流程再造，可以建立严格的决策程序，实行权力的再分配，分担经营决策风险。一方面，企业决策者可以发挥各流程主管的作用，实行群体决策和民主决策，让职工实行参与管理。另一方面，可以启动流程小组，并赋予管理小组以决策权，以改变过去组织体系中过多的管理层次以及决策与执行分开的局面。由于流程小组贴近市场，他们可以迅速反应市场信息，以保证决策信息的可靠性和及时性。只有这样，才能保证权力由上层向下层移动，使执行工作者具有充分的自主权，在最大限度内降低企业的经营决策风险。

（2）实现企业组织结构的优化设计。企业再造的核心思想是从本质上重新思考、设计和改变在旧的环境下形成的按职能部门进行运作和考核的机制和习惯，形成以流程为中心的管理。虽然现代信息技术的发展为这一转变提供了现实的可能，但信息网络技术的应用并不是企业再造本身，企业再造不仅仅是流程的自动化，更重要的是对组织结构的优化设计，企业跨越多个职能部门和传统组织边界的业务流程的形成，正是这种设计的结果。以流程为导向来设计组织框架，可以进一步理顺经营目标、资源配置和管理效率之间的关系，使企业的经营行为紧紧地围绕着整体利益的需要来展开，以达到提高经营效益的目的。

（3）加强生产作业流程的有效管理。生产管理是企业管理的重要环节。传统的生产组织方式，只适应长期不变的大批量生产标准化产品，在物料采购、库存管理、生产作业流程控制、产品质量控制等方面可以出现一些不合理或不经济的无效过程。通过流程再造，不仅可以推动生产作业的有效管理，而且还可以形成有效生产的市场链。

通过流程再造，可以打破连续性的作业方式，代之而来的是同步工程，即将多道工序在互动的情况下同步进行，各工序之间随时可以交流，从而能大幅度提高流程效率，缩短运行周转时间。由于企业的生产计划是以市场预测和顾客合同中的产品数量、质量、交货期等要求作为出发点的，企业可以从最终产品逆生产顺序逐级发出生产指令，由后向前逐级推移，全面安排生产任务。这实际上是需求拉动型的生产管理，它是以订单信息流为中心的。这种生产作业流程方式可以起到两方面的作用：一方面，能有效地形成一条紧密联系的作业链，减少制造品库存、搬运、计量、查找等无效作业，提高按期交货率和生产率。另一方面，可以带动企业内部信息流、物流和资金流运动，使生产、研发、供应、库存等各个环节几乎在同一时间响应客户需求，从而保证生产作业流程获得效益。

（4）提高企业面对客户的综合能力。在一个以流程为中心的企业，企业的基本组成单位是不同的流程，这样使得企业的部门乃至流程本身都富有弹性，它可以随着市场的变化随时增加或减少。由于流程是直接面对客户需求的，能够形成对客户有价值和意义的产品和服务的链路。相对于传统的职能管理而言，流程管理在产品质量、价格、交货可靠性、关系管理等方面更能满足客户的需求。企业能够在尽可能低的成本下提供顾客所需的产品或服务的同时，也能为自身谋取更大的收益，而这些目标的实现只有通过企业再造才能完成。因此，有效地对业务流程进行管理、持续地进行流程再造、动态地跟踪市场，可以提高企业面对客户的综合能力。

14.2.4 企业再造的原则

企业要实行再造工程，必须遵循以下几个原则：

（1）面向流程设计。面向业务流程，可以促使人们去反思业已形成的管理过程，从过程中寻求管理改善的新途径。

企业再造应当以信息流为导向，围绕着产品和服务来重新设计业务流程。主张以首尾相接、完整连贯的整合流程取代以往的被各部门割裂的、不易看见也难以管理的破碎性流程。因为“强调流程意味着要从如何完成顾客订单、如何开发新产品或者如何实施营销计划的角度考虑问题，而不再局限于职能和分工的界限”①。

实施这一流程再造，企业应注意流程设计的系统化和科学化。所谓系统化，就是要把握业务流程的整体性，强调整体全局最优而不是单个环节最优。具体来讲，把全部流程当做整体，将有关部门管理职能进行集成和组合；以流程为导向来设计组织框架，将不同专业部门按流程化要求有机地组合和协作；建立跨部门的机动团体，按流程管理要求设置组织和岗位，充分考虑流程的需要；强调全流程绩效表现，取代个别部门或个别活动的绩效。所谓科学化，就是要以提高顾客满意度为衡量标准，将串行工作流程改造为并行工作流程，促成价值增值最大化。

（2）面向顾客服务。面向顾客服务，可以促使职工重新审慎原有的服务理念，它是对传统的“把脸朝向 CEO，把背对向顾客”的一种反思。

企业再造应当以顾客为中心，用“客户至上”的观点来重新思考关键业务流程，实现企业本位向顾客本位战略的转移。由于顾客要的是流程的结果而不是过程，所以任何流程设计都必须以顾客的有效需求为标准。要使企业整个业务流程能够反映广大顾客的要求，企业必须搭建一条灵活的市场链。这就需要企业借助于网络技术，使企业内部产生共同的信息平台，让原来只有具体部门具体人员才能了解到的信息与知识能够被所有的员工了解。一旦捕捉到来自客户需求，不同的链接点就可以开展跨部门协同合作。例如，研发部门可以根据需要组织产品设计和技术攻关，以开发顾客需要的新产品，生产部门可以通过柔性生产系统可以准时生产满足客户个性化需要的产品，等等。总之，企业只有改进为顾客创造价值的流程，企业的改革才会有意义。

（3）面向人本管理。面向人本管理，可以促使员工的个人目标与企业目标相融合，更好地形成团队精神。

企业再造应当以人为根本，运用激励的手段推行适合变革需要的企业文化，以减轻企业再造的阻力。企业再造是一个事关全局的战略行动，它的实施要求企业所有的人员，无论是企业高层领导人，还是流程主管或流程小组成员，都必须积极地投入到企业的变革之中。这是因为企业再造需要人与技术和目标的结合，形成一个多方因素相互协作的系统。如果没有人的参与，即使再好的企业再造流程也无法实现。企业再造的重要任务就是要求根据流程再造的目标方向，将人和技术进行有效地运作，以推动企业经营业绩的改善。

---

① 佩帕德 J、罗兰 P：《业务流程再造精要》，高俊山译，中信出版社，2003 年，第 6 页。

人本管理和企业再造两者之间是相辅相成的。一方面，只有面向人本管理，才能营造一个人人参与管理的文化氛围，使职工形成对再造目标的认同感和使命感，个人目标与组织目标能够很好地融为一体。另一方面，在以业务流程过程为轴心建立的管理组织中，强调的已不是业务流程的某个环节，而是业务流程中的整个过程，对员工的要求已从以往的强调执行技能转向注重各种能力的综合运用，职工"依能力而升迁"。这些客观要求有力地促成职工变被动性、服从性为自主性和创造性，为企业实行人本管理创造了条件。

（4）面向绩效改善。面向绩效改善，可以促使企业在品质、成本、服务和效益等各项现代企业绩效考核关键指标上有一个显著的变化，以达到企业再造的目的。

企业再造应以绩效为中心，并不意味着以短期利润最大化为追求目标，而是要追求企业持续、快速、稳步发展的能力。由于企业再造是通过业务流程的改造加以实现的，这要求企业在注重结果的同时，更应注重过程的实现。因为绩效的改善必须建立在顾客服务、员工发展和流程效率的基础之上。无论是重视顾客利益，还是关注员工的发展，企业在流程设计中一开始并非是以降低成本为主要目的，而是在追求顾客满意度和员工追求自我价值实现过程中带来降低成本的结果，从而达到效率和效益改善的目的。这就是说，企业再造应注意在过程的实现中得到绩效改善的结果。

14.2.5　企业再造的程序

当企业内部或外部环境发生了巨大变化时，企业会面临着种种经营危机。例如，企业销售收入与市场占有率大幅度下降，竞争对手的竞争能力大幅度攀升，替代品的出现给企业带来了潜在的威胁等。诸如此类的问题一旦出现，就表明企业再造的时机成熟。在此种情况下，企业应该果断地启动企业再造的程序。一般来讲，企业再造需要经过以下几个步骤：

（1）营造环境。企业再造环境的形成是需要组织付诸努力的。由于每个企业的具体条件的不同，在环境的营造上企业应根据自身的实际情况加以定夺。但从总的来讲，营造再造环境需要注意以下几个方面：

其一，描绘远景规划。"组织中的高层负责人，通常是首席执行官，有必要树立对未来的远景，或者确定目标并支持组织中的其他人规划组织的远景。组织的远景应该包括组织将来提供哪些产品和服务、顾客将会如何看待这些产品/服务，以及组织的员工和供应商将会如何提供它们。简言之，远景就是要回答顾客是谁、工作对象是什么和工作方式应该怎样这些问题。"①

其二，形成变革共识。企业再造远景规划的实现，取决于两方面的因素：一方面，需要获取企业管理阶层的支持，这是因为管理阶层是推行企业再造的中坚力量。只要得到企业管理阶层强有力的支持，企业就能通过组织机构、项目管理、信息技术、革新经营流程等一切手段来实现再造目标。另一方面，需要得到企业员工的理解，这是因为企业员工是推行企业再造的依靠力量。由于变革阻力的大小取决于人们对变革的

① 佩帕德 J、罗兰 P：《业务流程再造精要》，高俊山译，中信出版社，2003 年，第 225 页。

理解程度，要消除员工对企业再造的恐惧心理，就需要组织管理者与职工保持良好的沟通，以减轻变革的阻力。哈默和钱匹认为有两条关键的信息必须解释清楚并传达到每个职工："我们公司目前的处境以及为什么不能停留在这里?""作为一个公司我们应该变成什么样子?"通过沟通，可以使员工认识到进行变革的原因和提高他们的积极性。也只有上下呼应，形成变革的共识，才能为企业再造做好准备。

其三，组建再造队伍。企业再造的方向确定之后，需要组建一支过硬的再造队伍以确保目标的实现。因为再造队伍的整体水平决定了再造行动的成败。一般来讲，再造队伍由五部分构成：①领导者。一般由负责授权并能推动整个再造过程的企业资深高级管理者担当。此人必须具有威信和业务管理特长，有整体观念、设计技能和沟通技巧，并且意志坚定和热情乐观。②流程主管。其是指负责一个特定流程，并专注于再造的经理人员。此人具体实施再造，不仅要有管理能力，而且要通晓第一线的业务。有威信、有信誉，对变革泰然自若。③再造小组。其是投身于某一特定流程再造的一群人。人员数量不宜过多，以 5～10 人为宜，既有熟悉内部流程而不故步自封的企业内部人员，又有一些不受利益约束、不受思维定势影响的、与流程不相干的外部人员。他们负责分析、诊断现有流程，制订新流程的设计方案，监督新方案的实施。④指导委员会。由一些高级管理者组成的政策制定团体，负责制定再造流程的总体战略，监督再造的流程。⑤再造总监。其是一名高级管理者，负责全公司再造技术和方法的开发，并对公司各再造项目进行协调。

（2）流程分析。当企业再造的基本条件具备之后，企业的一个重要任务就是通过相应的管理层找出再造的核心流程。因为企业有着众多的流程，对每一个流程都进行再造，既不可能也不现实，只能对核心的流程进行再造，这就需要对企业的流程进行识别与分析。因此，流程分析需要从以下几个方面入手：

其一，定性分析。流程诊断的一项重要内容是评价所需要的流程结果以及同其他流程的关系。通过对流程的结果和联系的定性分析，就能找出流程的主要问题是什么，进一步判定问题是出在某个流程内部还是出在流程之间的关系上，为流程的重新设计提供依据。

其二，定量分析。流程诊断的一个重要方面是运用定量指标度量现有流程和流程的每个阶段，对整个流程成本作一个评估。例如，分析现有流程各阶段的工作时间、流程的通流效率、任务转手的次数以及使用的计算机系统数目等。

其三，环境分析。流程诊断的一个重要结果就是对现有的状况提出改进的要求和范围。企业在面临大规模变革的情况下，需要考虑行动上的先后次序。"整个组织不能一下子全部改变，那些会产生最大影响的领域应该优先考虑，同时也要考虑相关的风险。"[①] 这就需要变革者对企业经营活动作全面的认识，对在具体流程中绩效改善的关键作用有足够的了解。

其四，标杆瞄准。流程再造活动的优先次序排定之后，企业就可以对将要首先再造的流程作标杆瞄准。标杆瞄准要求企业以行业中的领先企业作为标杆和基准，通过

---

① 佩帕德 J、罗兰 P:《业务流程再造精要》，高俊山译，中信出版社，2003 年，第 231 页。

资料收集、分析比较、跟踪学习等一系列规范化程序，达到改进绩效的目的。标杆瞄准可以覆盖企业各种活动，在企业的各个层次上针对各种对象展开。由于标杆瞄准最佳实践是一种打破范式、推进不同做事方式的有用方法。因此，企业在分析差距和制定绩效指标时，不能组织尝试或“抄袭”最佳实践，并将其纳入到自己的流程之中，而是应该充分地考虑到领先企业与本企业之间的客观条件差异、产品特性及生产过程的差异，创造性地提出符合自身发展的路径。

(3) 创意设计。流程诊断之后，就转入到创意设计阶段，即运用系统化改造和全新设计法来重新设计流程。其中，系统化改造方式多用于短期的改进工作，全新设计方式则多用于奠定中长期竞争基础的工作。

其一，系统化改造现有流程。它是“以现有流程为出发点，通过消除浪费、简化和整合任务，以及自动化适当的活动完成重新设计工作”[①]。其重点是消除非增值活动和调整核心增值活动。具体来讲要做到：①清除非增值活动。在流程中要清除过量生产、过度供应和重复任务等现象。②简化必要活动。在表格、程序、流程、人员沟通、技术运用等方面，使过分复杂的活动简单化。③实行任务整合。将现在的数项业务或工作组合，合二为一；进行顾客整合，为顾客提供增值服务；组织与供应商之间建立信任和伙伴关系，以提高效率等。④流程任务自动化。一方面，在数据的采集、传送和分析方面可以运用信息技术，实行自动化，以提高流程效率。另一方面，对于脏、难、险或乏味的工作也可以实行自动化。让机器代替人工作，可以减少人做该类工作的负面影响。

其二，全新设计新流程。它是从流程所要取得的结果出发，逆向倒推，从零开始设计新流程。其基本做法是：识别企业的核心流程，并从这些流程的构成要素着手，通过标杆瞄准和集思广益，确定关键因素。其中，对顾客要求、需求模式、效率目标和约束条件要进行细节性的把握，对技术能力、人力资源能力等要进行全面的分析，以寻找突破口，并创意性地重新组合各种因素，形成多种全新设计的流程方案。

(4) 分析评估。当多种新的流程设计方案出来之后，需要对其进行评估。将新流程、人和技术放在一起进行综合审定，对各种不同方案进行建模仿真和技术可行性分析以及成本-效益核算，在广泛论证的基础上选定实施方案。根据实施方案制订详细计划。

(5) 组织实施。按计划实施流程再造的工作。一方面，要注意对职工进行培训，让全体员工具有配合流程再造的知识和能力。另一方面，要把握住控制的标准，如产品/服务交送时间、通流效率、业务处理转手次数以及员工满意度等，以加强监督和控制，更好地对流程绩效进行评价。由于流程再造是一个持续的过程，需要不断地进行修正和改善。再造者必须采取按计划实施控制的手段，时常检测流程的运行状态，并与预定改造的目标进行比较，找出偏差进行纠偏。

---

① 佩帕德 J、罗兰 P：《业务流程再造精要》，高俊山译，中信出版社，2003 年，第 211 页。

14.2.6 企业再造的策略

实行企业再造，需要注意以下策略：

(1) 整合策略。企业应利用信息技术，在计算机网络的支持下，把分割而成的需多道转手、时间耗费多、占用人力多、对用户不方便的流程进行整合。在具体操作上，既可以将几道工序合并，归一人完成，又可将分别负责不同工序的人员组合成工作小组或团队来共同完成，以利于信息共享，简化交接手续，缩短时间。例如，美国IBM信贷公司是为购买IBM公司产品的顾客提供贷款服务的，原来整个服务流程平均耗时7天，有的多达14天。后来借助计算机系统整合流程，设置一个通才型的交易员代替了过去的审核员、估价员等多个专业人才，使流程运行的时间由原来的7天降低为4个小时，大大地缩短了流程运行的时间。使企业在降低管理成本的同时，大幅提升了公司的交易额。

(2) 同步策略。运用同步工程，将连续顺序式、平行式流程改造成为同步流程或并行流程，使流程各个环节的人员在工作中能够借助共享的信息库，实行交流和互动，达到提高流程运行效率与质量的目的。柯达公司的产品开发流程原先采用的是顺序作业和平行作业相混合的流程，采用同步工程之后，35毫米焦距相机从产品概念到产品生产的开发时间从原来的70周缩短为38周。

(3) 价值链增值策略。企业活动可以用价值链来表示，主要有基本活动和辅助活动两类形式。其中，基本活动由内部后勤、生产作业、外部后勤、经营销售、服务组成，它为企业的产出增加顾客所需要的价值。辅助活动具体包括采购、技术开发、人力资源管理、企业基础设施等内容，它支持目前和未来的基本增值活动。分析价值链，就可以了解企业流程对顾客价值的贡献有多少。凡是对企业的产品或服务没有贡献的流程是不增值的流程，对流程没有贡献的活动就是不增值的活动。分析流程或活动主要看它对企业或流程的输出是否有贡献。

实行价值链增值策略，企业需要更好地衔接价值链上的基本活动，使企业的物流和信息流在这些活动之间能够顺畅通过，保证增值活动以最高效率方式开展，使非增值活动控制到最少。在具体实施中要注意：每项活动及活动间的衔接都要强调对顾客的增值，确保各项活动能带来的价格增加不高于该活动的费用。

14.3 接受检验：企业再造理论的运用

从20世纪90年代开始，世界范围内不仅在理论界形成了一股研究和探讨企业再造理论的热潮，而且在企业界已经有许多公司开始进行了流程再造的实践。实践表明：在众多的企业再造中不乏成功的经验，更有深刻的教训，它引起人们对企业再造理论更多的思考。

14.3.1 成功之路

在企业再造理论的指导下，像福特汽车公司、IBM的信贷公司、哈尔马克卡片公司、大西洋贝尔公司等都成功地完成了企业再造。这些企业突破了传统思维定势、部门化职能、机械化工作方式和职责职位设计等方面的难关，提升了企业营运的效率。纵观这些成功的再造企业，其探索让人回味。

（1）更新观念，打破常规。企业再造实际上是一场组织变革，组织变革需要以观念为先导。一般而言，观念不变，常规难破。企业再造只有在更新观念的基础上，才能有所作为。美国福特汽车公司的企业再造正是如此。

20 世纪 80 年代，福特公司一直在寻求减少冗员和行政事务成本的办法。当时单是福特在北美的公司，财务会计部就有员工 500 多人。福特公司借助办公自动化，减少了 20%的冗员，使总人数降至 400 人，福特公司领导人对此感到满意。但是当他们得知日本马自达公司的全部财务会计人员只有 5 人时，引发了思考：发现仅仅是对财务部门进行重组是难以取得这种效果的，必须变部门观念为流程观念。于是，福特公司决定改造采购流程。

通过分析流程，该公司发现财务会计部员工的大部分精力用于调查采购部门向供应商发的订单、仓库的验收单及供应商开的发票这三者是否一致。如果打破常规，把“收到发票以后就付款”，改为“验收货物以后就付款”，则产生了新的流程：采购员通过数据共享的计算机系统生成采购订单，供应商将货物送达库房后，验货员将根据共享系统中的订单来验收货物。如果验货结果与订单相符，系统便会在适当的时间内自动签发支票给供应商。否则，验货员便会拒绝收货，并将货物退还给供应商。这样就大大提高了企业的运营效率。

（2）明确目标，分清步骤。企业再造是一项系统工程，它需要企业领导人具有前瞻性的战略眼光，根据具体实际情况，确定再造的目标，有步骤地实施企业再造的活动。美国大西洋贝尔公司在再造过程中明确目标，分清步骤，有条不紊地满足顾客的要求，不断地缩短服务周期、降低成本、提高质量，提供了一个成功的范例。

大西洋贝尔公司是一家年营业额达 120 亿美元的通信企业，其主要业务之一是提供中继服务，即把大西洋贝尔公司的顾客与他们所选择的长途电话公司连接起来，该业务占其收入的 20%和总利润的近 50%。

大西洋贝尔公司处理中继订单并接入电网要花 15 天时间，若顾客还要求连接高速数据和图像通信，则需 30 日之久。为了竞争的需要，大西洋贝尔公司的领导人决定进行流程再造，提出了零周期的顾客自我服务的目标。由于这个目标的实现需要较长的时间，公司决定分三步走。第一阶段，由“办案小组”为顾客服务。为了减少流程时间，降低费用且不出差错，办案小组有权对工作方法和程序做出任何必要的变动。第二阶段，“办案专员”替代“办案小组”的工作。这就是说一个人将完成现在不同专业的一组人所做的事情。信息技术将使“办案专员”一接到顾客的电话，就利用计算机终端进行所需的一切联系，从而为顾客提供服务。第三阶段，实现顾客的自我服务，即顾客可以直接进入公司的系统，获得所需的服务。大西洋贝尔公司将不再需要手工操作，以达到零周期的目标。

大西洋贝尔公司通过企业再造，公司的人工成本从8 800万美元降至600万美元，更为重要的是，大西洋贝尔公司不仅巩固了老客户，而且不断吸引了新客户。

(3) 有效沟通，减少风险。企业再造是一项全新的事业。一般人们对变革的不确定性会带有某种程度的疑虑，这就需要在企业内部进行有效地沟通，企业领导人应该让职工了解为什么要改进，未来的远景以及他们在其中的地位和作用，以减轻组织变革的阻力和风险。某保险直销公司在这方面给我们提供了有益的经验。

资本控股公司下属的保险直销公司，是一家通过电视、电话和直接向消费者出售各种保险的直销商。自20世纪80年代中期以来，那种通过电视广告、邮寄广告的方式来推销保险的方式遭受了挑战，宣告大规模营销时代已经过去。为了提高公司对顾客的价值，增加顾客的响应率，保险直销公司提出了一个“8”字型经营模式，其中上圈代表市场管理部，下圈代表顾客管理部。市场管理部使用数据库，能提供1 500万名各类顾客及潜在顾客的详细资料，有助于开发和销售；顾客管理部将为顾客提供即时的个人化服务。

公司在大规模再造之前做了两项工作：

一是进行文化审计，以了解公司的文化特征。在具体做法上是：高层管理者认真分析标准的员工态度调研报告（请外面公司做的）；然后公司组建一个多层次、跨部门的文化转变小组，接着请一家外面的公司成立专题小组，两个小组分别与企业员工进行面谈，实行互动式沟通。通过文化审计，公司发现自身组织中真正起作用的规则以及构成这些规则的假设。了解到在现存的公司文化中，人们认为信息就是权力，那种自己知道而别人不知道的信息会使他们显得对公司更为重要。最终促使再造者打破该规则，实行信息共享，提高再造的效率。

够从真实的顾客身上尝试并检验一些新观点，减少了企业再造的风险，使变革的步伐更加稳健。

总之，由于保险直销公司用“8”字形象化地描述了公司的发展前景，通过文化审计和小规模试验的方法，使员工容易接受新的流程设计。它说明沟通和试验是减少再造阻力或风险的重要条件。

(4) 自上而下，多方再造。企业再造是一个自上而下的过程。由于企业再造是一种跨部门跨职能的变革，它不可能自发产生或自下而上地进行。它需要具有远见卓识和足够权威的领导者的支持，并得到高级管理层的一致认可，同时还需要企业员工的理解和大力的投入，做到全体动员，多方再造。美国电报电话租赁服务公司在再造过程中的某些做法值得人们注意。

美国电报电话租赁服务公司是一个全国性的为那些从事制造、组织、销售、医疗、办公、制造设备的企业提供租赁和融资服务的企业，其业务发展很快。随着租赁行业普遍盛行兼并风潮，该公司面临着新的挑战。通过与行业内强者进行比较分析，发现自身营运成本高、效率低，难以降低租赁利率，不能满足顾客的需要。因此，该公司有了企业再造的必要。

企业再造得到了该公司总裁的大力支持，成立了跨部门的再造小组，并由再造小组具体承办。为了增加顾客的满意度，加快对顾客做出回应的速度，达到降低企业内部营运成本的目的，再造小组经常性地向高层管理人员和全体员工寻求对变革的承诺和支持，在此基础上，实行多方再造。

一是营运流程再造。为了改变手工操作信贷申请，公司设计表格，省去一些不必要的工作。同时运用信贷评级软件，可以使顾客服务接待员在几分钟内将电子信贷决策送达顾客，提高了服务效率。

二是组织模式再造。在再造之前。美国电报电话租赁服务公司是一个典型的金字塔式的组织模式。通过再造，租赁公司把以往的 18 个办事处减少到 4 个，使公司的结构趋向于集中化、扁平化和水平化。

三是人力资源管理的再造。公司对工作进行重构，建立员工自我管理团队，并对团队成员进行交叉培训，以保证与顾客接触的职员具备给予回答、做出决策的知识和权力。

四是企业文化再造。为了使企业再造发挥作用，租赁服务公司很快把“消极性文化”转变为“生产性文化”，即对员工的回报是基于他的知识，以及其融于团队的程度所做出的。

美国电报电话租赁服务公司通过企业再造效益明显：在一年内销售量增加 20%，第二年，销售量预期增加 20%，收益率增加 42%，证券投资组织价值增长 91%，而成本只上升了 27%，信贷审批时间减少 39%。

14.3.2　避开陷阱

企业再造作为一种全新的管理理念，既让许多企业峰回路转，柳暗花明，也使不少企业陷入更深的泥潭。20 世纪 90 年代时期进行的一系列调查显示，70%或更多的企业业务流程再造未能达到预期的结果，有的甚至引发了企业内部的困惑、拖延、怨恨和混乱。它说明“风险总是伴随着流程再造。任何时候企业需要借助重大变革来得到想要的结果，那么就更可能失败或无法如愿以偿”[①]。因此，我们在了解一些成功的指导原则之外，还应学会避免一些常见的陷阱。

（1）急于求成，缺乏全盘考虑。企业再造是 20 世纪 90 年代以来盛行的管理思想，它的运用和推行是有一定的条件的。一些不成功的再造企业大多犯有急于求成，考虑欠周到的毛病，其表现形式有以下几种：一是脱离实际，盲目跟风。有些企业在不考虑企业的实际情况以及企业再造所带来的支出和收益的关系的前提下，与同行业企业盲目进行攀比，仓促上马，人员和技术不到位。二是未将企业再造纳入到企业经营战略体系，致使流程再造的努力与组织的长期目标相分离，因缺乏方向而一无所获。三是流程的整体分析不够，个别流程的优化未带来整体流程绩效的最大化。

（2）期望过高，低估变革成本。企业再造真正的效益需要一定时间才能实现。“对

---

① 托马斯·H. 达文波特、劳伦斯·普鲁萨克、詹姆斯·威尔逊 H：《最优理念》，夏雨峰译，中信出版社，2004 年，第 169～170 页。

一种主要程序进行流程再造并建立相应的信息系统、培训员工技巧，通常要花5年时间。"[①] 管理人员应该认识到在长期效益到来之前可能会有一些短期损失发生。那些再造失败的企业没有充分把握流程再造费时和代价高昂的特征，对组织文化、员工行为和态度在短期内得以改变的困难性估计不足，从而未能及时有效地清除变革阻力。

（3）注重流程，轻视规范制定。面向流程设计是企业在再造过程中必须遵循的基本原则，它是企业再造的关键环节。值得注意的是再完美的设计最终都要转入到执行阶段，如果只注重流程，排除规范，这就意味着不能真正"理解每位工作者如何对现实工作作出反应，如何完成交给他们的任务"。因此，它将导致新的流程设计无法成功实施。要杜绝隐患并成功地改进工作，就需要让流程和规范能够恰到好处地相互作用。一个重要的途径是：在流程再造过程中，公司员工应参与到流程的设计当中去。否则，将陷入再造误区。

（4）淡化职工，放大IT功效。"很多质量改进项目往往由于过分强调技术工具，缺乏参与和领导而陷入困境。"[②] 那些不成功的再造者存在着观念的误区，即将企业再造等同于信息技术的运用，任意放大IT的功效。其表现形式有两方面：一方面，仅仅利用IT，实现流程自动化，不考虑流程自动化是否给顾客带来任何价值。另一方面，任命IT部门作为企业再造的执行者，淡化了职工的作用。

（5）一劳永逸，忽略流程更新。"流程再造者的另一严重缺点，是将流程再造看做是一种课题而非一种生活方式。"[③] 这种直接后果就是难以为企业建立持久的竞争优势。因为企业再造是企业跳跃式的变革，确实能使企业在一段时间内向前迈进一大步，但过了这一段时间后，流程将失出它们适应企业或消费者需求的优势和特点。因此，只有建立流程的更新机制，才能保持企业的持续性的竞争优势。许多企业的失误在于贪求一劳永逸，把新流程的设计看成是问题的终结。其实，"它应当成为管理工具箱中一件永久的工具，在流程的功用严重落后于竞争对手或消费者期望时，就应当把这件工具拿出来对流程进行改进"[③]。

➢本章提要

1. 顾客、竞争、变化给企业再造带来了外在压力，而传统组织管理模式的弊端则给企业再造提供了内在动力。

2. 企业再造的根本特点：追求根本改变、追求彻底变革、追求远大目标、追求流程再造。

3. 企业再造的目标：将企业由过去的职能导向型转变为流程导向型，建立起快速反应市场变化的机制，以提高企业的核心竞争力。

---

① 托马斯·H. 达文波特、劳伦斯·普鲁萨克、詹姆斯·威尔逊 H：《最优理念》，夏雨峰译，中信出版社，2004年，第164页。

② 佩帕德 J、罗兰 P：《业务流程再造精要》，高俊山译，中信出版社，2003年，第258页。

③ 托马斯·H. 达文波特、劳伦斯·普鲁萨克、詹姆斯·威尔逊 H：《最优理念》，夏雨峰译，中信出版社，2004年，第169页。

4. 企业再造的功能：有助于降低企业经营决策的风险程度，有助于实现企业组织结构的优化设计，有助于加强生产作业流程的有效管理，有助于提高企业面对客户的综合能力。

5. 企业再造的原则：面向流程设计、面向顾客服务、面向人本管理、面向绩效改善。

6. 企业再造的程序：营造环境、流程分析、创意设计、分析评估、组织实施。

7. 企业再造的策略：整合策略、同步策略、价值链增值策略。

8. 在众多的企业再造中不乏成功的经验，更有深刻的教训，它能引起人们对企业再造理论更多的思考。

➢本章主要参考文献

达文波特 T H，普鲁萨克 L，威尔逊 H J. 2004. 最优理念 . 夏雨峰译 . 北京：中信出版社 .

李志敏 . 2004. 跟大师学管理 . 北京：中国经济出版社 .

佩帕德 J，罗兰 P. 2003. 业务流程再造精要 . 高俊山译 . 北京：中信出版社 .

钱匹 J. 2002. 企业 X 再造 . 闫正茂译 . 北京：中信出版社 .

徐渊 . 1997. 公司再造 . 上海：上海译文出版社 .

张铁男，曾庆成 . 2003. 企业再造与协同进化 . 管理科学，6：21.

➢思考讨论题

1. 企业再造在实践中不易成功的原因是什么？
2. 企业实行再造需要具备哪些条件因素？
3. 从企业流程再造看人本管理的重要性。

第 15 章

知识经济时代：知识型企业管理理论

知识型企业管理是 20 世纪 90 年代以来人们基于对知识经济的认识而提出来的管理理论。随着工业经济向知识经济的转变，企业管理逐渐步入到知识管理阶段。在这个新阶段来临之际，众多学者们纷纷著书立说，对知识经济条件下的企业管理做出了有益的探讨。其中典型代表有达尔·尼夫（Dale Neef）的《知识经济》、彼得·圣吉（Peter M. Senge）的《第五项修炼》和查尔斯·M. 萨维奇（Charles M. Savage）的《第五代管理》。他们的研究成果代表了管理理论新的发展趋势。

15.1 新四化：知识型企业管理理论产生的条件

知识型企业管理理论的产生不是偶然的，它是知识经济条件下管理理念创新的结果，有着深刻的时代背景。进入 20 世纪 90 年代以来，知识经济所具有的“信息网络化、经济全球化、资源知识化和管理人本化”[①] 的特征，给企业的经营环境带来了影响和变化，管理理论的研究者们捕捉到了这一变化，并及时地做出了理论上的回答。

15.1.1 信息网络化

信息网络化主要是指信息技术的应用，形成了对传统产业进行改造的过程。随着知识经济来临，企业在管理中广泛运用了信息技术，其具体表现就是采用了管理信息系统、企业资源计划系统、决策支持系统、计算机辅助集成制造系统等。信息网络化给企业经营带来了直接影响或变化：一方面，促进了信息流和物质流的快速流动，企业可以快速、准确地了解市场动态和顾客需求。另一方面，加速了企业向扩大管理幅度、减少管理层次的扁平化方向发展，提高了企业组织的信息透明度。管理理论研究

① 蒋学伟：《持续竞争优势》，复旦大学出版社，2002 年，第 1 页。

者们认为：要对此做出有效的反应，就必须直面这些变化或影响。查尔斯·M. 萨维奇正是看到了这一点，认为计算机网络化使新的共同工作方式成为可能，提出了通过建立虚拟企业、动态协作和知识联网来共同创造财富的主张，从而为知识型企业管理理论打下了坚实的思想基础。

15.1.2　经济全球化

经济全球化是指社会经济活动可以打破地区和国家的界限，在全球范围内优化资源配置。它表明企业不再只依靠本地区资源保持经济增长，各行各业都必须实现全球化，以使利润最大化。从美国部分企业来看，“超过 100 家的美国公司，把它们软件的‘代码切片’外送到印度，在那里由熟练的项目员完成工作，并在一夜之间用电子手段送回美国。这些项目员的劳动成本只相当于美国本土所需的一小部分”[①]。达尔·尼夫对这一事实的举证，说明“新技术与日益饱和的国内市场相结合，必然要产生全球扩张，把企业发展推向超越多国主义界限的‘无国界’组织”[①]。显然，管理理论的研究者们已经注意到：企业的跨国经营活动是经济全球化的必然结果，企业在生产和技术方面的国际化已成为一个发展趋势。

15.1.3　资源知识化

在知识经济时代，传统的生产要素（资本、能源）已逐渐失去其主导地位，知识成为企业最重要的资源，尤其是那些难以编码的隐性知识在价值创造活动中日益显示其核心地位。

对于资源知识化的趋势，彼德·圣吉给予了充分的关注，认为“在全球的竞争风潮之下，人们日益发觉二十一世纪的成功关键，与十九世纪和二十世纪的成功关键有很大的不同。在过去，低廉的天然资源是一个国家经济发展的关键，而传统的管理系统也是被设计用来开发这些资源。然而，这样的时代正远离我们而去，发挥人们的创造力现在已经成为管理努力的重心”[②]。

在对知识资源的认识上，查尔斯·M. 萨维奇把知识和获取知识看成是土地、劳动力和资本之外的“第四财富之源”。

对于知识资源作用的分析，达尔·尼夫认为：“结果愈加明显的是，最能利用其知识优势的个人（和组织）将会增大其产品在整个产出中的份额。”[③]“对于发达经济来说，知识劳动，包括确认复杂问题、解决问题或高技术设计，以及导致的创新产品或新服务或创造开辟市场的新方式的活动，很快成为经济增长、组织兴旺和个人幸福的关键。”[③]

总之，管理理论研究者们已经认识到：知识资源已成为企业提高生产率和增长财富的决定性资源。在知识经济条件下，企业的兴衰成败，不再完全取决于它拥有的物

---

① 达尔·尼夫：《知识经济》，樊春良、冷民译，珠海出版社，1998 年，第 20 页。

② 彼德·圣吉：《第五项修炼》，郭进隆译，上海三联书店，1994 年，第 19 页。

③ 达尔·尼夫：《知识经济》，樊春良、冷民译，珠海出版社，1998 年，第 19 页。

质资本，而取决于它拥有的知识和创新能力，取决于它是否善于进行知识管理和推进管理创新。

15.1.4 管理人本化

在知识经济时代，企业组织中的员工成为特殊的、贡献越来越大的生产要素，是能够使企业价值增值的人力资源。因此，企业在管理中必须以人为本，尊重员工，把职工看成是企业宝贵的人力资产。

管理学家彼得·德鲁克认为，在21世纪，企业应把它们的知识工作者和知识工作者的效率看成是最宝贵的资产。这是因为：在21世纪那种完全听命于事的下属越来越少，员工越来越属于“知识工作者”，由于知识工作者不是部属，他们是伙伴。因此，越来越多的“员工”需要被当做“伙伴”来管理。又由于所有的伙伴是平等的，伙伴不能被使唤，他们需要被说服。这时，管理会需要一套与以往截然不同的假设：不是“管理”人而是“领导”人，目标是让每个人的长处和知识得到发挥。

彼得·德鲁克对决定知识工作者的生产率的主要因素做了进一步的分析[①]：

> “任务是什么？”
>
> 知识工作者必须自己管理自己的生产率，同时要有自主性。
>
> 不断地创新，必须是知识工作者的工作、任务和责任的一部分。
>
> 持续不断地学习，以及持续不断的教导。
>
> 不只是量的问题，质也一样的重要。
>
> 知识工作者必须被视为资产而不是成本，必须使得知识工作者在有其他机会时，仍愿意为这个组织工作。

彼得·德鲁克对影响知识工作者生产率因素的分析，为企业以人为本的理念赋予了新的内涵，为实现以人为本的理念提供了新的思路。

15.2 新型企业的管理：知识型企业

随着知识经济时代的来临，人们已经认识到企业的价值不仅来源于资本、技术和劳动的投入，企业的价值主要来源于知识，知识型企业能够将信息转换为顾客的知识源，这是形成企业竞争力的关键。达尔·尼夫明确预言：“下一拨经济增长将来自知识型企业”[②]；“以向顾客提供信息为基础的企业将胜于那些没有这样做的企业，知道如何把信息转变成知识的企业将会是最成功的企业”[③]。因此，企业要适应环境的变化，就必须将自身打造成知识型企业。

---

① 彼得·杜拉克：《21世纪的管理挑战》，刘毓玲译，生活·读书·新知三联书店，2000年，第139～140页。

② 达尔·尼夫：《知识经济》，樊春良、冷民译，珠海出版社，1998年，第211页。

③ 达尔·尼夫：《知识经济》，樊春良、冷民译，珠海出版社，1998年，第212页。

15.2.1　知识型企业的概念

知识型企业是指能够把信息转换为顾客的知识源，让顾客从产品和服务中受到教育的企业。这是因为知识型企业生产的产品属于“智能型”，能够过滤和表达信息，让使用者更有效地做出反应。顾客在使用智能产品时会成为学习者，企业通过产品的智能化将顾客带入到一个教育过程。这样知识型企业扮演的角色是教育者而非生产者，从而使企业与顾客之间的关系发生了改变，即由传统的“买卖关系”变成了“教学关系”，由传统的“交换关系”变成了“共享关系”。

15.2.2　知识型企业的特征

达尔·尼夫认为：知识型企业有六个特征①，尽管它们是相互关联的，但并不是任何智能产品和服务都必须同时具备所有这些特征。

（1）知识型产品和服务越使用越具有智能。美国的里茨-卡尔顿饭店建立了一个可记录客户喜好、需要并自动把信息传送到世界各地的知识型系统。例如，一位住进波士顿里茨-卡尔顿饭店的客人要了六个助眠低枕头，那么下一次他住进世界任何一个地方的里茨-卡尔顿饭店时，都会在房间里看到这些枕头。这样，这个知识型系统获得了很多关于客户的信息，并能把新的信息投入生产性使用。

（2）你越使用知识型产品和服务，你就越聪明。一些知识型产品和服务不仅本身更加具有智能，而且也能让使用者学到更多的东西。例如，通用汽车公司的计算机辅助维护系统，最初的设计只是为了帮助修理工诊断和修理汽车，现在它已经成为一个更为复杂的可使有经验的修理工完善他们技能的系统。现在，每一个修理工都能从这个存储了所有修理工技术知识的系统中获益。

（3）知识型产品和服务可随环境变化而做出调整。一个一成不变的产品和服务，显然不如能够对新环境做出评价并随之进行相应调整的产品和服务有价值。今天，在各种产品中放入计算机芯片已成为常事。例如，汽车轮胎常常漏气，使性能降低、汽油消耗。固特异公司已开发出一种装有集成电路的“智能胎”，它可收集和分析轮胎的空气压力数据，并可以在仪表板上显示出这种消息，“轮胎压力不够——请到停车修理站”。消息的前一部分传达信息，后一部分则是告诉你如何做的知识内容，使你更聪明地做出反应。

（4）知识型企业可按顾客要求提供产品和服务。知识型产品和服务可使顾客改变购买方式、癖好和特殊需要。例如，电话公司正在集中开发具有知识型特点的电话。当你呼叫长途接线员时，你的电话信用卡很快就知道你想使用何种语言。它还可以让你创造你自己的特殊铃声，这样你最好的朋友就知道是你打来的电话。这种新的智能服务还可以识别你最常用的电话号码，包括数字和姓名。

（5）知识型产品和服务具有相对较短的生命周期。对知识产权中的专利保护远不如对“硬”技术的保护那么发达，因此信息专有权的半衰期很短。例如，商业银行和

① 达尔·尼夫：《知识经济》，樊春良、冷民译，珠海出版社，1998 年，第 215～218 页。

投资银行提供的外汇交易咨询业务，其知识是高度专业化的，因此受一定的市场条件限制，所以它们的生命周期不长。同时又由于市场信息的广泛传播，专有产品可以很快地被竞争对手复制，因此，银行为了获得利润和专卖优势，必须不断地对其产品进行升级，比竞争对手更快地开发出下一代产品和服务。

(6) 知识型企业能使顾客实时采取行动。信息如果能对顾客的要求立即做出反应，则其价值就会更大。汽车制造商可以利用电子系统把有关公路、旅馆和热闹的娱乐场所的信息实时传送到汽车上。这个系统不仅为驾驶员提供日常服务，而且在驾驶室的显示板上随时显示最新交通信息。司机可以聪明地利用信息，如根据建议绕道避开交通堵塞，或在最佳地点停车就餐。如果这种服务能够与驾驶员进一步沟通、对司机的问题做出反应，它的价值会更大。

15.3 构建新型团队：学习型组织

20 世纪 80 年代以来，随着知识经济时代进程的加快，企业面临着前所未有的竞争环境的变化，传统的组织模式和管理理念已越来越不适应环境，突出表现是：1970 年列名财星杂志“500 大企业”排行榜的公司，到了 20 世纪 80 年代却有 1/3 已销声匿迹。在彼得·圣吉看来，造成这一现象的原因是组织的智障妨碍了组织的学习及成长。因此，他在《第五项修炼》一书中明确指出：“九十年代最成功的企业将会是‘学习型组织’，因为未来唯一持久的优势，是有能力比你的竞争对手学习得更快。”[①] 企业的发展不能再只靠像福特、斯隆、华生那样伟大的领导者一夫当关、运筹帷幄、指挥全局，“未来真正出色的企业，将是能够设法使各阶层人员全心投入，并有能力不断学习的组织”[②]。

彼得·圣吉认为：在学习型组织的领域里，有五项新技术正逐渐汇聚起来，使学习型组织演变成一项创新。虽然，它们的发展是分开的，但都紧密相关，对学习型组织之建立，每一项都不可缺少。彼得·圣吉把这五项学习型组织的技能看做是五项修炼，它们分别是以下几点内容。

15.3.1 自我超越

“自我超越”的修炼是学习不断厘清并加深个人的真正愿望，集中精力，培养耐心，并客观地观察现实。它是学习型组织的精神基础。精熟“自我超越”的人，能够不断实现他们内心深处最想实现的愿望。他们对生命的态度就如同艺术家对艺术作品一般，全心投入、不断创造和超越，是一种真正的终身学习，组织整体对于学习的意愿与能力，植根于个别成员对于学习的意愿与能力。该项修炼兼容并蓄了东方和西方的精神传统。“自我超越”是个人成长的学习修炼。具有高度自我超越的人，能不断扩展他们创造生命中真正心之所向的能力，从个人追求不断学习为起点，形成学习型组

---

① 彼得·圣吉：《第五项修炼》，郭进隆译，上海三联书店，1994 年，第 1 页。
② 彼得·圣吉：《第五项修炼》，郭进隆译，上海三联书店，1994 年，第 3 页。

织的精神。而自我超越的修炼，可以通过建立个人愿景、保持创造性张力等方式进行。

15.3.2　改善心智模式

彼得·圣吉所说的“心智模式”，是指“根深蒂固于心中，影响我们如何了解这个世界，以及如何采取行动的许多假设、成见，或甚至图像、印象”①。在管理的过程中，许多好的构想往往未有机会付诸实施，这不是由于企图心太弱、意志力不够坚强，或缺乏系统思考，而是来自“心智模式”。更确切地说，新的想法无法付诸实施，常是因为它和人们深植心中、对于周围世界如何运作的看法和行为相抵触。因此，学习如何将我们的心智模式摊开，并加以检视和改善，有助于改变心中对于周围世界如何运作的既有认知，对于建立学习型组织而言，这是一项重大突破。心智模式对人们的所作所为之所以有很大的影响力，是因为心智模式影响人们所“看见”的事物。两个具有不同心智模式的人观察相同的事件，会有不同的描述。心智模式同样在管理上影响人们认知的方式和行动。

如何进行改善心智模式的修炼？彼德·圣吉认为：培养组织改善心智模式的能力，必须学习新的技巧和推动组织的更新，以便这些技巧能够经常练习与应用。首先，必须把隐藏在企业重要问题背后的假设找出来。因为任何组织最核心的心智模式，就是决策者们共有的心智模式。这些模式如果未经检视，组织的行动将限于熟悉而安适的范围内。其次，发展面对面的学习技能，要求管理者精熟这方面的技术。要使组织产生创造性的学习，管理者必须运用反思和探询的技术，而不只是做咨询者和规划者。只有做到这样，才能够使组织内每个层次的人，在外部情况逼迫他们重新思考之前，挑战自己的心智模式。

15.3.3　建立共同愿景

共同愿景是组织中人们所共同持有的意象或景象，它是在人们心中一股令人深受感召的力量。它创造出众人是一体的感觉，并遍布到组织全面的活动，而使各种不同的活动融会起来。共同愿景对学习型组织是至关重要的，因为它为学习提供了焦点与能量。在缺少愿景的情况下，充其量只会产生“适应型的学习”。只有当人们致力于实现某种他们深深关切的事情时，才会产生“创造型的学习”。事实上，只有人们对他们真正想要实现的愿景感到振奋时，创造型学习才会变得具体，变得可操作，学习型组织才会建立起来。

彼德·圣吉认为，建立共同愿景的修炼要注意：鼓励个人愿景；塑造整体图像；放弃愿景总是由高层宣示的官方说法；愿景不是单一问题的解答，而是永无止境的工作；学习如何聆听其他的梦想，在聆听期间逐渐融会出更好的构想。

15.3.4　团体学习

团体是整体组织学习的一个学习单位。团体学习是发展团体成员整体搭配与实现

---

① 彼得·圣吉：《第五项修炼》，郭进隆译，上海三联书店，1994 年，第 8 页。

共同目标能力的过程。今天的组织迫切需要团体学习，是因为“团体的集体智慧高于个人智慧，团体拥有整体搭配的行动能力。当团体真正学习的时候，不仅团体整体产生出色的成果，个别成员成长的速度也比其他的学习方式为快”①。只有组织中众多的团体都变成整个组织的学习单位，并建立起整个组织的组织学习，才能构建成学习型组织这一组织管理模式的基础。

彼德·圣吉认为：“团体学习的修炼必须精于运用‘深度会谈’和‘讨论’，这是两种不同的团体交谈方式。深度会谈是自由和有创造性地探究复杂而重要的议题，先暂停个人的主观思维，彼此用心聆听。讨论则是提出不同的看法，并加以辩护。”② 深度会谈与讨论基本上是能互补的。只有将二者进行配合使用，才能产生综合效果，具有威力。

15.3.5 系统思考

系统思考是“看见整体”的一项修炼，它是一个架构，能让我们看见相互关联而非单一的事件，看见渐渐变化的形态而非瞬间即逝的一幕③。

今日的世界更趋复杂，对系统思考的需要远超过从前。历史上人类首次有能力制造出多得让人无法吸收的资讯、密切得任何人都无法单独处理的相互依存关系，以及快得让人无法跟上的变化步调；复杂的程度确实是空前的。在我们四周到处是“整体性故障”的例子，如全球温室效应、臭氧层破裂、国际毒品交易等，这些问题都没有简单的局部成因。尽管有聪明绝顶的个人和创新的产品，许多组织还是常常垮掉，因为他们无法把各种机能与才干结合在一起，成为一个有生产力的整体。事物的复杂性很容易破坏人们的信心，系统思考是一项看清复杂状况背后的结构，以及分辨各种差异所在的一种修炼。为了达成这个目标，系统思考提供一种新语言，以重新建构我们的思考方式。

彼德·圣吉把系统思考叫做第五项修炼，并把它看做是五项修炼的基石。如果没有系统思考，各项学习修炼到了实践阶段，就失去了整合的诱因与方法。因此他在阐述自我超越、改善心智模式、建立共同愿景、团体学习中都与系统思考相联系，以贯通五项修炼的关系。

15.4 管理与网络联袂：第五代管理

美国管理学家查尔斯·M. 萨维奇认为：应通过虚拟企业、动态协作和知识联网来共同创造财富，这是第五代管理的核心观点。具体来讲，就是通过企业内部或企业间进行资源组合或重组来把握和传递具体的市场机遇，以互利的方式联合各个企业的知识、经验、才干、技巧和能力，共同创造某项产品和服务。在这种条件下，变化最大

---

① 彼得·圣吉：《第五项修炼》，郭进隆译，上海三联书店，1994 年，第 10 页。
② 彼得·圣吉：《第五项修炼》，郭进隆译，上海三联书店，1994 年，第 270 页。
③ 彼得·圣吉：《第五项修炼》，郭进隆译，上海三联书店，1994 年，第 74 页。

的是管理和领导企业的方式。因此，查尔斯·M. 萨维奇认为，第五代管理是一个领导方式的问题，它的注意力不应集中在某个人的力量，而应集中在如何锻炼、鼓励和培养其他人方面。

查尔斯·M. 萨维奇总结了人类历史和管理发展的四个时期，认为每一个历史时期都有其财富的主要表现形式及其独特的组织形式。在农业时代晚期，财富建立在土地之上，人力和资源在封建领地制度下被组织起来；在工业时代早期，随着蒸汽机的发明，财富的源泉转向了劳动力，所有权制度也成为主要的组织形式；在工业时代晚期，随着铁路、电话、电报公司的出现，财富越来越依靠资本，随后，随着大型全国性企业的出现，严格的等级体系开始替代所有权制度。在知识时代早期，财富的来源不仅仅是积累起来的知识，还包括我们认识新的范式及将新旧范式联系起来的能力。

查尔斯·M. 萨维奇通过对财富的来源与组织类型的分析，认为在未来的管理中，“我们必须创造一种工作环境，在这种环境中，我们的学问、见识、想象、能力和抱负能够被更加有效地利用。”[①] 为此，他从历史时代的观点出发，集中阐述了五个概念性的原则。

15. 4. 1　对等知识联网

查尔斯·M. 萨维奇认为，对等知识联网包括三个方面：技术、信息和人员。对等联网的技术使得每一个节点能够直接与其他的每一个节点交流，而不需要通过一个等级制度安排的渗透。对等信息的假定，不论信息位于何处，人员和应用工具都能够容易地获得。对等的知识联网假定，不论其他人的知识在企业中位于何处，每个人都能够获得它。对等联网假定将会有团队的联合工作，团队将定期互相接触，以便共享他们的学问、见识和挑战。当团队成员共同工作和互相学习时，我们将能够更新和补充我们的知识和想象。对等联网意味着，当我们基于自己的思考、观察、知识和想象时生产了价值。管理者、专业人员和雇员不再像是在严格的等级制中的一台机器那样，是必须啮合在一起的齿轮牙——我们是网络中的知识贡献者、决策点或节点。

15. 4. 2　集成的过程

查尔斯·M. 萨维奇认为，在一个现代企业中，人员和过程并不以具体的形式配置，他们是虚拟的资源，在需要的时候可以获得。当企业对不断变化的顾客期望、市场形势、政府规章、竞争者行动和供给战略做出反应时，持续的调整就是必需的。在一个流动的环境中，当团队被确定或重新确定时，挑战在于不断地“接触和联系”别人的思想，以便于对重要的模式做出识别和行动。这就要假定，我们的组织真正掌握了在一个更大的机会环境中自我组织、自我协作和自我集中的艺术。集成的过程要求我们在企业内部和外部与关键的模式保持联系。它包括感觉、判断和行动的意愿：这就是为什么人的作用非常重要的原因。集成的过程并不是固定的东西，它要求对思想、人员、过程和资源不断地进行动态的重新配置，我们称这一过程为获取知识。在这个

---

① 查尔斯·M. 萨维奇：《第五代管理》，谢强华译，珠海出版社，1998 年，第 246 页。

集成的过程中最重要的元素包括人们在企业中长年积累起来的知识和价值观。知识使得对重要模式的发现、解释和行动成为可能。

15.4.3 对话式工作

查尔斯·M. 萨维奇认为，在工业时代，大约有三个概念构成了关于工作的想法：①工作是努力或艰苦的努力。②它是一种像机器一样运转的状态。③吻合。每一个活动是为了适应一个更大的整体，就像是机器齿轮上的一个齿牙，是人们报酬的来源。

在查尔斯·M. 萨维奇看来，工作所包含的不仅仅是一个过程和一个产品，而且是一个生产许多产品和对这些产品进行改造的过程，从整体上看这一过程具有创造性。"在本质上，工作是一个给予形式的活动。它是授权。它不仅仅形成产品，而且给予工人想象和知识。生产的实际产品只是整个工作努力的一个方面。"① "工作实际上是一个连续的对话，涉及将要做什么的想象，如何来做的知识，在与思想和自然的因素积极斗争的过程中把二者结合起来的创造性结果。"②

15.4.4 人类时间和计时

查尔斯·M. 萨维奇认为，随着工业时代的发展，计时的重要性也在增加。10～30年前，人们关心的是成本：降低产品中的成本。今天人们关心的是时间：减少产品中的时间。在进入市场的时间、机会窗口和循环时间方面，计时变得更加重要。当我们专心于时钟时间时，我们应注意时间的另一个维度——人类时间。人类时间是人之所以成为人的一个必不可少的部分。时钟时间假定有过去、现在和未来，相互之间是分离的。人类时间假定过去、未来与现在是一体的。以人的观点来看，这是个时间的整体。对于人类时间而言，过去意味着逼真的记忆（获取知识），未来则是逼真的预期和渴望（想象）。企业生活在人类时间之中，公司的遗产是真正的关键资产。从某种意义上讲，遗产是一把双刃剑。我们积累的知识是有价值的，因为我们能够利用它来发现新模式——它是学问的来源和获取更多知识的基础。但是我们必须不断地以有效的使用模式来安排和整理它。如果我们只是把它们扔到壁橱里，那么这些乱七八糟的东西将会一直困扰我们。对企业未来而言，企业必须变得更灵活、敏捷和适应市场信号。因为企业发现顾客反应模式的能力，预见趋势的能力，以及按照它的经营设想来利用自己的集体知识的能力，将影响到它在市场上竞争的成功。企业对这些资源、经营设想和知识利用得越好，对即将出现的新模式的参与越好，它就越可能成为市场中的一个重要的参加者。

15.4.5 虚拟企业和动态协作

查尔斯·M. 萨维奇认为，虚拟虽然没有实际或明确的表现，但是却能够一样有效。虚拟有不真实的含义，然而一个虚拟资源却是非常真实的。虚拟的东西是可以得

① 查尔斯·M. 萨维奇：《第五代管理》，谢强华译，珠海出版社，1998年，第267页。

② 查尔斯·M. 萨维奇：《第五代管理》，谢强华译，珠海出版社，1998年，第269页。

到的、能适用的资源。在瘦形组织中，任务是与固定的责任范围相连的。这种等级层次假定，另外的某个人了解每个人应当做的事情，并且任务能够按照一连串的命令从头至尾地完成。职能是预先确定的，人员被安排在恰当的位置。对于今天加于组织的多种需求，这样的一种组织结构缺少反应的灵活性、适应性和敏捷性。而当人员被看做是具有能力的资源，可以获得来支持他人，而不是狭隘定义的职位的所有者时，他们就变成了虚拟资源。建立虚拟企业是一个过程，通过这个过程，公司联合他们的能力，依赖这些能力在需要的时候确定和重新确定复合的跨职能团队。这些团队可能不仅包括公司的成员，而且也可能包括来自卖主或顾客公司的人员。建立虚拟企业更多地依靠人员的知识和才干，而不是他们的职能。层次模型假定，主要的任务是把生产作业分解，分配人员严格地执行各自的职能。相比之下，虚拟企业把成批的活动作为项目，由团队反复和平行地工作来形成一个团队的组合。

总之，查尔斯·M. 萨维奇认为，对等的知识联网、集成的过程、对话式工作、人类时间和计时，以及建立虚拟企业和动态协作是相互关联的，它们相互联系、彼此作用，形成一个新的管理和创造财富的系统。五个原则只有在整个企业有强有力的领导时才能共同起作用，这是因为强有力的领导对于复合的任务集中的团队特别重要。

➢本章提要

1. 信息网络化、经济全球化、资源知识化和管理人本化是知识型企业管理理论产生的条件。

2. 达尔·尼夫认为，知识型企业有六个特征。尽管它们是相互关联的，但并不是任何智能产品和服务都必须同时具备所有这些特征。

3. 彼得·圣吉认为，在学习型组织的领域里，有五项新技术正逐渐汇聚起来，使学习型组织演变成一项创新。这五项学习型组织的技能分别是自我超越、改善心智模式、建立共同愿景、团队学习和系统思考。

4. 美国管理学家查尔斯·M. 萨维奇认为，应通过虚拟企业、动态协作和知识联网来共同创造财富。他从历史时代的观点出发，集中阐述了五个概念性的原则，即对等知识联网、集成的过程、对话式工作、人类时间和计时及虚拟企业和动态协作。

➢本章主要参考文献

尼夫 D. 1998. 知识经济．樊春良，冷民译．珠海：珠海出版社．

萨维奇 C M. 1998. 第五代管理．谢强华译．珠海：珠海出版社．

圣吉 P. 1994. 第五项修炼．郭进隆译．上海：上海三联书店．

➢思考讨论题

1. 知识型企业如何提高员工的工作效率？
2. 创建学习型组织的障碍和难点有哪些？
3. 虚拟企业与传统企业有什么区别？